JN191113

計算論理と人間の思考

Computational Logic and Human Thinking

How to be Artificially Intelligent

推論AIへの論理的アプローチ

Robert Kowalski

ロバート・コワルスキ 著

坂間千秋 監訳

尾崎竜史・伊藤武芳 訳

九夏社

Computational Logic and
Human Thinking:
How to be Artificially Intelligent

Copyright © by Robert Kowalski 2011

Japanese translation published by arrangement with Cambridge University Press
through The English Agency (Japan) Ltd.

ボブ，ジョン，メアリーへ

序 文

人工知能（AI），すなわち人間と同じように知的に考えて行動する機械については，単にその可能性を取沙汰するだけでも強い感情を引き起こしかねない。熱烈な支持者が，機械が人間よりも知的になる日が来るかもしれないという考えに興奮する一方で，その考えに批判的な人々の多くは，そのような展望に恐れの眼差しを向けている。

このような論争が注目を集めているせいもあり，AIの最も重要な成果のひとつが見逃されてきた。それは，AIの進歩の多くは，人々が自身の知能を向上させるために直接利用できるという事実である。そのような進歩のなかでとりわけ重要なのが計算論理（computational logic）である。

計算論理は伝統的論理学（traditional logic）の上に築かれているが，この伝統的論理学は，そもそも人々がより効果的に思考するのを助けるために発展してきたものである。計算論理では，数学や計算の基礎を構築するために使われてきた記号論理のテクニックを用いる。しかしながら，計算論理は伝統的論理学よりずっと強力であり，記号論理よりずっと単純で実用的である。

計算論理のAIにおける応用では数学的概念の使用が必要となるが，人間への応用では数学は必ずしも必要ない。そこで可能な限り多くの人に読んでもらえるよう，本書の主な部分はインフォーマル（非形式的）に記述した。人間の思考は他の多くの研究分野の対象ともなっているため，認知心理学，言語学，哲学，法学，経営科学，英作文などの関連する研究も利用した。

実際，本書で提示した種類の計算論理は，AI研究における論理学の発展だけでなく，その他の相補的あるいは競合的な知識表現や問題解決パラダイムにも基づいている。特に，AIや計算機科学からは知識の手続き的表現を，AIや認知科学からはプロダクションシステム[訳注1]を，そして経営科学，認知心理学，

訳注1　ルールベースのAIシステム。

哲学からは意思決定分析を組み込んでいる。

計算論理には非常に多くの応用が考えられ，他分野と多くの関連を持つ。したがって，本書の理想的かつ最高の利用法は，実用的思考（practical thinking）の学位課程のための副読本であろう。このような学位課程では，一般教養教育の伝統的な美徳に，分析哲学の論証スキル，科学的方法における厳密さ，そして情報技術の現代的な恩恵を組み合わせることになるだろう。そこでは，専門的な研究だけのためではなく，整然と分類された領域に属さない問題にも応用可能な，思考とコミュニケーションの能力を学生に提供することになるだろう。

わたしの知る限り，今日そのような学位課程に近いものすら存在しないし，近い将来そのような学位課程が存在するようになる見込みもなさそうである。大学の科目としての論理学は，数学，哲学，そして計算機科学の間で分断されてしまっているのが現状である。さらに，インフォーマルな論理の実用的な応用は，法律，経営科学，英作文といった他の学問分野にも，たいていは隠れた形で存在している。これらのどの分野も，そのような学位課程を抱えることはなかったし，自分たちの分野での論理学のこのような拡大を歓迎するところもなさそうである。

おそらくいつの日か，考え方に焦点を置いた学位課程を設ける教育機関が出てくるだろう。それまでの間，本書を従来の課程を補うものとして用いることができる。既に正規の教育を終えた人々は，この本から，未来の世界がどのようなものでありうるかを垣間見ることができよう。

この本の執筆にあたっては，簡単にしすぎて主題を不正確に述べてしまうことがないよう，大変な苦労をした。そのような理由から，より高度な章をいくつか追加して，そこで技術的な詳細を補っている。気軽に読みたいという読者は，これらの章を読み飛ばしてもらっても問題ない。これらの章自体が，本書で用いられている計算論理の形式的な基盤についての自己完結的な入門であり，参照資料でもある。

神経を使ったのは，英文の書き方の問題を取り上げている以上，わたし自身の書き方の不備も目立ってしまうということである。弁解じみているだろうが，計算論理がなかったなら，わたしの文章はずっとひどいものになっていたであろうということは主張しておきたい。

ずっと前のことになるが，シカゴ大学の学部課程に入学したとき，わたしの文章はあまりにひどかったため，クラス分け試験に落ち，単位なしの追加補習コースを取らねばならなかった。その年の他の科目がすべてAだったのに，英語のライティングスキルはDであった。自分の文章の問題点を診断し，それを改善する方法を学ぶのには何年もかかった。その過程で実践的な論理について学んだことは，どのような形式論理学の授業で学んだことよりも大きかった。シカゴで一年生だった頃に比べれば，今のわたしの文章はかなりよくなっていると信じたい。しかし，それ以上に重要なのは，わたしが学んだ教訓が，この本の読者のなかで役立ってくれることである。

トム・ブラックソン，フランソワ・ブリ，トニー・バートン，キース・クラーク，ハシント・ダビラ，ファン・ミン・ドゥング，マールテン・ファン・エムデン，ステフェン・ホエルドブラー，ルイス・ペレイラ，ヨンユス・ペルムポーンタナラープ，ファリバ・サドリ，キース・ステニング，ダニア・コワルスカ＝テイラー，ステン＝アケ・ターンルンド，ジェフ・トンプソン，フランチェスカ・トニー，マイク・タンストールには，本書の初期の草稿について貴重なコメントをいただけたことを大変感謝している。キツネとカラスの絵を描いてくれたサイモン・テイラーにも感謝する。

目　次

【翻訳担当】

尾崎：序文，イントロダクション，第 1 〜 8 章，第 14 〜 17 章，補遺 A1，A3 〜 A5。

伊藤：本書の概要と目標，第 9 〜 13 章，本書の結論，補遺 A2，A6。

本書の概要と目標

本書は多岐にわたるトピックを扱っているため，各章の関係を一箇所に要約しておくと便利だろう。しかしながら，すべての用語を詳細に説明し終えたあとの巻末ではなく，ここに要約を書いておくことにした。これは本書を通じて一貫している，目的地から逆に道を辿るほうが，どこに向かうのかわからずによろめきながら前進するよりもよいという精神に沿ったものである。

というわけでこの要約は，本編を読む前に読んでも後から読んでもかまわない。一方，各章がどのように関連しているかを知るために，本編を読みながら並行して読んでもよい。

イントロダクション

人工知能の分野において，**エージェント（agent）**とは，現実世界や人工世界のなかにある実体であり，変化する世界を観察し，その世界と調和して自ら存続すべく世界に対して行動をとるもののことである。計算論理（computational logic）とは，人工知能の分野における，エージェントの思考の言語である。この言語で表現される文は，世界の現状についてのエージェントの信念と，あるべき世界についてのエージェントの目標を表している。エージェントはその目標と信念を用いて，自分の振る舞いを制御する。

エージェントは，論理形式による思考に対して計算論理の推論規則を使い，世界について推論し，自身の利益のために世界を変えるための行動を導き出す。これらの推論規則には，観察の結果を導き出す前向き推論と，目標を副目標と行動に還元する後ろ向き推論の両方が含まれる。エージェントは，前向き推論を用いて候補となる行動の帰結を演繹し，行動選択に役立てることもできる。

計算論理の主な目的は，エージェントの私的な思考を表現し，自らの振る舞いを制御することである。しかし，エージェントは他のエージェントとの公的なメッセージのために計算論理を用いることもできる。より論理的な形式でメッセージを表現することにより，聞き手や読み手がそのメッセージを自らの考えに容易に変換できるようになるのである。

第 1 章：地下鉄の論理

ロンドンの地下鉄における緊急事態の注意書きは，英語のメッセージの意味が論理形式での思考として理解される方法のよい例となっている。計算論理では，これらの思考は論理的な性格と計算的な性格を併せ持つ。ここで言う論理的な性格は，any，if，and，not のような論理結合子を用いることから明らかであり，計算的な性格は，目標を副目標に還元する手続きとしての利用においてよくあらわれている。論理と計算という，この二重の特徴により，この形式で表現された文は**論理プログラム**（logic program）とも呼ばれる。

緊急事態の注意書きが例示しているのは，英語（そしてその翻訳としての日本語）のコミュニケーションを首尾一貫した形で用いることは，それぞれのメッセージの意味と，エージェントの目標と信念のウェブ（網）とを論理的に結びつけることとして理解できることである。一度エージェントがその結合を作れば，必要に応じて前向き推論や後ろ向き推論によってそれらの結合が活性化される。頻繁に活性化される結合は，導出された目標ないし信念に集約することができ，これは（推論の）近道としてその後の効率を改善する。

第 2 章：論理の心理学

論理学に対して最も影響力があり，広く引用されている議論は，条件形式の自然言語文を使った推論に関する心理学実験に由来する。これらの実験の最も一般的な解釈は，人間は論理的に推論する生得的な汎用能力は持っておらず，その代わりに，ダーウィン的進化メカニズムによって，環境で生じる典型的な問題を解決するために特化したアルゴリズムを発達させたというものである。

この章では，これらの推論課題を解く際の問題点をいくつか論じる。そして実験の主な問題点の 1 つが，自然言語による条件形式は，意図された意味の論理形式に対する近似に過ぎない点を理解できていないことであると主張する。もう 1 つの問題は，これらの実験の解釈が，知識と推論の関係についての不十分な理解に基づいていることである。人間の思考に適用される計算論理では，この関係は次のような等式として幾分緩やかに表現することができる。

思考＝特化した知識＋汎用推論。

第3章：キツネとカラス

キツネとカラスについてのイソップ寓話は，賢いキツネが後ろ向き推論を用いて，あまり賢くないカラスのチーズを手に入れるという目標に至る計画を立てる様子を描いている。ここで描かれているのは，キツネの**主体的**（proactive）な後ろ向き推論と，カラスの**反応的**（reactive）な前向き推論の対比である。カラスはこの推論によって，キツネのおだてに応えて歌いだし，チーズを地面に落とし，それをキツネが拾えるようにしてしまう。キツネもカラスも計算論理の推論規則に従って思考するが，世界についてのキツネの知識が勝っており，キツネはそれら知識を自分の利益のために用いる強力な手法を持っている。

もしカラスがキツネと同じ程度の知識を持ち，**予防的**（preactive）な思考ができ，行動する前に考えることができていたら，カラスは行動の候補がもたらしうる結果から前向きに考え，起こりそうな結果を予測し，他の行動を選ぶことができただろう。そうしていたら，飛び去るとかチーズを飲み込むといった行動により，結果として起こると期待される状況をよりマシなものにできたのだ。

第4章：探索

計算論理における**証明手続き**（proof procedure）は，推論規則の集まりと探索戦略からなる。推論規則は証明の構造と，目標の解決に関係する証明として可能なものすべてからなる**探索空間**（search space）の双方を決定する。**探索戦略**（search strategy）は，解の探索において，探索空間を探索する方法を決定する。

さまざまな探索戦略をとることが可能であり，このなかには，探索空間の異なる部分を同時に探索する並列戦略や，最短時間で可能な限り最良の解を見つけることを目的とする最良優先探索などがある。

第５章：失敗としての否定

計算論理の意味論においては，世界は肯定的な場所であり，肯定的な原子文，つまりその時点で真である原子文の集まりによって特徴づけられる。エージェントの目標や信念の最終的な目的は，世界との相互作用を管理することであるため，エージェントの思考の構文形式もそれに準じて肯定的なバイアスを持つ。多くの場合，構文的に否定的な思考は，肯定的な情報についての観察ないし導出の**失敗**（failure）から生じる。

失敗としての否定は，不完全な情報から**デフォルト**（default）で推論するための自然な方法である。この推論ではエージェントがすべてを知っているという仮定のもとで結論を導出するが，新たな情報によってその結論が成立しないことが示された場合には，その結論を潔く撤回する。また，目標や信念を規則と例外の階層に整理するための，より高水準の方法を容易にする。ここで言う規則は最も重要な条件のみを表し，例外は必要に応じてさらなる条件を追加するのである。

第６章：英国市民になる方法

英国国籍法は，ある人が英国籍を取得，放棄，剥奪されることについての条件を正確に規定した英国の法律である。この法律は，その意図する意味への疑義がほとんどないといえるほど多義性がなく，しかも，状況の変化に柔軟に対応できるようにデザインされている。この英語のスタイルは，計算論理の文の条件形式に似ている。

条件形式の使用に加え，英国国籍法には計算論理の多くの重要な特徴が現れている。規則と例外の表現も含まれているし，あなたやわたしのような人が英国市民として帰化するための条件を満たしていることを国務大臣に納得させるために必要な，メタレベルの推論も見ることができる。

英国の国籍法とは対照的に，ミシガン大学の賃貸解約条項は曖昧で事実上理解不能な英文であるが，計算論理のスタイルで再定式化することでいかに理解可能になるかを示す。

第７章：ダンゴムシと火星探査機

認知心理学において人間の思考に関する最も影響力のある計算モデルは，プロダクションシステムモデルであろう。この章ではダンゴムシと火星探査機を例にこのモデルに焦点をあてる。プロダクションシステムは，原子的事実からなる**ワーキングメモリ**（working memory）と，**条件－行動規則**（condition-action rule）（「もし条件がなりたつならば行動する」の形式）を組み合わせている。ワーキングメモリは世界の現在の状態のモデルのようなもので，規則はエージェントの目標や信念のようなものだ。

条件－行動規則は「観察－思考－決定－行動サイクル」に組み込まれており，規則の条件とワーキングメモリ内の事実のマッチングを行い，規則の行動を候補行動として生成することで実行される。この実行方法は**前向き連鎖**（forward chaining）と呼ばれ，前向き推論に似ている。もし，このなかで複数の行動候補が生成された場合，**競合解消**（conflict resolution）と呼ばれる手続きを使って候補間で行動を決定する。その後，選択された行動は実行され，ワーキングメモリの状態が変化し，エージェントの行動が世界の状態を変化させる様子をシミュレートする。

論理的な観点から見ると，条件－行動規則には３つの種類がある。**反応規則**（reactive rule）は直感的な刺激－反応連合と類似したものであり，**目標還元規則**（goal-reduction rule）は前向き連鎖によって目標を副目標に還元するものであり，**前向き推論規則**（forward reasoning rule）は真正の論理的な前向き推論を行うものである。

第８章：生命の駆動力としての持続目標

本書で紹介するエージェントモデルは，論理とプロダクションシステムの機能を，論理という枠組みのなかで組み合わせたものである。このフレームワークはプロダクションシステムから「観察－思考－決定－行動サイクル」を引き継いでいるが，条件－行動規則を，条件文の論理形式における目標と信念に置き換えている。そこでは，反応規則を，前向き推論に使われる**持続目標**（maintenance goal）に置き換える。また，目標還元規則を，後ろ向き推論に使われる**信念**（belief）に置き換える。さらに，前向き推論規則を，前向き推論に使われる信念に置き換える。

論理的エージェントモデルでは，そのエージェントの**サイクル**（cycle）は，信念を用いつつ前向き推論を行うことによって，環境の観察に対応し続ける。

このサイクルは，持続目標の条件の１つにマッチする結論を得るまで続く。持続目標の他の条件をチェックするためには，後ろ向き推論を行う。もし持続目標の条件がすべて成立することが示されたならば，推論を一歩進めて，持続目標の結論を**達成目標（achievement goal）**として導出する。そして，達成目標を候補となる行動計画に落とし込むために，信念を用いて後ろ向きの推論を開始する。さまざまな候補行動のなかから決定を行い，プランの実行を開始する。必要に応じてプランの実行を中断し，他の観察を行い，そのプランを他のプランの間に差し込む。

第９章：生命の意味

前章までの論理的枠組みでは，エージェントの生涯が次のようなものによって制御されているとみなしている。つまり，世界で起こる変化，エージェント自身の目標と信念，そしてエージェントが目標を達成する複数の方法からの選択，である。信念と最高水準の目標を組み合わせることで，目標と副目標の階層が生成される。一方，効率化のために，この階層はより直接的な刺激－反応連合の集まりへと集約することができる。そこではもともとの目標はもはや明瞭ではない形で内在しており，暗黙的・創発的なものとなっている。

AIや一般的なコンピューティングでは，知的設計者が人工エージェントを実装する際に，より高水準の目標を明示的に表現しないことがよくある。設計者はエージェントの目標を知っているが，エージェント自身はそれを知らないのである。そのエージェントからすると，その生涯がまったく無意味に思えるかもしれない。

この章では，一見無意味に見える架空の人工的なダンゴムシの生涯と，刺激－反応連合と高水準の目標への気づきが組み合わされた，より意味のある知的エージェントの生涯を対比する。

第10章：アブダクション

エージェントの信念の主要な機能の１つは，経験間の因果関係を表現することである。エージェントは主体的にこれらの因果表現を使用して，目標達成のためのプラン生成を行う。また，予防的にもこれらの因果表現を使用し，候補となる諸行動からの選択を補助するために，それらの候補行動の帰結を導出する。しかしながら，エージェントは同じ因果信念を**仮説形成的に（abductively）**使って，観察を説明する仮説を生成したり，仮説の候補からの選択を行うための補助として，候補仮説の帰結を導出することもできる。観察を説明するために仮説を生成し選択するこのプロセスは，**アブダクション（abduction）**と呼ばれている。

失敗としての否定と組み合わされたデフォルト推論と同様に，アブダクションは以前に導出された結論を新しい情報が撤回させる可能性があるという意味で，**無効可能（defeasible）**である。

第11章：囚人のジレンマ

ある観察結果についてのアブダクションによる複数の説明のなかから決定を行う問題は，さまざまな候補行動のなかから決定を行う「囚人のジレンマ」のような問題と似ている。この章では，候補行動の間で決定を行うために，計算論理と意思決定理論の組み合わせをエージェントがどのように使えるかを見てゆく。意思決定理論によれば，エージェントは期待される効果が最良であるような選択を行うべきである。ある行為で期待される結果は，その行為の結果の効用（または望ましさ）についての判断と，その結果が実際に起こる確率（または見込み）についての判断を適切に組み合わせることによって決定される。

意思決定理論は規範的な理論であり，効用と確率に関する詳細な知識を要求するが，エージェントの行動の動機については無視する。実際には，エージェントはより典型的にはヒューリスティックな目標と信念（または経験則）を用いて，意思決定理論的な規範に近づけている。しかし，ヒューリスティクスは往々にして道を誤る。より賢い選択をすることが重要な場合，より包括的なエージェントサイクルの枠組みを使い，行動の動機を分析し，あらゆる選択肢を検討するのがよい。

第12章：動機が重要

意思決定理論は，帰結主義的な道徳理論につながり，行動の道徳的地位を単にその結果の観点から判断する。しかし，心理学研究や法律では，人々は行動をその結果と動機の両面から判断する。ここでは，計算論理は制約を用いることによってどのように道徳的判断をモデル化し，道徳的あるいは法的に許容し難い行動を防ぐのかを示す。

第 13 章：変化する世界

エージェントは生きていくうえで，変化を続ける世界と調和を保った関係を維持しようと常に苦闘を続けている。エージェントは変化する世界の状態の観察を取り込み，次に世界を変化させるための行動を起こす。

世界はそれ自身の生命を持っている。それは現在にしか存在せず，過去は壊され，未来は隠れている。そのような変化する環境のなかで生き延び成功することを助けるために，知的なエージェントは思考の言語で表現された原因と結果についての信念を使う。この章では，そのような因果的な信念の論理的表現と，この論理的表現と変化する世界の間にある意味論的関係をより詳細に考察する。

第 14 章：論理とオブジェクト

認知心理学では論理の主な競争相手はプロダクションシステムだが，コンピュータ分野における主な競争相手はオブジェクト指向性（object-orientation）である。オブジェクト指向的な世界観では，世界はオブジェクトから構成され，それらはお互いにメッセージをやり取りしている。オブジェクトは，一般的なクラスから引き継いだ，他のオブジェクトからは見えないカプセル化された（encapsulated）メソッドでメッセージに反応する。

もしオブジェクトをエージェントとみなし，メソッドを目標や信念とみなし，メッセージをあるエージェントから他のエージェントへの情報提供あるいは援助の要求とみなすなら，計算論理はオブジェクト指向と適合性がある。この視点からすると，オブジェクト指向の主な貢献は 2 つある。つまり，比較的自己完結したモジュールのなかの知識（目標と信念）を構造化することと，抽象的な階層構造のなかの知識を組織化することの両者の価値に光を当ててくれる。

第 15 章：双方向条件文

この章では，条件的な信念が変装した双方向条件文（biconditional）であるという視点を考察する。例えば，物体を赤色に見せる“唯一の”2 つの候補条件文が与えられているとする。

物体が赤く見えるのは，その物体が赤い場合である。
物体が赤く見えるのは，その物体が赤い光で照らされている場合である。

この２つの条件文は，双方向条件を意味するものとして理解できる。

物体が赤く見えるのは，
その物体が赤い，**または**その物体が赤い光で照らされている**場合かつその場合に限られる。**

失敗としての否定やアブダクションは，このような双方向条件文を等価関係として推論することとして理解できる。そこでは，結論とマッチする原子論理式を,結論を含意する条件の選言（「または」で連結される）で置き換えている。

第 16 章：計算論理と選択課題

この章では，条件文を使った推論に関する心理学的実験の結果を説明するという問題に戻る。条件文を目標として解釈するか信念として解釈するかによって，計算論理はこれらの結果を異なる方法で説明する。もし信念として解釈するなら，条件文を結論が成り立つ“唯一の”条件を指定するものとして解釈することは自然であることが多い。この解釈は,条件文を使って推論する際に人々が犯す２つの主な間違い（古典論理の基準で判断した場合）の１つを説明する。

もう１つの主な間違いは，人々は往々にして否定を使って正しく推論できないことである。この間違いは，エージェントの観察は通常は肯定的な原子文によって表現され，否定的な結論を肯定的な観察から導出する必要があるという事実によって一部説明可能である。多くの場面で，この導出は条件的な信念を使う場合よりも条件的な目標を使う場合のほうが容易である。

第 17 章：メタ論理

この章では，他のエージェントの推論をシミュレートし，対象言語のみでは解の得られない問題を解くために，メタ論理がどのように使えるのかを考察する。これを示す例として「賢者パズル」の変形版を使い，また算術において真であるが証明できない文が存在するというゲーデルの定理も利用する。

本書の結論

本書の結論となるこの章では，詳細からは一歩引いて，本書の主な目的をより広い視点から見直す。その目的は，人間の行動を説明するためやガイドするために，競合的なパラダイムと計算論理をどのように調和させることができるのかを示すことである。また，他の分野における衝突の解消に計算論理がどのように役立つかの示唆を与えている。

補遺 A1：論理形式の構文

補遺となるこの章ではより形式的な考察を行い，条件文形式を持つ文の論理としての計算論理に対して，より正確な定式化を与えている。条件文とは，「もし条件が成り立つならば，結論が成り立つ（if conditions then conclusion）」，または等価な言い換えとして「結論が成り立つのは，条件が成り立つ場合である（conclusion if conditions）」の形式を持つ。この単純な形式において，条件文の**結論**（conclusion）は**原子的な表現**（atomic expression）であり，1つの**述語**（predicate）といくつかの**引数**（argument）から成る。条件文の**条件**（condition）は，原子的な表現あるいは原子的な表現の**否定**（negation）の連言（「かつ」で連結される）である。

この補遺では，条件文形式の論理と標準的な古典論理を比較し，条件論理に対する古典論理の関係は，思考の言語に対する自然言語の関係と同じであることを論じる。両方の場合で，2つの段階で実行される2種類の推論がある。最初の段階は，構造化されておらず場合によっては理解が困難な文を，より構造化された単純な文へと翻訳することである。第二の段階は，結果として得られたそれらの単純な文の帰結を導出することである。条件文形式の論理は，この単純でより構造化された文の論理である。

補遺 A2：真であること

計算論理における条件文は，エージェントの思考の私的な言語による目標と信念を表現する。それらはまた，他のエージェントとの公的なコミュニケーションの意味を表現し，この理由から，自然言語文の**意味論**（semantics）を表現すると言うことができる。しかし，論理形式の文は，世界の状態との関連という視点からの意味論も持つ。

補遺 A2 ではこの意味論についての議論および，すべてのモデルにおいて真であることと**極小モデル（minimal model）**において真であることの関係についての議論を始める。算術を例として，極小モデルにおける真はすべてのモデルにおける真よりも根本的なものであることを論じる。

補遺 A3：前向き推論と後ろ向き推論

この補遺では，推論の前向き規則と後ろ向き規則をより正確に定義する。そして，文のある集合において真であることが別の集合において真であることをどのように含意するかを示すことで，それらが意味論的視点からどのように理解できるかを示す。この意味論的な視点は，これらの推論規則をすべてのモデルにおいて真である文を決定するための使用と，極小モデルにおいて真である文を生成し決定するための使用の双方に適用される。

補遺 A4：極小モデルと否定

この補遺では，失敗としての否定の意味論が，補遺 A2 で扱う極小モデル意味論の視点からどのように理解できるかを示す。

補遺 A5：推論の導出規則

この補遺では，前向き推論と後ろ向き推論はどちらも推論の導出規則（resolution rule）の特殊なケースであり，導出は結合グラフにおける推論の基礎となるメカニズムであることを理解する。

導出はもともと機械指向の推論規則として提示されたものである一方，前向き推論と後ろ向き推論は人間の思考を理解する人間指向の方法である。人間指向と機械指向のこの組み合わせは，人間の精神が，ソフトウェアとして条件文形式の論理を持ち，ハードウェアとしてコネクショニスト形式の導出を持つ計算機とみなすことができるという事実に反映されている。

補遺 A6：アブダクティブ論理プログラミングの論理

この補遺では，本書で使用する計算論理の基本的な推論規則である，前向き推論，後ろ向き推論，失敗としての否定の組み合わせに関する技術的な裏付けのほとんどを提供する。

この補遺で示される証明手続きは，エージェントの目標と信念がすべて真である極小モデルを生成するプロセスとして，意味論的な視点から理解できる。一方，その証明手続きは，ある主張への支持を提供し，それに対するすべての反論を論駁することによって，主張に賛同する論拠を生成するプロセスとして，議論的な視点からも理解できる。

イントロダクション

計算論理（computational logic）は，人工知能（artificial intelligence：AI）研究のなかで過去50年にわたって進展してきた。その目標は，人間レベルの知能を示すコンピュータ（計算機）をプログラムすることである。計算論理は記号論理学（symbolic logic）に基盤を持つ。記号論理学において文は記号で表され，代数学で等式を解くように記号を操作することによって推論が行われる。しかし，現実の問題解決に計算機を用いて記号論理学を利用する試みは，多くの簡素化や改良をもたらしてきた。結果として生まれた計算論理は，計算機による使用をより強力なものにするだけでなく，人間の思考をよりよいものにするという論理のもともとの目的にも役立つものであった。

伝統的論理学（traditional logic），記号論理学，計算論理はすべて，文の抽象的な形式を扱い，それら形式がどのように論証の正しさに影響するかに関心を持つ。伝統的論理学は紀元前4世紀のアリストテレスにまで遡るが，記号論理学はジョージ・ブールやゴットロープ・フレーゲが数学的な形式を持つ論理学を考案した19世紀に最初に始まった。この分野は，バートランド・ラッセル，アルフレッド・ノース・ホワイトヘッド，クルト・ゲーデルやその他多くの研究者による数学基礎論への応用により，20世紀に大きく飛躍した。そして20世紀後半に計算論理が出現した。この分野は数学的な証明の生成を機械化しようという試みに始まり，より一般的な種類の知識の表現や，より一般的な問題の解決へと拡充されてきた。本書で扱っているさまざまな計算論理は，ジョン・マッカーシーとジョン・アラン・ロビンソンの貢献に多くを負っている。

過去1世紀において記号論理学は顕著な業績を残した。しかしその結果，論理学のメインストリームは数学の一分野となり，人間が行う推論というそのルーツとのつながりはほとんど絶たれてしまった。計算論理もまた，計算機への実装を容易にするために数学的な表記法を使うが，それは人間の思考との関連を見えづらくしてしまう。わたしが本書で示そうとしているのは，計算論理の実用的利益は数学やAI分野にとどまらず，数学的な概念を使わずとも普通の人々が日々の生活を送る役に立つということである。一応，本書の最後に技術的な内容を扱う補遺を付けたが，これは興味のない読者は飛ばしてくれてかまわない。

論理と思考の関係

さまざまな種類の論理学はいずれも，思考の規則の形式化に関心を持つ。そして法学や経営科学といった関連分野とともに，人々がどう考えるべきかを規定する**規範的**（normative）な理論の定式化に焦点を当てる。認知心理学も人間の思考を扱うが，こちらはもっぱら**記述的**（descriptive）な理論，つまり人々が現実において実際にどのように考えているのかを研究し，その考えが正しいか間違っているかは問わない。一般的に言ってこの2種類の理論は別個に研究され，互いにつながりはほとんどなかった。

しかし近年，認知心理学は**二重過程理論**（dual process theory）を発展させた。この理論は，記述的な理論と規範的な理論を組み合わせたものとして理解できる。二重過程理論的な観点からは，伝統的な記述的理論は**直感的思考**（intuitive thinking）に焦点を当てており，これは連想的で，自然発生的で，並列的で，潜在意識的な過程である。一方の伝統的な規範的理論は**熟慮的思考**（deliberative thinking）に焦点を当てており，こちらは規則に基づいた，努力を要する，直列的で意識的な過程である。本書では，計算論理は直感的思考と熟慮的思考を組み込んだ二重過程理論であると主張するつもりである。

しかし，論理学は抽象的な思考にだけ関わるわけではない。文の形式で表現された思考や，新たな思考を生み出すために文を操作する際の思考にも関係する。計算論理では，このような文の論理的操作もまた，計算的な解釈を持つ。この視点から見ると，計算論理は人間の思考の言語の形式化とみなすことができる。

計算論理と思考の言語

人工知能において使用されているように，計算論理は何よりもまず知的エージェントの**思考の言語**(language of thought)として機能する。このなかには，エージェントの思考の**形式**（form）を決定する**構文論**（syntax）（または文法）と，それらの**内容**（content）（または意味）を決定する**意味論**（semantics），そして既存の思考の帰結として新たな思考を生み出す（導出または推論する）**推論エンジン**（inference engine）（または証明手続き）が含まれる。この役割のなかで，計算論理はエージェントの目標と信念を表し，エージェントの行動を制御する手助けをする**私的言語**（private language）とみなすことができる。この私的言語は英語のような通常の自然言語からは独立した，より根源的なものである。

しかし，AI 分野における**マルチエージェントシステム**（multi-agent system）では，個々のエージェントの私的言語は，他のエージェントとのコミュニケーションの意味を表現するという二次的な機能にも携わる。このようなコミュニケーションはエージェント間で共有される**公的言語**（public language）で表現される。これは個々のエージェントの私的言語とは異なっていてよい。コミュニケーションを行うエージェントのタスクは，私的言語から公的言語へと思考を翻訳することである。その結果，受け手のエージェントは，公的なコミュニケーションを自らの私的言語における適切な思考へと容易に翻訳できる。

もしすべてのエージェントが同じ私的言語を共有し，その私的言語がエージェントコミュニティの公的言語と同一であったならば，話はもっと簡単であっただろう。これは人工的なマルチエージェントシステムではデザインの調整によって達成可能だが，人間がエージェントである社会では近似的に実現できるだけである。

私的言語と公的言語の区別は AI 分野では明確だが，言語哲学においても人間の思考とコミュニケーションの関係を説明するために議論されてきた論題である。単純化すると“思考の言語（language of thought：LOT）仮説”と総称されるそのような主張の多くでは，「人間の思考の大部分は思考の言語で行われていると理解できる」と主張されている。この方向性の提案で最も有名なのは，「LOT は私的言語であり，あらゆる公的言語から独立している」とするジェリー・フォーダーの仮説である［Fodor 1975］。別の提案としてピーター・カラザーズは，「ある人の LOT は，その人の属す社会コミュニティの公的言語に特有のものである」と主張している［Carruthers 2004］。

私的言語と公的言語の関係についてどのような立場をとるのであれ，LOTが何らかの論理形式を持つことにはほとんどの人が同意しているように見える。しかし，それらの主張の多くは，論理形式の詳細については驚くほど遠慮がちにしか言及しない。それに対し，わたしが本書で提示する「計算論理はLOTの形式化とみなすことができる」という主張は，臆面もなく明確である。わたしは自分の議論の主な裏付けを，人工知能分野における計算論理の利用から得ている。しかし同時に，人間のコミュニケーションに関する規範的理論と計算論理の間の関係性からも，その裏付けを得ている。

計算論理と人間のコミュニケーション

われわれが話したり書いたりする場合，たいていは効果的にコミュニケーションをとろうと意識的に努力することなく，自分を他者に向けて単純に表現する。しかし，いまわたしがこの本を書いている場合のように，他者に理解されることが本当に重要な場合には，可能な限り明確に，一貫性を持って，説得力ある形で表現しようとする。この違いは，思考の記述的な理論と規範的な理論の間にある差異に似ている。そして2種類の思考と同じように，この2種類のコミュニケーションは概して異なる学問分野で研究されている。言語学が，人々が実際にどう言語を使っているのかという記述的な理論に関心を持つ一方で，修辞学や英作文，クリティカル・シンキングといった関連する分野は，より効果的にコミュニケーションするために言語をどのように使うべきかという規範的な理論に焦点を当てる。

本書では，知的な思考，コミュニケーション，行動に関する規範的な理論を提示するが，記述的な理論にも注意を払うつもりである。記述的な理論はわれわれの根幹にあるものを理解する助けとなり，規範的な理論はわれわれが目指しているところを示してくれるからである。

規範的な理論と最も密接な関係を持つコミュニケーションの記述的な理論はおそらく，関連性理論（relevance theory）［Sperber and Wilson 1986］だろう。この理論はより一般的な認知理論に基づいており，簡単にいうと，「環境からの競合的な入力があったとき，人は最小の処理コストで最大の利益が得られる情報を持つ入力のほうへ注意を向ける」という仮説を立てる。この理論をコミュニケーションに応用すると，入力として内容が曖昧なメッセージが与えられた場合，「読み手あるいは聞き手は，入力をそれが含む情報量を最大化する論理形式へと翻訳する一方で，その論理形式を生成する際に必要となる計算努力を最小化しようとする」という仮説が得られる。

関連性理論は，「計算論理（またはその類似形）は思考の言語の論理である」という仮説と相性がよい。計算論理と同じく，関連性理論もまた，論理的および計算的な構成要素を併せ持つ。さらには，ジョセフ・ウィリアムズの英語ライティング・スタイル・ガイドのような，コミュニケーションの規範的理論との結びつきも提供する［Williams 1990, 1995］。

ウィリアムズのガイドを解釈する方法の１つは，「書き手は伝えたい思考の論理形式と可能な限り近い形式で表現を行うべきだ」というアドバイスを含むものとして論理学的に理解することである。言い換えるなら，書き手は意図している意味を表現すべきであり，その際には読み手が可能な限り簡単にその意味を正確に抽出できるように表現すべきである。さらに別の言い方をすれば，私的な思考の公的な表現は，それらの思考の論理形式に可能な限り近づけるべきである。

もしわれわれの私的言語と公的言語が一致していたなら，考えていることをそのまま表現できると思えるかもしれない。しかし，実際にはそれだけでは十分ではない。われわれは自らの思考を一貫性のある形に組織化しなければならないからである。そのような組織化によってそれぞれの思考が互いに論理的に結合され，読み手や聞き手はわれわれの思考を彼らの思考と関連づけることができるのである。

一貫性を達成するためのウィリアムズのガイドのなかに，「以前からあるよく知られたアイデアは文の始めに置き，新しいアイデアは後ろに配置せよ」というアドバイスがある。文が連続していくなかで，ある文の後ろに置かれた新しいアイデアは，次の文の始まりに置かれる古いアイデアとなる。

このアドバイスを計算論理のインフォーマルな構文を使って例示してみよう。そしてこれは同時に，エージェントの行動を先導する目標および信念を表現するために，計算論理をどう使うことができるかを示す例ともなっている。

あなたはより知的になりたい。
あなたがより知的になるのは，あなたがより論理的になる場合である。
あなたがより論理的になるのは，あなたが本書を勉強する場合である。
そのため（他の選択肢がない場合），あなたはこの本を勉強すべきである。

詩的な文章ではないかもしれないし，同意しない人がいるかもしれないが，少なくとも明快で一貫性があり，要点をついた文章であるとはいえるだろう。

計算論理とは何か？

本書で採用しているバージョンの計算論理は，情報を表現するための言語を単純化した形式と，情報を使ってその帰結を推論する機械的（自動的）な方法とを組み合わせたものである。この言語における文は，**条件文（conditional）**という単純な形をしている。

もし条件が成り立つならば，結論が成り立つ（if conditions then conclusion）
または
結論が成り立つのは，条件が成り立つ場合である（conclusion if conditions）[訳注2]

推論の基本的な規則は，前向き推論と後ろ向き推論である。

前向き推論（forward reasoning）は，条件から結論を導くための古典的な推論の規則であり，**モーダス・ポネンス（modus ponens）**とも呼ばれる。例えば，一般的に「ある人がより論理的になるのは，その人がこの本を勉強す

訳注2　本書では条件文に関し，「if *A* then *B*」と「*B* if *A*」という，同じ意味を表すが*A*と*B*の登場順の違う英文が使われている。日本語では双方ともに「もし*A*（条件）ならば，*B*（結論）」と訳すのが自然だが，「*B* if *A*」を訳す際には「*B*（結論）となるのは，*A*（条件）の場合である」という表現で半ば機械的に統一した。*A*と*B*の出現の順序が本書で重視されるLOTについての議論と密接に関連するからである。この表現はあくまで「*B* if *A*」を表すものとして，それ以上の意味を読み取らないよう注意されたい。また，「if *A* then *B*」は現在の論理学の教科書ではより簡潔に「*A*ならば*B*」と訳されることが多いが，自然言語としての日本語のなかで条件と結論を区別しやすくするためや，全体での表記の一貫性などの理由から，本書では「もし*A*ならば，*B*」で統一した。

る場合である」という信念があるとする。ここで前向き推論を使えば,「メアリーはこの本を勉強する」という条件から,「メアリーはより論理的になる」という結論を導出できる。前向き推論には,帰結が目標にどのように影響を与える可能性があるかを決定するために,エージェントが観察の帰結を導出するという特殊な場合も含まれる。

後ろ向き推論（backward reasoning）は逆向きに働き,結論から条件を導き出す。例えば,一般的に「ある人がより知的であるのは,その人がより論理的である場合である」という信念があり,これが「ある人がより知的である」という結論を導く唯一の方法であるとする。この場合,後ろ向き推論は,結論「ジョンはより知的である」から,「ジョンはより論理的である」という条件を導き出す。後ろ向き推論は,結論を目標とし,条件を副目標とするような,目標の還元（reduction）[訳注3]とみなすこともできる。後ろ向き推論には,エージェントが世界で実行できる行動としての副目標を導出する特殊な場合も含まれる。

後ろ向き推論は,計算論理に高水準プログラミング言語としての能力を与える。その際に,すべてのプログラムは目標還元的な手続きから成る。実際,プログラミング言語のProlog（この名前はProgramming in Logicに由来している）は,主に人工知能での応用のためにこの形式の計算を最大限に利用している。

本書で検討していく,より一般的な形式の計算論理もまた,エージェントが候補となる一連の行動を選択する際のガイドとして,推論を使う。例えば,「ジョンはより知的である」という目標を達成するために,後ろ向き推論によって「ジョンはより論理的である」または「ジョンは知能増強ドラッグを摂取する」という2つの副目標が得られたとしよう。ジョンは行動を起こす前に前向き推論を使って,それらの選択肢によってもたらされるであろう帰結を推論できる。特に,「ジョンは知能増強ドラッグを摂取する」という後者の選択肢を選んだ場合に「ジョンは不可逆的な脳損傷で苦しむかもしれない」という帰結を推論すれば,彼は「ジョンはより論理的である」という第一の選択肢のほうを選ぶだろう。

訳注3　より基本的な構成要素や条件へと分解・単純化していくこと。

人工知能とは何か？

人工知能（AI）とは，コンピュータを知的に振る舞うようプログラムする試みである（この判断は人間が基準となる）。AIの応用には，英会話の認識，医療やエンジニアリングにおける問題診断のためのエキスパートシステム，法的推論の形式化といった分野などが含まれる。

AIで用いられるツールには，探索，記号論理学，人工的なニューラルネットワーク，不確実性を伴う推論などがある。それらの多くが，本書で取り上げる計算論理の発展に貢献してきた。しかし，AIへの応用についての関心はいったん脇へおいておき，本書では，普通の人々がより知的に考え行動する助けとして計算論理を使うことに焦点を当てたいと思う。

人を計算的な観点から考えることは，人が単なる機械として捉えられることを示唆するように思えるかもしれない。しかしわたしは逆に，他の人々を計算を行うエージェントとして考えることは，われわれに共通する性質と個々の違いを認識するのに役立つと信じている。それは，変化を続ける世界のなかで生命のサイクルに従事するわれわれに共通する要求を明らかにしてくれる。そして，他の人々もそれぞれに別の経験，目標，信念を持っているかもしれないという事実に注意を向けてくれる。それらは自分自身のものとは異なるかもしれないが，理解や寛容，尊重に関して同様の価値を持つものである。

計算論理と生命のサイクル

知的なエージェントの精神における計算論理の役割は，おおよそ右ページの図のように示すことができる。

エージェントと世界の間の関係をこのように捉える視点では，エージェントの心は構文論的な構造であり，現在の世界がどうであるかについてのエージェントの信念と，世界がどうあってほしいかという目標を表す。これら信念と目標はエージェントの私的言語で表現され，その文は条件文の構文形式を持つ。

一方で世界は意味論的な構造である。この構造はエージェントの身体を含み，エージェントの思考に意味を与える。これは動的な構造であり，変化し続け，今この場所にしか存在しない。しかし，エージェントは思考の言語を使って変

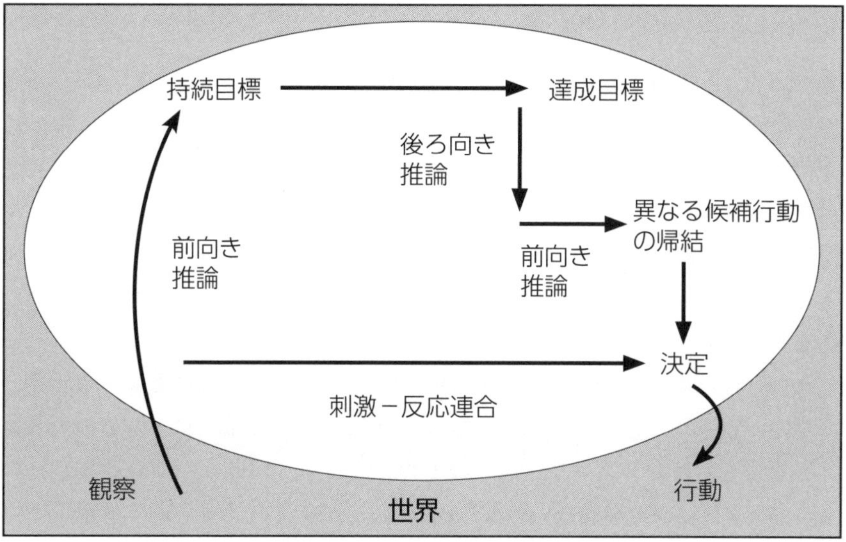

化する経験を記録することができ，それら経験の間の因果関係について一般化した信念を定式化できる。そして過去の経験を説明するそのような信念を使い，未来における目標の達成に役立てることができる。

エージェントは世界で起こるイベントと，それらイベントが開始 / 終了させる性質を観察する。そして前向き推論を使用して，それら観察の結論を導出する。多くの場合，これらの結論は本能的あるいは直感的な刺激－反応連合によって引き起こされる行動であり，これは条件文の論理形式で記述することもできる。エージェントはこれらの行動を，自動的かつ即時的な反射作用として実行する場合がある。あるいは人間の思考の二重過程モデルのように，高位の推論を働かせて行動を監視する場合もある。

刺激－反応連合によって即時的に反応するかどうかという誘因以外にも，エージェントは前向きに推論し，環境と調和的な関係を保つために維持する必要がある高位の目標に，ある観察が影響を与えるかどうかを決定することができる。この種の高位の持続目標を伴う前向き推論は，未来のための達成目標を生成する。そしてエージェントは後ろ向きに推論し，それら達成目標を副目標へと還元し，それら目標を達成するための行動プラン（計画）を心のなかで探索することができる。

同じ目標を達成する複数の異なるプランが存在することが判明するかもしれない。そのような場合，エージェントはそれら選択肢のなかから決定を行う必要がある。古典的な決定理論では，エージェントは候補プランの期待される帰結を補助的に用いて決定を行う。エージェントは条件文の論理形式で表現された信念を用いることにより，これらの帰結は選択肢となる候補行動の仮説的なパフォーマンスを表す条件から前向き推論によって導出できる。そしてエージェントはそれら帰結を評価し，意図しない望ましくない帰結を導く行動を却下できる。そうして，最も望ましい結果（効用）が期待される行動を選ぶのである。

とはいえ，エージェントの行動の帰結は，自身の行動のみに依存するわけではない。他のエージェントの行動や，エージェントの制御外にあるその他の条件の影響も受ける。エージェントはそのような条件が成り立つかどうかを前もって確実には決められないかもしれない。しかし，その見込み（確率）は判断できる可能性がある。そのような場合，エージェントは決定理論の技術を使い，確率と効用に関する判断を組み合わせ，期待効用を最大化するような一連の行動を選択することができる。あるいは，決定理論的な理想に近いような，より実用的に前もって準備しておいた行動プランを使うこともあるだろう。

目標を達成するための選択肢を決定する際の基準のなかには，それが他のエージェントの目標に影響を与える可能性がある。他のエージェントの目標達成を手助けする選択肢，あるいは他のエージェントの目標達成を邪魔しない選択肢に対しては，他の選択肢よりも高い優先順位を与えることができる。こうして，他のエージェントもそれぞれに経験や目標，信念を持っているということをエージェントが理解あるいは認識することを手助けすることで，計算論理は他のエージェントとの衝突を避け，彼らと協力することに役立つ。

本書の狙いは，計算論理のそういった利点を示すことである。計算論理はAI分野で一定の成功を収めてきており，人間の思考と行動を改善する大きな可能性をも秘めている。

第 1 章

地下鉄の論理

もしある種の計算論理が人間の思考の言語であるとしたら，それを探す一番いい場所はわれわれの頭のなかであるように思われる。しかし，脳の構造と活動をただ観察してみても，それはソフトウェアについて知りたいときにコンピュータのハードウェアを眺めるようなものだろう。あるいは社会を知ろうとする際に，人間の相互作用を見るのではなく，構成員としての個々人の動きを調査するようなものだろう。よりよい方法は，常識というものを利用し，内観（introspection）に頼ることのように思えるかもしれない。

しかし，内観があてにならないものであることは悪名高い。例えば希望的観測は，物事が実際にどうあるかではなく，見たいものを見せるようわれわれを欺くことがある。20 世紀前半の行動心理学者は内観をまったくあてにならないものとみなし，その利用を全面的に禁止した。

人工知能は思考の言語を見つけるための別のアプローチを提供する。コンピュータプログラムを組み上げて，その入力－出力的な振る舞いにより人間の精神過程の外的に観察可能なしるしを再現する。この再現の成功具合によっては，コンピュータプログラムの構造を，人間の精神構造と類似したものと捉えることができる。そしてそれらプログラムの動作を，人間の思考の活動の類似物とみなすことができる。

しかし，異なる構造と操作形態を持つ異なるプログラムが，似たような振る舞いを示す場合がある。これから見ていくように，そのような差異の多くは抽象化のレベルの違いとして理解できる。一部のプログラムはより低水準で，ハードウェアの具体的なレベルに近く，結果として効率が高い。別のプログラムはより高水準で，応用領域の抽象的なレベルに近く，結果としてわれわれに理解しやすい。第 9 章で二重過程理論について取り上げるが，その際にこのような異なる水準間の関係性について考えていく。それまでは，まずは身近なところから見ていくことで，やがて取り組むべきものへの準備ができる。

もし人間の思考が言語的な構造を持つのなら，英語のような自然言語を見渡すことにより，その構造についての着想を得ることができるはずである。さらに望ましいのは，自らを可能な限り明確に，一貫性を持って，効果的に表現するという状況における英語でのコミュニケーションを検証することである。もっといえば，われわれはこの作業を英作文の教科書のアドバイスの助けを借りながら進めることができる。

思考の言語を明らかにするという目的のために最も重要となるアドバイスは疑いなく，「可能な限り明確に自らを表現すべし」という推奨だろう。こうすることで，言葉を伝えている相手が，われわれのコミュニケーションを彼らの思考へと翻訳することが可能な限り容易になる。他の条件が同じだとすれば，われわれのコミュニケーションの形式は伝えたい思考の形式に可能な限り近づけるべきである。

どう行動すべきかの指針となるようデザインされたコミュニケーションの最良の例が，緊急事態に関する注意書きである。生死のかかるような状況では，受け手がコミュニケーションを意図どおりに，かつ可能な限り小さな労力で理解できることが求められるからである。

例えば，あなたはロンドン地下鉄に乗っており，隣に立っている人の背中のリュックサックからカチカチという怪しい音が聞こえてきたところを想像してみよう。運よく，このような緊急事態にどうすべきかについて正確に説明している注意書き[訳注1]が見えた。

緊急事態

非常ボタンを押して，運転手に警告してください。
運転手が停止させるのは，列車の一部が駅内にある場合です。
そうでない場合には，列車は救助が受けやすい次の駅まで進みます。
不適切な使用に対しては50ポンドの罰金が科せられます。

この注意書きは可能な限り明快に書かれており，最小限の労力でこの文章をあなたの思考へと翻訳することができるようになっている。文章の形式があなたの思考を構造化する形式に近づくにつれて，あなたはより簡単に文章を理解し，その文章が伝える思考を活用できる。

地下鉄の運営会社があなたに伝えたい思考は，緊急事態にあなたが適切に行動することができるようにデザインされている。同時に，緊急事態でないときにあなたが余計な行動をとることを防止しようとしている。したがって，この注意書きはただ明確なだけではなく，緊急事態に際して何をすべきであり，そうでない場合にすべきでないことを指示するようにデザインされている。一方，この注意書きは整合性を持つようにも意図されている。このため，文章が伝える新しい思考を，あなたの既存の思考と関連付けることが容易になる。ここで言う既存の思考には，注意書きを読む前から存在していた思考と，注意書きを読んでいる最中に文章から伝わったであろう思考の両方が含まれる。

プログラムとしての緊急事態の注意書き

緊急事態の注意書きの目的は，ロンドン地下鉄の乗客の振る舞いを統制することである。コンピュータプログラムがコンピュータの振る舞いを制御する際にも，似た方法が使われる。一般に人間のコミュニケーションの多くは，一人の人間が他者をプログラムして望む振る舞いを引き出そうという，計算的な観点からも理解できる。

わたしがここで，人々を単なる機械のように扱うべきだなどと言っているわけではないことに注意してほしい。わたしが言いたいのは，人々を計算を実行するエージェントとして考えることによって，より効果的かつ効率的にコミュ

訳注1　参考のため，元の英文を掲げておく。

Emergencies

Press the alarm signal button to alert the driver.

The driver will stop if any part of the train is in a station.

If not, the train will continue to the next station, where help can more easily be given.

There is a fifty pound penalty for improper use.

ニケーションを行うことに役立つ場面があるということである。コミュニケーションがより**効果的**（effective）になる理由は，それがわれわれの意図するところを達成しやすくなるからである。一方，コミュニケーションがより**効率的**（efficient）になる理由は2つある。1つはこのようなコミュニケーションは他の人々に理解しやすいからであり，もう1つは，コミュニケーションによってもたらされる情報を他の人々が自分達の目的のために容易に利用することができるからである。

コミュニケーションを理解することは，コンピュータが外部の**原始言語**（source language）で書かれたプログラムを，コンピュータが既に理解している**目標言語**（target language）へと**翻訳**（translate）（または**コンパイル**〔compile〕）するプロセスに似ている。コンピュータが原始プログラム（source program）をコンパイルする際には，プログラムの個々の文を目標言語へと翻訳し，それらの文を目標プログラムとして表現された，一貫性のある内部構造へと配置しなければならない。プログラムのコンパイルが効率的であるとは，それが必要最小限のプロセスで実行できることである。同様に，英語でのコミュニケーションの理解が効率的と言えるのは，英文から心的表現（mental representation）へのコンパイルの労力ができるだけ小さいときだと言える。

コミュニケーションにおける情報を利用することは，ちょうどコンパイル後に目標プログラムを**実行**（execute）するようなものである。コンピュータがプログラムを実行するとき，手順通りの方法で，指示に機械的に従う。ある人がコミュニケーションにおける情報を使うとき，その人はその情報を既に知っている他の情報と組み合わせ，その組み合わせた情報を問題解決のために使用する。人々は情報を使うこの過程の大部分を，系統的・反射的・無意識的に実行する。コンピュータプログラムと同様に，人々が問題解決に使う情報が効率的であるのは，その情報が人々が問題を解くうえで最小限の努力で役に立つときである。

緊急事態の注意書きの計算的性質は，以下の最初の文において最も明らかである。

非常ボタンを押して，運転手に警告してください。

この文は**目標還元手続き（goal-reduction procedure）**の形式を持つ。

「運転手に警告する」という目標を，
「非常ボタンを押す」という副目標へと還元せよ。

目標還元手続きは人間の知識表現の一般的な形である。この手続きは目標達成と問題解決を促進する方法で知識を構造化する。この例で文によって伝えられる思考は，「運転手に警告する」という目標（ゴール）が，「非常ボタンを押す」という副目標（サブゴール）へと還元できるということである。

あなたが目標還元手続きを理解して利用するためには，あなたが既に持っている目標や信念と同化させる必要がある。例えばあなたは，運転手に警告する方法が他にもあることを既に知っているかもしれない（大声で叫ぶなど）。そしてあなたはおそらく，運転手に警告することは助けを求める手段の1つの方法であり，他にも助けを得る方法があることを知っている（他の乗客と協力するなど）。あなたは，緊急事態が発生した場合，それに適切に対処する必要があることを認識している。そして助けを求めることも対処の1つであること，それだけでなく，逃げたり，自分自身で緊急事態に正面から立ち向かうといった方法も検討する価値があることを，おそらく認識していることだろう。

目標還元手続きは，計算機による知識表現の一般的な方法でもある（特にAIにおいては）。おおざっぱな理解では，これはコンピュータプログラムを書くための単独の構造として使える。しかし，ほとんどすべてのコンピュータ言語は低水準の言語構造も使っている。これらの構成要素のほとんどは，人間の思考方法とは似ても似つかない。

しかし，目標還元よりもさらに水準の高い構造が存在する。そして，この構造は人間が思考を構造化する方法により近い可能性がある。この構造の例が，緊急事態の注意書きの二番目と三番目の文でみられる条件文という論理形式である。

二番目と三番目の文の論理

多くの言語学者や哲学者が，ある種の思考の言語（language of thought：

LOT）仮説に賛同している。この仮説は，われわれの思考の多くが英語などの自然言語と類似した構造を持っているというものである。LOT 仮説の支持者の多くは，思考の言語が論理的な形式を持つとも考えているようである。本書でわたしは，思考の言語は条件文の論理形式を持つという，さらに限定された仮説を探究することを試みる。この仮説は，緊急事態の注意書きの二番目と三番目の文から支持されるものである。

実際，緊急事態の注意書きの二番目と三番目の文は両方とも**条件文**（**conditional**）の論理形式である（**含意**〔**implication**〕とも呼ばれる）。条件文とは次のような形式を持つ文である。

もし条件が成り立つならば，結論が成り立つ（if conditions then conclusion）

またはこれと等価な：

結論が成り立つのは，条件が成り立つ場合である（conclusion if conditions）

補遺 A1 では，条件文のより正確な定義を与えている。

緊急事態の注意書きでは，二番目の文は結論が先に配置された条件文である。三番目の文はその逆で，明示されていない条件が前に配置されている。

形式論理では，「もし条件が成り立つならば，結論が成り立つ」と条件文を前向きに書くのが普通である。条件から結論への推論が前向き推論と呼ばれ，結論から条件への推論が後ろ向き推論と呼ばれるのはそのためである。しかし，条件文で結論が先に書かれていようと条件が先に書かれていようと，その意味するところは同じである。ただし，心のなかで好みの推論方向に合わせたり，他の文との関係のなかでより首尾一貫した書き方をしたい場合などには，敢えて一方を選んで書くことになる。

注意書きは可能な限り理解しやすいように工夫され，結果としてその外面的形式は意図された意味の内面的形式をよく示すものとなっているべきだと述べた。特に，二番目と三番目の文が外面的に条件文形式を持つことは，それらの意図された意味もまた条件文という論理形式を持つことを示唆している。

しかしながら，LOT がどのような形式であれ確実に言えるのは，その文は

一義的（unambiguous）であり，述べている通りのことを意味するということである。これとは対照的に，英語の文章はしばしば**多義的**（ambiguous）であり，いくつかの異なる意味を持つことがある。例えば，“The first passenger attacked the second passenger with a rucksack.” という英文を考えてみよう。この文は，「1人目の乗客が2人目の乗客をリュックサックで攻撃した」と，「1人目の乗客が，リュックサックを持つ2人目の乗客を攻撃した」の2通りの意味に解釈することができる（二番目の解釈の場合，攻撃手段は不明である）。この2つの意味の違いは，法廷では非常に重大なものとなる。

多義性は明快さの敵である。コミュニケーションの複数の可能な解釈のうち，どの解釈が意図されたものかを読み手はすぐには判断できず，混乱が生じる。また，読み手の背景的な目標と信念という文脈のもとでどの解釈が最も意味が通るのかを探索せねばならず，余計な労力が必要となる。

ここで，注意書きの二番目と三番目の文には一見するよりも多義性があることにあなたは驚くかもしれない。特に二番目の文は，運転手が実際に何を停止させるのかについて明示的に言及していない。例えば，次のような意味だとは考えにくい。

> 運転手が緊急事態を停止させるのは，
> 列車の一部が駅内にある場合である。

それより，もっともらしい意味は，

> 運転手が列車を駅内に停止させるのは，
> 列車の一部が駅内にある場合である。

しかしこの解釈でさえ，文の意図された意味を完全には捉えていない。最初の文からの文脈を受けるなら，二番目の文には明示されていない条件がある。つまり，この時点で運転手は緊急事態警報を受けている。したがって，二番目の文の意図された意味は実際には，

> 運転手が列車を駅内に停止させるのは，

運転手が緊急事態警報を受け取り
かつ，列車の一部が駅内にある場合である。

この付加的な条件がなければ，二番目の文は文字通りには，緊急事態の有無によらず列車の一部でも駅内にある場合には，いかなるときでも運転手が列車を停止させることを意味することになる。もしそうだとすると，列車はひとたび駅に到着すると決して発車しないだろう。文を理解するためには，注意書きの読み手には，運転手の普段の行動様式に関する一般的な背景知識と，注意書きの前の文からの文脈を受けた特定の知識の両方が必要となる。

二番目の文の解釈を受けて，三番目の文の意図された意味が以下のように明確になる。

運転手が次の駅で列車を停止し，
そこで駅と駅の間より容易に救助が受けられるようになるのは，
運転手が緊急事態警報を受け取り，
かつ，列車のどの部分も駅内にない場合である。

自然言語では，文脈に内在している一部の条件（この例では「列車の一部が駅内にある」のような条件）が省略されることは頻繁に起こる。しかしより形式的な論理では，そのような文脈も明示的に書き出す必要がある。言い換えれば，形式的な論理における文は，情報を曖昧さがないように表現し，文脈に頼ることなくそれ自体で自立している必要がある。

信念のウェブ

純粋に論理形式で記述された個々の文の意味は文脈に依存しないため，論理形式の文の集まりはいかなる順序でも書くことができる。したがって理論的には，もし本書が純粋に論理形式で書かれていたならば，わたしは前からでも後ろからでもどんな順序でも本書を書くことができ，あなたはそれを読むことができる。そして，それらの内容は同じ意味を持つだろう。実際，論理形式で一連の文が書かれたテキストを取り上げ，小さな紙きれに個々の文を書き，トランプカードのようにばら撒き，適当な順序でそれを拾っても，結果としての文の列は最初のテキストと同じ意味を持っているだろう。

対照的に，本書のような本を執筆する際の作業の大半が，可能な限り明確で一貫したものとして，読者の納得感が得られるように著者の見解を提示する順序を見つけることなのである。個々の文のすべての文脈を詳細に書き出してあったとしても，わたしはそれらの文を一貫性を持った順序で提示する必要がある。これによって，連続する文を本を読み始める前からあなたが持っている見解と，読んでいる箇所より前の文から得た見解とに結びつけることができる。

一貫性を達成する方法の 1 つは，古く馴染みのある見解は文の最初に置き，新しい見解は文の終わりに置くとよいというウィリアムズのアドバイスに従うことである。ただし，前の文の最後に導入されたばかりの“古い”見解が特に明白であるような限定的な状況では，次の文におけるこの古い見解は自明のこととみなされ，省略される。緊急事態の注意書きではまさにこれが発生している。最初の文から二番目の文への移行においては「運転手が緊急事態警報を受け取る」という条件部分は省略されているし，二番目から三番目の文への移行においては「列車の一部が駅内にある」が省略されている。

もし思考の言語が条件文形式の論理であるなら，一貫性を達成する最もシンプルな方法は，連続する文の始めと終わりをつなぐことで，それらの文が表現する思考の結論と条件を関連づけることだろう。これは以下のような明確なパターンを使って記述される。

もし条件 A が成り立つならば，結論 B が成り立つ。
もし条件 B が成り立つならば，結論 C が成り立つ。

あるいは

結論 C が成り立つのは，条件 B が成り立つ場合である。
結論 B が成り立つのは，条件 A が成り立つ場合である。

人間のコミュニケーションにおける一貫性の必要性は結局のところ，思考の言語が構造化されていない文の集まりではないことを示唆している。むしろそれは連結した構造をしていて，そのなかで文は結論と条件によってつながれている。

結合グラフ（connection graph）は論理形式の文の結論と条件を結びつけるもので，これは人工知能研究で自動推論の効率化のために開発されたものである［Kowalski 1975, 1979］。結合グラフ中のリンクは，後に必要となるかもしれない思考の多くを前もって計算する。下の図は，緊急事態の注意書きを読む前の人の目標や信念の一部を表現する結合グラフである。

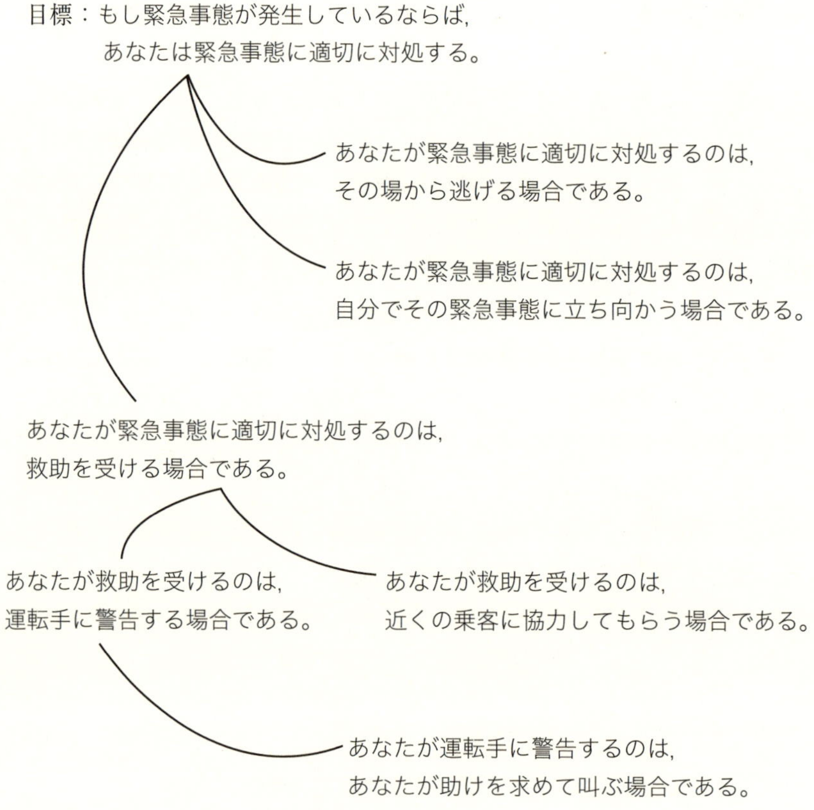

同じ人物が緊急事態の注意書きを読んだ後の結合グラフを以下に示す。このグラフでは，その人物が注意書きに書かれていることをすべて信じたと仮定して，追加の信念が増えている。

目標：もし緊急事態が発生しているならば，
あなたは緊急事態に適切に対処する。

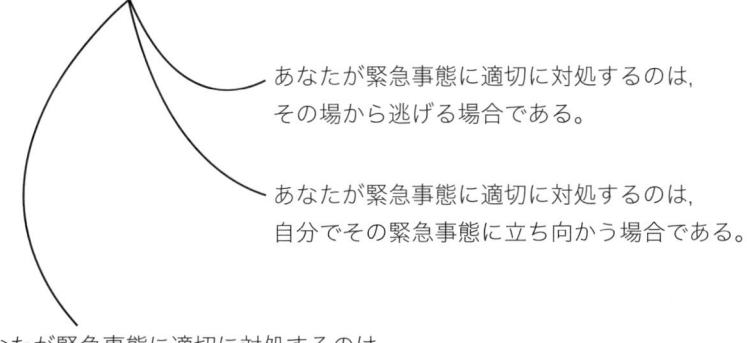

あなたが緊急事態に適切に対処するのは，
その場から逃げる場合である。

あなたが緊急事態に適切に対処するのは，
自分でその緊急事態に立ち向かう場合である。

あなたが緊急事態に適切に対処するのは，
救助を受ける場合である。

あなたが救助を受けるのは，
運転手に警告する場合である。

あなたが救助を受けるのは，
近くの乗客に協力してもらう場合である。

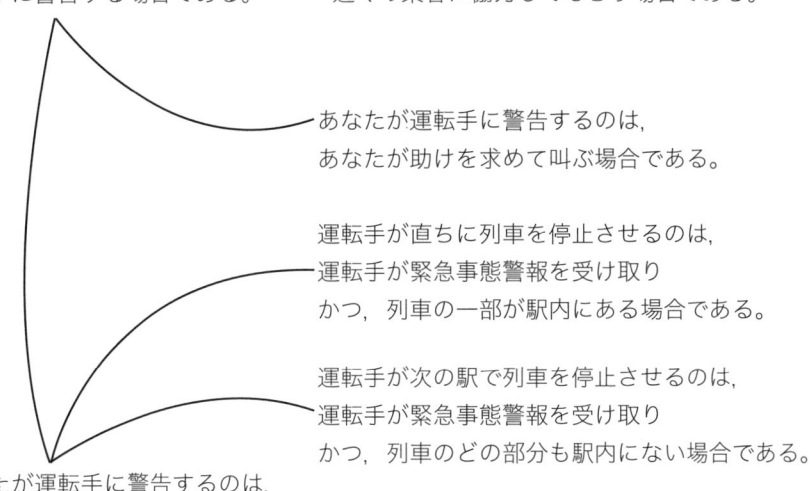

あなたが運転手に警告するのは，
あなたが助けを求めて叫ぶ場合である。

運転手が直ちに列車を停止させるのは，
運転手が緊急事態警報を受け取り
かつ，列車の一部が駅内にある場合である。

運転手が次の駅で列車を停止させるのは，
運転手が緊急事態警報を受け取り
かつ，列車のどの部分も駅内にない場合である。

あなたが運転手に警告するのは，
あなたが非常ボタンを
押す場合である。

50 ポンドの罰金を科せられるのは，
非常ボタンを押し
かつ，それが不適切な状況の場合である。

後の章で説明するが,「もし緊急事態が発生しているならば,あなたは緊急事態に適切に対処する」という文で表現されるような条件文は持続目標であり,この条件文の条件部が真である場合は常にその結論も真になるようにわれわれは努める。

結合グラフは,W. V. クワインの提唱した**信念のウェブ(web of belief)**と関連している[Quine 1963]。クワインは科学的理論,より一般的には人間の信念は,信念のウェブを形成すると主張した。信念のウェブは,観察に基づく文を通して経験の世界と周辺部分でつながっている。科学理論における信念は,全体として成功か失敗のいずれかである。なぜなら,どれほど理論的なものであろうとも,いかなる信念も経験的に検証可能な,観察に基づく結果の導出と関わる可能性があるからである。もし理論の観察的結果が経験と矛盾すれば,矛盾の導出に関わる信念を修正することにより,整合性は復元される。

結合グラフは,信念のウェブの具現化として見ることもできる。そのなかで目標や信念は,条件と結論の間のリンクによって結合される。原理的には任意の2つの信念の間に一連の結合を見つけることは可能かもしれないが,実際には結合はどちらかというと自己完結的な領域で群れをなしているように思われる。これはコンピュータプログラムにおけるモジュールや,ハワード・ガードナーの複合知能(multiple intelligence)理論のいう異なる種類の知能と類似したものである[Gardner 1983]。

結合グラフについては述べるべき点がまだあるが,それは後章にまわそう。その前に取り組むべき関心事がある。条件文のウェブとしての心の結合グラフ的な見方は,目標還元手続きとどのように関連しているのだろうか? シンプルな答えは,目標還元手続きは結合を使う手段の1つであるというものである。

論理プログラムの一部としての最初の文

緊急事態の注意書きの最初の文は目標還元手続きの形式で書かれており,基盤にある論理形式を見えづらくしている。一般に,次の形式の目標還元手続き:

目標を副目標へ還元せよ

には，以下のような形式の条件文が隠れている。

目標が成り立つのは，副目標が成り立つ場合である。

この手続きの目標還元的な挙動は，条件文から後ろ向き推論によって得ることもできる。

目標が解決できることを結論するには，
副目標が解決できることを示しなさい。

したがって，緊急事態の注意書きの最初の文は，以下の隠された論理形式を持つ。

あなたが運転手に警告するのは，
あなたが非常ボタンを押す場合である。

結合グラフの観点での後ろ向き推論は，思考するエージェントがある思考から別の思考へと注意を向けるために条件文間のリンクを使う方法の１つである。後ろ向き推論は，目標から，その目標とマッチする結論へと，エージェントの注意を向けさせる。例えば，

目標：あなたは緊急事態に適切に対処する。

あなたが緊急事態に適切に対処するのは，救助を受ける場合である。

条件文を目標還元手続きへと変えるために後ろ向き推論を使うことは，**論理プログラミング**（**logic programming**），ひいてはプログラミング言語 Prolog の基盤である。

後ろ向き推論は前向き推論と対照をなすものだが，たいていの人々はこちらのほうに馴染んでいることだろう。以下の形式を持つ条件文：

もし条件が成り立つならば，結論が成り立つ

に加えて，条件と一致する言明の集まりが与えられた場合，前向き推論は条件の論理的帰結として結論を導出する。例えば，以下の言明が与えられたとする。

運転手は緊急事態警報を受け取っている。
列車の一部が駅内にある。

このとき，前向き推論は以下の条件文：

運転手が直ちに列車を停止させるのは，
運転手が緊急事態警報を受け取り
かつ，列車の一部が駅内にある場合である

を使い，「運転手は直ちに列車を停止させる」という結論を導出する。

結合グラフの観点で見ると前向き推論は，信念の結論から，それら結論とリ ンク じている条件を持つ信念へと注意を向けさせる。例えば，

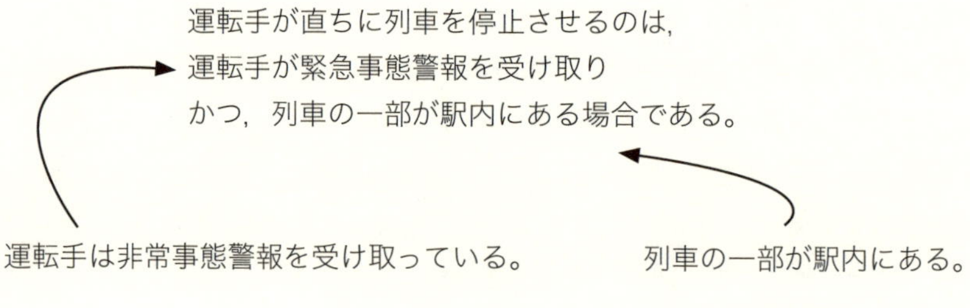
運転手が直ちに列車を停止させるのは，
運転手が緊急事態警報を受け取り
かつ，列車の一部が駅内にある場合である。
運転手は非常事態警報を受け取っている。
列車の一部が駅内にある。

後ろ向き推論は**トップダウン推論**（top-down reasoning）または**分析**（analysis）とも呼ばれる。前向き推論は**ボトムアップ推論**（bottom-up reasoning）または**合成**（synthesis）とも呼ばれる。

後ろ向き推論と前向き推論をいつ，そしてどのように組み合わせるのかということは，本書のメインテーマの１つである。しかし心の結合グラフ的な視点

では，純粋な後ろ向き推論や前向き推論が推論の唯一の方法というわけではないことが示唆される。心の異なる部分において結合が同時に，並行的に活性化されることもある［Cheng and Juang 1987］。さらに，頻繁に活性化される結合は簡略化され，その効果は単一の目標や信念へと集約される。例えば以下のリンクを考える。

あなたが緊急事態に適切に対処するのは，
救助を受ける場合である。

あなたが救助を受けるのは，
あなたが運転手に警告する場合である。

この2つの信念間のリンクは，以下の単一の信念へと集約することができる。

あなたが緊急事態に適切に対処するのは，
あなたが運転手に警告する場合である。

行動の禁止としての四番目の文

自然言語では条件文の論理形式が一目ではわかりづらく，表面上は手続き的形式に見えたり，宣言的形式に見えたりすることがある。例えば，緊急事態の注意書きの最後の文は宣言文であるが，そのなかには以下のような条件文の形式が隠されている。

50ポンドの罰金が科せられるのは，
非常ボタンを押し
かつ，それが不適切な場合である。

この文は，不適切な使用によって必ず罰金を科せられると言っているわけではない。したがって結論としてより正確には，非常ボタンを不適切に押した条件下では，「あなたは罰金を科せられる責任を負う」と言っているにすぎない。後ろ向き推論はこの条件文を目標還元手続きへと変換する。

> 50ポンドの罰金が科せられる責任を負うためには，
> 非常ボタンを押し
> かつ，それを不適切に実行せよ。

50ポンドの罰金を払いたがる人がいるとは考えにくいので，乗客がこのような目標還元手続きとしての条件文を使いたがるとは思えない。より可能性が高いのは，乗客はこの推論を前向きに行い，非常ボタンを不適切に押すと望ましくない帰結が得られると結論することだろう。

以降の章で，行動による望ましくはないが起こりうる帰結を扱う2つの方法について述べる。1つ目は**決定理論（decision theory）**の利用である。決定理論は行動の帰結にその確率と効用を関連させ，期待される結果が最良となる行動を選択する。もう1つが，行動にあたって**義務的制約（deontic constraint）**を使う方法であり，これは義務，許可，禁止という手段によって定式化される。

標準的な論理表現では，「義務（obligation）」，「許可（permission）」，「禁止（prohibition）」といった義務的概念は，いわゆる**義務論理（deontic logic）**において，「かつ（and）」，「または（or）」，「もし（if）」，「～でない（not）」といった論理結合子と同じ地位が与えられる。しかし，本書でわれわれがとるアプローチでは，義務や禁止をより単純に一種の目標として扱う。義務は条件文的な目標として表現され，その結論は条件が成立する場合にエージェントが引き起こそうとしているものである。禁止（または制約）は**偽（false）**という結論を持つ条件文的な目標で表現され，エージェントは条件が成立しないように保証することで結論を阻止しようとする。緊急事態の注意書きの四番目の文の場合，禁止は以下の形で表すことができる。

> 罰金を科せられる責任を負ってはならない。

あるいは条件文的な目標として表せば，

もしあなたが罰金を科せられる責任を負うならば，偽。

上記の条件文は少々奇妙なものに見えるかもしれない。しかし後述するが，禁止や制約を（偽という結論を持つ）条件文的な目標として表現することには，他の条件文的な目標と同じ意味論と推論規則を共有できるという利点がある。推論を前向きに行って偽という結論を導出するとき，それらの条件文は偽の導出につながるあらゆる仮説や行動の候補を除去する。

したがって，意思決定理論あるいは義務的制約と組み合わせることにより，四番目の文は行動を誘発するのではなく禁止する働きをする。これがこの文が手続き的ではなく宣言的に書かれている理由である。

実際，緊急事態の注意書きの最初の文のみが手続き的に書かれている。そしてこの最初の文のみが通常のプログラムと同様に機能し，地下鉄の乗客に望まれる振る舞いを引き起こす。四番目の文は制約として機能し，望ましくない振る舞いを防止する。

一方で二番目と三番目の文は，異なるエージェント，つまり地下鉄の運転手によって実行されるプログラムの一部を記述している。これらの文は宣言的に書かれており，手続き的ではない。緊急事態を観察しているエージェントではなく，異なるエージェントによって実行される内容だからである。しかし，乗客はこれらの2つの文を四番目の文と同じように使い，非常ボタンを押すことから見込まれる帰結を導出することができる。

目的を持ったプログラム

緊急事態の注意書きの目的[1]（または目標）が，緊急事態に際して，あなたが運転手から助けてもらう方法を説明することであることは暗黙の了解である。このことから三番目の文には，運転手は列車が駅内にない場合はすぐに停車さ

1 「目標（goal）」と「目的（purpose）」のどちらを使っても同じ意味である。同じ意味を持つことがある用語としては,「動機（motivation）」,「理由（reason）」,「興味（interest）」,「願望（desire）」,「目的（objective）」,「使命（mission）」,「目標（target）」,「価値（value）」などがある。

せず，次の駅まで進んで停車させる理由を説明する以下のフレーズが含まれている。

（次の駅まで進んだほうが）救助が受けやすい

この注意書きは理に適っている。というのは，特に最初の文はおそらくはあなたが注意書きを読む前から既に持っている目標や信念と整合性のあるものだからである。例えば，それは次のような文である。

もし緊急事態が発生しているならば，緊急事態に適切に対処せよ。
あなたが緊急事態に適切に対処するのは，あなたが救助を受ける場合である。
あなたが救助を受けるのは，運転手に警告する場合である。

この二番目と三番目の文では意図的に結論を先に書いた。結論を先に使い，後ろ向きに，緊急事態に対処する手続きとして書くほうが自然だからである。しかし，最初の文では条件を先に書いた。条件を先に使い，前向き方向に，緊急事態に反応することが自然だからである。

最初の文はまた，条件文の形式を備えている。しかしここでは結論を宣言形（「あなたは緊急事態に適切に対処する」）ではなく，命令形（「緊急事態に適切に対処せよ」）で書いた。これは，信念は宣言文で記述されるが，命令や禁止も含めた目標は命令形で記述される，という英文法に従ったものである。

信念と目標の間にある違いは，信念は現在の世界に関するエージェントの理解を記述するのに対し，目標はエージェントが望む世界の見方を記述するということである。信念と目標の間にあるこの違いは，記号論理学や数理論理学では無視されることが多い。数学的な真理は不変であり，ある文を真にするために数学的理論がとることのできる行動は存在しないからである。しかし，この違いは人工知能においては重要なものとなる。なぜなら目標の達成に向けて行動を起こす能力は，エージェントの特性としては欠くことのできない性質だからである。

通常の自然言語では，目標の記述には命令文を使い，信念の記述には宣言的な文を使うことで両者を区別する。しかし本書で提示している計算論理では，

双方の文を宣言的に記述する。例えば，次のように表現される条件的な命令文

もし緊急事態が発生しているならば,
緊急事態に適切に対処せよ

は，以下のような宣言文として表現される。

もし緊急事態が発生しているならば,
あなたは緊急事態に適切に対処する。

本書では信念と目標をその構文ではなく，異なる思考カテゴリーを割り当てることによって区別する。

われわれはどこへ向かおうとしているのか？

本章では，本書全体の印象をつかんでもらうことを意図してきた。自然言語（英語）の文章を計算と論理という 2 つの観点から見る方法と，これらの 2 つの観点が計算論理のうちに統合されることを示した。

計算論理が基盤としている伝統的論理学は，近年では時代遅れのものとみなされている。この問題の一因は，記号的手段の使用が，論理学と人間の日々の経験との間にはつながりがほとんどないという印象を与えることがあるためである。しかし別の要因として，人間の思考や振る舞いにおいて重要な意味を持つ多くの論題への取り組みに伝統的論理学が失敗してきたという面もある。取り組みが必要なそのような論題には，以下のようなものがある。

- 目標と信念を区別すること
- 世界が変化することを許容できるようにすること
- 行動についての思考と，何をすべきかの決定を結びつけること
- 思考や決定と，実際の行動の実行を結びつけること
- デフォルト推論や，規則や例外を使った推論を行うこと

以降の章では，計算論理がこれらの論題にどのように取り組んでいるかを見ていこう。とりあえずここでは，問題を簡単に以下のように図示しておこう。

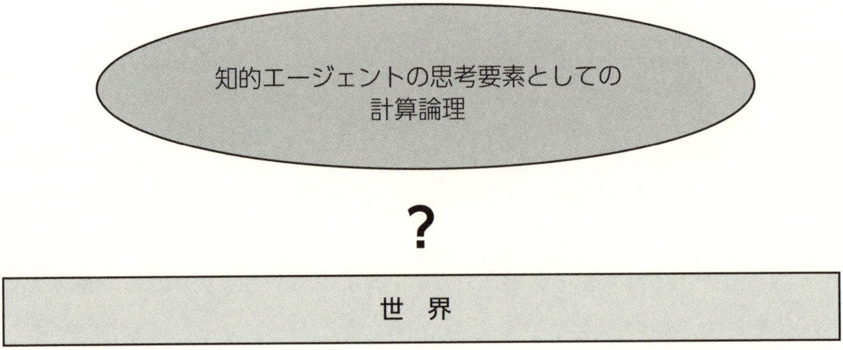

第 2 章
論理の心理学

本章では，「人々は抽象的な論理的推論を行う生得的な能力を持っている」という視点に疑問を投げかけた 2 つの心理学的実験について取り上げる。第一の実験である**選択課題（selection task）**は，人々が論理の代わりに，環境のなかで日常的に遭遇する問題への対処に特化した手続きを用いていることを示したものとして，広く解釈されている。第二の実験である**抑制課題（suppression task）**は，人々は前向き推論や後ろ向き推論のような推論規則を用いて思考しているのではなく，問題に対するモデルを構築し，興味を引く性質についてそのモデルの点検を行っているということを示したものとして解釈されている。本章ではこれらの実験が提起するいくつかの論点に対して見解を述べるが，これらの論点に対する詳細な検討は，必要となる基礎材料をそろえたあとの第 16 章で行う。

以下の選択課題の議論の動機づけとして，ロンドン地下鉄のセキュリティを改善する問題に応用することを考えてみよう。いま，ロンドン地下鉄の運営会社がセキュリティチェックの導入を決定したと仮定する。セキュリティの一環として，警備員が地下鉄のすべての乗客の胸元にアルファベットの文字を貼る。さらにその警備員は，以下の条件文を守るよう命じられているものとする。

もしある乗客がリュックサックを背負っているならば，
その乗客の胸元には A の文字が貼られている。

あなたが，警備員が条件文をきちんと実行しているかを確認する仕事をすることになったと想像してみよう。あなたは以下の 4 人の乗客の誰を呼び止めて確認すべきだろうか？　あなたからはボブとジョンの背中だけが見え，メアリーとスーザンの体の正面だけが見える。

ボブ：リュックサックを背負っている。
メアリー：胸元にＡの文字が貼られている。
ジョン：リュックサックを背負っていない。
スーザン：胸元にＢの文字が貼られている。

残念ながら，このテストの施行に関するわたしの経験はごく限られている。というわけで，何が起こるかについて確かなことは言えない。しかし，もしあなたが多くの一般人と同じであり，そしてあなたに実行するよう求めた課題がいままでに一般人を対象に行われた心理学実験と十分に似たものであるならば，課題の解釈の仕方によっては，あなたはあまり論理的でない振る舞いをするかもしれない。

あなたが論理的であるなら，ボブをチェックして胸元に文字Ａが貼られていることを確認したはずだし，心理学的実験によれば，ほとんどの人がこの推論を正しく行う。ここまでは問題ない。

しかし，もしあなたの論理性が古典論理の基準に沿ったものであるならば，スーザンのこともチェックしたはずだ。なぜなら，彼女はリュックサックを背負っているかもしれず，その場合，彼女の胸元には間違ったラベルＢの文字が貼られていることになるからである。残念ながら，類似の推論課題による多くの心理学的実験では，ほとんどの人がこの正しい推論を行わない。ロンドン地下鉄の選択課題でこのような間違いを犯せば，失敗の帰結は悲惨なものになりうる。というのも，スーザンはリュックサックに爆弾を詰めたテロリストかもしれないからである。これはまずい。

古典論理に従うなら，問題になるのはこの２人だけである。条件文は，リュックサックを背負っていることが胸元に文字Ａを貼られることの唯一の条件だとは言っていないのだから，メアリーを呼び止める必要はない。例えばベルトに手榴弾をぶら下げているといった，警備員が胸元にＡの文字を貼る必要がある条件が他にもあるかもしれない。そうであっても，あなたはメアリーがテロリストかどうかを調べる必要はない。それは警備員の仕事である。あなたに与えられている仕事はあくまで，警備員が先ほどの条件文を正しく実行しているかどうかをチェックすることだけである。メアリーがリュックサックを背負っているかどうかの確認は，あなたの職務ではない。しかし，類似の課題を使った多くの心理学的実験では，多くの被験者は論理的には不要なこの余計な手順を踏んでしまう。

最後にジョンについて考えてみよう。彼はリュックサックを背負っていない。論理的には，彼の胸元にどんな文字が貼られていようが関係ない。Ｂでもよいし，Ａでもよい。したがってジョンを呼び止める必要はない。類似の課題を行った心理学的実験では，ほとんどの人もジョンの胸元に貼られた文字はどうでもよいことを“正しく”推論する。先ほどの条件文を，胸元に文字Ａが貼られる唯一の条件として解釈した多くの人々でさえ，ジョンを確認する必要はないと結論する（しかし，その条件文が唯一の［胸元に文字Ａが貼られるための］条件を記述しているのだと彼らが本当に信じているのなら，「ジョンの胸元に文字Ａが貼られている」という結論が，例えば「何も背負っていない」というような条件の下では成立していないことを確認するべきであろう）。

たいていの人がさほど論理的ではないという証拠は，この実験を考案した心理学者を失望させたことだろう，とあなたは思ったかもしれない。ところが話は逆で，多くの心理学者はこの結果に大喜びしたようである。

ウェイソン選択課題

最初の，そして最も有名なこの種の実験が，1968年にピーター・ウェイソンによって行われた。ウェイソンの実験では４枚のカードが使われ，片方の面にアルファベットが，もう片方の面には数字が書かれている。カードは片面を上にして，以下のようにテーブルに置かれている。

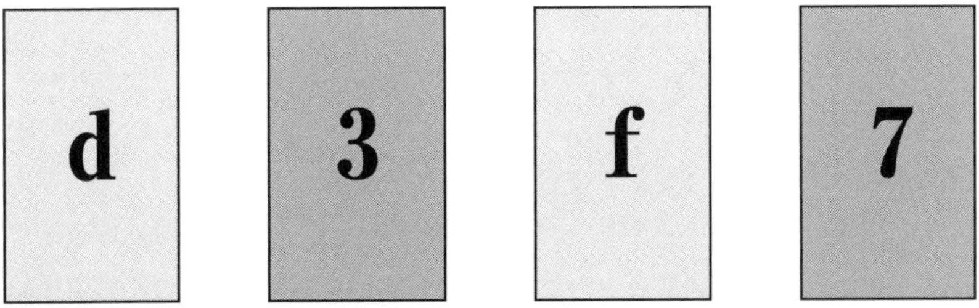

ここでの課題は，下記の条件文が正しいかどうかを確かめるために，裏返すべき最小限のカードを選択することである。

もし片方の面が d であるならば，もう片方の面は 3 である。

主に大学生を対象として，これと似たような実験が何度も実施された。驚くべきことに，論理的に正しい解答をした被験者はおよそ 10% に過ぎなかった。

ほとんどの人は，d が書かれたカードをひっくり返して裏面が 3 であることを確認する必要があると正しく認識する。これはモーダス・ポネンスという推論規則の論理的に正しい応用である。なおモーダス・ポネンスは前向き推論とも呼ばれる。またほとんどの人は，f が書かれたカードをひっくり返す必要がないことも正しく認識する。それはなぜかと聞かれたら，彼らは「f については条件文は何も言及していないから」と答えるかもしれないが，このあとで説明するように，これは正しい理由ではない。

多くの被験者はまた，3 の書かれたカードをひっくり返してその裏に d が書かれているかどうかを確認する必要があると誤って考える。この推論は論理的には正しくない。条件文は，カードの片側に d と書かれていることがそのカードの反対側が 3 であることの唯一の条件であるとは言っていないからである。この追加の主張は条件文のいわゆる**逆（converse）**で次のように記述される。

もし片方の面が 3 であるならば，もう片方の面は d である。

これらの 2 つの条件文は互いに逆である。次の 2 つの条件文：

もし雨が降っているならば，空に雲がある
もし空に雲があるならば，雨が降っている

も同様に，相互に逆の関係である。実際のところ（念のためにいっておくと），上記の最初の条件文は真で，二番目の条件文は偽である。

しかし，それよりも困ったことに，7 が書かれたカードをひっくり返して裏側に d が書かれていないことを確かめる必要があることに気がつく被験者はごく少数しかいない。7をひっくり返す必要があるのは，元の条件文が以下の**対偶**（contrapositive）と論理的に同値だからである。

もし片方の面が3でないならば(例えば7)，もう片方の面の文字はdではない。

同様に，以下の2つの文章を考えてみよう。

もし雨が降っているならば，空に雲がある。
もし空に雲がないならば，雨は降っていない。

この二番目の文は最初の文の対偶であり，2つの文は論理的には同値である。元の条件文に7についての言及はないが，論理的には7の書かれているカードをひっくり返す必要があることに注意しよう（3は7ではないからである）。

多くの心理学者がここから引き出した明白な結論は，人々は論理的ではないこと，そして論理は現実の人間の思考とあまり関係がないということである。

選択課題の派生形

カードを使った場合と形式的には同値な選択課題を，意味のある問題として設定して実験した場合には成績が飛躍的に向上することを，複数の心理学者が示している。この種の古典的な実験は，人々がバーで飲んでいる状況を考え，次の条件文が成立するか否かを確認する方法を被験者に尋ねるというものである。

もしある人がバーでお酒を飲んでいるならば，
その人は18歳以上である。

ここでも4つの場合が提示されるが，選択肢は4枚のカードではなく4人の人物である。4人のうち2人が何を飲んでいるかは観察できるが，その2人が何歳かはわからない。また4人のうち2人の年齢はわかっているが，その2人が何を飲んでいるかはわからないとする。

ボブ：ビールを飲んでいる。

メアリー：高齢者で明らかに 18 歳以上である。

ジョン：コーラを飲んでいる。

スーザン：小学生で明らかに 18 歳未満である。

カードを使った選択課題とは異なり，ほとんどの人はバーでの選択課題を正しく解くことができる。ボブが 18 歳以上かどうかを確認し，スーザンがお酒を飲んでいないことを確認することが必要である。一方，メアリーとジョンを確認する必要はない。

人々がこのような選択課題を，形式的には同値な（元のカード問題のような）課題よりうまくこなす理由を説明するために，認知心理学者たちはあきれるほど多くの理論を提案している。最もよく引き合いに出される理論はレダ・コスミデスのもので，人間は社会的な契約において不正者を検知するために特化したアルゴリズム（手続き）を進化させてきたというものである［Cosmides 1985, 1989］。このアルゴリズムは以下の一般的な形式を持つ。

もし利益（benefit）を享受するならば，
そのための要件を満たさなければならない。

バーでの選択課題では，利益とは「ビールを飲むこと」であり，要件とは「18 歳以上であること」である。

コスミデスらはまた，人間は他のタイプの問題に対処するために特化したアルゴリズムを進化させてきたと主張している。例えば，危険を避けるための以下のようなアルゴリズムである。

もし危険な活動に従事するならば，
適切な用心をすべきである。

スティーブン・ピンカーは 1997 年，好評を博した『心の仕組み（*How the Mind Works*)』という本で，コスミデスの進化的説明を好意的に引用している。彼は，不正者検知アルゴリズム的な説明は，論理的に正しい解を常に正当化するわけではないことを指摘した。例えば,「もし彼が20ドルを支払うならば,彼は腕時計を受け取る」という条件文が与えられた場合，被験者の多くは20ドルを支払っていない人を選択して，腕時計を受け取っていないことを確認しようとする。しかし論理的にはこの選択は不要である。なぜなら,条件文は「20ドルを支払う時に限り，彼は腕時計を受け取る」とは言っていないからである。例題の条件文は，例えば「もし彼が早期退職するならば，彼は腕時計を受け取る」とまったく同等である。したがってコスミデスやピンカーによると，進化的アルゴリズムは，人間が選択課題を解く能力を，それが古典論理が指示するものと一致するかどうかにかかわらず説明している。

コスミデスが進化的理論を発展させたのとほぼ同じ時期に，チェンとホリオークはこれと関連する理論を提案した。この理論によれば，人々は現実的な状況について，それに特化したアルゴリズムを使って推論している［Cheng and Holyoak 1985］。しかしチェンとホリオークにとっては，そのようなアルゴリズムは「実用的推論スキーム（pragmatic reasoning scheme）」なのである[訳注1]。これらの実用的スキームのなかでとりわけ重要なのが，許可，義務，禁止などの**義務的（deontic）**概念にかかわるものである。英語では通常，これらの概念はcan, should, need, mustなどの単語を使って伝えられる。しかし，これらの明示的な言語信号は，上で述べたバーでの選択課題のように義務や禁止がかかわることが文脈上明白な場合には省略できる。

実際，チェンとホリオークが正しいのであれば，セキュリティチェックの選択課題はまったく難しくないはずである。なぜなら，以下の条件文

もしある乗客がリュックサックを背負っているならば,
その乗客の胸元にはAの文字が貼られている

の最も自然な解釈は，下記の義務的な文だからである。

訳注1　コスミデスやピンカーが，選択課題を解く能力を論理ではなく進化的アルゴリズムに帰着させたのに対し，チェンとホリオークはそのアルゴリズムが推論スキームなのだと，つまり論理に関係しているとみなしている。

もしある乗客がリュックサックを背負っているならば,
その乗客は胸元にＡの文字を貼られているべきである。

だが，そうすると本当の問題は，「人々はどのように論理形式による条件文を用いて推論しているのか？」ということだけではなく，「人々はどのように自然言語の条件文を解釈して，論理形式の条件文へと翻訳しているのか？」ということでもあるのだ。

しかし，コスミデスもチェンとホリオークも，それとは違う結論に至った。彼らは，人々は抽象的な論理的推論のための単一の生得的な汎用目的の能力など持っておらず，かわりに世界のなかで自然に遭遇する現実的な問題の部類に対処するために特化した複数の手続きを採用しているのだと主張した。選択課題については第16章で再び詳しく取り上げるが，汎用目的のための手段と，特殊用途のための手段の間の関係性はとても重要なので，ここで議論しないわけにはいかない。これは知識表現と問題解決の間にある，より基本的な関係の一部であり，これは本書のメインテーマの1つである。

思考＝知識表現＋問題解決

人工知能におけるエージェントの究極的な目標は，世界と調和を保ちながら自らを維持することである。この目的のために知的エージェントは世界の心的表現（mental representation）を使用し，環境中で生起する脅威や好機に反応する。この反応は自らの利益のために世界を変化させるべく，世界の現在の状態を観察し，適切な目標を生成し，それらの目標を行動へと還元し，その行動を実行することによって行われる。計算論理においてこのような心的表現は，思考の論理的言語によって記述される。そして観察からの目標の生成や目標から行動への還元は，論理的な推論によって実行される。

したがって知的エージェントは，特化した知識（目標や信念の形をとる）とともに，汎用目的の推論能力（前向き推論と後ろ向き推論の両方を含む）を持つ必要がある。このようなエージェントが持つ特化された知識は，日常的な問題はもちろん，めったに起こることはないが，いざ起こると命に関わるような問題にも対処できることが必要とされる。一方，このエージェントには，それらの知識を柔軟かつ効果的に使用するための汎用的な推論能力も必要である。

知識表現と推論の間の関係は，コンピュータプログラムとプログラムの実行のようなものだ。知識はコンピュータプログラムのようなものであり，問題領域特有の課題を解決するために特化した手続きで構成されている。推論はプログラムの実行のようなものであり，任意の領域においてプログラムを実行するために，汎用的な手法を使う。計算論理ではプログラムは論理形式で表現され，プログラムの実行は推論規則の適用によって行われる。

機械のための命令文でシンタクス（構文論）が構成されている従来型のコンピュータプログラムと比較して，論理形式でのプログラムはより高水準である。そして論理形式プログラムのシンタクスは，それらが表現する世界の意味論的構造をより密接に反映する。しかし計算論理では，汎用目的の推論規則を領域特有の知識に適用すると，それは問題に特化したアルゴリズムや手続きのように振る舞う。この関係は以下の等式で記述できる。

　　アルゴリズム＝知識＋推論

本書で後述するが，不正者検知にかかわるような特殊なアルゴリズムは，次の論理形式を持つ目標（または制約），

　　もしある人が利益を享受し
　　かつ，その人がそのための要件を満たさないならば，
　　偽

と，そのような条件文の形式の目標を持つような汎用的推論を組み合わせたものだとみなすことができる。一般的に，

　　もし条件が成り立つならば，結論が成り立つ

のような論理形式で目標が与えられた場合，
・観察を目標の**条件**とマッチングさせるために，前向きに推論し，
・目標の**他の条件**を検証するために，後ろ向きに推論し，

・達成目標としての**結論**を導出するために，前向きに推論する。

達成目標が偽で，達成不能な特別な場合には，このパターンの推論は目標の破綻を検出する。**他の条件**がエージェントの環境中に観察される性質であるという特別な場合には，エージェントはそれらが真かどうかを能動的に観察することで，検証を試みることができる。

不正者検知アルゴリズムについてのこの分析は，選択課題を解くために人々が実際にそのようなアルゴリズムを使用しているかどうかという問題に対して偏見を持ち込むことなく適用できる。さらにこれは，人々は選択課題を古典論理の規範に従って解いている可能性が高いという，スペルベルらの議論とも整合的である［Sperber et al. 1995］。スペルベルの議論では，次の条件文，

もし条件が成り立つならば，結論が成り立つ

を以下の形式で表現することはより自然であるとされる。

条件が成り立ち，かつ結論が成り立たないということはない。

あるいは以下のように言い換えることもできる。

もし条件が成り立ち，かつ結論が成り立たないならば，偽。

不正者検知アルゴリズムのこの分析は，問題を義務的な視点から解釈することにより，人々は選択課題を古典論理に従って解くのが容易になるという，Cheng and Holyoak［1985］や Stenning and van Lambalgen［2008］の議論とも整合する。さらにこれは，人々はダーウィン的アルゴリズムを使用しているというコスミデスの議論とも両立する。この分析はエージェントの知識の出所とは独立しているためである。エージェントが知識を得る方法は自身の経験を通した学習かもしれないし，親や先生や友人から学ぶのかもしれないし，ダーウィン的な進化メカニズムを介して受け継いだものかもしれない。

この分析が，人々が古典論理を用いて正しく推論している状況を説明できて

いる場合もあるだろう。しかし，カードを使った選択課題のように，条件文の逆によって推論する状況や，対偶を用いた推論に失敗する状況を説明できない。この問題については第16章で再び検討する。しかし次の章に進む前に，「人間は論理的な規則を用いて推論している」という主張に疑問を投げかける別の例をみておこう。

抑制課題

次の2つの前提を考えてみよう。

もし彼女に小論文の課題があるならば，彼女は図書館で夜遅くまで勉強するだろう。
彼女は小論文の課題がある。

ここでほとんどの人は次のことを正しく結論する。

彼女は図書館で夜遅くまで勉強するだろう。

ここで下記の条件文を付け加える。

もし図書館が開いているならば，彼女は図書館で夜遅くまで勉強するだろう。

この追加的な情報が与えられると，多くの人（約40%）が「彼女は図書館で夜遅くまで勉強するだろう」という先ほどの結論を撤回するようになる。

この問題はByrne［1989］によって最初に研究されたもので，人々はモーダス・ポネンス（前向き推論）などの論理的規則を使って推論しているのではなく，**メンタルモデル（mental model）**を構築し，それを検査することによって推論しているという主張の根拠として使われる。

メンタルモデルは建築物の模型や図面のようなもので，表現しようとする状況と類似した構造を持つ。Johnson-Laird［1983］やJohnson-Laird and Byrne［1991］によると，メンタルモデルは本書では主に補遺で議論している意味論的構造とよく似ている。しかし，それらは原子文の集合のようにも見え，したがって数理論理学の厳密な基準に照らした場合，曖昧である［Hodges 1993, 2006］。メンタルモデルを構文論と意味論が混交したものであるとして片付けてしまうのが簡単だと思えるかもしれない。しかしそれは，構文論と意味論の間の，通常考えられているよりもさらに深い関係のしるしだということもあり得る。

実際，本書の後のほうで論じるが，メンタルモデルの精神にいくぶん沿うかたちで，計算論理のための適切な意味論は，意味論的構造が原子文の集合として構文論的に表現されるものなのである。また，与えられた文が真となるようにする，あるいは真であることを示したいとき，計算論理で最も有用な推論は，この種の構文的に表現された意味構造の生成に関わるものである。この後，そのような構文論的 / 意味論的な構造における真実についての推論と，純粋に構文論的な推論規則を使った推論を区別することが困難なことを見ていく。

ウェイソン選択課題と同じく，抑制課題を説明する多くの異なる解釈がある。本書のアプローチと最も近い説明はStenning and van Lambalgen［2008］によるもので，自然言語によって表現された問題の解決は二段階の過程を経るというものである。第一段階で問題の論理形式を同定し，次にその論理形式を使った推論を行う。多くの心理学者が犯した間違いは，この第一段階を無視し，もし自然言語による言明の構文が，既に論理形式をとっているように見えるならば，その見かけの形式が言明の意味が意図している形式なのだとみなしたことである。

われわれは既に第１章で，見かけ上の英文の論理形式と，意図された論理形式に差異がある明確な例を見た。ロンドン地下鉄の緊急事態の注意書きの二番目の文は下記であった。

運転手が停止させるのは，列車の一部が駅内にある場合です。

この文の意図された意味は以下のようなものであった。

運転手が列車を駅内に停止させるのは，
運転手が緊急事態警報を受け取り

かつ，列車の一部が駅内にある場合である。

この文の意図された意味は，動詞「停止させる」の省略された対象である「列車」と，前文の「非常ボタンを押して，運転手に警告してください」の文脈を受けた付加的な条件の両方を含んでいる。この省略された条件は文脈内では既に登場しているため，読み手が省略に気づかない場合でも補足することは比較的簡単である。

おそらく，抑制課題でのこの状況は，先ほどの図書館での勉強の例と類似している。自然言語文「もし彼女に小論文の課題があるならば，彼女は図書館で夜遅くまで勉強するだろう」でも，以下の意図された意味に必要となる「図書館が開いている」という付加的な条件が抜けている。

もし彼女に小論文の課題があり，かつ図書館が開いているならば，
彼女は図書館で夜遅くまで勉強するだろう。

しかし抑制課題では，省略された条件は先に提示された文ではなく，後から提示された文のなかで登場する。いずれにせよ，後の文「もし図書館が開いているならば，彼女は図書館で夜遅くまで勉強するだろう」が，実際に言わんとすることを意味していると主張するのは無理がある。文字通りに取れば，この文は図書館が開いていれば彼女がそこで夜遅くまで勉強するであろうことしか言っておらず，小論文の有無については言及していない。またこの文が，英文の書き方指南書で推奨される明快さの基準をクリアするとも思えない。

この課題を，より自然言語文の基準に適合するものとして再定式化する方法はいろいろある。おそらく問題の元の言明に最も近い定式化は，「規則と例外」として定式化する方法である。

もし彼女に小論文の課題があるならば，彼女は図書館で夜遅くまで勉強するだろう。
しかし，もし図書館が開いていないならば，彼女は図書館で夜遅くまで勉強しないだろう。

例外とは，シンプルな形式で提示された規則に後から条件を付け加える慣例的な方法である。一般的に，規則と例外は以下の形式を持つ。

規則：結論が成立するのは，（いくつかの）条件が成立する場合である。
例外：それでも結論が成立しないのは，他の（いくつかの）条件が成立している場合である。

この形式で記述すると，規則の意味は，それに続く例外による文脈に依存する。とはいえ，この規則は文脈に依存しない形で表現でき，厳格な論理形式の要件を満たすようにできる。それには，規則に付加的な条件を加えればよい。

文脈に依存しない規則：結論が成立するのは，（いくつかの）条件が成立しており，かつ，他の（いくつかの）条件が成立しない場合である。

この抑制課題では，付加的な条件は「図書館が開いている」という肯定的条件に相当する。

規則と例外については後の章で別の例を取り上げる。抑制課題に関係する推論は，意図している論理形式が特定されると，**デフォルト推論**（**default reasoning**）（または**無効可能推論**〔**defeasible reasoning**〕）の一種となっていることをみてゆく。このような推論では，規則の結論はデフォルトで成立するとみなされるが，規則の適用に矛盾する追加情報が後に与えられると，結論はその後に撤回される（または抑制される）。

自然言語の理解と論理的推論の対比

自然言語でコミュニケーションを円滑にこなすことは，書き手や話し手だけでなく，読み手や聞き手にとっても課題である。書き手側の課題は自分の思考をできるだけ明快に，かつ一貫性を持って効果的に表現することである。読み手側の課題は，メッセージの論理形式を構築し，その論理形式を目標と信念のウェブに同化し，必要に応じて適切な行動を起こすことである。

周知のように，英語（自然言語）の構文は，書き手の思考の不完全な運び手に過ぎない。特に英語も含めた自然言語文では，「運転手が緊急事態警報を受け取っている」や「図書館が開いている」のような条件や，意味を再構築するのに必要な制限（「運転手は列車を停止させる」のときのように）を頻繁に省略する。結果として読み手は論理形式の再構築のために自然言語の構文を使用しなければならないが，構文のみに頼ることはできない。多くの場合，同じ自然言語文に対して複数の論理形式の候補が存在するため，読み手はそのなかから選択するために別の情報源を利用しないといけない。

読み手が利用できる別の情報源は，自身の目標や信念だけである。これはやり取りの前の文から読み手が引き出した目標や信念であったり，書き手の目標や信念に関する読み手の信念であったりする。文の異なる意味から選択を行う際，読み手は可能な限り文脈に沿った論理形式を選択しなければならない。

首尾一貫性を判断するためには複数の方法がある。まず明らかなこととして，書き手の目標や信念に関する読み手の理解とつながりを持たない論理形式は，そのようなつながりを持つ論理形式よりも整合性において劣る。そして読み手のこのような理解に準拠する論理形式は，この理解と対立する論理形式より整合的である。一連の自然言語文においては，それより前の文の論理形式とつながりを持つ論理形式は，そうでない論理形式よりも整合的である。

既に述べたようにStenning and van Lambalgen［2008］に従えば，抑制課題は問題解決の第一段階（つまり論理形式の構築）が第二段階（その論理形式を使った推論）よりも難しい場合の明快な例である。特に，書き手が一文を意図した意味とは逆の形式で記述したために，困難なものとなっている。それと比較すると選択課題はさらに難しく，2つの段階はどちらも困難である。

選択課題の第一段階の困難は，条件文で何らかの条件の省略があるか否か，その結論を持つ唯一の条件文なのかどうか，それを目標と信念のどちらとして解釈すればよいのかなどを，読み手が決定しなければならないことにある。これらの決定のために，読み手は条件文の論理形式をできるだけ一貫した形で，読み手が持っている目標や信念に同化しなくてはならない。Sperber et al.［1995］は，選択課題の第一段階にはあまりに多くのバリエーションが存在するため，第二段階に含まれる推論プロセスの正しさについての判断は不可能だと主張した。この視点はAlmor and Sloman［2000］による実験の結果からも支持されている。彼らは，被験者が解決法を提示した後に問題を思い出すよう指示されると，もともとの問題の言明ではなく，被験者の解決法と一致した形で問題の言明を報告することを示した。

選択課題の第二段階が困難なのは，主に否定の扱いが難しいことから来ている。1つには，肯定的な観察は否定的な観察より根源的なものだと言うことができる。例えば，われわれは通常，ある人が背が高く，太っていて，ハンサムであることを観察するのであって，その人が背が低くなく，痩せておらず，不細工ではないと観察するわけではない。このような否定的な文は，肯定的な観察や仮定から推論する必要があり，結論の引き出しに必要な推論の連鎖が長くなれば，その導出が困難になる。

後の章では否定を使った推論を詳しく見ていく。とりあえずここでは，論理的推論と心理学的推論の間には重要なもう1つの問題があることを認識しておこう。つまり，与えられた課題をエージェントの目標と信念の文脈で解くべきなのか，それともそれら目標と信念を一時的に棚上げした文脈で解くべきなのかという問題である。

文脈のなかでの推論

前述したように，自然言語には多義性があるため，読み手はしばしば複数の論理形式のなかから書き手の意図した意味を表現する論理形式を選択する必要がある。英語（や自然言語）の構文は，意図された意味の手がかりの1つでしかない。読み手が既に持っている目標と信念（ここには談話中に既に出現した文の論理形式も含まれる）との首尾一貫性，そして書き手の目標と信念に関する読み手の信念が一体となって，談話に現れる新しい文の意図された論理形式の特定に役立てられる。

ほとんどの場合，われわれはコミュニケーションを直感的かつ自動的に，特に意識せずに理解しており，上記のような困難には気づかない。これはおそらく，われわれは書き手が実際に言っていることよりは，書き手が言いたいことに関する予測に頼っているからであろう。

コミュニケーションがわれわれの経験とほとんど関連がない場合，あたかも背景の雑音のように，やり取りが頭にまったく残らないことがある。また，時にわれわれは，文を自分独自の私的な方法で理解することもある。その場合は書き手が書いたものとの結びつきは緩く，書き手が心のなかに持っていたものとはさらに緩いつながりしかない。

自然言語の文とは対照的に，論理形式の文は意味することを正確に表現する。しかし，それぞれの人が異なる目標や信念を持つことから，同じ論理形式の文でも，人によってその意義は異なる。そのため，孤立した文は異なる人にとっても同じ意味を持つかもしれないが，それぞれの人の目標や信念という文脈のなかで理解した場合，その文は異なる意味（あるいは意義）を持つ可能性がある。

例えば，「スーザンはリュックサックを背負っている」という文を考えてみよう。この文の言いたいことは明快だし，既に論理形式をとっている。しかし，「スーザンはリュックサックのなかに爆弾を入れている」と「スーザンのリュックサックのなかには弁当しか入っていない」という異なる信念を持つ２人にとっては，「スーザンはリュックサックを背負っている」という文の意義は異なる。

読み手の目標と信念という文脈のなかで文の意義を理解することは，心理学的実験という他と隔離された文脈で文を理解することよりも高次の論理である。しかし，人間の推論に関するほとんどの心理学的研究は，「論理的な推論とは，自然言語による問題の言明を文脈とは無関係に，実験で明示的に提示された文だけを用いて解釈することだ」という正反対の仮定を置いている。

心理学の実験で研究されているように，自身の目標や信念をいったん保留し，文脈とは独立して推論する能力は，実際に重要かつ有益な技能である。しかし，それは論理的に推論を行うこととまったく同じというわけではない。場合によっては，木を見て森を見ずということになってしまう。

計算論理は，目標や信念を論理形式で表現し，現実世界で遭遇する問題の解決のためにそれらの表現を使って推論することに関心を持つ。論理形式による表現と比べると，自然言語でのコミュニケーションは，一般的にそのコミュニケーションの論理形式に対する貧弱な近似でしかない。結果として，自然言語によって提示された推論課題は，純粋な論理形式における推論課題の近似物でしかないことが多い。

本章の結論を述べる前に，自然言語理解と論理的推論の間で起こる混乱を示す別の例をみておこう。

観察を説明するための条件文の使用

哲学者のジョン・ポロックは，人々は非論理的であるというより，「実際の論理には複雑な議論の形式が関わっており，人々は提示された結論に対する支持と不支持の論拠を評価する」という見解を，以下に取り上げる例を用いて示した［Pollock 1995］。ここではその同じ例を用いて，エージェントの目標と信念という文脈で見たときに生じる，自然言語による問題の言明の表層的な論理と，問題の根底にある論理の差異を示そうと思う。

わたしが以下のことをあなたに伝えたとしよう。

　ある物体が赤いのは，それが赤く見える場合である。

ここで，赤いことや赤く見えることに関するあなたの目標や信念をいったん棚上げし，この文章をそれが言明する通りのことを意味しているものとして扱ってみよう。さらに以下のことも伝えたとしよう。

　このリンゴは赤く見える。

あなたはおそらく,「このリンゴは赤い」という明白な結論を引き出すだろう。ここでさらに次のように言ったとする。

　ある物体が赤く見えるのは，それが赤い光で照らされている場合である。

あなたは先ほどの結論を撤回したくなったのではないだろうか。

この例は抑制課題と似ている。三番目の文が，最初の文では省略されていた条件に注意を向けるものであると解釈できるからである。

　ある物体が赤いのは，それが赤く見えており，
　かつ，それが赤い光で照らされていない場合である。

ポロックはこの例を，「このリンゴは赤い」という結論に対する支持と不支

持の競合する論拠という観点から説明した。一方，最初の文をあなたの既存の信念の文脈で理解するという説明もできる。ここで既存の信念は，赤く見えることはそれが赤いことによるものであるという信念を既に（おそらくは生得的に）含んでいる。これは，「結果がもたらされるのは，原因がある場合である」という自然な形式で以下のように表現される。

　ある物体が赤く見えるのは，それが赤い場合である。

　したがって，この例の最初の文は，あなたが既に持っている因果的信念の逆となっている。それは実質的に，物体が赤く見える唯一の原因が実際に赤いことであるとわたしが信じていることを伝えている。最初の文だけが与えられた場合，あなたはリンゴは赤いと結論する。そのことがリンゴが赤く見えるという観察を説明する唯一の方法だからである。

　しかし，三番目の文は，物体が赤く見える原因に関して新たな可能性を与えている。あなたは既にこの付加的な因果的信念を持っており，わたしは単にあなたの注意をそちらに向けただけなのかもしれないし，あなたは既存の信念に，この新たな因果的信念を付け加えたのかもしれない。どちらの場合でも，三番目の文の論理形式は既存の信念と整合的である。そしてどちらの場合でも，「リンゴが赤く見えることに関する唯一の説明は，それが赤いことである」という仮定をあなたは撤回する。

　この例での思考方法は，**アブダクション的推論**（abductive reasoning）の問題とみなされ，観察を説明するような仮定を生成する。アブダクションによる推論は第10章で取り上げる。

結論

　本章では選択課題によって支持されるような，「人々は汎用的な論理ではなく，（目的のために）特化したアルゴリズムを用いて推論を行っている」という主張について考察した。ここでわたしは，特化したアルゴリズムが特定の知識と汎用的な推論を組み合わせていることを見落としていると論じ，この主張に異議を唱えた。

Sperber et al.［1995］や Stenning and van Lambalgen［2008］で論じられているように，推論に関する心理学的実験の議論ではしばしば，そのような問題を解決する際の第一段階（自然言語から論理形式への翻訳）に適切な注意を払っていないことがある。さらにいえば，そこでは特に論理形式を読み手の他の目標や信念と整合的なものにする必要性が考慮されていない。

しかし，それらの議論を考慮に入れてさえ，得られた論理形式を使った推論を行う第二段階と関連する問題が残っている。その問題の一部は，抑制課題や赤い光の例が示すように，条件文とその逆との間の関係性とつながりがある。別のより難しい問題は，否定を使った推論と関連している。逆による推論と否定による推論というこれらの問題は，後章で取り上げる。

われわれはまた，人々は推論規則ではなくメンタルモデルを使って推論しているという，やはり抑制課題によって支持される議論についても考察した。補遺 A2，A3，A4，A6 では，前向き推論と後ろ向き推論が両方とも極小モデルにおける真理の決定とみなせることを議論している。この観察は，演繹に関するある種のメンタルモデル理論を支持する。それは，人々は推論規則を使用して推論しているという一見対立する視点と両立するものである。

第 3 章

カラスとキツネ

本章では，古代ギリシャの寓話『キツネとカラス』について取り上げ，**主体的**（proactive）なキツネの思考が，**反応的**（reactive）なカラスの思考を出し抜くところを考える。後の章で，主体的思考と反応的思考をどのように組み合わせることができるかを紹介する。

キツネとカラスは異なるタイプの人々のメタファー（隠喩）である。この寓話でのキツネのように，主体的な人々がいる。彼らは将来の計画を立て，障害を予期し，秩序だった生活を送る。一方，カラスのように反応的な人々もいる。彼らは周囲で起こることを受け入れ，新しい機会を利用し，臨機応変であろうとする。ほとんどの人が主体性と反応性の双方の要素を持つが，時と場合によってその程度は異なる。

キツネとカラス

イソップによるとされている，キツネとカラスの寓話を知っている人は多いだろう。カラスがクチバシにチーズを咥えて木にとまっており，そこにキツネがやってきてそのチーズを欲しがる，という何気ない場面から物語は始まる（次頁のイラスト参照）。

この物語をキツネの視点から考えよう。キツネの主体的な思考方法をモデル化するために，キツネの目標と信念を論理形式で表現する。

目標：わたしがチーズを所有する。

信念：カラスはチーズを所有している。

?
目標：キツネがチーズを所有する。
信念：カラスはチーズを所有している。
ある動物がある物体を所有するのは，
その動物がその物体の傍にいて
かつ，その動物がそれを拾う場合である。
キツネがチーズの傍にいるのは，
カラスが歌う場合である。
カラスが歌うのは，
キツネがカラスをおだてる場合である。

ある動物がある物体を所有するのは，
その動物がその物体の傍にいて
かつ，その動物がそれを拾う場合である。

わたしがチーズの傍にいるのは，
カラスがチーズを所有していて
かつ，カラスが歌う場合である。

カラスが歌うのは，わたしがカラスをおだてる場合である。

ご覧の通り，キツネは論理学をある程度理解しているだけでなく，アマチュア物理学者でもある。特に，カラスが歌えばチーズの傍にいることができるというキツネの信念は，カラスと自分の相対的な位置関係に関する知識と，重力の法則に関する知識とを，単一の言明へと組み合わせたものである。非形式的な推論による以下のような方法で，他のより基礎的な言明から単一の言明を導くことができる。

もしカラスが歌えばカラスはクチバシを開き，チーズが木の下の地面へと落ちるであろうことをキツネは知っている。

キツネは木の下にいるため，キツネはチーズの傍にいることになるであろうこともキツネは知っている。

したがって，もしカラスが歌えば自分がチーズの傍にいるであろうことをキツネは知っている。

このキツネはアマチュアの行動主義心理学者でもある。行動主義者としてのキツネは，カラスの行動を起こしているかもしれない内的な仕組みではなく，外的な入力－出力行動のみに関心を持つ。特に，キツネはカラスに関する信念を論理的に表現しているが，カラスもまた何らかの信念を表現するために論理を使っているということを想定していない。キツネから見るかぎり，カラスの行動は論理ではなく条件－行動規則によって生成されているといえるかもしれない。あるいはカラスの行動は，心のなかに入ることさえなく，その身体へと直接的に“組み込まれて”いるのかもしれない。

「キツネがチーズの傍にいることになるのは，カラスが歌う場合である」というキツネの信念と同じく，「カラスが歌うのは，キツネがおだてる場合である」というキツネの信念もまた，別のより基礎的な信念から導出されたものである可能性がある。それらはおそらく，自らの行動によって起こる可能性のある帰結についての思考を持たずにおだてに乗ってしまうような，単純で反応的なエージェントに関するもっと一般的な信念から引き出されたのだろう。

キツネには一般常識もある。ある動物が物体を所有するのは，その動物が物体の傍にいて，かつその物体を拾う場合であることをキツネは知っている。他の信念と同じく，キツネはより基本的な信念からこの信念を引き出すことができる。例えば，キツネはこの信念を，「ある動物がある物体を所有するのは，その動物がその物体を拾う場合である」という単純な信念と，「ある物体を拾うには，その物体の傍らにいなければならない（物体の重さやサイズなどの他の制約は無視するとして）」という制約を組み合わせることによって導くことができる。

キツネは，一般法則としてある物体を所有するための条件に関するこの信念を持っている。この一般法則は，任意の動物と任意の物体に対して例外なく適用される（ただし，キツネがロボットを他の動物種と認識していないかぎり，この法則はロボットにも適用できることをキツネは知らないと思われる）。キツネはまた，一般法則を**具体化（instantiate）**するための論理についても十分知っている。言い換えれば，一般法則における動物と物体を，それぞれキツネとチーズのような特別な具体例へと適用するための論理を知っている。

論理プログラムとしてのキツネの信念

キツネの信念は論理形式だけでなく，次のように限定された条件文の形式もとる。

> 結論が成り立つのは，（いくつかの）条件が成り立つ場合である。

結論と条件は宣言的な形式で書かれる。この条件文は結論を頭において後ろ向きに書かれており，結論から条件へという後ろ向き推論に使用できることを示唆している。後ろ向き推論を使うことで，それぞれの条件文は目標還元手続きとして機能する。

> 結論を成り立たせる（あるいは結論が成り立つことを示す）ためには，
> 条件を成り立たせよ（あるいは条件が成り立つことを示せ）。

カラスがチーズを所有しているという信念のような，観察を記録する“事実”でさえ，条件を持たずに結論のみを有する条件文として捉えることができる。

> 結論が成り立つのは，条件が何もない場合である。

あるいはより論理的には，

> 結論が成り立つのは，真の場合である。

このような事実は，手続きとしても振る舞う。

結論を成り立たせる（あるいは結論が成り立つことを示す）ためには，
真を成り立たせよ（あるいは真が成り立つことを示せ）。

または

結論を成り立たせる（あるいは結論が成り立つことを示す）ためには，
何もするな。

したがって，キツネの信念は以下の手続きの集まりとして使用できる。

ある物体を所有するためには，その物体の傍に行け，そしてその物体を拾え。
チーズの傍にいるためには，カラスがチーズを所有していることを確認し，
そしてカラスに歌わせよ。
カラスに歌わせるためには，カラスをおだてよ。
カラスがチーズを持っていることを確認するためには，何もするな。

これら手続きの副目標は命令文的に記述されていることに注意しよう。この記述方法には危うさがある。もし同じ目標の達成に関して2つの手続きが与えられたら，どうすればよいのだろうか？ 例えば，

ある物体を所有するためには，その物体を作れ。

これを宣言的な形式にしても構わない。

ある動物がある物体を所有するのは，
その動物がその物体を作る場合である。

しかし，2つの命令からくる2つの手続きは競合を生む。第7章で見ることになるが，対立する命令文の間で選択を行うための競合解消の必要性は，条件

−行動規則でも発生する。しかし当面のあいだ，手続きの副目標を命令形ではなく推奨として扱うことで，このような明確な競合を避けることができる。

ある物体を所有するためには，あなたはその物体の傍に行くことができる，そしてその物体を拾うことができる。
ある物体を所有するためには，あなたはその物体を作ることができる。

軍隊でこのような優柔不断な言語を使っていてはうまくいかないだろうが，少なくとも競合を解消する必要はなくなる。ただし，今はこれらの細かい違いにとらわれることなく，キツネとカラスの物語に戻ろう。

キツネはこれらの手続き（命令的なものでも推奨的なものでも）を使うことができ，「わたしがチーズを所有する」というトップレベルの目標を，「わたしはカラスをおだてる」かつ「わたしはチーズを拾う」という2つの行動からなる副目標へと順々に還元していく。これら2つの行動はともにトップレベルの目標を達成するためのプラン（計画）を構成する。

結合グラフにおける後ろ向き推論

キツネが最初に持っていた目標から2つの行動的副目標への還元は，最初の目標と信念のウェブをつなぐ結合グラフにおける解の探索として視覚化できる。もちろん，キツネの信念全体は非常に大きいに違いないので，探索は干し草のなかから針を探すようなものになりかねない。しかし，後ろ向き推論による戦略が探索を導いてくれる。その結果，キツネが考える必要があるのは，目標と適合する結論を持つ関連信念のみとなる。

最初のトップレベルの目標からスタートし，グラフのリンクをたどることで，キツネは既知の事実（カラスはチーズを所有している，など）や行動的副目標（わたしはカラスをおだててその物体を拾う，など）と目標をつなげる部分グラフを容易に見つけることができる。そしてそれら副目標を現実世界で成功裏に実行することにより，事実へと変換できる。この部分グラフは，もしプラン内の行動が成功し，かつキツネの信念が実際に真であれば，キツネはトップレベルの目標を達成するであろうことの**証明**（proof）である。グラフを探索

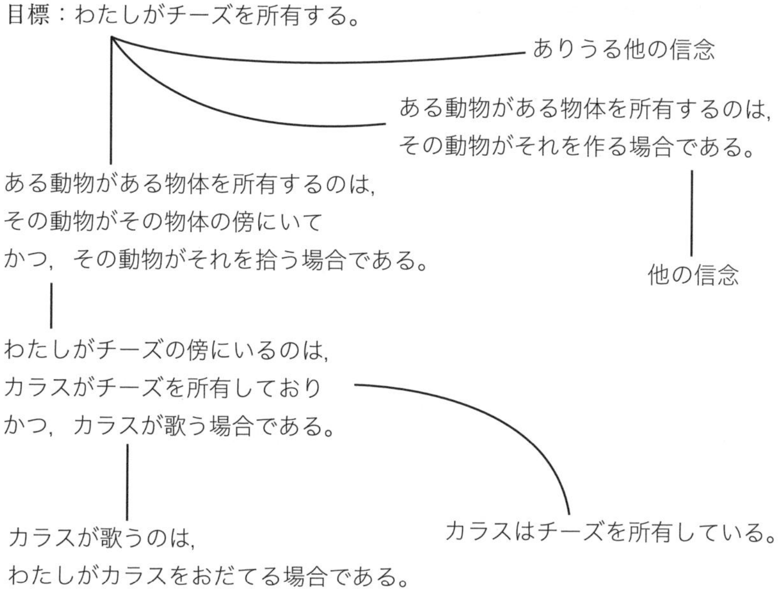
目標：わたしがチーズを所有する。
ありうる他の信念
ある動物がある物体を所有するのは，
その動物がそれを作る場合である。
ある動物がある物体を所有するのは，
その動物がその物体の傍にいて
かつ，その動物がそれを拾う場合である。
他の信念
わたしがチーズの傍にいるのは，
カラスがチーズを所有しており
かつ，カラスが歌う場合である。
カラスが歌うのは，
わたしがカラスをおだてる場合である。
カラスはチーズを所有している。

し，目標間のつながりを求め，証明を構築するキツネのこの戦略は，**証明手続き**（proof procedure）と呼ばれる。

後ろ向き推論は，目標と条件文の結論をマッチ（より正確には**単一化**〔unifying〕）させ，副目標としてその条件文の条件を導出することによって行われる。例えば，トップレベルの目標

わたしがチーズを所有する

を，以下の条件文の結論にマッチさせる。

ある動物がある物体を所有するのは，
その動物がその物体の傍にいて
かつ，その動物がその物体を拾う場合である。

このとき，後ろ向き推論は２つの副目標を導出する。

わたしがチーズの傍におり，かつ，わたしがチーズを拾う。

ここでは「動物」や「物体」といった一般項から,「わたし」や「チーズ」といった特定項への具体化が行われている。

この2つの副目標の二番目[訳注1]は行動であり，結合グラフ内のどの条件文の結論ともマッチしない。それを成功裏に実行することによってのみ解決できる。しかし，最初の副目標[訳注2]は他の副目標へと還元が可能であり，それは3つのさらなる後ろ向き推論によって行われる。この後ろ向き推論の連鎖の最後の結果は,「キツネがチーズを所有するのは，キツネがカラスをおだててかつチーズを拾う場合である」という論理的証明である。

伝統的論理学では，前向き推論による証明を提示することがより一般的である。この場合，伝統的な証明は以下のようになるだろう。

　　　　　わたしはカラスをおだてる。
それゆえ，カラスは歌う。

　　　　　カラスはチーズを所有している。
それゆえ，わたしはチーズの傍にいる。

　　　　　わたしはチーズを拾う。
それゆえ，わたしはチーズを所有する。

前向き推論は証明を見つけた後にそれを提示する自然な方法であるが，後ろ向き推論は証明を発見するための自然でより効率的な方法である。前向き推論と後ろ向き推論は両方とも探索を行う。しかし，解決すべき目標が与えられた場合には，後ろ向き推論は目標指向的であり，目標と関連する信念に注意を集中させる。

先の結合グラフは目標と関連する可能性のある信念の一部のみを示している。

訳注1 「わたしがチーズを拾う」
訳注2 「わたしがチーズの傍にいる」

リンクの一部，例えばトップレベルの目標と「ある動物がある物体を所有するのは，その動物がその物体を作る場合である」という信念をつなぐリンクなどは，目標解決のためにキツネが最終的に発見したプランのなかでは重要な役割を果たしていない。その結論は目標とマッチするため，この信念は目標と関連している。しかし単純化のため，キツネがトップレベルの目標の解決のためにこの選択肢を探索する可能性は，さしあたっては無視した。

より実際的なグラフ表現では，そのような潜在的に関連するリンクがさらに多く存在する可能性がある。その一部は別の解を導くものかもしれない（例えば，キツネは木を登り，カラスからチーズを直接奪い取る）。それらとは別に，役に立たないどころかまったく逆効果となる解決の試みもあるかもしれない（例えば，キツネはカラスに飛び掛かり，カラスは驚いて飛び去ってしまう）。

キツネには解の探索を先導する戦略と，それらの解を比較してそのなかから決定する戦略が必要となる。解の探索問題については第4章で議論し，解の決定に関する問題はもっと後の章で扱う。

しかしまず注意すべきことがある。「わたしがチーズを所有する」というトップレベルの目標を解決するための別の方法を導く他のリンクに加えて，リンクとしてグラフ内に描かれてさえいない，「カラスはチーズを所有している」という事実を使って目標を解決しようとする別の方法が存在する。この事実は実際には，「カラスがチーズを所有しているのは，真の場合である」というある種の退化条件文（degenerate conditional）であることを覚えておいてほしい。これは「カラスがチーズを所有していることを確認するためには，何もするな」という単純な手続きとして振る舞う。この手続きは，「わたし」と「カラス」という2つの特定項を同一化（マッチングあるいは単一化）することで，「わたしがチーズを所有する」というトップレベル目標を解決するために使用できそうである。もしこのような同一化が可能だとすると，この事実を使った後ろ向き推論はトップレベル目標を1ステップで解決するだろう。

ここまでで，**同一化**（identification），**具体化**（instantiation），**マッチング**（matching），**単一化**（unification）といった関連する用語をインフォーマルに使ってきた。これらの用語には正確な定義があり，補遺A3で紹介している。この例での目的に関していえば，これらの定義が異なる特定項を互いに同一化する可能性を排除することに注意しておけば十分である。そのため，キツネが自己同一性を喪失しない限り，「カラスがチーズを所有しているのは，真の場合である」という退化条件文の結論を，キツネの目標である「わたしがチーズを所有する」と一致させることはできない。先ほどの結合グラフは，この事実と目標の間のリンクを持っていない。単一化を行う具体化を事前に計算し，特定項である「わたし（キツネ）」と「カラス」の同一化が不可能であることを認識しているからである。この事前計算は，そのようなリンクが寄与する可能性のある個々の目的とは独立している。

つまりは，後ろ向き推論，結合グラフ，そしてAIにおける自動推論のために開発されてきた多くの他のテクニックは，目標を解決するためにエージェントが実行する必要のある探索の総量を大きく減少させる。しかしそのような改善が行われてさえ，われわれは探索問題からは逃れられない。この問題については第4章でじっくりと議論する。

キツネとカラスの物語はこれで終わりだろうか？

極端な論理主義者なら，この物語をこれで終えることだろう。この極端な立場では，キツネの世界と，世界に対するキツネの信念との間に違いはないことになる。また，チーズを手に入れるためのキツネのプランと，キツネが実際にそれを所有することの間にも違いがないことになる。

とはいえ，常識に照らして考えれば，人生には思考の及ばないことがあるものだ。思考することに加えて，エージェントは世界の変化を観察し，それに応じて世界を変えるための行動を起こす必要がある。その目的のために，論理は世界の記号的表現を構築し，それらの表現を使って世界について推論するための手段をエージェントに提供する。世界とエージェントの心のなかの論理との間にあるこの関係は，次頁右上のように図示できる。

表現と意味

上で述べた関係は異なる方法で眺めることが可能である。一方では，論理形式をとった文は，世界におけるエージェントの経験のある側面を**表現**（represent）している。他方では，世界とは**解釈**（interpretation）であり，

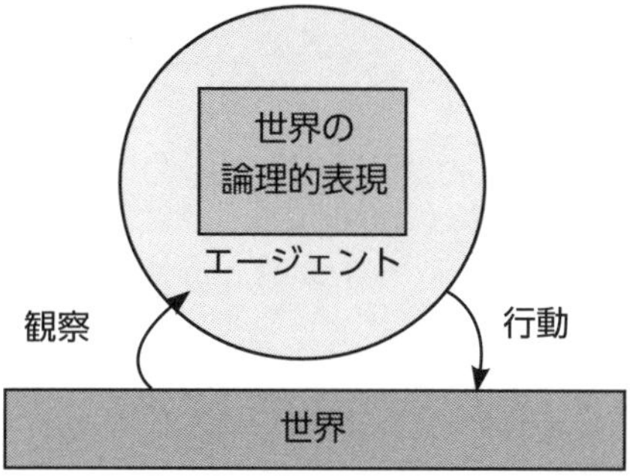

エージェントの目標や信念を記述する文に**意味**（meaning）（あるいは**意味論**〔semantics〕）を与える。

ところで，それまでわたしたちが関心を持っていた「意味」が，自然言語の文を使って人々が意思疎通しようとする際の思考であったのに対し，ここで扱う「意味」という概念は，それとはまったく異なっている。これまで扱ってきた公的な文の意味とは，意思疎通を試みる人の思考の言語における私的な文のことであった。しかしここでは，その私的な文が世界との関係において持つ意味が問題となる。異なる種類の意味の間のこの関係は，以下のように図示できる。

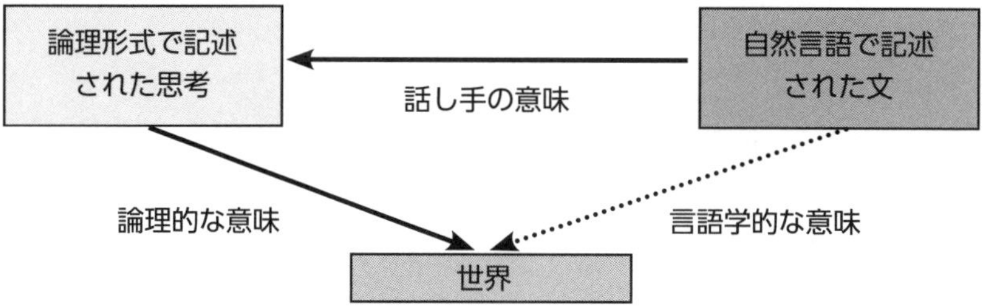

以前はいわゆる「話し手の意味」に注目したが，ここでわれわれは「論理的な意味」に注目している。言語学者や哲学者は「言語学的な意味」にも関心を持ち，これは自然言語文と世界の間の関係という視点から理解される。しかし，わたしの見解では，通常の自然言語でのコミュニケーションは，話し手の意味の論理的な意味とは独立した意味を持つにはあまりに不正確で扱いにくい。

一般的な用語で考えるならば，論理的な意味という概念は，論理形式の文章と**解釈**（interpretation）の関係としてよりよく理解できる。この解釈は**モデル**（model）とか**可能世界**（possible world）とも呼ばれることもあり，人工的な世界や想像上の世界，例えばキツネとカラスの物語の世界もこれに含まれる。解釈とは，つまりは**個体**（individual）の集まりと，その個体間の複数の**関係**（relationship）のことである。単純化のために，個体の性質も関係とみなす。

伝統的論理学での解釈は通常，世界の静的状態の１つに対応する。例えば，

> キツネとカラスの物語では，キツネ，カラス，チーズ，木，木の下の地面，カラスと地面の間の空間を個体とみなすことができる。そして，「誰かが何かを所有していること」は２つの個体の関係とみなせる。「カラスはチーズを所有している」という文は，話の開始時点の解釈では真であるが，話の終わり時点での解釈では偽である。

解釈を記号形式で表現する最も単純な方法は，その解釈において真となるすべての原子文からなる集合として表現することである。この例では，話の開始時点での解釈を以下の原子文で表現してよいだろう。

> カラスはチーズを所有している。
> カラスは木にとまっている。
> 木は空間の上にある。
> 空間は地面の上にある。
> 木は地面の上にある。
> キツネは地面の上にいる。

解釈においては，個体と個体間の関係は言語とは独立した存在として理解できるという意味で，これらの原子文と，それらが表す解釈は異なる。

原子文（atomic sentence）は単なる記号的な記述でしかなく，それは**述語**（predicate）または述語記号と，０あるいは１つ以上の**引数**（argument）から成る。補遺 A1 で説明されているように，述語記号は個体の性質や個体間の関係を表し，それぞれの個体は述語の引数によって表現される。例えば，「カラス」，「チーズ」，「木」といった言葉や句は個体の名前であり，「所有している」

や「～にとまっている」は個体間の関係を名指しする述語である。

世界を表現する手段としての論理の最大の魅力は，条件文という手段で法則（または規則）を表現できる能力にある。例えば上の原子文においては，「木は地面の上にある」という事実は，より基本的な事実「木は空間の上にある」と「空間は地面の上にある」から，以下の条件文を用いて導出できる。

ある物体（最初の物体）が第二の物体の上にあるのは，
最初の物体が第三の物体の上にあり
かつ，第三の物体が第二の物体の上にある場合である。

あるいは違う見方をすると，先の原子文によって表現された解釈において，この条件文は真である。

解釈の究極的な目標は，文が真か偽かを決定することである。現実世界に存在しているエージェントの場合，真である信念は通常，偽である信念より有用である。真にすることが容易である目標は通常，真にすることが困難である目標よりも有用である。

一般に，ある解釈における原子文ではない文の真理値の決定問題は，より単純な文の真理値の決定問題へと還元される。例えば，

「結論が成り立つのは，条件が成り立つ場合である（conclusion if conditions)」という形式の文が真であるのは，**条件**が偽であるか**結論**が真である場合である。

「すべては性質 P を持つ」という形式の文が真であるのは，その解釈におけるすべての個体 T に対し，「T は性質 P を持つ」が真の場合である。

このようなメタ文（文についての文）を使った後ろ向き推論は最終的に，任意の文の真理値の決定問題を，原子文のみの真理値の決定問題へと還元する。

したがって，任意の文が真か偽かを決定するという目的のためには，ある解釈において実際の個体と関係が何であるのかを知る必要はない。単にどの原子文が真で，どの原子文が偽であるかを知っていれば十分である。

意味論については補遺 A2 でより詳しく検証している。世界の変化する状態の表現については第 13 章で取り上げる。しかし，この章を終える前に，次の問いに立ち返ろう。

キツネとカラスの物語の教訓は何だろうか？

おそらくイソップ寓話には目的がある。裏にある目標や意図を理解しようとすることなしに，他のエージェントの言葉や行動を額面通りに受け取るのは危険だという教訓である。より簡単にいえば，あなたが何かを行う前に，起こりうる帰結について考えるべしということである。

寓話のカラスはキツネのおだてに自発的に反応する（考えることなく，と言ってよいだろう）。もっと知的なカラスなら，意図した行動を実行する前にモニターし，意図しない望まない帰結が起こる可能性を考えたことだろう。

もしキツネの知っていることをカラスが知ってさえいれば，カラスは以下のように**予防的（preactive）**に推論ができたかもしれない。

> わたしは歌いたい。
> しかし，もしわたしが歌えば，キツネはチーズの傍にいるだろう。
> もしキツネがチーズの傍にいて，かつチーズを拾えば，キツネはチーズを所有するだろう。
> おそらくキツネはチーズを所有したいと思っており，したがってチーズを拾うだろう。
> しかし，そのときわたしはチーズを所有していないだろう。
> わたしはチーズを所有していたいので，わたしは歌わない。

この推論の流れはキツネが使用しているのと同じ信念をいくつか使っているが，後ろ向きではなく前向きに使用している。この後の章で，前向き推論と後ろ向き推論のための，信念の 2 通りの使用法について議論する。ここではとりあえず，論理の使用が思考の最も自然な方法かどうかとは関係なく，論理はわれわれが効果的に考え行動するのに役立つことがあることを覚えておこう。

第 4 章

探　索

分野によっては，論理は探索とほとんど無関係である，というのが一般的な見解である。例えばポール・サガードは『マインド：認知科学入門（*Mind: Introduction to Cognitive Science*)』の 45 頁（英原書）で，「論理ベースのシステムでは，思考の基礎となる演算は論理的演繹である。しかし，ルールベースのシステムの視点からは，思考の基礎となる演算は探索である」と述べている［Thagard 2005]。

同様にジョナサン・バロンは著書『*Thinking and Deciding*』の 6 頁で，「行動，信念，個人的な目標についての思考はすべて，思考は“探索（search）”と“推論（inference）”から成るとする共通のフレームワークの観点から記述できる。われわれは特定のオブジェクトを探索し，そして発見したオブジェクトから，あるいは発見したオブジェクトについて推論する」と書いている [Baron 2008]。また同書 97 頁では，「形式論理は思考に関する完全な理論ではない。なぜならそれは推論部分しかカバーしていない」と述べている。

本書では，論理による推論規則を，目標の可能な解の**探索空間（search space)** を決定することとして捉える。そして**探索戦略 (search strategy)** を，目標の解を発見するための証明手続きを決定することと捉える。しかしバロンのように，候補となる解の帰結を推論するために論理的な推論規則を使用する必要性があることもみてゆく。さらにわれわれは，複数の解を生成しその帰結を推論する“思考 (thinking)”と，複数の解を評価しそのなかから選択する“決定（deciding）”を区別する。サガードが支持するルールベースのシステムが論理的な視点からも理解可能なことは，第 8 章で取り上げる。

探索と後ろ向き推論の間の関係は，後ろ向き推論によって生成された探索空間を **AND−OR 木（and-or tree）** として視覚化すると容易に見てとれる。木のノードは原子目標を表し，トップレベルの目標が木の一番上にくる。2種類の弧が存在し，**OR 弧（or-arc）**は原子目標と複数の解決方法をつなぎ，**AND 弧（and-arc）**はある解決方法におけるすべての副目標をつなぐ。

AND−OR 木と結合グラフの間には明快な関連がある。OR 弧は結合グラフのリンクに対応し，AND 弧はある条件文中のすべての条件の連言に対応する。以下は，カラスのチーズを所有するというキツネの目標の AND−OR 木である。

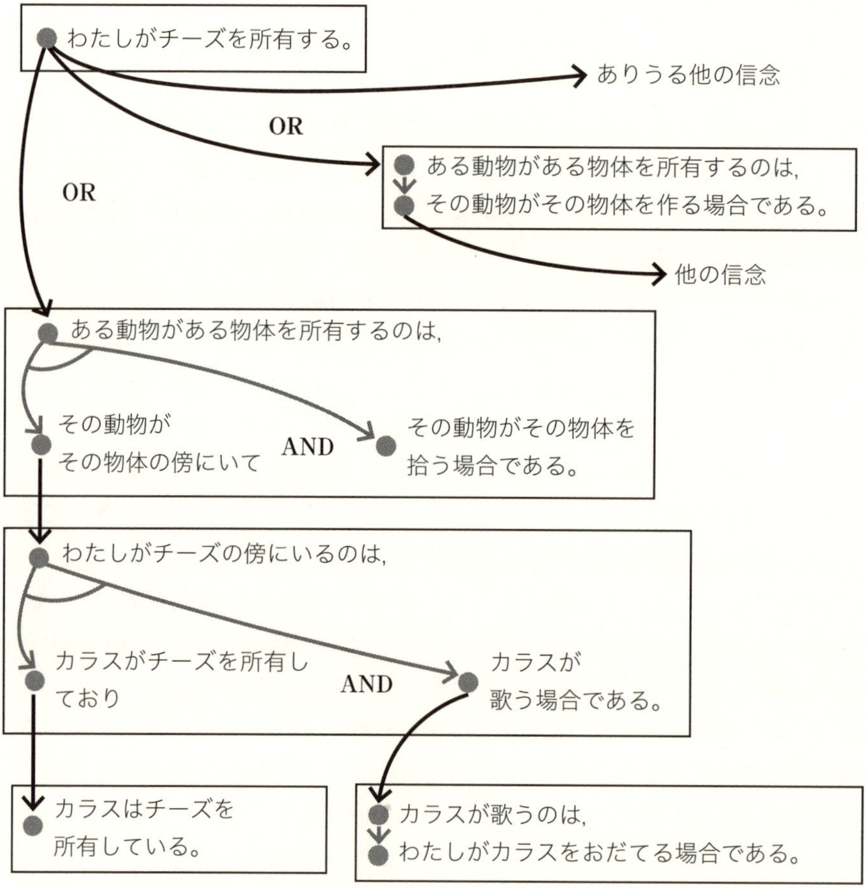

わたしがチーズを所有する。
ありうる他の信念
OR
OR
ある動物がある物体を所有するのは，
その動物がその物体を作る場合である。
他の信念
ある動物がある物体を所有するのは，
その動物が
その物体の傍にいて
AND
その動物がその物体を
拾う場合である。
わたしがチーズの傍にいるのは，
カラスがチーズを所有し
ており
AND
カラスが
歌う場合である。
カラスはチーズを
所有している。
カラスが歌うのは，
わたしがカラスをおだてる場合である。

AND−OR 木は，人工知能における問題解決，特にチェスのような2人で行うゲームにおいて広く使われてきた。ゲームでは，OR 弧は第一のプレーヤーの手の選択肢を表し，AND 弧は第二のプレーヤーのすべてのありうる反応を表す。ゲームに勝つためには，第一のプレーヤーは第二のプレーヤーのすべての動きに勝てる動きをとる必要がある。

チェスのような選択肢が非常に多いゲームにおいては，次の動きを決める前にプレーヤーがこの木を完全に探索し切ることは不可能である。しかしそのようなゲームでさえ，ノードの価値を近似的に計算し，与えられた時間と他のリソース内での最適な解を探索するガイドとしてその値を利用することはしばしば可能である。例えば探索の**ミニマックス戦略**（minimax strategy）は，そのような値を使い，他のプレーヤーにとっての最高の動きであるノードの価値を最小化する動きを選択する。類似の探索戦略は，結合グラフにおける後ろ向き推論に対応する，より一般的な AND−OR 木でも使うことができる。

慣習的な AND−OR 木では，同じ選択肢とつながる副目標同士は互いに独立である。しかし結合グラフでは，副目標同士はしばしば相互に関連している。例えばあなたが動物で，以下の信念を使おうとしているとしよう。

ある動物がある物体を所有するのは，
その動物がその物体の傍にいて
かつ，その動物がその物体を拾う場合である。

このとき，あなたは「ある物体を所有する」ために「あなたの傍にある物体を見つける」と「あなたが拾うことができる物体を見つける」という2つの副目標がある。しかし，あなたが探すある物体は，どちらの副目標についても同じものでなければならない。理屈の上では，この2つの副目標を別々に解いてもよいはずだ。まず傍にあるあらゆる物体を探し，そしてとにかく何かを拾いあげ，それから両方の副目標の解となっている物体を探せばよい。しかし実際には，あなたはまず自分の傍にある物体を探し，次にそれを拾うほうがずっと現実的だろう。

副目標間にあるこのような相互依存性から，後ろ向き推論のための探索空間を，単純な OR 木として表現すると便利であることが多い。そこでのノードは，ある選択肢と関連するすべての副目標の連言である。AND−OR 木と結合グラフによる表現がもともとの目標と信念を示す一方で，OR 木は信念によって生成された目標と副目標のみを示す。「カラスのチーズを所有する」というキツネの目標に関するそのような OR 木は以下のようになる。

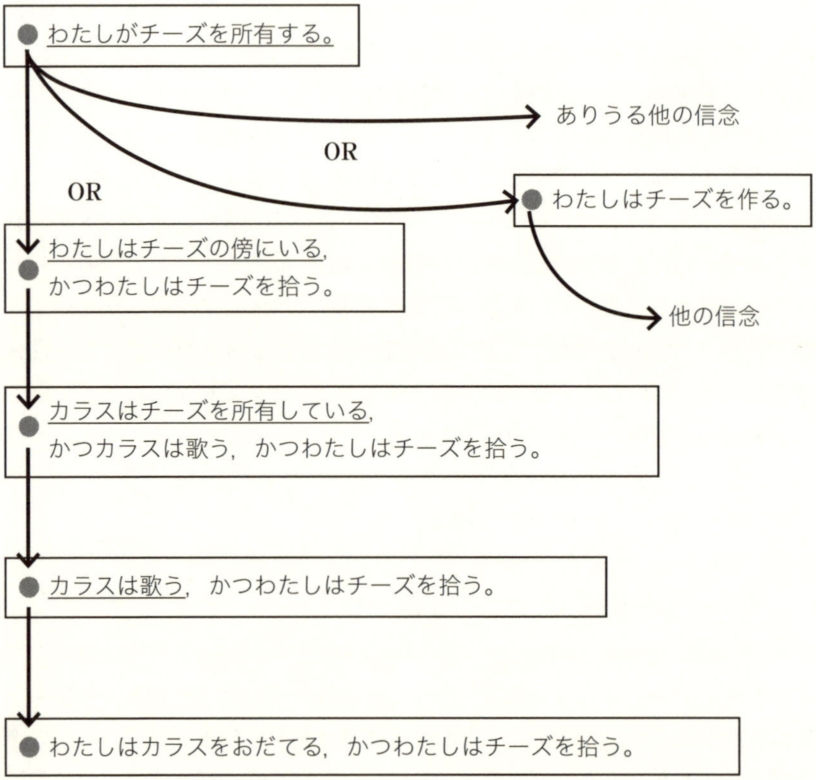

それぞれのノードで下線を引いた副目標は，目標還元のために選択した副目標である。それらは選択空間においてより下位に位置する，次のレベルのノードを生成する。

OR 木は単純な構造をしているため，探索空間におけるさまざまな探索戦略を定義する方法は簡単にわかる。もっとも素朴な戦略は**幅優先探索（breadth first search）**である。これはレベルごとに，まずトップレベルの目標から 1

ステップ離れたすべてのノードを生成し，次にトップレベルの目標から2ステップ離れたすべてのノードを生成し，といった形で展開していく。トップレベルの目標に対して解が存在する場合，幅優先探索は最もステップ数が小さい解の発見を保証する。しかし幅優先探索は組み合わせ的な爆発を起こす。仮にすべてのノードが木を1レベル下るごとに2つの子ノードを持つとしよう。最小ステップの解の計算に関して2回の目標還元が必要な場合，この探索戦略は $2^2 = 4$ 個の枝のみを生成すればよい。もし10回の目標還元が必要なら，$2^{10} = 1{,}024$ 個の枝の生成が必要である。しかし50回の目標還元が関係すると，$2^{50} = 1{,}125{,}899{,}906{,}842{,}624$ 個の枝が必要となる。これではAIの実現は不可能だと信じる批判者が多いのも無理はない。

この問題を回避する方法は2つある。1つは，よりよい探索戦略を用いることである。もう1つは，よりよい探索空間を使うことである。後者については後ほど再び触れよう。しかしまずは先ほどと同じ状況を考えてみよう。すべてのノードが2つの子ノードを持っているが，今度はトップレベルの目標から50ステップ離れた同じレベルの枝の半分が解を含んでいると仮定する。そのときに**深さ優先戦略（depth first search）**を使えば，最初の解を発見するために平均して100ノードのみを生成すればよい[訳注1]。

深さ優先戦略は幅優先戦略と正反対の方略をとる。この戦略では1度に1つの枝のみを探索し，必要になったときのみ他の枝へとバックトラックする。この戦略は探索空間が多くの解を含んでいる場合には非常に効率的である。しかしこの戦略は，無限に続く枝が存在し，解を含む有限の枝を探索する前に無限に続く枝を探索してしまった場合には破滅的な結果を生む。以下は単純な例の結合グラフである。

訳注1　この状況において，仮にすべてのノードを生成したとすると，トップレベルの目標を根とする二分木が得られる。この二分木の根から葉までの道は，どれをとっても長さ50であり，その半数が解を含んでいる。つまり根から葉への道を任意に選ぶと確率0.5で解を含んでいる。そこで，すべてのノードを生成する，というコストの大きな計算をする代わりに根から葉への道をランダムに生成してゆけば，合計100（= 50 × 2）ノード生成すればよかろう。というのも，少なくとも1回当りを引くまでの回数の期待値がこの場合2だからである。これが次の段落から説明される深さ優先戦略の基本的な考えである。

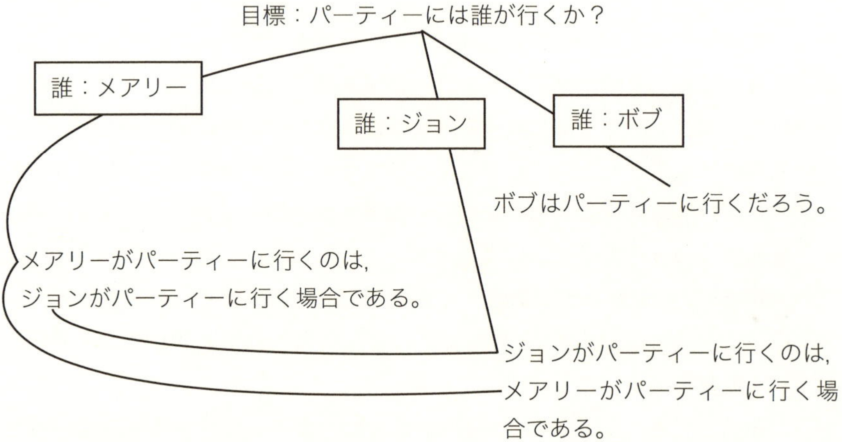

この問題について OR 木の探索を考えてみよう。

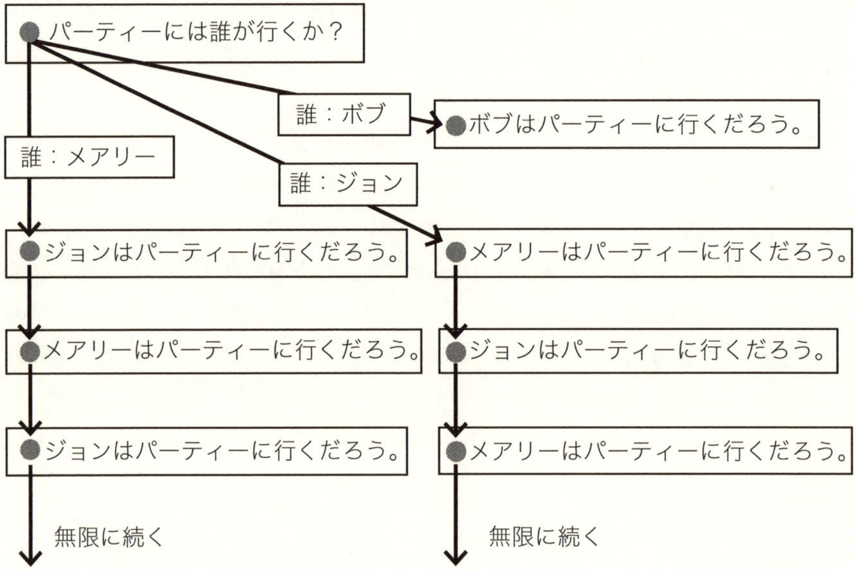

もしあなたが解を１つだけ見つければよく，そしてあなたが幅優先探索を行うのなら，解である「誰＝ボブ」を１ステップで発見する。しかし，あなたが

深さ優先探索を行い，「誰＝メアリー」または「誰＝ジョン」の枝を考えると，あなたはいつまでも探索を続けることになるが決して解にはたどり着かない。プログラミング言語のPrologは後ろ向き推論によって生成されたOR木を深さ優先で探索し，枝を探索する順番を決定するために，**節（clause）**が書かれた順番を使用する。そこで，節が以下のような順番で書かれている場合を考えてみよう。

メアリーがパーティーに行くのは，ジョンがパーティーに行く場合である。
ジョンがパーティーに行くのは，メアリーがパーティーに行く場合である。
ボブはパーティーに行くだろう。

このときPrologは無限ループに陥ってしまう。しかし，三番目の文「ボブはパーティーに行くだろう」が最初に書かれていれば，Prologは1ステップで解を見つける。もちろん，この場合は節を記述する順番をプログラマーが管理することにより，問題は容易に解くことができる。しかし，このような容易な解決法が機能しないずっと複雑な状況が数多く存在する。

この種の気の利かない振る舞いが，Prologのような論理プログラミング言語が1980年代に廃れていった主な理由の1つであるように思われる。1970年代からループ問題や関連する非効率性を解決する多くの試みが行われたが，おそらく最も有効だったのは**テーブル化（tabling）**の活用だろう［Sagonas et al. 1994］。この仕組みは現在では複数のPrologシステムに組み込まれている。

テーブル化では副目標とその解を1つのテーブルに保持する。先に生成された副目標に再度遭遇したとき，探索戦略は既に実行された推論を再び行うかわりに，テーブルに保持されている解を再利用する。先ほどの例のように，「メアリーはパーティーに行くだろう」という副目標が生成され，それが後に再び生成されたら，ループが起こったことが認識され，fail（失敗）として探索空間の別の枝へとバックトラックする。

探索問題は人工知能では研究が進んでいる分野であり，Russell and Norvig［2010］，Poole and Mackworth［2010］，Luger［2009］などの入門書で詳しく解説されている。これらの本に載っている探索戦略は，計算論理における解の探索問題にも同様に適用される。ほとんどの場合，探索戦略は，深さ優先探索，幅優先探索，最良優先探索といった汎用的な方法論である。

最良優先探索

最良優先探索（best-first search）は，問題の異なる解が異なる価値を持つ場合に有用である。例えば，この寓話のキツネが，カラスが所有しているチーズを手に入れることが，自分で食べ物を作ることよりも価値が高いと判断する場合，キツネは最適な解を探索するガイドとして最良優先探索を使うことができる。

最良優先探索を使うためには，異なる解を比較評価することができなければならない。例えば，あなたが場所Aから場所Bに行きたい場合，あなたは最短時間で，交通費が一番安い，あるいは環境に最もやさしい移動手段を選択するだろう。これらの属性すべてにおいて最良であるような1つの移動プランが存在しない場合，それらの属性に重みづけをして，ある属性の優先度を下げて別の属性の優先度を上げるといったことを行わないといけないかもしれない。そのような重みが与えられると，属性の値の重みの和を，ある解の総合的な価値の単一指標として用いることができる。

完全な解に関する指標が，部分的な解の指標へと拡張されることもある。例えばあなたが，米国コネチカット州のブリッジポートからイギリスのペットワースまで行きたい場合に，ニューヨークからロンドンまでを空路で移動するという部分的な旅程は検討しているが，残りの旅程はまだ考えていないとしよう。部分的な旅程を全体の旅程に拡張した場合の最適な旅費には，飛行機代が含まれることをあなたは知っている。そこであなたは，飛行機代を残りの旅程にかかる最適な費用の見積りに加算することで，部分的な旅程も含む最適な旅程の費用を推定できる。

最良優先探索はこのような部分的な解の評価値を使い，全体の解探索のガイドとする。幅優先型の最良優先探索は，現在最良の価値を持つ枝を選び，それに続くノードを生成することによって探索を行う。簡単に満たすことができるある条件の下では，この方法で最初に発見された解が最良（最適）な解であることが保証される。

このような最良優先探索は単純な幅優先探索よりも優れてはいるが，同じ問題を抱えている。特に価値の違いがわずかしかない多くの解が存在するような場合には，やはり計算的爆発が起こってしまう。これらの弱点は，深さ優先型の最良優先探索によってある程度までは避けることができる。この方法は単純な深さ優先探索と同様に，一度に探索空間の枝の１つだけを探索する。

深さ優先型の最良優先探索は，それまでに見つかった最良解の記録を保持する。もし現在の枝が解ではなく，その枝が拡張可能ならば，最良の推定評価値を持つ後続ノードを生成することによって枝を拡張する。しかし，もし拡張された枝の推定評価値がそれまでの最良な解（存在する場合）の評価値を超えていた場合，拡張された枝は失敗として終了し，探索戦略は以前の選択肢へとバックトラックする[訳注2]。

もし現在の枝が新しい解なら，探索戦略はその評価値をそれまでに見つかっている最適な解（存在する場合）の評価値と比較し，現時点での最適な解の記録を更新する。この方法では探索戦略はいつでも終了可能で，利用可能な計算リソース内で発見可能な最良の解が生成される。

ここで説明した最良優先探索の２つの変種のどちらも，最適な解が発見された場合にそれを選択するための決定理論の使用を補っている。深さ優先型の変種には「最良の解」を「利用可能な計算リソース内で与えられる最良の解」としてより現実的に解釈しているというさらなる利点がある。さらに，解の評価値と部分解の評価値は，それらの効用を含むだけではなく，期待される結果が実際に達成される確率を含むものへと拡張できる。結果として得られる期待効用としての評価値は，効用と確率を組み合わせたもので，最良優先探索を古典的な決定理論的フレームワークに統合したものとなっている。

エージェントの目標と信念の結合グラフもまた，あるリンクが過去に有用だと証明された度合いに関する統計的情報とそのリンクを関連させることにより最良優先探索を支援する。この情報は，グラフ内の結合の強度を増減させるために利用できる。エージェントが新しい目標を解く際には，解に貢献するリンクの強度を上げ，袋小路へ誘導するリンクの強度を下げる。リンクの強度は最良優先探索に利用できる。そのためには，強いリンクを弱いリンクより先に活性化すればよい。

訳注２　最良優先探索では評価値はコストを表すため，値は小さいほうがよい。

リンクの強度は，エージェントの現在の目標および観察と関連する活性レベルと組み合わせることができる。活性レベルはリンクの強度に比例する形で結合グラフ内を広がり，目標から後ろ向きに，そして観察から前向きにと，双方向での推論を行う。活性レベルが一定の閾値を超える副目標の行動の候補はすべて自動的に実行される。

結果として得られる行動の実行は，最良優先探索の一形式を，最適行動の決定理論的な選択の一形式と結びつける。これは脳のコネクショニストモデルに似たアルゴリズムである。このアプローチを採用したエージェントモデルが Maes［1990］によって開発されている。このモデルは論理や結合グラフを明示的には使わないが，純粋に論理的な観点から理解できる。

結合グラフは，探索を，汎用的な目標と信念をより効果的な特定の目的をもった形へとコンパイルする作業と結びつけることにも利用できる。目標と信念の間の非常に強いリンクは，あたかもリンクそれ自体が目標あるいは信念であるかのように振る舞うからである。これらの目標や信念を明示的に生成してそれらをグラフに加えることは，将来的にリンクを明示的に作動させる必要性を省く。例えば，「カラスが歌うのは，わたしがカラスをおだてる場合である」というキツネの特別な信念は，以下のようなより一般的な信念から生成することができる。

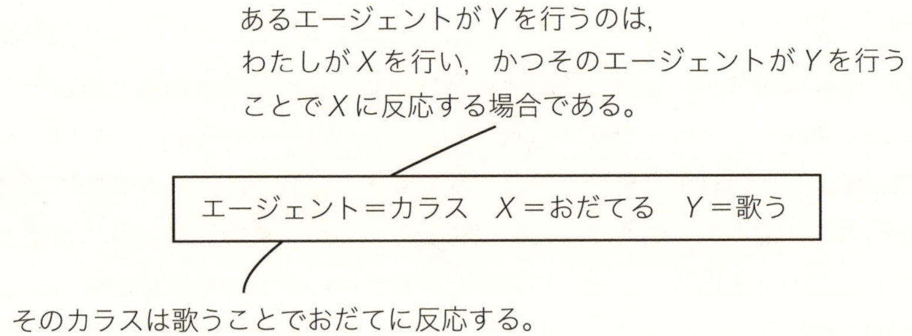

あるエージェントがYを行うのは,
わたしがXを行い，かつそのエージェントがYを行う
ことでXに反応する場合である。
エージェント＝カラス　X＝おだてる　Y＝歌う
そのカラスは歌うことでおだてに反応する。

リンクをこのようにコンパイルして新しい目標や信念を得ることは，意識的思考から潜在意識的な思考へのある種のコンパイルとみなせる場合もある。これについては第9章で議論する。

知識表現は重要

一方，効率的な探索戦略と他の汎用的な問題解決法というのは，問題を効率的に解決するという話の半分でしかない。この話の後半では，知識表現について考える必要がある。キツネとカラスの話では特に，わたしたちは簡単化された表現を用いたが，関連する知識表現の問題をあまりにも単純化しすぎていた。

まず，この表現は時制をまったく考慮していない。ある物体を拾うというエージェントの行動は，その後にその物体を所有するというエージェントの性質を開始させることは明らかである。この性質は，他の行動やイベント（物体を捨てたり，紛失したり，食べてしまったり）によって終了させられるまで成立が持続する。したがって，より正確には，物体を拾うこととそれを所有することの間の関係を以下のように記述すべきである。

ある動物がある時点である物体を所有しているのは，
その動物が先行する時点でその物体の傍におり
かつ，その動物がその先行時点でその物体を拾い上げており
かつ，2つの時点の間でその動物がその物体を所有することを終了させるものが何もない場合である。

実際，第13章で見るように，この表現は，より基本的な因果法則（所有するという状態は物体を拾うことによって開始される）と制約（物体を拾うことの事前条件はその物体の傍にいることである）を，単一の信念のなかで組み合わせたものである。

因果関係のこの表現はかなり複雑であり，第13章で詳細に検討する。しかし，このような考慮を無視したとしても，知識表現に関する重大な課題が残っている。実際，われわれは先に，重力の法則や物体の相対的な位置関係に関する基本的な信念から，「わたしがチーズの傍にいるのは，カラスがチーズを所有しており，かつ，カラスが歌う場合である」という信念をキツネが引き出す可能性を非形式的に議論したとき，それらの課題を迂回していた。

そこでは，極度に細部にはまり込むのではなく，十分単純な例示をすること

が主な動機であった。しかし，別の理由もあった。すなわち，キツネの目標と関連しうる膨大な量の知識が存在しており，それをどこまで考えればよいかを知ることが困難だったからである。もし信念のウェブに関するクワインの主張が正しいなら，すべての信念は他のすべての信念とつながっており，環境で遭遇する可能性のあるいかなる目標を解決するにも，エージェントは潜在的には信念をすべて考慮する必要があるだろう。これが知識表現問題であり，汎用的な推論と関連するいかなる問題よりも人工知能開発の大きなボトルネックとなっている。そしておそらくは，人間の知能を理解し改善しようとする際の最大の問題でもある。もっと直截に言うならば，知識は問題を解決する能力それ自体よりも重要なのである。

知識表現問題に対する最も野心的な試みはおそらくCyc Projectだろう［Lenat and Guha 1989; Panton et al. 2006］。Cyc Projectは人間の経験に関する常識（common-sense）の知識をコード化した，数百万の言明を集約して整理したものである。Cycにおける言明は本書で扱っているものと似たさまざまな計算論理で形式化されており，推論エンジンは主に後ろ向き推論に基づいている。

Cycは知識を，科学，社会と文化，気候と天気，お金と金融，健康，歴史，政治などの別々の領域を扱うミクロ理論（micro-theory）の集まりとして編成している。そしてこれらのミクロ理論は階層化され，より低位のミクロ理論はより抽象的な高位のミクロ理論から言明を受け継ぐ。Cycのミクロ理論は，オブジェクト指向プログラミング言語のクラス（class）に似ている。そして，心の計算理論におけるモジュール（module）のように機能する。クラスとモジュールについては第14章でより詳しく取り上げる。

第 5 章

失敗としての否定

否定という概念を当然のものとみなし，それ以上考えないで済ませることは簡単である。雨は降るかもしれないし，降らないかもしれない。だが同じ場所で雨が降っていると同時に雨が降っていないということは絶対にない。このように考えると，どちらの状況も起こりうる。「雨が降ること」と「雨が降らないこと」はちょうど表と裏のように同等だ。どちらに遭遇する可能性もあるが，両方に遭遇することは不可能だ。

一見するとそう思えるかもしれない。しかし，少し考えてみると，現実は違う。世界は肯定的な場所であり，否定的な場所ではない。そして人が世界についての思考を整理する方法も，同様に大抵は肯定的である。われわれが直接観察するのは，「コインが表である」とか「雨が降っている」のような肯定的な事実のみである。われわれは肯定的な事実の否定を，肯定的な事実の欠如から引き出さなければならない。「コイン投げで表が出ている」という事実は，「裏が出ていない」という事実を含意する。また，「晴れている」という事実は，他のすべての条件が同じならば，同じ場所で同じ時間に「雨が降っていない」ことを含意する。

エージェントの視点からは，観察は受動的あるいは能動的な形をとりうる。**受動的観察**（passive observation）は，あなたには制御できない観察である。世界はあなたにそれを押し付け，あなたはそれを否応なく受け取らないといけない。われわれの世界の概念化は肯定的な事実から成るため，このような受動的観察は肯定的な原子文である。

一方，**能動的観察**（active observation）は，原子述語の値を決定するために能動的に行われる。述語が変数を持たない場合[1]，観察の結果は真か偽である。値が未知の変数を含む場合，観察が成功して未知の変数に対応する値を返すこともあるし，観察が失敗して否定的な観察を返すこともある。いずれにせよ，あなたは結果を利用してそれをすぐに忘れてもよいし，未来のためにそれを記録してもよい。例えば，

あなたは窓の外を見ると，空からは雨粒がまったく落ちてきていなかった。そこで，あなたは「雨は降っていない」と結論する。

就寝前の夜食の時間だが，あなたはダイエット中である。あなたは体の感覚を確かめるために立ち止まる。空腹を感じることはなかったので，あなたは空腹ではないと判断し，ダイエットを続行する。今回はツイていた。体の状態に関する能動的な観察は否定的な反応を返しただけでなく，空腹という“受動的な”感覚が起こらなかったため，その感覚に襲われることもなかった。

あなたは火星上で生命を探すロボットであり，不確かな地形を 1 度に 1 ステップずつ動く。毎回のステップであなたは 1 歩前に進み，これまでどれだけ進んだかを観察し記録する。もし動こうとする試みが失敗したら，あなたは自分が 1 歩も動いていないことを観察する。

後ほど，否定的な観察が**制約**（constraint）という手段によって表現できることを示す。制約とは結論が**偽**（false）であるような条件文形式の目標である。とりあえずここでは 2 つの例を見ておこう。

もし雨が降っているならば，偽。
すなわち　雨が降っているということはない。
もしわたしが空腹ならば，偽。
すなわち　わたしが空腹ということはない。

1　記号論理学の変数は数学の変数に似ているが，より精確（precise）である。数学では，次の 2 つの等式で変数 X が果たす役割の違いを区別しないのが普通である：$2X = 2$, $X + Y = Y + X$。最初の等式では X は**未知数**であり，$2X = 2$ となるような X（つまり $X = 1$）が存在する，という**存在量化**された目標を暗黙のうちに表現している。しかし，二番目の等式では X と Y は任意の数を表しており，この等式は，X と Y からなる数のペアをどのようにとっても，これらをどの順序で足しても同じ結果になることを記述している**全称量化**された文を暗黙のうちに表現している。

また，制約を使うと，肯定的な観察から否定的な観察を引き出すことができる。例えば，

観察：芝生が濡れている。
制約：もしある物体が濡れており，かつその物体が乾いているならば，偽。
すなわち　ある物体が濡れており，かつその物体が乾いている，ということはない。
前向き推論：芝生が乾いているということはない。

心的表現は肯定的なバイアスを持つ

計算論理の意味論では，ある時点における世界のことを，その時点での世界で真であるすべての原子文の集合と同一視すると便利である。これはわれわれの肯定的な観察の源であり，目標と信念に肯定的なバイアスをも与える。なぜなら，われわれの心的表現の主な機能は，われわれが世界に対処する手助けをすることだからである。孤独や悲しみ，不満といった情動的には否定的な思考は世界の状況についてわれわれが感じることを反映し，われわれの決定へと影響を与えるが，こうした思考でさえ論理的には肯定的な心的表現を持つ。

われわれの心的表現が肯定的なバイアスを持つことのさらなる証拠は，歴史の本やコンピュータのデータベースに情報を書き込む方法である。例えば，

われわれはコロンブスがアメリカ大陸を1492年に発見したことを記録する—それは1493年ではなく，2010年ではなく，他のいかなる年でもなく，1492年のみである。

2010年5月17日～2010年12月12日の平日のロンドン・ヴィクトリア駅発ウェスト・サセックス州のパルボロー駅行きの終電は22時52分である—22時51分ではなく，22時53分でもない。もしあなたがヴィクトリア駅に22時53分に到着して終電を逃してしまったら，それはあなたの落ち度であり，時刻表のせいではない。

しかし心的表現には，肯定的な事実をただ記録する以上のものが関与する。一般的な規則を使って事実をより簡潔に表現するために，条件文を使用するこ

とも関与してくる。事実は肯定的なものであるため，事実を引き出すために使用される条件文の結論もまた肯定的なものである。例えば，パルボロー駅行きの終電の時刻は，その結論が時間を表し，その条件が曜日や期間を規定しているような条件文を用いて以下のように表現できる。

> ヴィクトリア駅発パルボロー駅行きの終電の発車時刻がその日の22時52分であるのは，
> その日が平日であり，かつその日が2010年5月17日～2010年12月12日の間の場合である。

もちろん，この表現を完全なものにするには，曜日や2つの日付の間の日にちを表すための，肯定的な結論を持つような低水準の条件文を追加する必要があるだろう。

情報をより簡潔に表現するための条件文のこのような使用は，演繹データベースおよびDatalogと呼ばれるデータベース言語族と関連している。しかし，ほとんどの従来型のコンピュータデータベースでは，データを明示的に保存するか，従来型の低水準コンピュータプログラミング技術を使って圧縮する。

論理プログラミングやプログラミング言語Prologにおける条件文は，プログラムを表現し，目標を副目標へと系統的に還元していくことによってそれを実行することにも利用できる。しかし，どのような言語で書かれているものであれ，プログラムは肯定的なバイアスを持っている。例えば，プログラムは加法や乗法のような肯定的な算術関係を計算するのであって，非－加法や非－乗法のような否定的な関係を計算するわけではない。理由の1つには，どこまでを否定の関係とみなすかの判断が困難なことがある。もちろん，

> $2+2\neq1$ であり $2+2\neq5$

はいえる。しかしこれはどうだろう。

> $2+2\neq$ 巨万の富？

目標と信念はどこに由来するのか？

目標や信念において否定が果たす役割を正しく評価するためには，すべての目標や信念の特性と出処というより大きな問題に取り組む必要がある。これまでに提示した肯定的な情報の優位性についての議論は，経験から直接得られる信念や，経験を一般化した信念，あるいはプログラムにより計算された信念に関するものだけだった。この議論は目標と信念の2つの他の重要な出処，具体的に言えば「われわれが生得的に備えている目標および信念」や，「他のエージェントの証言や説得，強制などから間接的に獲得してきた目標および信念」を無視している。

これらの出処による目標と信念はしばしば，制約の形式をとり本質的に否定的性質を持つ。例えば，

大きくかつ小さいものはない。
奇数かつ偶数である数はない。
母音かつ子音である文字はない。
18歳未満であればバーでアルコールを飲んではいけない。
危害を加えるおそれのない人を傷つけてはいけない。
物を盗んではいけない。
口に食べ物を入れたまま喋ってはいけない。

このような制約が，“行動の候補”と“観察の説明の候補”の双方を監視し除去する際に重要な役割を果たすことを後で見ていく。しかし当面は，否定的な情報のより単純な出処へと焦点をあてよう。すなわち，肯定的な情報を得ることに失敗することによるものである。

失敗としての否定と閉世界仮説

ある述語についての肯定的な情報が存在しないことから否定的な結論を導出することは，「われわれはその述語について手に入るすべての肯定的な情報を持っている」という信念あるいは仮定から正当化される。このことは，世界を

能動的に観察することによって導出された結論と，信念と照らし合わせた結果として導出された結論の双方に当てはまる。例えば，

あなたは鍵をいつも置いている場所で探し，鍵を見つけられなかった。そこを徹底的に探したという仮定から，あなたはいつもの場所に鍵がないと結論する。

もしあなたが「クリストファー・コロンブスがアメリカ大陸を 1492 年に発見し，かつある人が何かを発見できるのは 1 度のみだ」と信じているなら，クリストファー・コロンブスはアメリカ大陸を 2010 年や 1492 年以外の年に発見することはないということになる。

もしあなたが終電は 22 時 52 分だと信じており，かつ一日に列車が走るのは始発と終電の間だけだと信じているのなら，その日の 22 時 53 分や 22 時 52 分より遅い時間に出発する列車はない。

もしあなたが「2 つの数を足す方法を知っていること」，「任意の数のペアは唯一の和を持っていること」，そして「2 + 2 の足し算の結果が 4 となること」を信じているならば，「2 + 2 ≠巨万の富」だと結論できる。

肯定的な目標を解くことに失敗して否定的な結論を導出することは，論理プログラミングでは**失敗としての否定（negation as failure）**と呼ばれる。すなわち，

肯定的な文の否定が成立することを示すためには，
肯定的な文が成立しないことを示せ。

失敗としての否定は，より慣例的なプログラミング言語で使われるよりシンプルな if-then-else 形式の言明の拡張になっている。if-then-else 文に似た表現は，英語などの自然言語でもよく使われる。例えば，ロンドン地下鉄の注意書きの二番目と三番目の文は，if-then-else 文の変形で記述できる。

（if）もし列車の一部が駅内にあるならば，
（then）運転手は列車を停止し，

（else）そうでないならば運転手は次の駅で列車を停止する。

失敗としての否定を使った否定的な結論の導出は，**閉世界仮説**（**closed-world assumption**），つまり，あなたは肯定的な結論が成立する条件についての完全な知識を持っているという仮定によって正当化される。本当はこれを**閉認知仮説**（**closed-mind assumption**）と呼ぶほうがよいかもしれない。なぜなら，エージェントの信念は外部世界で成立しているのではなく，内部の認知で成立するものだからである。この仮説はメタ信念として表現できる。

ある文の否定が成立するのは，
その文が成立しない場合である。

このメタ信念は，文について語っているメタ文である。また，エージェントが知っていること / 信じていることという視点から記述されるため，**認識的**（**epistemic**）あるいは**自己認識的**（**autoepistemic**）な文[2]としても理解できる。

ある文の否定が成立するのは，
その文自体が成立することをわたしが知らない（または信じていない）場合である。

この認識的（epistemic）という用語は，知識の研究を行う**認識論**（**epistemology**）と同じ語源から派生したものである。

第17章で見るように，計算論理の言語は，メタ論理的あるいは認識的な目標や信念を含むものへと拡張可能である。閉世界仮説は条件文の形式を持つため，他の条件文と同じく前向き推論にも後ろ向き推論にも使用できる。閉世界仮説を使った後ろ向き推論は，失敗としての否定と同値である。したがって，失敗としての否定は，一般的に後ろ向き推論の使用を自然に補完する。否定的

2　認識論理とメタ論理はインフォーマルに理解するとよく似ているのだが，形式化すると大きく違う。これらの関係に関しては後の章で軽くふれるが，現在でも議論が続いている問題でもある。

な条件を持つような，以下の条件文が与えられたとしよう。

肯定的な結論が成立するのは,
肯定的な条件と否定的な条件が成立する場合である。

後ろ向き推論によってこの条件文を目標還元手続きとして使用すれば次のようになる。

肯定的な結論が成立することを示す（あるいは成立させる）ためには,
肯定的な条件が成立することを示し（あるいは成立させ),
かつ, 否定的な条件が成立しないことを示せ（あるいは成立しないようにせよ)。

失敗としての否定規則（negation as failure の頭文字から Naf と略称される）を説明するために，パーティーに行くかどうかを決めようとしている場面を想像してみよう。

メアリーが行くのは，ジョンが行く場合である。
ジョンが行くのは，ボブが行かない場合である。

メアリーがパーティーに行くかどうかに興味があったとしよう。その場合，後ろ向き推論を以下のように行うことができる。

初期目標：	メアリーは行くだろう。	
副目標：	ジョンは行くだろう。	
副目標：	ボブは行かないだろう。	
	Naf：	ボブは行くだろう。
	失敗：	no!
成功：	yes!	

閉世界仮説に従うと，われわれには「ボブは行くだろう」ということを示す方法がないため,「ボブは行かないだろう」ということになり，これによって「メ

アリーは行くだろう」ということになる。

「メアリーは行くだろう」という同じ結論は，「ボブは行かないだろう」という仮定から始まる前向き推論でも導出できる。

仮定：　　　ボブは行かないだろう。
前向き推論：ジョンは行くだろう。
前向き推論：メアリーは行くだろう。

さて，ボブが気難しく振る舞うとしよう。「メアリーは行くだろう」と信じ，ボブも行くことに決める。ここでメアリーがどう考えるか見てみよう。

初期目標：　メアリーは行くだろう。
副目標：　　ジョンは行くだろう。
副目標：　　ボブは行かないだろう。
　　　　　　Naf：　ボブは行くだろう。
　　　　　　成功：　yes!
失敗：　　　no!

この結果，ボブは一人ぼっちでパーティーに行くことになりそうだ。「ボブは行くだろう」という新しい情報の追加により，先行する「メアリーは行くだろう」という論拠が打破されている。どのように「ジョンは行くだろう」を示そうとしても同様に打破されてしまう。

失敗としての否定と閉世界仮説のこの性質は，**無効可能性（defeasibility）**とか**非単調性（nonmonotonicity）**と呼ばれている[3]。これは一種の**デフォルト推論（default reasoning）**である。この推論ではエージェントはある結論に飛びつくのだが，結論と対立する新たな情報が与えられたときにはその結論を撤回する。

3　数学における単調性とは，系への入力を増やすと出力も増えることを意味する。古典論理はこの意味において単調的である。デフォルト推論は非単調的である。情報の追加が，先に導出された結論の撤回を引き起こす可能性があるからである。

このように眺めてみると，結局のところ閉世界仮説はそれほど閉認知的（close minded）というわけでもない。というのも，そこで得られたいかなる結論も修正される可能性があるからである。そこでの結論はあたかも「わたしの知る限り」という隠された自己認識的な留保が追加されているかのようである。例えば，

結論：メアリーとジョンはパーティーに行かないだろう，わたしの知る限りでは。

デフォルト推論についての論理の開発は，人工知能研究の最も重要な成果の１つである。多くの研究が，デフォルト推論に対する新しい“意味論”を探すことと，効率的な証明手続きの開発に関心を払ってきた。閉世界仮説はインフォーマルな意味論であるが，次のようなより難しい事例を扱うためには，さらなる改良が必要である。

ボブにはひとまず退場してもらって，メアリーとジョンがまだどうするか決めかねているとしよう。

メアリーが行くのは，ジョンが行く場合である。
ジョンが行くのは，メアリーが行く場合である。

初期目標：　メアリーは行くだろう。
副目標：　ジョンは行くだろう。
副目標：　メアリーは行くだろう。
無限に続く…

「メアリーは行くだろう」ということが示せないため，閉世界仮説からは「メアリーは行かないだろう」ということが導かれる。同様にして「ジョンは行かないだろう」となる，われわれの知る限りにおいては。

この例が示しているのは，デフォルト推論には際限なくリソースを費やす推論が必要かもしれないということである。この理由から，この意味論は**非構成的（non-constructive）**と呼ばれる。しかし多くの他の場合と同様，否定的な結論が成立することを示すために必要な推論の無限連鎖は，同じ副目標が自

身の副目標として再発することに気がつけば有限の手順で検知できる。しかし一般的には，無限連鎖による失敗は有限の手段では検知できない。

これはクルト・ゲーデルによる不完全性定理の証明の根底にあるものと同じ現象の例である［Gödel 1931, 1951］。不完全性定理は，真であるにもかかわらず証明不能な算術の文が存在することを述べている。この話題については第15章，第17章，補遺A2で再び触れる。第15章では，失敗としての否定の有限で構成的なバージョンを検討し，算術における証明との関連を議論する。

知的なエージェントは開かれた心を持っていなければならない

われわれは，世界を肯定的な表現によってとらえ，否定的な結論を「肯定的な結論を示そうとして失敗すること」から導くという傾向があるようだが，だからといって，すべての事柄について閉じた心を持つ必要があることにはならない。われわれは知識が完全なものについての**閉じた述語**（closed predicate）と，知識が不完全なものについての**開いた述語**（open predicate）を区別することができる。閉じた述語は，われわれの思考を組織化・構造化する際に使う概念に適しており，世界との相互作用を直接的には表現しない。これらには，観察や行動をより抽象的なカテゴリー（例えば「非常事態」や「助けを求める」のような）へと分類する述語や，「住宅手当をもらう資格がある」や「英国市民である」のような，より複雑な述語が含まれる。

しかし，述語のなかには，われわれが完全な知識を持っていると信じることが意味をなさないようなものもある。それらが開いた述語であり，われわれがほとんどあるいはまったく経験を持たない外部世界の出来事の状態を記述する。パプアニューギニアのポートモレスビーで昨晩雨は降っただろうか？ わたしが英国市民としての帰化を申請した場合，国務大臣はわたしに対する帰化証明書の交付を妥当だと判断するだろうか？ 英国で遺棄されて発見されたある子供は，少なくとも一方が英国市民である両親から生まれたのだろうか？ 閉世界仮説を使ってこのような質問にすべて答えられると信じるのは軽率といえるだろう。

閉世界仮説を緩和する

閉世界仮説を用いた推論の利点の多くは，われわれがすべてを知っているという仮定を持ち込まずとも，より謙虚な形で得られる。それには通常の条件文において，「示すことができない」という条件を選択的に用いればよい。例えば，閉世界仮説を，エージェントのメタ信念を形式化した単一の特定の文に対して選択的に適用して，「もし特定の文が真であれば，エージェントはその特定の文が真であると知っている（そして信じている）だろう。そうでなければその文は偽である」のようにできる。これを，より一般的な閉世界仮説と同じ形で述べることができるが，すべての原子文に適用するのではなく，単一の特定の文に限定する。ロバート・ムーアはこのような選択的な閉世界仮説に関して以下のような例を提示した［Moore 1985］。

> わたしに兄はいないということを信じる理由を考えてみよう。それはわたしの両親のひとりがふと「ねえ，あなたにお兄さんはいないんだよ」と言ったからでないことは確かだ。わたしが他の証拠を注意深く精査してそれを明らかにしたから，というわけでもない。わたしは，もしわたしに兄がいたとすれば，わたしは間違いなくその事実を知っているはずだと単純に信じており，そしてわたしが兄のことを知らない以上，わたしに兄がいるわけがないのである。

兄はいないというムーアの信念は，選択的な閉世界仮説から得られる。

> わたしに兄はいないのは，
> わたしに兄がいるということをわたしが示すことができない場合である。

デフォルト推論

選択的閉世界仮説から，閉世界仮説を持たない本格的なデフォルト推論まではあと一歩である。「示すことができない」という形式の記述を閉世界仮説や選択的閉世界仮説に制限するのではなく，それらを任意の条件文の条件のなかで使用することができる。**失敗としての否定推論規則**（negation as failure inference rule）は次のように一般化できる。

ある文を示すことができないことを示すためには,
その文を示そうとするすべての試みが失敗に終わることを示せ。

有罪と証明されない限り人は無実であるという信念を考慮し，ボブが銀行強盗の容疑で訴えられたと仮定してみよう。

ある人がある犯罪に関して無実なのは,
その人がその犯罪で訴えられ
かつ，その人がその犯罪に加担したことを示すことができない場合である。

ある人がある行動に加担しているのは,
その人がその行動に加担したことを，他の人が証言した場合である。

ボブは銀行強盗の容疑で訴えられている。

明らかに，証人の存在以外にも，ある人物が犯罪に関与したとエージェントに信じさせる条件は存在する。例えば，その人物の関与を示す DNA 証拠などである。しかし，最初からそのようなすべての可能性を同定して考慮することは困難である。次の節では，デフォルト推論は追加的な可能性を逐次的な近似によって扱いやすくすることを見ていく。

しかし，上のように単純化された表現が与えられていれば，ボブが無実かどうかの決定に失敗としての否定を使うことができる。ここでは「銀行強盗は犯罪である」と「犯罪は行動である」という分類上の知識を仮定しておく。

初期目標：　ボブは銀行強盗に関して無実である。
副目標：　<u>ボブは銀行強盗の罪で訴えられ</u>，かつ
　　ボブが銀行強盗に加担していたことを示すことができない。
副目標：　ボブが銀行強盗に加担していたことを示すことができない。
　　Naf：　ボブは銀行強盗に加担した。
　　副目標：<u>ボブが銀行強盗に加担したことを，他の人物が証言した。</u>

失敗：　no!
成功：　　yes!

失敗としての否定の推論規則は，ボブが銀行強盗に関与したことを示すことができないことを示している。しかし，閉世界仮説がなかったら，ボブが実際に銀行強盗をしていないことにはならない！　彼が銀行強盗をしていないというのは，われわれが知る限りにおいての話である。

しかし，つぎのような追加の情報が与えられたとしよう。

ジョンは，ボブが銀行強盗に加担したと証言した。

失敗としての否定規則の適用が今度は成功し，以前の「彼は無実だ」という結論はもはや成立しない。

欠けている条件

日常的な言語では，一般的な言明（あるいは規則）の最も重要な条件のみを明言し，それ以外に適用される可能性のある条件については，はっきり言わずに済ませるのが通例である。例えば，通常われわれは次のように言う。

すべての鳥は飛ぶ。
つまり　ある動物が飛べるのは，その動物が鳥である場合である。

一方，次のようには言わない。

ある動物が飛べるのは，その動物が鳥であり，
かつ，その動物がペンギンでなく
かつ，その動物の羽毛が生え揃っていないことはなく
かつ，その動物が怪我をしていない場合である。

しかし，言明が過剰に単純化されていたことが明らかになったとき，われわ

れはその言明を修正するかわりに，一見相反する別の言明により発言の修正を行うのが通例である。われわれは例えば次のように言う。

ある動物が飛べないのは，その動物がペンギンである場合である。
ある動物が飛べないのは，その動物の羽毛が生え揃っていない場合である。
ある動物が飛べないのは，その動物が怪我をしている場合である。

第２章で抑制課題を扱った際に，さらに紛らわしい例を見た。そこでは，最初の言明は過剰に一般化されており，二番目の言明は最初の言明で欠けていた条件に注意を促そうとしている。

彼女が図書館で夜遅くまで勉強するのは，小論文の課題がある場合である。
彼女が図書館で夜遅くまで勉強するのは，図書館が開いている場合である。

この例が紛らわしいのは，標準的な修正の作法に則っていないからである。標準的な方法だと，表面上は自己矛盾しているように思えるかもしれない。しかし，最初の文の結論に反するような結論を持つ別の文によって，欠けていた条件を補足しているのである。つまり，

過剰な単純化：　ある結論が成立するのは，ある条件が成立する場合である。
修正：　その結論が成立しないのは，他の条件が成立している場合である。
意図された意味：ある結論が成立するのは，ある条件が成立しかつ，他の条件が成立していない場合である。

この一見矛盾した形式の文を使って直接推論を行うための意味論と証明手続きを提供するような論理は，複数存在する。このような意味論と証明手続きは典型的に，論拠と，論拠同士が互いに攻撃したり擁護したりすることの意味，そして論拠が集合的に攻撃を打破することの意味，によって定義される[訳注1]。

訳注１　後述の「規則と例外の階層構造」を参照されたい。

このような意味論と関連する証明手続きには，修正が元の過剰な単純化を打ち消すことを保証する方法がある。

しかし本書で使っている計算論理では，結論の反対が成立しないことを言明する明示的な条件を使って，元の過剰な単純化を最初からより正確に記述しなおすほうがシンプルである。

言い換えた規則：ある結論が成立するのは，ある条件が成立し
かつ，「結論が成立しない」ことがない場合である。

ここで2つの否定「成立しない（does not hold)」と「～ことがない（it is not case that …)」は相互に打ち消し合うように思えるかもしれないが，実際にはそうはならない。最初の「成立しない」という否定は肯定的な述語としての再定式化が可能であり，二番目の「～ことがない」という否定は失敗としての否定である。この最初のタイプの否定は**強い否定（strong negation)**と呼ばれることがある[4]。

強い否定は，**対義語（antonym)**や**反対語（contrary)**のペア（濡れている／乾いている，高い／低い，大きい／小さい，よい／悪いなど）で，肯定的な述語の反対を表現するために通常使われる。強い否定を使うと，「濡れていない」は「乾燥している」と同値だし，「よくない」は「悪い」と同値である。強い否定の他の例に関しては後述する。

より正確な定式化をするうえで，欠けている条件を用いて規則を言い換えることの利点は，外見上矛盾することなく追加条件を別の文として規則に付加できることである。例えば，以下は抑制課題の例を言い換えて，より正確な定式化を行ったものである。個別の修正を使うことにより，学生が図書館で夜遅くまで勉強することを妨げる可能性のあるさまざまな条件を考慮に入れている。

彼女が図書館で夜遅くまで勉強するのは，

4　強い否定はGelfond and Lifschitz［1988］によって論理プログラミングに導入された［訳注：実際に導入されたのは以下の論文である。Gelfond and Lifschitz (1990), Logic programs with classical negation. In: *Proceedings of 7th International Conference on Logic Programming*, pp. 579-597, MIT Press.］。

彼女に小論文の課題があり
かつ，彼女が図書館で夜遅くまで勉強することを妨げられることがない場合である。

彼女が図書館で夜遅くまで勉強することを妨げられるのは，図書館が開いていない場合である。
彼女が図書館で夜遅くまで勉強することを妨げられるのは，彼女が体調不良の場合である。
彼女が図書館で夜遅くまで勉強することを妨げられるのは，彼女にもっと重要な会合がある場合である。
彼女が図書館で夜遅くまで勉強することを妨げられるのは，彼女が別のことに気を取られていた場合である。

ここでの「図書館で夜遅くまで勉強することを妨げられる」は肯定的な述語だが，「図書館で夜遅くまで勉強する」と反対の内容を持つ。それを「彼女は図書館で夜遅くまで勉強しない」という強い否定の述語によって置き換えても，意味と推論規則は変化しないだろう。

しかし，修正がどのように記述されても，具体的な条件のすべてを明示的に言及する表現へと書き換え（コンパイル）ができる。

意図された意味：彼女が図書館で夜遅くまで勉強するのは，
彼女に小論文の課題があり
かつ，図書館が開いており
かつ，彼女が体調不良でなく
かつ，彼女にもっと重要な会合がなく
かつ，彼女が別のことに気を取られていなかった場合である。

このようにコンパイルされた表現は見た通り単純なのだが，唯一の問題は欠けている条件が新たに特定されるたびに変更されなければならないことである。この形式化は，高水準規則とその例外の形式化よりも低水準である。必要となるのはそれほど高度でない問題解決リソースであり，したがってより効率的である。しかし，高水準規則とその例外としての形式化は，より簡単に開発および維持することができる。

この２つの定式化の間の関係は，本書で繰り返し言及している高水準表現と低水準表現の間の関係の一例である。この場合では，高水準規則はより複雑な低水準規則のシンプルな一次近似として機能する。

多くの場合，ある概念が未発達のとき，複雑な規則は存在さえしない。そして規則とその例外としての高水準表現は，連続的な近似によってより複雑な表現の開発を容易にする。複雑な規則が既に存在している場合（例えば既存の法令がある場合）は，規則とその例外の形式は，他のエージェントにその規則を伝達することを容易にする。規則の最も重要な条件を分離し，それを一般的な規則において強調することにより，重要度の低い条件は後で必要となったときに個別の修正 / 例外のなかで言及できる。条例に関する広報がよい例である。次の例は，イギリス市民相談協会のウェブサイトからの引用である。

> 住宅手当は，低収入の人々の家賃支払いを補助するための支援金です。もしあなたが他の給付金を受けているか，パートタイムもしくは低収入のフルタイムの仕事についている場合，住宅手当を受給できる可能性があります。

このなかの「可能性があります」という言葉は，住宅手当を受け取るために必要な他の条件が存在することを示している[5]。しかし，それらは冒頭で言及するほど重大なものではない。この文は，言及されていない例外を伴う単純化された規則である。以下は，上記の２つの文の論理の部分的な表現である。

> ある人が家賃支払いの補助を受けるのは，その人が住宅手当を受ける場合である。

> ある人が住宅手当を受けるのは，
> その人が他の給付を受けている

5　従来型の論理学では，「可能性がある」という言葉は様相論理学の様相演算子とみなされることが多い。

または，その人がパートタイムの仕事についている
または，その人が低収入のフルタイムの仕事についている
かつ，その人が住宅手当の受給に不適格であることがない場合である。

住宅手当が低収入の人々のためのものであるという“制約”を表現していないため，この表現は部分的なものである。この制約は例外として扱うことができる。

ある人が住宅手当の受給に不適格であるのは，
その人が低収入でない場合である。

この後，英国国籍法を取り上げる際に，規則とその例外に関する他の多くの例を取り上げる。しかしまずは，規則とその例外が階層化される方法を示す例について簡単にみておこう。

規則と例外の階層構造

次のようなインフォーマルな言明を例にして考えてみよう。

規則１：すべての泥棒は罰せられるべきである。
規則２：未成年者の泥棒は罰せられるべきでない。
規則３：暴力をふるったいかなる泥棒も罰せられるべきである。

ここでの意図は，規則２は規則１の，そして規則３は規則２の例外であるということである。討論の観点から見ると，規則２は，規則１を使って構築された論拠を攻撃している。そして，規則３は，規則２によって構築された論拠を攻撃することによって，規則１によって構築された論拠を防御している。これらの意図と論拠の攻撃関係は，より低水準の規則へとコンパイルできる。

ある人が罰せられるべきなのは，
その人が泥棒であり，かつその人が未成年でない場合である。

ある人が罰せられるべきなのは，
その人が泥棒であり，かつその人が未成年であり，
かつその人が暴力をふるった場合である。

コンパイルされたこの表現では，「ある人は罰せられるべきである」を閉じた述語として扱った場合には，必ずしも以下のように明示的に書く必要はない。

ある人が罰せられるべきでないのは，その人が泥棒であり
かつ，その人が未成年であり
かつ，その人が暴力をふるっていない場合である。

コンパイルされた規則は，いくつかの方法でより高水準の規則と例外へと展開（デコンパイル）できる。以下はそのような表現である。

ある人が罰せられるべきなのは，
その人が泥棒であり
かつ，その人が懲罰規則の例外であることがない場合である。

ある人が懲罰規則の例外となるのは，
その人が未成年であり
かつ，その人が懲罰規則の例外の例外[訳注2]であることがない場合である。

ある人が懲罰規則の例外の例外となるのは，
その人が暴力をふるった場合である。

「ある人は懲罰規則の例外である」や「ある人は懲罰規則の例外の例外である」という肯定的な述語は，それぞれ「ある人は罰せられるべきでない」や「ある人は罰せられるべきである」などのよりわかりやすい述語として書けないこと

訳注2　例外の例外，という表現は少しわかりにくいが，「懲罰規則の例外」を定める規則の例外，ということ。

に注意しよう。もしそうしてしまうと，最高位の規則もまた例外の例外ということになり，これは意図したものではない。

例えばボブが泥棒だとしよう。

初期目標：　ボブは罰せられるべきである。
副目標：　ボブは泥棒であり，かつ
　　ボブは懲罰規則の例外であることはない。
副目標：　ボブは懲罰規則の例外であることはない。
　　Naf：　ボブは懲罰規則の例外である。
　　副目標：ボブは未成年であり，かつ
　　　　ボブは懲罰規則の例外の例外であることはない。
　　失敗：　no!
成功：　yes!

ボブが未成年であると示すことができないため，ボブが懲罰規則の例外であることを示すことはできない。今度は，メアリーが泥棒で，しかも未成年だとしてみよう。

初期目標：　メアリーは罰せられるべきである。
副目標：　メアリーは泥棒であり，かつ
　　メアリーは懲罰規則の例外であることはない。
副目標：　メアリーは懲罰規則の例外であることはない。
　　Naf：　メアリーは懲罰規則の例外である。
　　副目標：メアリーは未成年であり，かつ
　　　　メアリーは懲罰規則の例外の例外であることはない。
　　副目標：メアリーは懲罰規則の例外の例外であることはない。
　　　　Naf：　メアリーは懲罰規則の例外の例外である。
　　　　副目標：メアリーは暴力をふるっている。
　　　　失敗：　no!
　　成功：　yes!
失敗：　no!

ジョンが泥棒で，未成年で，暴力的で，嫉妬に狂いやすい人物だとする。ジョンの身に何が起こるか，あなたにはわかるはずだ。

結論

本章では，肯定的な述語が優位性を持つ状況について議論した。任意の時点における世界の状態は，その時点の世界で真となる原子文によって特徴づけられるという主張から議論を始めた。結果として，エージェントが制御できない受動的な観察は常に，肯定的な原子文によって表現される。しかし，述語の値を決定するためにエージェントが実行できる能動的な観察は，肯定的な結果を獲得することに失敗した結果，否定的な観察に終わることがある。

肯定的な結果を返すものであれ否定的な結果を返すものであれ，能動的な観察は直近の問題解決に使うことができ，その後には忘れてもよいし，将来のために記録しておいてもよい。否定的な観察が制約によって記録できること，あるいは否定的な観察が制約を使って肯定的な観察から引き出せることは，後の章で見ていく。

肯定的な述語の優位性は，エージェントの信念にまで拡張される。信念は通常，肯定的な原子的結論を備える条件文の形式をとる。一方，原子述語の否定は条件文の条件として登場する場合があり，失敗としての否定によって解決されることがある。失敗としての否定は，「エージェントは条件の述語に関して知るべきことはすべて知っている」とする閉世界仮説によって正当化される。「肯定的な述語を“示すことができない”」というより弱い条件によって否定的な条件を置き換えることにより，閉世界仮説は緩和することができる。しかし，このような方法で仮説が緩和されるかどうかとは関係なく，閉世界仮説によって得られる信念は無効化されうる。新しい情報によって，以前に導出された結論が打破され，撤回される可能性があるからである。

無効可能推論（デフォルト推論とも呼ばれる）の一般的な応用は，規則と例外を使って推論することである。この応用では，「例外の結論」を「一般的規則の結論の否定」として表現することが，しばしば自然な方法となる。そして，規則が例外の対象となることを表現する明示的な条件を持つ一般的規則を適格とすることを怠ることはよくある。議論学的な形式をとる意味論と証明手続きが，この形式の信念のために提供されることが多い。しかし，対立する条件が成立しないことを言明する明示的な条件を備える正確な規則の意味論と証明手続きを定義するほうが，よりシンプルである。

規則とその例外がより低水準の規則へと書き換えられる（コンパイルできる）ことは既にみてきた。そこでは，例外の資格があるすべての条件が規則のなかへと組み込まれる。しかし同じくらい重要なのは，低水準の規則がしばしばより高水準の規則および例外へと展開（デコンパイル）できることである。これらの高水準の規則を使うと，開発，維持，他のエージェントとのコミュニケーションが容易になる。

残念ながら，否定に関してはさらに検証すべきことがある。われわれは制約という手段を使って否定を取り扱う必要がある。さらには，選択課題のような問題にかかわる，対偶を使った推論についても考えなくてはならない。また，否定が双方向条件文の視点からどのように理解できるのかを検証する必要もある。これらの話題は後の章で扱う。失敗としての否定の意味論は，より高度なA4章で詳細に検討している。

第6章

英国市民になる方法

本章では，第1章と第2章で扱ったトピックに立ち戻り，論理と自然言語，そして思考の言語の関わりを扱う。英国市民権を規定する法律である1981年英国国籍法（British Nationality Act 1981：以下ではBNAと略す）を見てゆき，この法律の英文のスタイルが計算論理の条件文と似ていることを確認する[Sergot et al. 1986]。

BNAはロンドン地下鉄の注意書きと同様に，人間の振る舞いを制御しようという目的を持つ。しかし，注意書きが目的の効果を発揮するために読み手の常識に頼っていたのに対し，BNAはその規定を強制する権力を持っている。またBNAは緊急事態の注意書きと異なり，ずっと複雑であり，内容にも特殊性がある。

とはいえ，緊急事態の注意書きと同様，BNAは想定される読者が容易に理解できるように精選された英文スタイルで書かれている。したがっておそらく，その言語学的な形式は注意書きと同じように，読み手が自身の思考を表現する私的な心的言語の形式を反映していると考えられる。

われわれは，BNAと計算論理の間にある最も明白な類似点が，情報を表現するための主要な手段として条件文（または規則）を共通して利用している点であることを見ていく。しかしBNAも普通の英文と同様に，条件文の条件を記述するために，さまざまな文法形式を使う（しばしば結論中に挿入される）ことも見ていく。さらに重要なことは，これまで単純な例でしか示してこなかった計算論理の論理学的特徴の必要性を，BNAが明確に示す点である。これらの特徴のうち最も重要なものは，否定とメタレベルの推論である。BNAを足掛かりとして，計算論理のより形式的な側面を掘り下げていく。

人間の思考の言語における論理の手掛かりとしてBNAを分析することに

加え，BNA を計算論理の形式で記述することで，その自然言語表現をより理解しやすいものにできるという例も見ていく。また BNA と対照的な例として，ミシガン大学の賃貸契約終了条項について取り上げる。これはミシガン大学の法律学の教授であるレイマン・アレンと同僚のチャールズ・サクソンによって，意味の判然としない英文の例として取り上げられた文章である［Allen and Saxon 1984］。そして計算論理形式で記述することによって，この悪文がいかに改善されるかを見ていく。

1981 年英国国籍法

BNA から引用した次の例は，時間，デフォルト推論，信念に対するメタレベルの推論の表現を示している。

出生による国籍取得

BNA の最初の条項は，法律の運用開始（法律発効日の 1983 年 1 月）以後に英国で生まれた市民の国籍取得を扱っている[訳注 1]。

1.－(1) 法律発効後に英国で生まれた人が英国市民権を有するのは，出生時において父または母が以下の条件を満たす場合である。

(a) 英国市民である；または

(b) 英国に在住している。

この条項の英文は，（ほとんどの）条件より前に結論が表現されており，非形式的に書かれた計算論理の形式と考えることができる。これは後ろ向き推論の際に使われる論理プログラミングの慣例的な構文である。計算論理の構文との最大の違いは，英文では「法律発効後に英国で生まれた」という論理的条件が，論理的結論である「人が英国市民権を有する」の中間に挿入されている点であ

訳注 1　以下での BNA の日本語訳は，計算論理的な条件文形式がはっきりと読み取れるように訳した。

る[訳注2]。構文的にいうとこれらの条件は,「法律発効後に英国で生まれた人(who is born in the United Kingdom after commencement)」という意味を持つような，ある種の制限的関係節となっている。

構文的には制限的関係節は非制限的関係節と似ているのだが，その意味はまったく異なる。**制限的関係節（restrictive relative clause）**は，条件文に新しい条件を付け加える。**非制限的関係節（non-restrictive relative clause）**は，別の結論を付け加える。文法的には，非制限的関係節はカンマによって残りの文から切り離されるが，制限的関係節はそれがかかる句にカンマなしに連結されることになっている。しかし多くの場合，書き手や読み手はこの文法上の決まりをほとんど気にしていないようで，意図された意味を決定するために背景知識に頼っている。

例えば，次の2つの文は正しく句読点が打たれた文章である。最初の文が制限的な関係節で，二文目が非制限的な関係節である。

> A British citizen who obtains citizenship by providing false information may be deprived of British citizenship.
> (虚偽の情報により市民権を得た英国市民は，市民権を剥奪される可能性がある。)

> A British citizen, who is an EU citizen, is entitled to vote in EU elections.
> (英国市民はEUの市民であり，EUの選挙権を持つ。)

計算論理では，2つの文の論理形式はまったく異なる。

訳注2　日本語文では「法律発効後に英国で生まれた」という条件は「人が英国市民権を有する」の前に位置するが，英文では “A person **born in the United Kingdom after commencement** shall be a British citizen” となっており，“born in the United Kingdom after commencement” という条件が “A person” と “shall be a British citizen” の中間に挿入されている。

a person may be deprived of British citizenship
if the person obtains citizenship by providing false information.
（ある人が英国市民権を剥奪される可能性があるのは，
その人が虚偽の情報によって市民権を得た場合である。）

a person is entitled to vote in EU elections
if the person is a British citizen.
（ある人が EU の選挙権を持つのは，その人が英国市民の場合である。）

a person is an EU citizen if the person is a British citizen.
（ある人が EU の市民であるのは，その人が英国市民の場合である。）

一部の文法学者は，制限関係節の正しい代名詞は which や who ではなく that を使うべきとも主張している。彼らに従うなら，先ほどの最初の文は次のように書くべきだろう。

A British citizen that obtains citizenship by providing false information may be deprived of British citizenship.

しかし英国においては，この英語の規則は現在ほぼ無視されている。いずれにせよ，書いてある内容を読み手が理解できることが重要となる場合には，カンマのあるなしや関係代名詞が that か which かといった文法的に細かい方法には頼らないほうが賢明である。そんなことを気にしている読み手はほとんどいない。それよりも伝えたい思考の論理形式と類似した構造を持つ英文を作るほうがよい。例えば，次のように書くのはよくない。

A British citizen, who has the right of abode in the UK, owes loyalty to the Crown.
（英国市民――英国における居住権を持つ人――は，王室に忠誠を誓う義務がある。）

または

A British citizen that has the right of abode in the UK owes loyalty to the Crown.
（英国における居住権を持つ英国市民は，王室に忠誠を誓う義務がある。）

それよりは，言いたいことに応じて次のように書くべきである。

All British citizens have the right of abode in the UK and owe loyalty to the Crown.
（すべての英国市民は英国での居住権を持ち，かつ王室へ忠誠を誓う義務がある。）
または
A British citizen owes loyalty to the Crown if the citizen has the right of abode in the UK.
（英国市民が王室に忠誠を誓う義務を持つのは，その市民が英国に居住権を持つ場合である。）

関係節の使用は，英語の構文論と論理形式の条件文の構文論との間にある違いの1つである。もう1つの違いは，**変数（variable）**[訳注3]の表現方法である。記号形式の計算論理では変数に対して X や Y といった記号を使い，これは個体が属するクラス全体を動く。変数は，ただ1つの個体を表現している**定数（constant）**[訳注4]とは区別される。

英語では a や the といった**冠詞（article）**と，「人」や「動物」，「物」や「コト」のような**普通名詞（common noun）**を組み合わせたものをソート（sort）つき変数あるいは型（type）つき変数として用いる。ある変数を初めて使うときには，an animal や a person のように冠詞 a と an を使い，それ以降の同じ変数の用法には，the animal や the person のように冠詞 the を使う。Mary，Felix，Venus など，通常は大文字で表記される**固有名詞（proper noun）**は定数として用いられ，個体を表す。それぞれの個体は「地上で一番強い男（the

訳注3　論理学の文脈では，variable の訳語としてしばしば変項が用いられる。
訳注4　論理学の文脈では，constant の訳語としてしばしば定項が用いられる。

strongest man on earth)」といった確定記述（definite description）で表現することもできる。

関係節や変数などを考慮に入れ，さらにいくつかの調整を加えると，以下のようなより正確な，しかしそれでも一定程度は非形式的なBNA 1.1項の計算論理的表現が手に入る[1]。

> *X*がある時点*T*において1.1項により英国市民権を得るのは，
> *X*が人間であり
> かつ，*X*が時点*T*において英国に生まれており
> かつ，*T*が法律発効後であり
> かつ，*Y*が*X*の親であり
> かつ，*Y*が時点*T*で英国市民である，または
> 　　*Y*が時点*T*において英国に居住している場合である。

「*X*が人間であり」という条件は，ネコやイヌが英国市民だと主張することを妨げていることに注意しよう。しかし，「*Y*は人間である」という条件は必要ない。*X*が人間ならその親も人間だからである。「*Y*が*X*の親であり」は,「*Y*は*X*の母である，または*Y*は*X*の父である」を省略して述べたものであることにも注意しよう。

上の表現はPrologの慣例に従っており，*X*，*Y*，*T*などの変数に大文字を使用しているため，英国（英語表記ではbritishやuk）などは小文字で表記する。この表記法は，固有名詞や名前に大文字を使い，一般名詞に小文字を使う英語の慣例とは逆である。念のために言えば，頑固な数理論理学者が1.1項を書いたら次のようになるだろう[訳注5]。

$$\forall X(\forall T(\exists Y(\mathrm{b}(X, \mathrm{uk}, T) \wedge \mathrm{c}(T) \wedge \mathrm{d}(Y, X) \wedge (\mathrm{e}(Y, T) \vee \mathrm{f}(Y, T))) \rightarrow \mathrm{a}(X, 1.1, T)))$$

1　これは「*A*であるのは，（*B*かつ*C*かつ*D*かつ（*E*または*F*））の場合である」という命題形式を持つが，これは次の2つの別々の条件文と同値であることに注意。「*A*であるのは，*B*かつ*C*かつ*D*かつ*E*の場合である」「*A*であるのは，*B*かつ*C*かつ*D*かつ*F*の場合である」。

時間と因果の表現

BNA 1.1 項の英語表現は 1.1 内の条件間の時間関係には正確であるが，条件と結論の間の時間関係については述べていない。言い換えれば，1.1 項の条件を満たす人が実際にいつ英国市民であるのかについては述べていない。わたしは，「英国市民権を得る」という言葉をある種のプレースホルダとして使用し，これらの時点の間の異なる関係を適用できるようにした。時間や変化の表現については第 13 章で扱うが，ここでは 1.1 項で意図されていると思われる関係を提示しておく。

ある人がある時点において英国市民であるのは，
その人がそれ以前の時点において英国市民権を得ており
かつ，その人が 2 つの時点の間で英国市民権を放棄することがない場合である。

これは第 4 章の終わりで簡単に触れた，「ある物体を拾う」と「それより後の時点でその物体を所有している」との間の関係を想起させるはずだ。どちらの場合でも，これらの関係は，より一般的で抽象的な関係のインスタンスである。以下は**イベント計算（event calculus）**によるこうした関係の言明である［Kowalski and Sergot 1986］。

ある時点においてある事実が成り立つのは，
あるイベントがそれ以前の時点において起こり
かつ，そのイベントがその事実を生起させ
かつ，ある別のイベントが 2 つの時点の間で起こり
　　　かつ，その別のイベントがその事実を終了させたことがない場合である。

それぞれの具体例に関する記述は，特定タイプの事実を開始 / 終了させる特

訳注 5　以下の式では「*X* が人間であり」という条件の記述が抜けている。正確には b(*X*, uk, *T*) の前に h(*X*) という原子式（ここで h は「人間である」を表す述語）が連言として加えられるべきである。

定のイベントについての新たな情報を付加することによって得られる。例えば以下のようなものである。

ある人が英国市民権を得るというイベントは,
その人が英国市民であるという事実を生起させる。

ある人が英国市民権を剥奪されるというイベントは,
その人が英国市民であるという事実を終了させる。

ある動物がある物体を拾うというイベントは,
その動物がその物体を所有しているという事実を生起させる。

ある動物がある物体を落とすというイベントは,
その動物がその物体を所有しているという事実を終了させる。

ある動物がある物体を拾う際の第4章での表現には,「その動物がそれ以前のある時点においてその物体の傍にいる」という付加的な情報が含まれていたことに注意しよう。

ある動物がある時点においてある物体を所有しているのは,
その動物がそれ以前のある時点においてその物体の傍におり
かつ,その動物がその時点においてその物体を拾い
かつ,その2つの時点の間でその動物がその物体を所有することを終了させることがなかった場合である。

イベント計算では,この追加条件は別の制約条件として表現できる。

もしある動物がある物体を拾い
かつ,その動物がある時点でその物体の傍にいることがないならば,
偽。

一般に，イベント計算の制約は，すべての前提条件が成立する場合に事象が可能であることを表現する。イベントの前提条件の表現については第13章で後述する。

イベント計算の公理における**事実（fact）**という用語の使用は，原子文の形をとる通常の意味での事実だけでなく，より一般的な文をカバーするものへと拡張できる。法律の発効というイベントによって生起する例を挙げると，

> 法律の発効がある条項の適用を開始するのは，
> その条項がその法律に含まれている場合である。

> 法律の廃止がある条項の適用を終了するのは，
> その条項がその法律に含まれている場合である。

イベントや文を個体として取り扱うことは**具象化（reification）**の例である。英語（自然言語）でこれに対応する現象は**名詞化（nominalisation）**であり，「（法律を）発効する」のような動詞を「（法律の）発効」という名詞へと変換する。具象化は強力なツールであり，人工知能での知識表現のためには必要不可欠であることがわかっている。しかし，哲学者のなかには，具象化は実在性の疑わしい個体を世界に持ち込むことになるとして危ぶむ向きもある。

遺棄児童の国籍獲得

BNAの二番目の条項でも具象化が用いられている。この場合，1.1項の目的に具象化がなされている。

1.-(2) 法律発効後に英国で発見された遺棄児童は，それに反する事実が示されない限り，条項(1)の以下の目的を満たすものとみなされる。
　(a) 法律発効後に英国で生まれた；かつ
　(b) 出生時に英国市民である親または英国に在住している親のもとに生まれた。

よりシンプルで一般的なケースが他にたくさんあるなかで，BNA の第二文という場所でこのような珍しい事態であることが望ましいケースを扱うのは少し奇妙に思えるかもしれない。しかし，1.1 項の趣旨に言及する規定を配置する場所として，1.1 項のすぐ後よりも整合性があるところが他にあるだろうか。われわれの視点からすれば，1.2 項の座りの悪さは，この単一の規則には非常に多くの複雑な論理的特徴が組み合わさっており，その論理を展開する手がかりが見出し難いことから来ている。

多分「目的」というところから始めるのが最も易しいだろう。**目的 (purpose)** が**目標 (goal)** と同じ意味を持つことは明らかである。しかし論理プログラミングでは，条件文の結論は後ろ向き推論に使われて目標として扱われ，条件は副目標として扱われる。そのため，条件文の結論はその目的を特定しているのである。これにより「条項 (1) の以下の目的」というフレーズを，1.1 項の論理的結論（つまり英国市民権の獲得）への言及として解釈することができる。このフレーズは，「条項 (1) の結論」と記述しても同じで，こう書けばぎこちなさが薄れる。

さらに言えば，1.2.a と 1.2.b は，まさに 1.1 項の論理的な条件となっている。したがって，「～しない限り（unless)」を「もし～でないならば（if not)」へと変換し，1.2 項を次のように言い換えることができる[訳注 6]。

> ある人に対して 1.1 項の結論が成り立つのは，
> その人が法律発効後に英国で遺棄児童として発見され，
> かつ，その人に対して 1.1 項の条件に反する事実が成り立つことが示されない場合である。

言い換えられた文は，文の結論や条件について語るためのメタ言語の使用と，世界のなかの情況について語るための対象言語を，1 つの文のなかで組み合わせたものになっている。メタ言語の使用では文を個体として扱うが，これは具

訳注 6　if 文で条件節が後ろにあるとき，本書では「…が成り立つのは，…の場合である」と訳してきたので，if…not 節が後ろに来る場合は「…が成り立つのは，…でない場合である」とした。

象化のもう 1 つの例である。メタ言語については本章後半と第 17 章で再び立ち返ろう。

1.2 項で他に注目すべき特徴は,「それに反する事実が示されない限り (unless the contrary is shown)」という句の使用である。既にデフォルト推論のところで，これと似た「示すことができない (cannot be shown)」という句の使用を見てきた。「示すことができない」という句は理論的にはよい性質を備えているのだが，既にみてきたように，何かが事実であることを示そうとすると無限のリソースを費やす必要が出てくる場合がある。「示されない (is not shown)」という句は，有限の努力しか前提としていないという意味では実用的なのだが，どれくらいの努力が必要かを明示していない，という不正確さを伴う。さらに，新たな情報や追加の努力によって，これまで示すことができなかった状態を示すことができるようになる可能性にも対応していない。

これらの懸念を無視し，「英国で生まれた」ことに反する事実を「英国の外で生まれた」とし，「法律発効後に生まれた」に反する事実を「法律発効前に生まれた」とすれば，1.2 項を以下のように書き直すことができる。

> 法律発効後に英国で遺棄児童として発見された人が 1.2 項によって英国市民であるとみなされるのは，
> その人が英国の外で生まれたことが示されず
> かつ，その人が法律発効時あるいはそれ以前に生まれたことが示されず
> かつ，誕生時に両親が英国市民ではなかったことが示されず
> かつ，誕生時に両親が英国に居住していなかったことが示されない場合である。

こうして，1.2 項の論理的な言い換えを 2 つ示したことになる。しかし，この 2 つのうち，対象言語とメタ言語を組み合わせた表現のほうが理解しやすいのではないかとわたしは思う。

規則と例外

「示されない (is not shown)」や「示すことができない (cannot be shown)」のようなフレーズは否定の形をしており，失敗としての否定の変種

として実装できる。BNA では, 規則の例外を表すために否定を使うこともある。例えば以下のようなものである。

40.-(2) もし市民権の剥奪が公共の利益に資すると国務大臣が確信した場合には, 国務大臣は市民権を剥奪するよう命じる場合がある。

40.-(4) 国務大臣は, その命令により当該者が無国籍になると確信する場合, 副条項 (2) に基づく命令を行うことはできない。

第 5 章で見たように, 例外は規則の条件のなかに組み込む（コンパイルする）ことが可能である。

40.-(2) もし市民権の剥奪が公共の利益に資すると国務大臣が確信し, かつ命令により当該者が無国籍になると国務大臣が確信していない場合には, 国務大臣は市民権を剥奪するよう命じる場合がある [2]。

英語では通常, 例外より先に規則を提示し,「しかし（but, however）」や「その一方で（on the other hand）」といった単語や句によって例外を導入することで, 規則とその例外を区別する。以下の BNA の規定 12.-(1) では, 副条項 (3) と (4) に従うという曖昧な制限を加えることで, この規則には例外があることを示唆している。

12.-(1) 成人で判断能力のある英国市民が, 定められた方法に則り英国市民権の放棄を宣言する場合, 副条項 (3) および (4) に従い, 国務大臣はその宣言を登記する ...（略）

12.-(3) 当該宣言者が登記後に英国以外の市民権 / 国籍を持つあるいは得る見込みであることを国務大臣が確信しない限り, 本節の規定に従った

---

2 「命令により当該者が無国籍になると国務大臣が確信していない」という条件は, おそらくより自然な条件「命令により当該人が無国籍にならないと国務大臣が確信する」と等価ではない。ここで言う " より自然な条件 " は, 40.-(4) を強めた以下のバージョンに相当する。「国務大臣は, その命令により当該者が無国籍にならないと確信しない限り, 副条項 (2) に基づく命令を行うことはできない。」

宣言は登記されない …（略）

12.-(4) 国務大臣は，本条項に従ってなされた宣言が，英国における女王陛下の政府の権利の下に，女王陛下に関係する戦争中になされたものである場合には，その宣言の登記を保留することができる。

12.-(3) は 12-(1) の直接的な例外であり，国籍放棄宣言を国務大臣が登記できない条件を記述している。12.-(4) も例外であるが，その結果は登記保留許可の行使を国務大臣が実際に決定するかどうかに依存している。これらの２つの例外の違いを考慮に入れると，12.-(1)，12.-(3)，12.-(4) 全体で意図された意味を，以下のような単一の規則へとコンパイルできる。

国務大臣が英国市民権の放棄宣言を登記するのは，
その宣言が成人で判断能力のある英国市民によって行われ
かつ，その宣言が定められた方法に則って行われ
かつ，登記後に当該人物が英国以外の市民権 / 国籍を持つあるいは得る見込みであることを国務大臣が確信し
かつ，その宣言が英国における女王陛下の政府の権利の下に，女王陛下に関係する戦争中になされたものであり
かつ，国務大臣が登記の保留を決定する**ことはない場合である。**

「登記後に当該人物が英国以外の市民権 / 国籍を持つあるいは得る見込みであることを国務大臣が確信し」という条件を，同値の条件「登記後に当該人物が無国籍にならないことを国務大臣が確信し」に置き換えることによって，規則はさらに単純化できることに注意しよう。

12 条にはその他の規則や例外もあり，一見したところさらに複雑である。

12.-(2) 本節の規定に従った宣言の登記により，宣言を行った人物は，英国市民権を失う。

12.-(3)…；そして当該人物が登記時点で何らかの市民権や国籍を有しておらず，かつその日から６か月以内に市民権や国籍を獲得しない場合，当該人物は登記の有無にかかわらず英国市民のままとする。

しかし，規則と例外を市民権の停止を決定する単一の規則へとコンパイルするならば，多くの複雑さは消滅する。

ある人による国籍放棄の宣言を登記するというイベントが当該人物が英国市民であるという事実を終了させるのは，
登記が日時 *T1* に行われ
かつ，その人が日時 *T2* において英国以外の市民権 / 国籍を持ち
かつ，$T1 \leqq T2 \leqq T1 + 6$ か月である場合である。

イベント計算の文脈で理解すると，市民権を放棄する人が登記から6か月以内に他の国の市民権 / 国籍を持つ場合のみ，この終了規則は登記の日時で有効となる。この複雑さは規則の論理形式にあるのではなく，過去の状況（英国市民権の停止）が一部，未来の状況（他の国の市民権 / 国籍の保有）に影響されるという内容自体にある。

国務大臣を確信させる方法

英国市民権の剥奪および市民権放棄の登記に関する英国国籍法の規定には，「国務大臣が確信する」という一見判然としない要素がかかわっている。しかし，国務大臣が合理的な人であるという仮定の下では，これら言及のすべてがそれほど見通しがきかないというわけではない。例えば，帰化による英国市民権の獲得に関する主要な規定について考えてみよう。

6.-(1) 判断能力のある成人による英国市民としての帰化申請にあたっては，申請者が本項に基いて市民として帰化するための附則 1 の要求を満たすことを国務大臣が確信し，それにふさわしいと判断した場合，国務大臣は市民としての帰化証明書を交付する。

最上位レベルでは，これは以下のような論理形式を持つ。

国務大臣が 6.1 項に基づいて対象者へ帰化証明書を交付するのは，

当該人物が帰化を申請し
かつ，当該人物が判断能力を持つ成人であり
かつ，国務大臣が「当該人物が 6.1 項に基づく帰化のための附則 1 の要求を満たすこと」を確信し
かつ，国務大臣が「当該人物が帰化証明書の交付にふさわしい」と判断する場合である。

最初の2つの条件は，世界の状態に関する単純な対象レベルの条件である。しかし，その下の2つの条件は，国務大臣の心の状態に関する認識論的またはメタレベルの条件である。理屈の上では最後の条件はまったく測り難く，与えられた事例に関する入力の一部としてのみ与えられる。しかし現実には，国務大臣が新しい事例をどのように判断するか，類似の古い事例に関する以前の判断の知識を基にして，専門の法律家はかなりの確度で予想できる。

3つ目の条件はより興味深い。申請者が国務大臣を確信させるために満たすべき帰化の要件の詳細が明記されているからである。もし国務大臣の心の状態がまったく見通せないならば，これら要件を明記する意味はないだろう。附則は非常に長いため，内容を以下のようにまとめて言い換えると便利である。

ある人物が 6.1 項に基づく帰化のための附則 1 の要件を満たすのは，
当該人物が居住地に関する 1.1.2 項の要件を満たしている
または，当該人物が王室のための職務に関する 1.1.3 項の要件を満たしている
かつ，当該人物が善良な人間であり
かつ，当該人物が英語，ウェールズ語，またはスコットランド・ゲール語の十分な知識を持っており
かつ，当該人物が英国での生活に関する十分な知識を持ち
かつ，当該人物が帰化の許可を受けるイベントの際に主たる居住地を英国に置く意思を持っている
または，当該人物が帰化の許可を受けるイベントに際し王室あるいは王室の利益となる他の職務に就くあるいは継続する意志を持っている場合である。

ここで国務大臣は合理的な人物であり，すべての合理的な人物は附則 1 に登場する「もし」，「かつ」，「または」といった言葉の意味を同じように理解できると仮定すれば，以下のように表すことができる。

国務大臣が，ある人物が 6.1 項に基づく帰化のための附則 1 の要件を満たすことを**確信するのは**，

当該人物が居住地に関する 1.1.2 項の要件を満たしていると**国務大臣が確信する**

または，当該人物が王室のための職務に関する 1.1.3 項の要件を満たしていると**国務大臣が確信する**

かつ，当該人物が善良な人間であることを**国務大臣が確信する**

かつ，当該人物が英語，ウェールズ語，またはスコットランド・ゲール語の十分な知識を持っていることを**国務大臣が確信する**

かつ，当該人物が英国での生活に関する十分な知識を持つことを**国務大臣が確信する**

かつ，当該人物が帰化の許可を受けるイベントの際に主たる居住地を英国に置く意思を持っていることを**国務大臣が確信する**

または，当該人物が帰化の許可を受けるイベントに際し王室あるいは王室の利益となる他の職務に就くあるいは継続する意志を持っていることを**国務大臣が確信する**場合である。

結果として，長々しくはあるが，帰化の要件に関して国務大臣を確信させるために必要なことが明確な言明となった。この明示的な形式をいかに導出するかについては第 17 章で取り上げる。

ここまで見てきたように，通常の英文と比べて BNA はきわめて，面倒なくらいに正確である。この正確さは大部分が条件文形式の使用によるものであり，これは多義性の排除に役立っている。

構文的表現が**多義的（ambiguous）**であるとは，それがいくつかの異なる意味に取れることである。例えば，以下の文の「彼」の指す対象は複数の意味にとれる。

国務大臣はボブ・スミスから英国市民権を剥奪した。
彼はとても動揺していた。

多義性を排除するには，多義的な表現を，それが意図している的確な表現に置き換えるだけでよい。例えば，二番目の文における「彼」を「国務大臣」あるいは「ボブ・スミス」に置き換えればよい。

計算論理の条件文形式は，「英国で生まれた人」のような関係節と関連する多義性を減少させるのに役立っている。既にみてきたように，制限的関係節は条件文にさらなる条件を付加する。一方で非制限的関係節は，さらなる結論を付加する。

多義性と**曖昧性 (vagueness)** は異なるが，両者はよく混同される。多義性は，ある文法記述が複数の異なる解釈を持つ際に発生し，その解釈のすべては明示的に記述が可能である。もう一方の曖昧性は，ある概念（例えば「新生児」のような）が厳密に定義されない場合に発生する。論理は曖昧性には耐えられるが，多義性には耐えられない。曖昧な概念を条件文の条件として受け入れるのは簡単で，他の条件文の結論として定義しようとしなければよい。

多義性と同じように，曖昧性は解釈の問題を引き起こすが，曖昧性が現実においては役に立つ場合もある。例えば法律の運用の変化を許容し，変わり続ける世の中への適応を可能にする。しかしおそらく，詩やユーモア，ぺてんを除けば，多義性は他の有用な目的には寄与しない。

BNA の構文は明示的な条件文で記述されていたが，次に紹介するミシガン大学学生寮の賃貸終了条項の構文は構造化されておらず，非常に多義的である。この終了条項はもともと，多義的な法的文章の正確な解釈を形式化するために命題論理が使えることを示す例として，アレンとサクソンが持ち出したものである。ここで重要なのは，アレンとサクソンによって同定された意図されていた解釈は，計算論理と関連する条件文形式を持つという点である。

ミシガン大学の学生寮の賃貸終了条項

この条項は単一の文から成るが，とりあえずは意味を理解しようとしないほうがいい。まずは，以下の形式の文がなぜ実質的に理解不能なのかを説明する。

"**The University may terminate this lease** when the Lessee, having made application and executed this lease in advance of enrollment, is not eligible to enroll or fails to enroll in the University or leaves the University at any time prior to the expiration of this lease, or for violation of any provisions of this lease, or for violation of any University regulation relative to Resident Halls, or for health reasons, **by providing the student with written notice of this termination 30 days prior to the effective time of termination**; unless life, limb, or property would be jeopardized, the Lessee engages in the sales or purchase of controlled substances in violation of federal, state or local law, or the Lessee is no longer enrolled as a student, or the Lessee engages in the use or possession of firearms, explosives, inflammable liquids, fireworks, or other dangerous weapons within the building, or turns in a false alarm, **in which cases a maximum of 24 hours notice would be sufficient**".[訳注7]

実際わたしは，2つの結論を太字にすることによって少しでも判読しやすくしたいという誘惑に勝てなかった。最初の結論は2つの部分に分かれており，複数の条件によって区切られている。

この文は以下のような多義的な形式をしており，正確に理解することが困難である[訳注8]。

訳注7　英語ネイティブでも正確な意味が把握できない悪文の例であり，原文の多義性を正確に保持したまま余計な解釈を加えずに日本語に移すのが困難であるため原文を掲げた。この後の説明の便宜のために，いくらか整理しつつ日本語に訳したものを掲げるならば次のようになるだろう。
「本学がこの賃貸契約を終了することができるのは，賃借人が本学に入学するために事前に申請し，この賃貸契約を締結していたにもかかわらず，本学に入学する資格がない場合，または入学しなかった場合，またはこの賃貸契約の満了前に本学を退学した場合，またはこの賃貸契約の条項に違反した場合，または学生寮に関する本学の規則に違反した場合，または健康上の理由であり，当該学生に対して解約の30日前までにこのことを書面にて通知することでなされる；ただし，生命，身体，財産が危険にさらされた場合，賃借人が連邦法，州法，地方法に違反して規制薬物の販売または購入に関与した場合，賃借人がもはや学生として在籍していない場合，賃借人が建物内で銃器，爆発物，引火性液体，火薬，その他の危険な武器の使用または所持に関与した場合，または虚偽の警報を鳴らした賃借人の場合は，最大24時間での通知で十分とする。」

A if *B* and *B′*, *C* or *D* or *E* or *F* or *G* or *H*
unless *I* or *J* or *K* or *L* or *M* in which case *A′*.

訳注8　読者の便宜を図り，*A* から *M* の記号の内容を書いておく。
A: written notice of this termination 30 days prior to the effective time of termination
「書面による解約の30日前までの通知」
A′: a maximum of 24 hours notice
「24時間以内（に退去せよという）通知」
B: having made application
「賃貸契約の申請をした」
B′: executed this lease in advance of enrollment
「入学に先立って賃貸契約を締結した」
C: is not eligible to enroll
「入学資格がない」
D: fails to enroll in the University
「入学しなかった」
E: leaves the University at any time prior to the expiration of this lease
「契約の満了前に退学した」
F: for violation of any provisions of this lease
「賃貸契約の条項に違反した」
G: for violation of any University regulation relative to Resident Halls
「学生寮に関する本学の規則に違反した」
H: for health reasons
「健康上の理由」
I: life, limb, or property would be jeopardized
「生命，身体，財産が危険にさらされた」
J: the Lessee engages in the sales or purchase of controlled substances in violation of federal, state or local law
「賃借人が連邦法，州法，地方法に違反して規制薬物の販売または購入に関与した」
K: the Lessee is no longer enrolled as a student
「賃借人がもはや学生として在籍していない」
L: the Lessee engages in the use or possession of firearms, explosives, inflammable liquids, fireworks, or other dangerous weapons within the building
「賃借人が建物内で銃器，爆発物，引火性液体，火薬，その他の危険な武器の使用または所持に関与した」
M: turns in a false alarm
「（賃借人が）虚偽の警報を鳴らした」

この文が多義的であるのは，1 + 1 × 2という数式が多義的であるのと同じ理由からである。数学や数理論理学では，このような多義性は括弧を適切に使用すれば解決できる。つまり，この数式の場合は1 + （1 × 2）または（1 + 1）× 2と書けばよい[訳注9]。

賃貸終了条項の場合，*A*，*A′*，*B*，*B′*，*C*，*D*，*E*，*F*，*G*，*H*，*I*，*J*，*K*，*L*，*M*を括弧でまとめる方法はたくさんある。そのいくつかは論理的には同値となる。これらの同値を考慮に入れた後，アレンとサクソンは異なる解釈の間の多義性を解消するために必要な約80個の質問を特定した。分析の結果，彼らは意図された解釈を多義的でない論理形式として下記のように同定した。

(*A* if (not (*I* or *J* or *K* or *L* or *M*) and ((*B* and *B′* and (*C* or *D*)) or *E* or *F* or *G* or *H*)) and *A′* if (*I* or *J* or *K* or *L* or *M*)).

この形式的な表現は，条件式の構文で書き直せば簡略化できる。また，二番目の条件式には結論*A′*が成り立つ唯一の条件が書かれていると仮定すれば，簡略化できる。この仮定を使い，not (*I* or *J* or *K* or *L* or *M*) をnot *A′*で置き換えることができ，それによって以下の条件文を得る。

A if not *A′* and *B* and *B′* and *C*
A if not *A′* and *B* and *B′* and *D*
A if not *A′* and *E*
A if not *A′* and *F*
A if not *A′* and *G*
A if not *A′* and *H*

A′ if *I*
A′ if *J*
A′ if *K*
A′ if *L*
A′ if *M*

結論*A*と結論*A′*の繰り返しはいくらか退屈だが，少なくとも意味は非常に明確である。自然言語では，「以下の条件の1つが成り立つ場合」というフレーズによって複数の条件の選言を示すことにより，退屈な繰り返しをすることな

訳注9　算術計算で乗算は加算よりも先に行うというルールに従うと，1 + 1 × 2という数式に多義性はなく，算数の問題として出題されてもおかしくはない。

く同様の効果を得ることができる。

> 本学が契約が終了する 30 日前に書面での通知を学生に行うことによりこの賃貸契約を終了できるのは，本学が最大 24 時間の通知により賃貸契約を終了させず，かつ以下の条件の 1 つが成り立つ場合である：
> 1）入学に先だってこの賃貸を申請し契約した賃借人に本学の入学資格がない，または入学しなかった場合。
> 2）賃借人が契約の満了前に退学した場合。
> 3）賃借人が賃貸契約の条項に違反した場合。
> 4）賃借人が学生寮に関する本学の規則に違反した場合。
> 5）健康上の理由により終了する場合。
>
> 本学が最大 24 時間以内の通知を学生に行うことにより，この賃貸契約を終了できるのは，以下の条件の 1 つが成り立つ場合である：
> 1）生命，身体，財産が危険にさらされた場合。
> 2）賃借人が連邦法，州法，地方法に違反して規制薬物の販売または購入に関与した場合。
> 3）賃借人がもはや学生として在籍していない場合。
> 4）賃借人が建物内で銃器，爆発物，引火性液体，火薬，その他の危険な武器の使用または所持に関与した場合。
> 5）賃借人が虚偽の警報を鳴らした場合。

書き直した文に完全に満足できるというわけにはいかない理由は 2 つある。第一に，24 時間の通知の場合，大学はなぜ通知から 30 日を与える裁量を持たないよう自らに制約を課そうとするのだろうか？　これはおそらく元の文の複雑な記述に起因するミスであり，書き手でさえ完全には理解していない可能性がある。

第二に，「本学が最大 24 時間以内の通知を学生に行うことにより，この賃貸契約を終了できる」とはどういう意味なのか？　この「最大」という言葉は，大学が通知から 24 時間未満で契約を終了させる場合があることを示唆している。もちろん公平な立場からすると，学生が荷物をまとめて部屋をあけるために最低でも 24 時間は与えられるとすべきだろう。

この賃貸契約を作成した法務担当者はどうしてこのような大きなミスを犯したのだろうか？　おそらくは，24 時間通知の場合，学生は退去通知を受け取ってから最大 24 時間で学生寮から退去すべきだと言いたかったのだと思われる。そうであるなら，「30 日前の通知によって賃貸契約を終了させる場合がある」というもう 1 つの結論と併記することで，その意図をより正確かつシンプルに達成できたはずである。そして併記される結論に「最大」や「最小」といった言葉は必要ない。

> 本学は，24 時間前までに学生に解約通知を行うことにより，賃貸契約を終了することができる。

この話の教訓の 1 つは，あらゆる良質の文章指南書に書かれているように，「類似のアイデアは類似の方法で表現せよ」である。

まとめ

英国国籍法とミシガン大学の賃貸終了条項は，情報を条件文形式で記述することの有用性をまったく別の方法で示している。これはおそらく，条件文が人間の思考の言語に近いだけでなく，それが自然と社会の両方を支配する法則とも近いためだろう。

英国国籍法は，メタレベルの推論や異なる種類の否定の微妙な点や複雑さを理解するにはまだ道半ばであることを示している。しかし，ミシガン大学の賃貸終了条項は，そのような複雑さがない場合でさえ，条件文という構文形式は自然言語の意図された意味を明確にするばかりか，意図されていない意味を明らかにする助けになることも示してくれる。

次の章では，プロダクションシステムについてみてゆく。これは認知心理学の分野では，最も説得力のある心の計算モデルとして広く受け入れられているものである。続く章では，計算論理がどのように論理とプロダクションシステムを調和させるかを見ていく。

第 7 章

ダンゴムシと火星探査機

論理原理主義者は，人生とは考えることであり行動することではないとみなし，論理の評判をおとしめてきた。その陰に隠れて目立たなかったのが，近い関係にある論理穏健主義である。この立場では論理は思考の１つの方法にすぎず，思考がすべてではないとする。

論理原理主義のアンチテーゼが極端な行動主義であり，この立場では“心の生活”を否定し，人生を完全に行動という視点から捉える。そして行動主義は思考の条件－行動規則モデルとよく混同される。

行動主義

部屋の温度を調節するために，寒ければヒーターのスイッチをオンにして部屋を暖め，暑すぎるとオフにして部屋の温度を下げるサーモスタットの動作を分析しようと思うなら，あなたはサーモスタットの入力－出力行動を，条件－行動規則によって“記述”するかもしれない。

もし現在の室温が $C°$ であり
かつ，目標温度が $T°$ であり
かつ，$C < T - 2°$ であるならば，
サーモスタットはヒーターをオンにする。

もし現在の室温が $C°$ であり
かつ，目標温度が $T°$ であり
かつ，$C > T + 2°$ であるならば，

サーモスタットはヒーターをオフにする。

しかし，あなたはサーモスタットの動作が心に起因し，その挙動を“生成する”記述を意識的に操作しているとはみなさないであろう。

同様に，あなたはサーモスタットの外的な動作を，内的な操作を考えることなく眺めることができるし，行動主義者は一般にエージェントをそのように見る。したがって行動主義者は，キツネとカラスの物語でキツネの内的な心の状態を考慮したりはせず，キツネの行動をわれわれがサーモスタットの動作を見るのと同じような方法で見るだろう。

もしカラスがチーズを所有しているところをキツネが見れば，
キツネはカラスをおだてる。
もしキツネがチーズの傍にいれば，キツネはチーズを拾う。

この物語におけるキツネの行動主義的な記述は，キツネの外的な観察可能な振る舞いに終始する。行動主義者は，キツネが内的な精神活動の能力を備えていることを認めない。そのような能力を備えていることを観察や実験といった科学的な手段で検証することは不可能であるというのがその理由である。

行動主義者によれば，キツネは純粋に反応的なエージェントであり，単に周囲の世界の変化に反応しているだけである。もしこれら変化への反応のなかでキツネがチーズを手に入れたならば，この結果は主体的な思考による意図的な目的によるものではなく，単に間接的に表出しただけの効果なのかもしれない。

行動主義者はまた，サーモスタットの動作と人間の振る舞いとを区別する意義を認めない。行動主義者なら，ロンドン地下鉄の乗客の振る舞いを“記述”するために条件文を次のように使うかもしれない。

もし地下鉄で乗客が緊急事態を目撃すれば，
その乗客は非常ボタンを押す。

しかし，このような記述は，乗客が振る舞いを実際にどのように“生成”しているかについては何も言っていない。行動主義者の視点から見るかぎり，緊急事態に非常ボタンを押すことは単なる本能的な反応にすぎず，乗客はその目的をまったく認識していないのかもしれない。

生物は目標指向的な自己改変プロセスではなく，環境への適応によって進化するというダーウィニズムによって，行動主義は間接的に支持されている。

行動主義はまた，行動を環境の変化への反応としてモデル化することに重点をおいているという点でも，条件－行動規則と共通している。しかし，行動主義が振る舞いの“記述”だけに関心を持つのに対し，条件－行動規則は，プロダクションシステムでは振る舞いを“生成”するために用いられる。

プロダクションシステムを使って実装されたサーモスタットのプログラムは，以下のようになるだろう。

もし現在の室温が $C°$ であり
かつ，目標温度が $T°$ であり
かつ，$C < T - 2°$ であるならば，
ヒーターをオンにせよ。

もし現在の室温が $C°$ であり
かつ，目標温度が $T°$ であり
かつ，$C > T + 2°$ であるならば，
ヒーターをオフにせよ。

プロダクションシステム

今日では，行動主義に賛同する心理学者はごくわずかである。穏当なバージョンに対しても，この傾向は変わらない。大半はむしろ，「知的エージェントが携わる思考の形式は，世界の心的表現への計算手続きの適用として有効に理解できる」という認知科学的な見解を支持している。

ポール・サガードは著書『マインド：認知科学入門（*Mind: Introduction to Cognitive Science*）』において，認知科学において検討されている多くの思考モデルのなかでも，プロダクションシステムは「最も心理学的な応用」を持つと言っている［Thagard 2005, p.51］。スティーブン・ピンカーも『心の仕組み

(*How the Mind Work*)』のなかで，心の計算モデルの主な例としてプロダクションシステムを取り上げている［Pinker 1997, p.69］。人間の思考の計算モデルのうち最も影響力のあるものはおそらく，Soar［Laird et al 1987］とACT-R［Anderson and Lebiere 1998］のプロダクションシステムモデルである。

プロダクションシステム（production system）は，次のような形式を持つ**条件－行動規則（condition-action rule）**の集まりである。

もし条件が成り立つならば，行動を実行する。

この規則は，エージェントの“観察－思考－決定－行動サイクル”の思考部分に組み込まれる。条件－行動規則は「プロダクションルール」,「if-then規則」,あるいは単に「ルール」とも呼ばれ，行動主義者による行動の記述と類似したものである。しかし，それらはエージェントの行動を生成するためにエージェントによって“内的に”使用されることから，結論はしばしば次のような命令形として記述される。

もし条件が成り立つならば，行動を実行せよ。

プロダクションシステムは1920年代に論理学者のエミール・ポストによって計算の数理モデルとして開発されたが，最初に出版されたのは1943年であった［Post 1943］。そしてプロダクションシステムは人工知能研究者のアレン・ニューウェルによって，人間の知能の計算モデルとして提示された［Newell 1973］。また，医学や金融，科学，工学といった分野で人間の専門知識をシミュレートするコンピュータプログラムとして数多くの**エキスパートシステム（expert system）**の開発に使われてきた。

プロダクションシステムサイクル

プロダクションシステムは，条件－行動規則を次のような観察－思考－決定－行動サイクルへと組み込む。

以下を繰り返す：
世界を観察せよ，
思考せよ，
行動を決定せよ，
行動せよ。

プロダクションシステムにおける思考は論理でいう前向き推論と似ているが，微妙な違いもある。与えられた状態においてルールのすべての条件が成立しているとき，ルールが**トリガーされる**（triggered）または**有効になる**（enabled）と言い，その結論が導出されるのは，論理のときと同様である。しかし，論理における前向き推論は条件の論理的帰結である結論を導出する一方で，プロダクションシステムにおける結論は，実行する行動を**推奨**（recommendation）しているに過ぎない。この種の思考はしばしば**前向き連鎖**（forward chaining）と呼ばれ，純粋な前向き推論とは区別される（ただし，すべての人がこれらの用語を区別して使っているわけではない）。

プロダクションルールの結論は行動を起こすための推奨に過ぎないものの，行動はコマンド（命令）として記述されることが一般的である。もしある状況で複数のルールがトリガーされ，かつそれぞれのルールの行動が互いに相いれない場合，エージェントはそれらの間で選択を行う必要がある。競合する推奨の間での**決定**（decision）は，**競合解消**（conflict resolution）と呼ばれる。行動が選択されたルールは**発火**（fire）されるという。

世界の表現を持たないプロダクションシステム

最も単純な場合では，エージェントの心の状態はプロダクションルールのみから構成され，世界の心的表現を持たないかもしれない。ルールのすべての条件は，単純にエージェントの現在の観察との一致／不一致によって確かめられる。このような場合，「世界は自身の最良のモデルである」と言われる［Brooks 1991］。世界について何かを知りたければ，考えることなく，ただ観察しろ！というわけである。

世界の現在の状態を観察することは，過去の観察および過去の状態が持続しているという仮定から現在の状態の予測を行うよりもずっと簡単である。さらに言えば，過去の状態が今も持続しているという仮定は間違っていることも多く（特に他のエージェントが存在し，彼らの目的のために世界を変化させるような場合には），観察のほうが信頼性がずっと高い。

ダンゴムシであるとはどのようなことか

世界の表現を持たないプロダクションシステムがどのようなものかを見るために，あなたはダンゴムシで，可能なすべての振る舞いは以下の3つのルールに要約できると想定してみよう。

もし前方に何もないならば，前に動け。
もし前方に障害物があるならば，右を向け。
もし疲れたならば，止まれ。

あなたは原始的な生物なので，あなたの真正面から見た世界の断片のみを感知できる。疲れたときにそれを感じることもできる。したがって，あなたの体は世界の一部であり，あなたの心の外部である。その他の外部の物体と同じく，あなたの体は疲れたとかお腹が空いたといった，あなたの心が注意を払う観察を生み出す。

上のルールがどこから得られたのか，つまりは自然選択を通して進化したのか，それとも偉大なる設計者が実装したものなのかといったことはここでは問題としない。重要なのは，あなたはルールを持ち，それらがあなたの生命を制御し支配するという点である。

例示のため，あなたは以下のような一連の観察を経験すると想定してみよう。

前方に何もない。
前方に何もない。
前方に障害物がある。
前方に何もない，かつ，疲れた。

これらの観察をあなたが持つルールの条件に対して順番にマッチングさせると，以下のように観察と行動が交互に現れる連鎖が得られる。

観察：前方に何もない。
行動：前に動け。

観察：前方に何もない。
行動：前に動け。

観察：前方に障害物がある。
行動：右を向け。

観察：前方に何もない，かつ，疲れた。

この時点で，あなたの現在の観察は2つの異なるルールをトリガーするが，それらに対応する行動は相容れない。前に動き，同時に止まるのは不可能だ。何を行うかを決めるために，競合を解消する何らかの手段が必要である。

競合解消には多くの異なる戦略がある。しかし，多くの場合と同じく，ここでは異なるルールに異なる優先順位を割り当て，最も優先順位の高いルールにより生成される行動を選択することで，この例の競合は解消できる。三番目のルールが二番目のルールよりも高い優先順位を持つべきなのは明らかである。したがって適切な行動は，

行動：止まれ。

さらに単純な方法は，ルールを変更して「かつ，あなたが疲れていない」という追加の条件を一番目と二番目のルールに加えることで競合解消を完全に回避することである。より複雑なアプローチは決定理論を使い，異なる選択肢を比較し，期待される利益が最も高いものを選択することである。しかし，この例ではいずれにせよ結果は同じだろうと思われる。疲れた際にはとにかく前に進むよりは休息を取ったほうがよい。

ダンゴムシが一度ルールを学習すれば，その内的状態は固定される。次々と観察が行われ，ダンゴムシはそれらを記録や記憶する必要なく，刺激－反応連合のように関係づけられた行動をとる。この単純化の代償は，ダンゴムシは今ここでのみ生きており，周囲の広大な世界に関する考えを持たない点である。通常のダンゴムシにとって，これはシンプルな生活を楽しむ代償としてはささやかなものなのかもしれない。

内的状態を持つプロダクションシステム

シンプルな生活にもそれなりの魅力はあるが，もう少し刺激的なほうを好む人々が多いようだ。さらには，自分の人生には目的（それが何かを知っているかどうかはともかく）があるのだと信じたい人もいる。

仮想的なダンゴムシの生命の意味については第９章で考えるつもりだが，ここでは内的状態として機能する内的なデータベースをわれわれのプロダクションシステムモデルに加えるだけで満足しておこう。このデータベースは原子文の集合であり，関係データベースに似ている。これは典型的には通常のデータベースよりずっと小さく，色々と事情はあるが主に心理学的理由から，**作業記憶**あるいは**ワーキングメモリ（working memory）**と呼ばれる。

このデータベースは，外的世界を模倣する際や，仮想的世界を表現したり操作したりする際に使用できる。また，当座の目標を解決する計算を保持しておくための一時的な記憶として使われることも多い。

内的データベースを持つプロダクションシステムでは，データベースの外的または内的な更新である原子文があるルールの条件の１つとマッチし，さらにそのルールのその他の条件がデータベースの現在の状態において成立すると確認されたとき，そのルールがトリガーされる[1]。もしあるルールがこの方法でトリガーされると，実行の候補としてそのルールの行動が導出される。すべての候補行動が決定されると，実際に実行する１つもしくは複数の行動の選択のために競合解消が使用される。もし選択されたものが外的な行動であれば，そ

1　汎用性と効率の向上のために，部分的にトリガーされたルールを，将来の更新の際にさらにトリガーされ得るような新しいルールとして扱うことが可能である。

れは外部世界で実行される。もしそれが内的な行動であれば，データベース内部の更新として実行される。

火星探査機であるとはどのようなことか

記憶を持つプロダクションシステムがどのようなものなのかを想像するために，ここでダンゴムシとしての生涯を終え，前世の功徳によってあなたは火星で生命体を探索するミッションを与えられたロボットへと転生したとしよう。

幸いにも，ダンゴムシとしての前世が，話をどう始めればよいかについての考えを与えてくれる。さらに，あなたはロボットなので，もう疲れたり休んだりする必要がない。しかし，対処しなければならない２つの新たな問題がある。あなたは生命体をどうやって認識するのか？　そして，ぐるぐると同じ場所を回ることをどうやって避けるのか？

最初の問題に対しては，あなたの設計者は生命体の徴候を検知できる生命体認識モジュールを備え付けた。そしてあなたはあらゆる発見を管制センターに伝える送信機も備えている。２つ目の問題に対しては，あなたは以前どの場所にいたかを思い出すための内的なデータベースを持っているため，あなたは同じ場所を再度探索しなくてよい。

もちろん，現実のロボットが直面する問題はずっと複雑である。それには観察の心的表現を構築し，行動の心的表現を物理的なモーター制御へと変換するという非常に難しい課題が伴う。しかしこの例を扱いやすいものにするために，これらのインターフェースの問題は無視し，関連する知識表現の問題も単純化することにしよう。

これらの単純化により，ダンゴムシのプロダクションシステムを洗練させた「記憶を備えるプロダクションシステム」は，以下のようなものになるだろう。

もし前方に何もなく
かつ，その場所に以前行ったことがないならば，
その場所に進め。

もし前方に何もなく
かつ，その場所に以前行ったことがあるならば，
右を向け。

もし前方に障害物があり
かつ，それが生命体の徴候を示していないならば，
右を向け。

もし前方に障害物があり
かつ，それが生命体の徴候を示しているならば，
管制センターへそれを報告し
かつ，右を向け。

以前来たことがある場所かどうかを認識するためには，地形の地図を作る必要がある。例えば地形を小さな正方形に分割し，それぞれの正方形を座標（E, N）で表すことができる。ここでEは原点座標から東への距離であり，Nは北への距離であり，そして原点（0, 0）はスタート地点の正方形を表す。

このやりかたがうまくいくためには，それぞれの正方形は同じサイズで，ちょうど一歩分でなければならない。あなたがデータベースに現在位置の座標を記録していると仮定すれば，単純な算術を使い，前方の正方形と右側の正方形の座標，つまりは次のあなたの位置の座標を計算することができる。

ある正方形に入るたびに，データベースにそこを訪れたことを記録する。すると，以前に来たことがあるかを確認するためは，データベースを参照するだけでよい。

いま，あなたが原点におり，東に向かって進むとしよう。加えて，以下の原子文があなたの周囲の外的世界の一部を記述していると想定する。

（2, 1）に生命体がいる
（1, 0）に何もない
（2, 0）に何もない
（3, 0）に障害物がある

(2, −1) に障害物がある
(2, 1) に障害物がある

さらに，あなたは一歩先のみしか視認できないとしよう。つまり，あなたがスタートするとき，世界についてあなたが知っていることは，内部データベースにあるあなたの現在位置が (0, 0) ということだけであり，そしてそのときにあなたが観察できるのは，あなたの一歩前方の場所 (1, 0) に何もないということだけである。

もう１つ，あなたのミッションは生命体を探すことであるが，この世界で動くのはあなただけである。そのため，世界の初期状態に関する先ほどの記述は，あなたが遭遇するであろう世界の未来の状態にも適用される。

これらの前提を置けば，あなたの振る舞いは完全に事前に確定している。

初期データベース：　(0, 0)

観察：　(1, 0) に何もない。
行動：　前に動け。
データベースの更新：(0, 0) を消去し, (1, 0) を記録し, 訪れた場所 (0, 0) を記録せよ。

観察：　(2, 0) に何もない。
行動：　前に動け。
データベースの更新：(1, 0) を消去し, (2, 0) を記録し, 訪れた場所 (1, 0) を記録せよ。

観察：　(3, 0) に障害物がある。
行動：　右を向け。

観察：　(2, −1) に障害物がある。
行動：　右を向け。

観察：　(1, 0) に何もない。
行動：　右を向け。

観察：　(2, 1) に障害物がある，かつ (2, 1) に生命体がいる。
行動：　(2, 1) で生命体発見を報告，かつ右を向け[2]。

管制センターへの生命体の発見の報告は，前に進むことや右を向くことと同様の，1つの行動に過ぎないことに注意しよう。あなたはこの行動が，（あなたの設計者にとっては）あなたという存在の究極目標であることを知らない。

設計者は，生命体を発見するという目標（これはあなたの行動から生じる性質である）を達成するためのプロダクションシステムを，あなたに実装した。おそらく設計者にとってこの目標は，科学的好奇心を満たすといったより高次の目標の副目標でしかない。しかし，そのような目標や副目標のどれも，あなたにとっては明らかではない。

暗黙の目標を持つ条件－行動規則

反応的な振る舞いを実装した条件－行動規則は，進化理論の魅力的なモデルである。進化の理論と同様に，このような**反応的規則**（reactive rule）の究極の目標は，エージェントが生き延びて繁栄することだが，明示的というよりは**創発的**（emergent）なものである。例として，次の2つのルールを考えよう。

もし緊急事態が発生しているならば，救助を求めよ。
もし緊急事態が発生しているならば，逃げろ。

これら2つのルールには，「緊急事態に適切に対処する」という明示的には記述されていない目標がある。これはあなた自身を，そしてできれば他人をも守ろうとすることの婉曲的表現である。

2　この後に起こることについては読者の課題とするが，面倒なことになるであろうことについては，あらかじめお詫びしておく。

反応的規則は，より穏当な創発的目標によって，より単純な反応的振る舞いを生成する自然な方法でもある。ハーバート・サイモンは，1変数の代数方程式を解く（例えば，方程式 $7X + 6 = 4X + 12$ を未知数 X について解く）ためのプロダクションシステムの例を示した［Simon 1999］。

(1) もし式が $X = N$（ここで N はある数だとする）の形式ならば，
　停止して，元の方程式の X に N を代入してチェックせよ。
(2) もし右辺に X を持つ項があるならば，
　両辺からそれを引いて項を整理せよ。
(3) もし左辺に数字であるような項があるならば，
　両辺からそれを引いて項を整理せよ。
(4) もし方程式が $NX = M$ $(N \neq 0)$ の形式を持つならば，
　両辺を N で割れ。

方程式を解くとき，最初の方程式とともにそのコピーが初期データベースに置かれる。これらの規則に従う動作により，その方程式のコピーは規則1が適用可能になる（その段階では解が元の方程式に代入される必要がある）まで変形される。プロダクションシステムサイクルは次のようなステップでこれを実行する。

最初の方程式：	$7X + 6 = 4X + 12$
規則2を使う：	$3X + 6 = 12$
規則3を使う：	$3X = 6$
規則4を使う：	$X = 2$
規則1を使って停止し，チェックする：	$7 \cdot 2 + 6 = 4 \cdot 2 + 12$

ここで注目すべきは，「元の方程式を解く」というトップレベル目標の明示的表現が登場しないことである。「変数のすべての出現を1つの出現へとまとめ上げて，変数を単離する」という暗黙の中間的副目標の表現すら出現していない。最初の副目標は規則2の目的であり，二番目の副目標は規則3と4の目的である。

トップレベル目標と中間的副目標との関係は，条件文を使って明示できる［Bundy et al 1979］。

単一の変数 X を持つ等式が解けるのは，
X のすべての出現を単一の出現へとまとめ上げ
かつ，X の単一の出現が分離される場合である。

明示的な目標を備える論理的条件文と，創発的な目標を備えるプロダクションルールの間の関係については，生命の意味と思考における二重過程理論を考察する第9章で見ていく。本章では，目標の明示的表現を持つ場合にはエージェントはより高水準の意識を持ち，創発的な目標のみを持つ場合にはエージェントは低水準の意識を持つことを提示する。

しかし，創発的な目標でも，目標が何もないよりはよい。意識的なものであれ創発的なものであれエージェントの行動が何らかの目標を持つという事実は，生命に目的を与えるという点で，エージェントの生命に意味を与えると言うことができる。

前向き推論のためのプロダクションシステムの使用

反応的な条件－行動規則と刺激－反応連合の間の自然な対応関係は，プロダクションシステムの最大のセールスポイントかもしれない。それは後世のあらゆる高水準知能の進化的な祖先となる可能性さえある。もしそうであるなら，進化の次のステップは，反応的規則を使った前向き連鎖を，条件文を使った前向き推論へと拡張することかもしれない。

例えば，創世記のアダムとエバの家系図の一部を考えてみよう。

エバはカインの母である
エバはアベルの母である
アダムはカインの父である
アダムはアベルの父である
カインはエノクの父である

エノクはイラドの父である

プロダクションルールも考える。

もし X が Y の母ならば，
Y の先祖に X を加えよ。

もし X が Y の父ならば，
Y の先祖に X を加えよ。

もし X が Y の先祖であり
かつ，Y が Z の先祖ならば，
Z の先祖に X を加えよ。

競合解消の手段が，データベース内の同じ事実に対して同じルールのマッチングが１回までしか発火しないようにする（これはプロダクションシステムの文献では**屈折（refraction）**と呼ばれる）ことだけであったと仮定しよう。そして初期データベースが連続的に更新され，新しい事実が加えられなくなるまで続く。

最初の繰り返しで加えよ：　エバはカインの先祖である
エバはアベルの先祖である
アダムはカインの先祖である
アダムはアベルの先祖である
カインはエノクの先祖である
エノクはイラドの先祖である

２回目の繰り返しで加えよ：エバはエノクの先祖である
アダムはエノクの先祖である
カインはイラドの先祖である

3回目の繰り返しで加えよ：エバはイラドの先祖である
　　　　　　　　　　　　アダムはイラドの先祖である

もし3つのプロダクションルールの行動部分から「加えよ」という言葉が省略されていたら，ルールは論理的条件文と区別がつかず，前向き連鎖は前向き推論と区別がつかない。

一般的に，ある制約を満たすような条件文からなる集合が与えられたとき，プロダクションシステムは，事実からなる初期集合から前向き推論を実装できる。その制約とは，条件文の結論に現れる変数が，その条件文の条件のどこかに必ず出現することである。この制約は**範囲制限（range-restriction）**と呼ばれており，比較的容易に満たすことができる。そして，この制約により次のような条件文が回避される。

　　もし豚が飛べるならば，Xは驚異である。
つまり　もし豚が飛べるならば，すべては驚異である。

プロダクションルールに前向き推論を実装するためには，すべての結論の前に「加えよ（add）」という言葉を接頭辞としてつければ十分である。これは，結論をデータベースの更新という行動へと変換している。

目標還元のためのプロダクションシステムの使用

反応的規則から条件文による前向き推論へのステップは簡単であるが，その次の目標還元へのステップはずっと難しい。その理由は，プロダクションルール形式で目標還元を表現するためには，ワーキングメモリはデータベースの現在の状態を表現する**“現実の”事実（real fact）**だけでなく，所望する未来の状態を表現する**目標的事実（goal fact）**を含む必要があるためである。目標を操作する行動は，目標が副目標へと還元されたときには目標的事実を付加し，それらが解決されたときには目標的事実を削除する必要がある。目標の還元は，論理プログラミングのような後ろ向き推論ではなく，以下の形式のルールによる前向き連鎖によって実装される。

もし目標 G かつ条件 C ならば，H を副目標として加えよ。

プロダクションルール形式での目標還元は，Soar や ACT-R といった認知モデルおよび，多くの商業的エキスパートシステム双方の重要な特徴である。

サガードは『マインド：認知科学入門（*Introduction to Cognitive Science*）』のなかで，目標還元を実行できるプロダクションシステムの能力を根拠として使い，「論理とは異なり，ルールベースのシステムは，何をするかについての戦略的情報も容易に表現できる」と主張した。彼はこの主張を示すために以下の例を使った［Thagard 2005, p.45］。

もしあなたが家に帰りたくて，かつ，バス代を持っているならば，
あなたはバスに乗ることができる。

ルールを用いた前向き連鎖は，目標（家に帰る）を副目標（バスに乗る）へと還元する。しかし，本書では既に，目標還元は条件文による後ろ向き推論によっても実行できることを見た。サガードの例の場合では，条件文は次のようになる。

あなたが家に帰るのは，
あなたがバス代を持っており，かつ，あなたがバスに乗る場合である。

したがって，論理に批判的なサガードの議論は，むしろ論理プログラミングや計算論理を支持する論拠として捉えることができる。それらもまた戦略的情報を容易に表現できるからである。

実際，サガードの議論は，それ自身を論駁するのにも使えてしまう。まず物体の傍に行き，それを拾うことによって物体を取得するキツネの戦略を，あなたはどのように表現するだろうか？　次のプロダクションルール，

もしあなたがある物体を欲していて
かつ，あなたがその物体の傍にいるならば，
あなたはその物体を拾うことができる

では，あなたが既に物体の傍にいることを仮定している。より一般的な戦略をどのように形式化すればよいかは明らかでない。

もしあなたがある物体を欲しているならば，
あなたはその物体の傍に行き，かつ，その物体を拾うことができる。

この一般的戦略における行動は，そのあとに行動が続く一連の副目標である。しかし，プロダクションシステムは通常，同じサイクルループで実行できる行動のみを持つ。

この種の問題に対処するために，Soar や ACT-R などのプロダクションシステムは，目標と副目標を扱うにあたり通常の事実とは異なる構造を採用している。これらのシステムでは，目標を**スタック（stack）**に保存している。目標が副目標へと還元されたとき，新しい副目標はスタックの一番上に置かれる（つまり**プッシュ（push）**される）。目標が解決されたとき，それはスタックの一番上から取り除かれる（つまり**ポップ（pop）**される）。スタックの一番上の目標のみが，プロダクションルールのトリガーに寄与できる。

目標のスタックは，「物体を取得する」という目標を，「物体の傍に行きそれを拾う」という副目標へ還元するために利用できる。例えば以下のような具合である。

もしあなたの目標（目標のスタックの一番上にある）がある物体を取得することであり
かつ，あなたがその物体の傍にいないならば，
その物体の傍にいることをあなたの目標にせよ（それをスタックの一番上に置く）。

もしあなたの目標（目標のスタックの一番上にある）がある物体を取得することであり
かつ，あなたがその物体の傍にいるならば，
その物体を拾え。

もしあなたの目標（目標のスタックの一番上にある）がある物体を取得することであり
かつ，あなたがその物体を所有しているならば，
（スタックの一番上から取り除くことにより）その目標を削除せよ。

一般的な戦略を単一のルールとして表現するためには，それを論理形式で表現するか，エージェントプログラミング言語によって表現することが必要である。

人工知能研究のなかで開発されてきた**エージェントプログラミング言語（agent programming language）**（例えばDennis et al 2008参照）は，プロダクションシステムの拡張とみなすことができ，そのなかでルールはより一般的な形式の**反応的プラン（reactive plan）**を持つ。

もしトリガー条件と他の条件が成り立つならば，
目標を解決し，かつ，行動を実行せよ。

このような反応的プランの結論は，複数のエージェントサイクルのなかで達成すべき副目標および実行すべき行動の集まりとすることができる。トリガー条件は，観察もしくは目標どちらの場合もある。したがって，このようなルールを使った前向き連鎖は目標還元を実行でき，あるルールの結論内のすべての行動を単一サイクルで実行しなければならないというプロダクションシステムの制限がない。

前向き連鎖による目標還元の実行の代替案は，シンプルなプロダクションルールあるいは反応的プランのどちらを使うにしろ，論理的条件文を備えた後ろ向き推論によって目標還元を実行することである。論理的な代替案の利点は，それが目標還元手続きとその手続きを支える信念を同時に表現することである。

論理 vs. プロダクションルール

まとめると，３種類のプロダクションルールが存在する。反応的規則，前向き推論規則，目標還元規則である。明白な論理的対応物を持たないのは反応的

規則だけである。しかし次章で，反応的規則が論理形式のなかでは条件文的な目標として理解できることを見ていく。前向き推論規則は，前向き推論に使われる条件文的な信念として理解でき，目標還元規則は，後ろ向き推論に使われる条件文的な信念として理解できる。

サガードは著書で，「論理とは違って，ルールは後ろ向き推論にも前向き推論にも使用できる」という主張を書いている［Thagard 2005, p.47］。実際には，「プロダクションルールとは違って，論理的条件文は後ろ向きにも前向きにも使用できる」と言ったほうが正確だろう。プロダクションルールでは条件が先にあって行動が後に来るため，真のプロダクションルールは前向き方向でのみ使用可能だからである。

サガードに公平に言っても，論理を排しルールを支持する彼の議論の多くにおいて，彼はよくある思い違いをしていて，論理的条件文の性質を正しく認識せず，それがプロダクションルールの性質だと誤解している。最も残念なのは，このような混同が1970年代から認知科学に広がってしまったことである。

とはいえ，プロダクションシステムは論理に欠けている決定的な特徴であるプロダクションシステムサイクルを持っており，これはエージェントサイクルの知的な先祖だとみなせる。エージェントサイクルは，本書で扱う論理ベースのエージェントモデルにおいて，エージェントの思考を論理的な形でエージェントの周囲の環境の変化に結びつけるという重要な役割を果たす。

結論

知的エージェントの振る舞いを生成するためのプロダクションシステムの利用は，本章でみてきたように，右頁のように図示できる。

次の章では，論理とプロダクションシステムがより一般的なフレームワークのなかで調和されることを見ていく。このフレームワークはエージェントの思考に論理を用いる。そして，エージェントを意味構造の内部に位置づけ，エージェントの思考に意味を与えるためにエージェントサイクルを用いる。

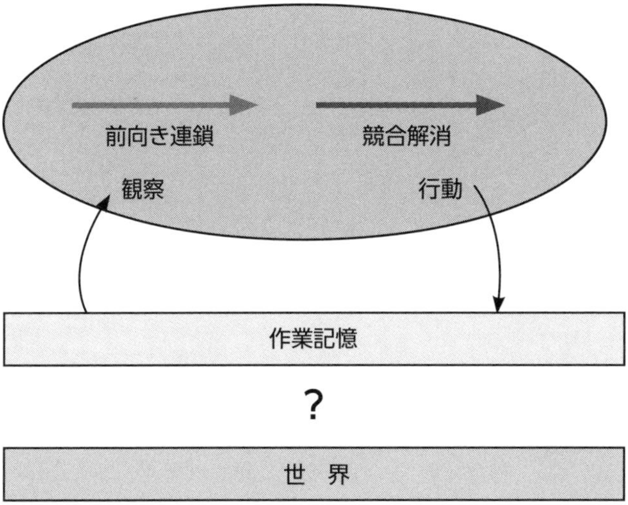
前向き連鎖
競合解消
観察
行動
作業記憶
?
世　界

第 8 章

生命の駆動力としての持続目標

ロンドン地下鉄の乗客，キツネ，ダンゴムシ，火星探査機，あるいはサーモスタットの共通点はなんだろうか？　それは間違っても服の着方ではないだろうし，付き合っている仲間でもなく，テーブルマナーでもない。その共通点は，常に変化し続ける世界に置かれているということにある。その世界は生存を脅かすこともあるが，成長と繁栄の機会をもたらしもする。

このような環境で生き残って繁栄するためには，エージェントは周囲の世界で起こっている変化を認識し，自らの目的に合うように世界を変化させる行動をとらねばならない。人間，ダンゴムシ，ロボット，サーモスタットのどれであっても，エージェントの生命は終わりのないサイクルである。

以下を繰り返す（または同時に行う）：
世界を観察せよ，
思考せよ，
行動を決定せよ，
行動せよ。

エージェントの心と世界との間の関係は以下のように図示できる。

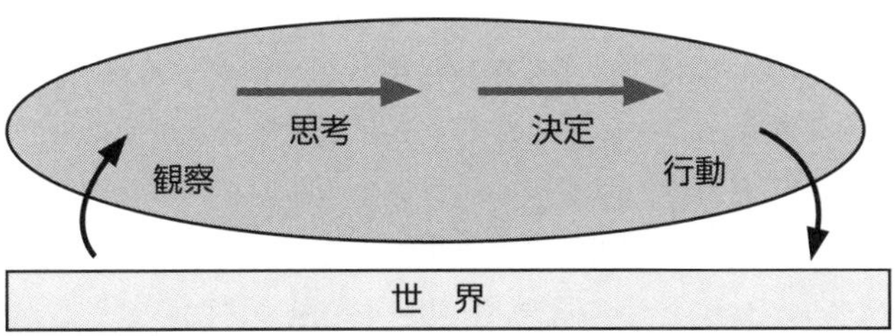

この観察－思考－決定－行動サイクルは，原始的なものから洗練されたものまで，すべてのエージェントに共通している。エージェントによっては，思考とは一連の刺激－反応連合を発火する程度のものであり，世界を表現するものではないかもしれない。また別のエージェントにとっては，思考とは世界のなかのオブジェクトや関係を表す記号の処理かもしれない。そのように記号操作を行うエージェントにとって，世界とはある種の意味構造なのであり，これによってエージェントの思考が意味を持つようになる。

プロダクションシステムは記号的記述の操作によって思考を実行するが，意味論的構造という視点から記述を解釈するわけではない。かわりにプロダクションシステムサイクルは，プロダクションシステムにいわゆる**操作的意味論（operational semantics）**を与える。この意味論は，プロダクションシステムサイクルにおいて，ある状態から次状態への遷移を数学的に特徴づけるものである。論理学的な観点からは，操作的意味論はそもそも意味論ではない。

プロダクションシステムとは対照的に，論理学にはよく整備された意味論があり，これは記号表現とそれが表す対象の関係，という観点で理解できる。とはいえ伝統的論理学の意味論は，記号的表現とそれらが表すものが置かれている環境との間の動的な相互作用を適切に考慮していない。

変化を続ける世界の論理的表現の意味論については，第 13 章で詳しく取り上げる。この章では，プロダクションシステムサイクルの動的な相互作用を，計算論理の意味論と推論メカニズムに結びつける予備的フレームワークをスケッチする。この方向への最初の一歩は，反応的な条件－行動規則を論理式の条件式目標として解釈し，そのような目標の役割が，エージェントに周囲の世界を変化させようとする動機を与えることであると認識することである。

信念の意味論

論理の意味論については第 3 章で簡単に取り上げたが，補遺 A2，A3，A4，A6 でより詳細に議論している。ここでは，信念の意味論と目標の意味論とを区別する，最も重要な特徴のみを扱う。目標の意味論を理解するためには，まずはよりシンプルな信念の意味論を理解する必要がある。

伝統的な論理学では主として**信念（belief）**の論理に関心があるが，ここで言う信念とはエージェントの立場で見た世界を表現したものであり，その信念が実際に真であるかどうかは問題にしていない。信念の論理は，カラスがチーズを所有しているところをキツネが目撃するといったエージェントの観察を記録する原子文を含む。また，「もしあるエージェントがある物体を拾うならば，そのエージェントはその物体を所有するだろう」のような，自然法則についての因果的信念も含む。

直接的に観察可能な世界についての信念に加えて，知的エージェントは他の信念同士を組織化したり連結したりするために**理論的信念（theoretical belief）**を必要とする。この理論的信念には，キツネ，人間，動物，生物，エージェント，人工物，事物（things）といった異なる理論的クラスに属するものとしてオブジェクトを識別する信念も含まれる。また典型的には，それらクラスを**階層構造（hierarchies）**へと組織化する信念も含む。例えば，キツネや人間は動物であり，動物はエージェントであり，エージェントは生物であり，生物や人工物は事物である。

もしエージェントが信念を正しい形式で記述していれば，階層構造でより高いクラスに属するオブジェクトについての信念は，より低い階層構造のクラスに属するオブジェクトへとほとんどそのまま適用される。したがって，「もしある動物がある物体を拾うならば，その動物はその物体を所有するだろう」という信念は，すべてのキツネや，「キツネとカラスの物語」に出てきた特定のキツネにも適用できる。

理論的信念はまた，幽霊や天使，電子といった観察できない実体や，脳裏を離れない，祝福している，（感情のようなものが）伝播しているといった観察不能な関係性についての信念を含むことができる。このような信念は論理の意味論を込み入ったものにする。というのも，それらの実体や関係が，エージェントとは独立して存在する世界に実際に存在するとは限らないからである。

しかし，このような込み入った事情は，直接的に観察できないオブジェクトのクラスや階層関係に対してさえ生起する。実のところ，観察可能なオブジェクトや関係（カラスがチーズを所有しているというキツネの観察のような）でさえ，議論の余地を残しながら観察者の目測によって構成されている部分がある。したがって，これらの込み入った事情を一度に処理するための最も簡単な方法は，単純にエージェントの外部環境を原子文の集合（これは世界をエージェントが経験している通りに表現する）と同一視することである。

目標の意味論

エージェントの信念が，それを気に入るかどうかに関係なく，そのエージェントが世界をありのままに見たことを表現しているのとは対照的に，エージェントの**目標（goal）**は，エージェントがそうあってほしいと思う世界の様子を表現している。エージェントが過去についてできることはあまりない。したがって目標は，エージェントが未来において実行可能な行動にのみ影響する。

最も明白なタイプの目標は，未来において世界の望む状態を得ようとする**達成目標（achievement goal）**である。最も単純な形の達成目標は，「キツネはチーズを拾う」といった**原子行動（atomic action）**である。しかし，より典型的な達成目標は，エージェントが未来に成立させたいと思っている「キツネはチーズを所有している」のような観察文である。達成目標は行動や，原子文の連言（「キツネはチーズを所有し，かつキツネはチーズを食べる」のような）を含むことができる。達成目標には存在量化された目標，つまり「ある食物の具体化（インスタンス）が存在して，キツネはその食物を所有しており，かつキツネはそれを食べる」のような“未知変数”が含まれていてもよい[訳注1]。達成目標はエージェントが行動プラン（「キツネはカラスをおだて，チーズを拾い，チーズを食べる」といったような）を生成する動機となり，目標が真となる未来の状態へと世界を変化させる。

少し気づきにくい種類の目標だが，間違いなくより基本的なものとして**持続目標（maintenance goal）**がある。これはエージェントを，世界の変転する状態との調和の取れた関係のなかに置き続けるようにするものである。達成目標は典型的には，エージェントが世界の何らかの変化を観察することの結果として，持続目標から導出される。

例えばキツネとカラスの物語では，「カラスの所有しているチーズを手に入

訳注 1　存在量化された $\exists x\ P(x)$ のような論理式は，$P(x)$ であるような x が存在することを意味するが，この x が具体的にどのようなオブジェクトなのかは一般には確定しない。そのような意味で「未知変数」だと言える。

れる」というキツネの目標は,唐突に現れている。この物語のより現実的なバージョンは，この目標をトリガーする状況を含んでいることだろう。キツネは他の動物が所有するものがなんであれ目に入ると欲しがる駄々っ子のように振舞っているのかもしれない。あるいはキツネは次の食事を探しているだけなのかもしれない。いずれにせよチーズを手に入れるというキツネの目標は，世界の変化の観察に応じて，その世界の未来のある状態を達成する１つの目標とみなせる。この目標は，キツネの周りの世界との何らかの望ましい関係を持続させるという，より高いレベルの目標をトリガーする。

キツネがパーソナリティ障害などではなく，単に空腹になったためにチーズを欲しがっているとして話を進めよう。これは以下の持続目標によって表現できる。

もしわたしが空腹になれば，わたしは何らかの食べ物を手に入れ
かつ，それを食べる。

この目標は命令形へと書き直せる。

もしわたしが空腹になれば，何らかの食べ物を手に入れ
かつ，それを食べよ。

命令形式は，「何らかの食べ物を手に入れ」という結論が単純な行動でないことを除けば，条件－行動規則に似ている。より一般的には，反応的な条件－行動規則は，持続目標の特殊なケースとして理解できる。この場合の結論は行動または行動の連言であり，そのすべてがエージェントサイクルの同じループ内で実行される。

自然言語では，達成目標にせよ持続目標にせよ制約にせよ，目標を「これを行え」「もしこれならば，それを行え」,「それを行うな」のように命令として記述するのが一般的である。しかし論理では，目標を宣言的に記述するほうがシンプルである。「これが成立するようになるだろう」,「これが成立しているならば，必ずそれが成立するようになるだろう」「それは絶対に成立しないだろう」という具合である。

目標を宣言的・論理的に表現することの，命令形式と比べたときの利点は，エージェントの信念と世界とを関連させる真実に関するものと同じ意味論的概念が，エージェントの目標と世界との間の関係にも適用されることである。主な違いは，信念が表現するのはエージェントの制御できない世界についての文であるのに対し，目標が表現するのは，それらが真となるような行動をとることによってエージェントが制御を試みることができる世界についての文だということである。

キツネの達成目標「わたしはチーズを手に入れる」がどのように持続目標と関連するかを見るために，キツネの体が，まさにいま空腹になったことをキツネに伝えたとしてみよう。キツネの体は世界の一部であるため，キツネは観察という手段によって空腹に気づく。

観察：わたしは空腹になる。

その観察は持続目標の条件にマッチし，前向き推論が持続目標の結論を導出するのだが，これは達成目標になっている。

わたしは何らかの食べ物を手に入れ，かつそれを食べる。

したがって，実際の達成目標はカラスのチーズを手に入れることに特化しているのではなく，食べ物のインスタンスを手に入れるという，より一般的なものである。そして食べ物を手に入れるというのはこの話の半分でしかない。キツネは食べ物を食べる必要もある。トップレベルの持続目標に関する限り，食べることのない食べ物を手に入れることは無意味である。

達成目標を物語の残りの部分と連結するために，キツネはチーズが食べ物の一種であり，食べ物は物体の一種であるという分類的な知識を持つ必要がある。この知識はさまざまな方法で表現でき，この目的のために特化された複数の論理さえ存在するが，その詳細はここでは重要ではない。達成目標をインスタンス化し，未知数であるところの“何らかの食べ物”という存在量化された変数に“カラスのチーズ”を代入するためには，なんらかの分類的な知識が必要だとだけ言っておこう。

時間的な要素

キツネとカラスの物語を再考してきたが，時間の問題を扱っていないため，依然として単純化しすぎている。空腹になってから食べるまでの間にどれくらいの時間が経過したのかを示していない。それに，異なる時間に空腹を覚える別々の事象を区別していない。

われわれは既に，時間を扱う１つの方法が，心的言語のなかに時点を含めることであることを簡単に見てきた。その際には，原因と結果の間の以下のような時間的関係の表現を利用する。

ある動物がある時点においてある物体を所有するのは，
その動物がそれ以前のある時点においてその物体の傍におり
かつ，その動物がその時点においてその物体を拾い
かつ，それらの２つの時点の間でその動物がその物体を所有していることを終了させることがなかった場合である。

同様に，時間的関連を明示したキツネの持続目標は，以下のように表現できる。

もしある時点で空腹になるならば，
わたしはそれより後のある時点で何らかの食べ物を所有し
かつ，その時点でその食べ物を食べる。

異なる時間と時間的関係が明示されたが，少しばかりの記号を導入することによりさらに正確にできる。

任意の時点 T_1 に対して
もしわたしが時点 T_1 で空腹になるならば，
ある時点 T_2 および食べ物であるような物体 O が存在して
かつ，わたしは時点 T_2 で O を所有し
かつ，わたしは時点 T_2 に O を食べ
かつ，$T_1 \leqq T_2$ である。

ここで変数 T_1 は目標全体を範囲として全称量化されており，変数 T_2 と O は目標の結論を範囲として存在量化されている。

この表現は，空腹になる時間 T_1 と，食べ物を手に入れて食べる時間 T_2 の間で経過する時間の長さに制限を与えていないが，少なくとも時間的順序は示している。結論にさらなる条件（例えば $T_2 \leqq T_1 + 24$ 時間）を加えるのは簡単だが，限界を正確に定量化するのは難しい。

付加的な条件を加えることに対する代替案は，「いつ何をすべきか」についての決定をエージェントサイクルの意思決定要素にまかせることである。こうすると，ある目標の他の目標に対する緊急性，効用および達成される見込みのバランスをとりながら，この決定はエージェントの現在の目標を全体的に考慮した広い文脈のなかで行われる。このような決定方法については第 11 章で取り上げるつもりであるが，修正版のキツネとカラスの物語には 2 つ後のセクションでまた戻ってくる。

生命の駆動力としての持続目標

持続目標という概念はいろいろな形で多くの分野に出現しており，個人であれ組織であれ，人生の目的が達成目標からなるという考えとしばしば対抗するものとして位置付けられる。

条件－行動規則よりもさらに低い基底レベルでは，持続目標は**ホメオスタシス（homeostasis）**という生物学的なメカニズムに現れている。このホメオスタシスは，動植物が環境との安定した関係を維持するために用いるものである。例えば，ホメオスタシスは暑いときには発汗を起こし，寒いときには震えを起こすことによって，われわれの体温を調節する。ホメオスタシスによる身体の温度調節機構は，ソフトウェアではなくハードウェアで実装された持続目標のようなものであり，変化する環境とのバランスを保つための行動を生成するという形で現在の温度の観測への応答を行う。

本書のテーマと関連してより重要なのは，類似の概念が経営科学にもあるということである。この概念は，ピーター・チェックランド［Checkland 2000］によって開発され，ジェフリー・ヴィッカース卿の**評価システム（appreciative system）**の概念に触発された，いわゆる**ソフトシステム方法論（soft** systems methodology）に関連している。ヴィッカース［Vickers 1965］は石炭庁などの英国の役所で管理やマネジメントを行った実践経験から，評価システムという概念を発展させた。

ヴィッカースは彼の論文のなかで，サイモンのマネジメントモデル［Simon 1957, 1960］から影響を受けたと謝辞に書いている。このモデルでは個人や組織は目標を設定し，さまざまな解決策を考慮し，決定を行うためにそれら選択肢を評価する。しかしヴィッカースはこの目標指向的なマネジメント観を，エージェントと環境を密接に結びつけるより“評価的（appreciative）”な視点を加えることにより超えようとした。チェックランド［Checkland 2000］によれば，評価システムとは，

「われわれはみな以下を行う：
世界を選択的に知覚する；
それについて判断を行い，
事実（それはなんだろうか？）と価値（それはよいのか悪いのか，許容できるのかできないのか？）の双方を判断する；
長期にわたって維持しなければならない多くの関係の許容される形を想像する；
判断に沿ってそれらの関係のバランスを取るための行動をとる。」

ここで，一般的なエージェントサイクルと，知覚と行動の関係性の維持に重点を置くことの間には，明らかな類似性がある。価値の判断は，エージェントサイクルでいう意思決定部分に対応する。これについては第11章で取り上げる。

エージェントサイクルに目標と信念を組み込む

キツネとカラスの物語に戻ろう。ここでは単純化のために，キツネの推論がエージェントサイクルへと統合される方法に焦点を当てる。時間的要素や，食べ物を得るという目標を達成するための他の選択肢は無視する。したがって，キツネは以下の持続目標と信念を持つと仮定する。

目標：もし空腹になるならば，わたしは食べ物を所有し
　　　かつ，その食べ物を食べる。
信念：ある動物がある物体を所有するのは，
　　　その動物がその物体の傍におり
　　　かつ，その動物がその物体を拾う場合である。

　　　わたしがチーズの傍にいるのは，
　　　カラスがチーズを所有しており，かつカラスが歌う場合である。
　　　カラスが歌うのは，わたしがカラスをおだてる場合である。

　　　チーズは食べ物の一種である。
　　　食べ物は物体の一種である。

話を簡単にするために，サイクルの異なる要素（観察，思考，決定，行動）は逐次的に発生すると仮定した。現実のエージェントでは，サイクルのこれら個々の要素は同時あるいは並行的に起こる可能性がある。同時性を模倣するために，キツネのサイクルは素早く回っており，1つのサイクルにおいては思考の1ステップしか進められないと仮定しよう。

また，キツネの行動の試みは失敗することもあり，サイクルの次のステップでキツネは自分の行動が成功したのか失敗したのかを観察してフィードバックを受ける，という仮定も置こう。キツネが空腹になったところから物語を再開する。

◇サイクルの最初のループ

これは観察が持続目標をトリガーし，達成目標を導出する古典的な例である。

観察：　　　　　　　　　わたしは空腹になる。
前向き推論，達成目標：わたしは食べ物を所有し，かつその食べ物を食べる。
候補行動なし。

◇2回目のループ

このサイクルでキツネができる唯一の思考は後ろ向き推論で，「食べ物を所有する」という副目標を，「食べ物の傍にいる」と「食べ物を拾う」へと還元する。この推論には，“食べ物”と“物体”をマッチングさせる分類的な推論が関与する。

観察なし。
後ろ向き推論，新しい副目標：わたしは食べ物の傍におり，かつわたしはその食べ物を拾い，かつわたしはその食べ物を食べる。
候補行動なし。

◇3回目のループ

サイクルのこのループで「カラスはチーズを所有している」という観察をキツネが行うと仮定する。キツネには，続けて現在の副目標から後ろ向きに推論するか，新しい観察から前向きに推論するかの選択肢がある。一般論として，新しい観察を用いた推論に優先権を与えるのはいい考えである。すぐに対処する必要のある緊急事態が発生した際や，逃すべきでない機会が発生する場合に備えることができる。

キツネの観察は，「わたしがチーズの傍にいるのは，カラスがチーズを所有しており，かつカラスが歌う場合である」というキツネの信念の条件の1つとマッチする。信念は論理形式で記述されているため，前向き推論にも後ろ向き推論にも使用できる。この場合では前向き推論に使用し，新しい信念が生成される。

観察：そのカラスはチーズを所有している。
前向き推論，新しい信念：わたしがチーズの傍にいるのは，カラスが歌う場合である。
候補行動なし。

◇4回目のループ

キツネは，全称量化された変数“食べ物”を“チーズ”にインスタンス化することにより，新しい信念の結論を「わたしは食べ物の傍にいる」という副目標にマッチさせる。これは前向き推論と後ろ向き推論のいずれともみなせるし，両方を組み合わせたものともみなせる。これは補遺 A5 で提示したものとはまた別の導出規則の例である。どちらの見方をとるにせよ，「食べ物の傍にいる」という目標を，「カラスに歌わせる」という副目標へと還元することになる。これはもし副目標が成功したら食べ物がどうなるかを明らかにするという副次的な効果を持つ。

観察なし。
新しい副目標：カラスは歌い，かつわたしはチーズを拾い，かつわたしはチーズを食べる。
候補行動なし。

◇ 5 回目のループ

キツネは，カラスを歌わせるという副目標を，カラスをおだてるという副目標へと還元する。キツネはいま実行開始できるプランを持っている。時制のないこの行動表現では，どの順番で行動を実行すべきかを示すものはない。そこでキツネがずるをして時間を明示した表現を知ったとすると，新しい行動「わたしはカラスをおだてる」を最初に実行すべきなのは明らかであろう。

観察なし。
後ろ向き推論，新しい副目標：わたしはカラスをおだて，かつわたしはチーズを拾い，かつわたしはチーズを食べる。
行動：わたしはカラスをおだてる。

◇ 6 回目のループ

キツネは前のサイクルで実行した行動の結果を観察する。キツネの声が失われていないと仮定すれば，観察によってキツネの行動の成功が確認される。そして 3 つの行動副目標の 1 つ目が解決されるので，2 つの副目標が残されることになる。この 2 つの副目標の次も行動である。そして，意図された行動のこの順序では，キツネが実行できる行動の候補は他にはない。

観察：　わたしはカラスをおだてる。
前向き推論，残りの副目標：わたしはチーズを拾い，かつわたしはチーズを食べる。
行動：　わたしはチーズを拾う。

◇７回目のループ

キツネは行動の結果を観察する。話を面白くするために，今度は行動が失敗したと仮定してみよう。失敗の理由は，カラスがまだ歌いだしていない，チーズがまだ地面に達していない，キツネが不器用である，のいずれかであるとしよう。さらに，キツネは同じ行動を再び実行できるという仮定を置く。また，その行動の実行に時間的制限がある場合は，まだその制限時間には達していないという仮定も置く。

否定的観察：わたしはチーズを拾っていない。
行動：　わたしはチーズを拾う。

否定的観察「わたしはチーズを拾っていない」は，「わたしはチーズを拾う」をキツネから世界へのクエリ（問い合わせ）「わたしはチーズを拾う？」と見たときの否定的反応として捉えることができる。

一般的に，エージェントの試みた行動は，世界に対する問い合わせとみなせる。最大限単純かつ理想的なケースでは，世界はただ行動が成功したことを確かめる肯定的な応答を返す。最悪の場合では，世界は行動が失敗したことを応答として返す。しかし一般的には，行動が未知量を表すような存在量化された変数を含むことがある。例えば一歩前進する行動が実際にどこまで成功したかを示すために，こうした変数を使える。このような場合，世界は変数をインスタンス化することによって反応し，行動の結果についてのフィードバックを与える。

われわれの意味論では，世界は肯定的な事実によってのみ記述される。そして否定的な観察は，エージェントによって試みられた行動や能動的観察に対する世界からの否定的な応答として理解することができる。

◇8回目のループ

キツネはこの時点で行動が成功したことを観察する。その観察は関連する行動副目標を解決し，後にはこのサイクルでキツネが実行しようと決定したプランの最後の行動のみが残る。

観察：　わたしはチーズを拾う。
前向き推論，残りの副目標：わたしはチーズを食べる。
行動：　わたしはチーズを食べる。

◇9回目のループ

行動の実行を成功したという観察が，最後の行動副目標を解決する。しかし，別の未来の出来事によりトリガーされる持続目標は残っている。

観察：　わたしはチーズを食べる。

この例における推論の一般的なパターンは，いくつかのサイクルにまたがっているのだが，他の観察と行動を交互に連ねた次のようなものになる。

観察：　あるイベントが起こる。
前向き推論：　そのイベントを持続目標または信念の条件とマッチングする。
達成目標：　最終的には，前向き推論と後ろ向き推論を組み合わせたあとで，持続目標の結論のインスタンスが達成目標として導出される。
後ろ向き推論：達成目標を行動へと還元するために信念が使用される。
行動：　行動副目標が実行のために選択される。
観察：　エージェントは行動が成功するか失敗するかを観察する。失敗した行動が再試行されるのは，制限時間が尽きていない場合である。

このシンプルな推論パターンは，エージェントの行動が成功したかどうかだけでなく，その目標が成功したかどうかも監視することによって，より精巧なものにする必要がある。もし行動が成功したのにその目標が達成できなかった場合，行動と目標を結びつける信念の一部が偽のはずである。エージェントは次のように試みることができる。すなわち，誤った信念を特定して失敗を診断し，誤った信念を修正することにより将来の失敗を回避する。

より正しい信念を学ぶために，信念のインスタンスの確証と反駁を使う一般的手順は，帰納論理プログラミングの基本テクニックである［Muggleton and De Raedt 1994］。帰納論理プログラミングとエージェントサイクルの統合はDávila and Uzcátegui［2005］で研究されているが，その説明は本書の範囲を超える。

キツネとカラスの物語で例示された推論の一般的パターンは例外的なものではない。似たようなパターンがロンドン地下鉄の例に現れている。

ロンドン地下鉄再訪

ロンドン地下鉄の例についての以下の定式化を考えよう。ただし，緊急事態に対処したり助けを呼んだりする他の方法は無視する。

持続目標：もし緊急事態が発生しているならば，わたしは救助を受ける。
信念：ある人が救助を受けるのは，その人が運転手に警告する場合である。
ある人が運転手に警告するのは，その人が非常ボタンを押す場合である。
緊急事態が発生しているのは，火災が発生している場合である。
緊急事態が発生しているのは，ある人が他の人を攻撃する場合である。
緊急事態が発生しているのは，誰かが急病になる場合である。
緊急事態が発生しているのは，事故が起こる場合である。

最後の4つの信念は，イベントのクラスの階層の定義の一部とみなせる。これらの定義は，例えば緊急事態を即時対処を要する脅威に分類するという具合に，さらに上の階層に拡張できる。別の種類の緊急事態を加えることにより，側方へと拡張することもできるだろう。

この階層構造は，例えば事故の種類を分類することによって下方にも拡張できる。この例のために，われわれが，火災を分類する代わりにその発生の認識を補助するような追加の信念を持っていたとしよう。簡単にするため，このような信念を「原因が存在するのは，結果が存在する場合である（cause if effect)」という形式で表現する。因果のより基本的な形式である「結果が存在するのは，原因が存在する場合である（effect if cause)」の代わりにこの形式を用いるのは，必要となる推論の種類が簡単になるからである。第10章で，因果関係の定式化で必要となるアブダクションと呼ばれる推論について議論する。さらに第15章では，双方向条件文としての条件文の取り扱いを議論する際に，2つの形式化の間にある関係についても検討する。

追加の信念：火災が発生しているのは，炎がある場合である。
　　　　　　火災が発生しているのは，煙がある場合である。

火災を認識するという問題は際限なく分解可能であろう。しかし間もなく見るとおり，必要となる低水準のすべての概念を，認識可能な言語的手段で記述することは不可能である。最終的には，最低水準，つまりそれ以下の水準に還元できない水準に至るはずである。この水準では，エージェントの感覚系が外界から受容した感覚が，概念として記号によって表現できる観察に変換される。

現在の例において，炎と煙が環境中で直接観察可能な最低水準の概念だと仮定しよう。さらに，あなたが地下鉄に乗っており，煙を観察したと仮定しよう。キツネとカラスの例のときのような詳細な話は省くが，あなたの推論は，エージェントサイクルのいくつかの反復にまたがるかもしれないが，次のようになるだろう。

観察：　煙がある。
前向き推論，新しい信念：火災が発生している。
前向き推論，新しい信念：緊急事態が発生している。
前向き推論，達成目標：　わたしは救助を受ける！
後ろ向き推論，副目標：　わたしは運転手に警告する！
後ろ向き推論，行動：　わたしは非常ボタンを押す！

前向き推論と後ろ向き推論のこの組み合わせは，以下のように図示できる。

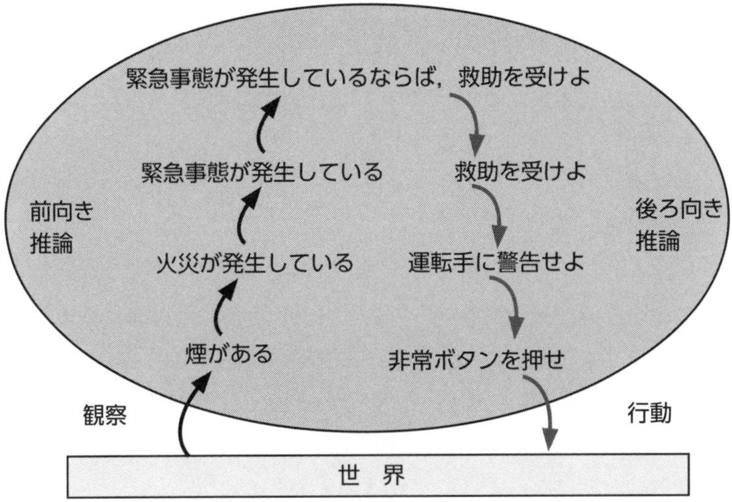

緊急事態の観察と同じように，非常ボタンを押すという行動はさらに低水準の項目へと還元できる。例えば，まずはあなたの指をボタンの近くにもっていき，次にその指でボタンを押すといった具合である。そして指をボタンまでもっていくことも，より低水準の副目標へと還元できる。例えばまずは腕をボタンの近くまでもっていき，次にボタンに対する指の動きを微調整するなどである。しかし最終的には，心で考えていたことを身体が引き継ぎ，そのまま行動を直接実行する段階がある。

これらのどの思考も時間を要するものであり，その間にもあなたは他の観察を行い，他の行動を取らねばならない。行動のスケジューリング，つまりすべてをタイムリーに行うことが，エージェントサイクルの意思決定部分のタスクである。本章で提示したこの例は意図的に単純なものにしてあるので，そのような決定は必要ではない。しかし，第 11 章では意思決定の問題について取り上げることにしよう。

持続目標の意味論再考

真実に関する同一の定義を，条件文的な目標と条件文的な信念の両方に対して適用できる。一般論として，目標に関するものでも信念に関するものでも，条件文が真となるのは「条件が偽」または「結論が真」の場合かつその場合に限られる。最初の場合，つまり条件が偽のときは，結論が真か偽かには関係なく，条件文は真になる。二番目の場合，つまり結論が真のときは，条件文は真になる。なぜなら，この場合は条件が真なのか偽なのかはどうでもよいからだ。問題とすべき唯一の場合は，条件文が真にならない場合であり，それは条件が真，かつ結論が偽となる場合である。

エージェントの目標とその信念は次のように違う。エージェントの信念は世界によってその真偽が確定する。一方，エージェントの目標は，それが真となることを持続させることにより，世界を部分的に確定する。

エージェントの行動が目指すのは，世界において目標を真にするという目的のみである。エージェントは，持続目標を真にするために，世界が条件を真にするかぎり結論が真になるようにすれば十分である。エージェントが好むと好まざるとにかかわらず，世界がエージェントと無関係にその条件を真にすることがあるし，エージェントが自身のなんらかの目的のためにその条件を真にしたために世界がその条件を真にすることもある。

条件が偽の場合には，エージェントが持続目標の結論を真にする必要はないし，まず条件を真にすることによって結論を真にすることを強いられるという余計な手間をかける必要もない。

しかし，エージェントが持続目標を真とできる別の状況がある。これは厳密には必要なものではないが，非常に有用な手段となり得る。これは，エージェントが条件を偽にすることにより，条件が真になるのを防ぎ，その結果，将来的に結論を真にする必要を回避するものである。例えば，「もし緊急事態が発生しているならば，わたしは救助を受ける」という目標を真にするために，単純に緊急事態が発生するのを待ってから救助を受けてもいいが，そうする代わりに緊急事態が発生しないようしても，この目標を真にできる。

計算論理で予防的持続（preventative maintenance）を扱う方法については補遺 A6 で取り上げる。とりあえずここでは，プロダクションシステムを論理的な視点から見ると，それらは世界が条件を真とするときに結論を真とすることによってのみ，条件－行動規則を真にすることに注意しよう。プロダクションシステムが，条件が真となることを防止することによって条件－行動規則を真にすることは不可能である。

禁止

防止（prevention）は，**禁止**（prohibition）の自発的な形式だとみなせる。持続目標を真にする義務が与えられたとき，エージェントには選択肢がある。1つは，条件が真になったときに結論を真にすることである。もう1つは，条件を偽にすること，つまり条件が真になるのを防ぐことである。純粋な禁止には選択肢は存在しない。すなわち「条件を偽にせよ」ということである。

禁止というものを，結論が文字通り偽となっているような特別な種類の持続目標として捉えることができる。例えば，

もしあなたが物を盗んだら，偽。
つまり　物を盗んではいけない。

もしあなたがバーでお酒を飲んでおり，かつ18歳未満ならば，偽。
つまり　18歳未満ならばバーでお酒を飲んではいけない。

もしあなたがある行動について罰金を支払う責任があり，かつあなたが罰金を支払うことができず，かつあなたがその行動をとるならば，偽。
つまり　ある行動に対して罰金を支払う責任があり，かつその罰金を払うことができないならば，その行動をとってはいけない。

禁止事項を特別な種類の持続目標とみなすことの利点は，一般的な持続目標に適用される同じ意味論と同じ推論規則が，禁止についても適用できることである。

持続目標の意味論が禁止に適用できるのは，結論が偽のときに条件文が真になるようにする唯一の方法が，条件が偽となるようにすることだからである。

この後，持続目標を使った前向き推論が，観察だけでなく仮説的な候補行動によってもトリガーされることを見ていく。同様に，候補行動の考慮は，禁止を使った前向き推論をトリガーすることができる。そのとき後ろ向き推論は，その禁止の他の条件が真かどうかの決定を試みることができる。もしそうなら，1ステップの前向き推論で偽の結論が導出される。禁止を真とする唯一の方法

はしたがって，候補行動を偽とし，それ以降の考慮からそれを除外することによって，禁止の条件を偽とすることである。例えば，

もしあなたが盗みをはたらくことを考えているならば，その考えを捨てよ。

もしあなたがバーでお酒を飲む誘惑にかられ，
かつ 18 歳未満ならば，飲んではいけない。

もしあなたがある行動を取ろうと考えており
かつ，あなたはその行動について罰金を支払う責任があり
かつ，あなたが罰金を支払うことができないならば，
その行動を取ってはいけない。

制約

禁止は，あなたが実行可能な行動に対する制約である。しかし，あなたが信じようとすることについての制約もありうる。この二番目の種類の制約は，データベースについての文脈でデータベースの整合性（integrity）を維持するものとしてよく知られており，この理由から**整合性制約（integrity constraint）**と呼ばれている。

例えば家族についてのデータベースは，以下のような整合性制約を含む可能性がある。

もし *X* が *Y* の母である，かつ *X* が *Z* の父であるならば，偽。
つまり　父であると同時に母である者はいない。

もし *X* が *X* の先祖であるならば，偽。
つまり　自分自身の先祖である者はいない。

整合性制約は，整合性制約を偽にするようなデータベースの更新を拒否するために使われる。例えば，上記２つの整合性制約の二番目により，下記のデー

タベースの更新は拒否される。

更新：　エノクはアダムの父である。
データベース：エバはカインの母である。
エバはアベルの母である。
アダムはカインの父である。
アダムはアベルの父である。
カインはエノクの父である。
エノクはイラドの父である。
XがYの先祖であるのは，XがYの母である場合である。
XがYの先祖であるのは，XがYの父である場合である。
XがZの先祖であるのは，XがYの先祖であり，かつYがZの先祖である場合である。

更新の整合性をチェックする推論のパターンは，観察を組み込むパターンと同様である。

更新：　エノクはアダムの父である。
前向き推論：　エノクはアダムの先祖である。
前向き推論：　Xがアダムの先祖であるのは，Xがエノクの先祖である場合である。
後ろ向き推論：Xがアダムの先祖であるのは，XがYの先祖であり，かつYがエノクの先祖である場合である。
後ろ向き推論：Xがアダムの先祖であるのは，XがYの先祖であり，かつYがエノクの父である場合である。
後ろ向き推論：Xがアダムの先祖であるのは，Xがカインの先祖である場合である。
後ろ向き推論：Xがアダムの先祖であるのは，Xがカインの父である場合である。
後ろ向き推論：アダムはアダムの先祖である。
前向き推論：　偽。

不可能な結論である偽を含意するため，通常のデータベースではこの更新は拒否されるだろう。しかしクワインのいう信念のウェブでは，偽の導出と関連するあらゆる目標と信念が問題の原因となりうるのであり，それらが拒否されたり修正されたりすることがある。

しかし，信念と目標の修正は入り組んだ過程であり，軽率に行ってよいものではない。幸いにも，大抵の場合で全面的な修正は必要ない。どの目標や信念に疑いがあり，どれを疑う余地のないものとみなすかは，多くの場合で最初から明らかだからである。このような場合のデータベース更新では，整合性制約は所与のものとして扱われ，古いデータは新しいデータよりも高い優先順位を持つ。そのため，もし新しいデータが整合性制約に違反する場合，問題とみなされるのは新しいデータである。応用によっては，既存の信念が疑わしいため新しい信念を学習するような場合には，観察は他の信念よりも高い優先順位を持ち，既存の信念の正確さを増すために信念の修正が行われる。

この後の章で，観察に対する説明（アブダクション）の候補を削減することや，行動（禁止）の候補を削減することにおいて，制約が重要な役割を果たすことを見てゆく。このような応用においては，審判の対象となっているのは説明や行動の候補であり，偽であることが導出された場合に拒絶されるべき単独の被告人であることが，データベース更新の場合よりもいっそう明らかである。

まとめ

本章で取り上げた例は，論理がエージェントの観察－思考－決定－行動サイクルという文脈のなかでどのように使用されるのかを示している。この文脈に置いてみたとき，論理はより高水準の思考である，持続目標をトリガーして達成目標を導出する観察からの前向き推論と，達成目標を行動へと還元する後ろ向き推論のために使われている。

論理より下の水準では，感覚や知覚処理が生の感覚を観察へと変換し，運動処理が行動の概念的表現を生の物理的活動へと変換する。この全プロセスは以下のように図示できる。

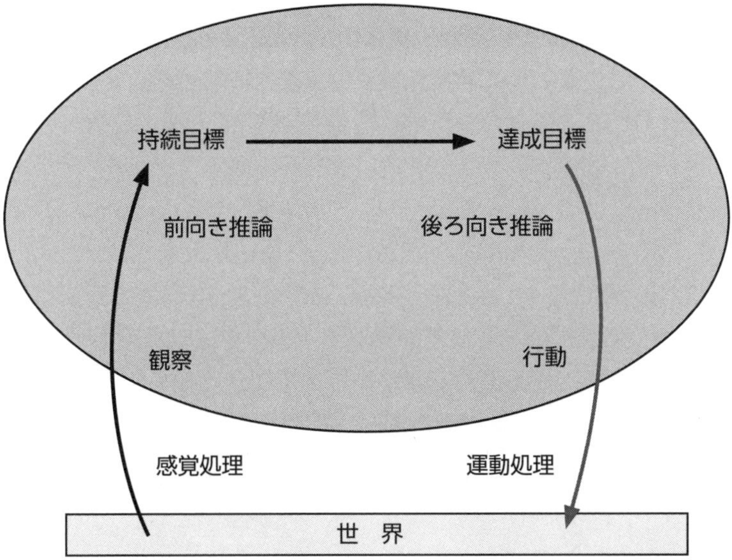

持続目標を用いた前向き推論が条件−行動規則を一般化し，達成目標が条件−行動規則の行動を一般化し，信念を用いた後ろ向き推論が行動プランを生成することをみてきた。以降の章では，後ろ向き推論が観察の説明（アブダクション）にも使用できることを見てゆく。また，前向き推論が，観察の説明の候補の帰結の推測と，候補行動の帰結の推測の両方に使用できることを見てゆく。説明と行動の候補から前向き推論を行うことは，サイクルにおける次の意思決定ステージにおいて候補同士の比較を可能にし，よりよい情報に基づいた決定をすることに役立つことも見てゆく。

しかしまず次の章では，この洗練された推論の大部分が，より効率的な，低水準の刺激−反応の連合へとコンパイルできることを見てゆく。

第 9 章

生命の意味

火星探査機でありながら，自分の目的が火星で生命体を見つけることであるのを知らないのはまずい。しかし，ダンゴムシでありながら，その一生に次のような無意味な規則よりも重要なことがないのはさらにまずい。

目標：もし前方に何もないならば，わたしは前に進む。
　　　もし前方に障害物があるならば，わたしは右を向く。
　　　もし疲れているならば，わたしは止まる。

実際，これは無意味であるよりもずっと悪い。食べ物がなくてはダンゴムシは死ぬだろうし，子供をつくれなくてはダンゴムシの遺伝子はやがて消えてしまう。もしダンゴムシが食事や子づくりを気にかけなかったら，ただうろうろすることに何の意味があるのだろうか？

問題の一部は，ダンゴムシの身体が正しいシグナルを与えない，つまりエネルギーを使い果たした際に空腹を伝えず，子供をつくるべきときに配偶者を求める欲求を与えないことである。また，食べ物や食事，配偶者候補や繁殖を認識できる必要もある。

ダンゴムシはこのあとどうなるのだろうか。もし自然進化によってここにいるのなら，ダンゴムシに未来はなく，絶滅への道を辿ることになる。

しかし，ダンゴムシが偉大なる設計者によって命を与えられているのなら，今度はトップダウン式で行動できるよう，その偉大な存在へと懇願して最初からやり直すことができる。偉大なる設計者はダンゴムシのトップレベルの目標を再考し，それらを副目標へと還元する方法を決め，ダンゴムシの新しくより効果的な入力－出力行動の仕様詳細を導き出す必要があるだろう。

偉大なる設計者がダンゴムシのトップレベルの目標を以下のように決めたと仮定してみよう。

トップレベル目標：ダンゴムシは可能な限り生き続け
　　　　　　　　　かつ，ダンゴムシは可能な限りの子供をつくる。

もちろん，批判者は疑問を持つだろう。これら目標の目的は？ なぜ上記の目標で，他の目標ではないのか？ おそらく，生存することは子供をつくることの副目標にすぎない。そしておそらく，子供をつくることは自身の遺伝子の存続を促す手段の1つである。しかし，このような批判もどこかで打ち止めにしなければならない。さもなければ，このような疑問を永遠に問い続けることになってしまうだろう。

ダンゴムシのトップレベル目標を副目標へと還元するために，設計者はダンゴムシの身体的能力についての信念も含めた，世界についての信念を使う必要がある。さらに設計者は，無目的に徘徊するダンゴムシの以前の設計を踏まえて，行動に目的を与えることができる。設計者は次のような信念を使うことができるのではないだろうか。

信念：ダンゴムシが可能な限り生き続けるのは，
　　　ダンゴムシが空腹であるときはいつでもダンゴムシは食べ物を探し
　　　かつ，食べ物が前方にあるときにはダンゴムシはそれを食べ
　　　かつ，ダンゴムシが疲れているときはいつでもダンゴムシは休憩し
　　　かつ，ダンゴムシが攻撃を受けるときはいつでもダンゴムシは身を守る場合である。

　　　ダンゴムシが可能な限りの子供をつくるのは，
　　　ダンゴムシが配偶者を欲求するときはいつでもダンゴムシは配偶者を探し
　　　かつ，配偶者が目の前にいるときにはダンゴムシは子づくりを試みる場合である。

ダンゴムシがオブジェクトを探すのは，
前方に何もないときはいつでもダンゴムシは前方へ動き
かつ，前方に障害物があり，かつそれがオブジェクトでないときは
いつでもダンゴムシは右を向き
かつ，前方にオブジェクトがあればダンゴムシは止まる場合である。

ダンゴムシが自身を守るのは，ダンゴムシが逃げる場合である。

食べ物はオブジェクトである。
配偶者はオブジェクトである。

もしダンゴムシが設計者と同じ程度に知的であれば，設計者はこれらの信念とトップレベルの目標をダンゴムシに直接伝えるだけでいいだろう。そしてダンゴムシは必要に応じて前向きあるいは後ろ向きに推論し，設計者の信念が実際に真であれば，与えられた目標を確実に達成することだろう。

しかし，ダンゴムシは設計者のような明確な身体的魅力は持っていないし，優れた知性や高度な教養も持っていない。したがって設計者は，ダンゴムシの要求を同定するだけでなく，ダンゴムシの限られた身体的および心的能力を使って実装できる入力－出力表現を導出しなければならない。

設計者がこの仕事を行う方法の１つは，ダンゴムシに必要となる推論を前もって行っておくことである。ダンゴムシのトップレベルの目標から後ろ向きに推論し，次のより低水準の副目標を生成する。

副目標：ダンゴムシが空腹であるときはいつでもダンゴムシは食べ物を探し
かつ，前方に食べ物があるときにはダンゴムシはそれを食べ
かつ，ダンゴムシが疲れているときにはいつでもダンゴムシは休憩し
かつ，ダンゴムシが攻撃を受けるときはいつでもダンゴムシは身を守り
かつ，ダンゴムシが配偶者を欲求するときにはいつでもダンゴムシは配偶者を探し
かつ，配偶者が目の前にいるときにはダンゴムシは子づくりを試みる。

「～のときはいつでも（whenever)」や「～のときには（when)」といった言葉は，「もし（if)」の代替表現であるが，付加的な時制的要素を持つ[1]。ここで時制の問題を扱うと話題がそれてしまうだろう。そのため，副目標をより慣例的な論理用語で書き直すと便利である。同時に，この書き直し表現の利点として，「かつ，～のときには」という言葉のスコープに関連する曖昧さを排除することができる。

副目標：もしダンゴムシが空腹であるならば，ダンゴムシは食べ物を探す，
かつ
もしダンゴムシが空腹になり，かつ食べ物が目の前にあるならば，ダンゴムシはそれを食べ，かつ
もしダンゴムシが疲れているならば，ダンゴムシは休憩する，かつ
もしダンゴムシが攻撃を受けるならば，ダンゴムシは身を守る，かつ
もしダンゴムシが配偶者を欲求するならば，ダンゴムシは配偶者を探す，かつ
もしダンゴムシが配偶者を欲求し，かつ配偶者が目の前にいるならば，ダンゴムシは子供をつくる。

あいにく設計者の仕事はまだ終わっていない。副目標の結論のいくつかは，さらに低水準の副目標への還元を必要とする他の目標（食べ物を探す，身を守る，配偶者を探すなど）を含んでいる[2]。幸いなことに，設計者にとってこれは簡単な仕事である。さらに少々の後ろ向き推論と論理的単純化[3]を行い，行動主義者も満足するような仕様詳細を導出できる。

---

1 「ならば（then)」という曖昧な言葉の時制的解釈と論理的解釈の両方がここで意味を持つことは興味深い。

2 単純化のために，逃げること，休憩すること，子づくりを試みることは，さらなる副目標への還元なしにダンゴムシが直接実行できる行動であることを仮定している。

3 必要な単純化は，「もし *A* ならば，（もし *B* ならば，*C*)」(if *A*, then if *B* then *C*）という文を，形式「もし *A* かつ *B* ならば，*C*」(if *A* and *B* then *C*）という論理的に同値の文によって置き換えることである。

新しい目標：もしダンゴムシが空腹になり，かつ前方に何もないならば，
ダンゴムシは前方に進む。
もしダンゴムシが空腹になり，かつ前方に障害物があり，
かつそれが食べ物でないならば，ダンゴムシは右を向く。
もしダンゴムシが空腹になり，かつ前方に食べ物があるならば，
ダンゴムシは停止し，かつ食べ物を食べる。
もしダンゴムシが疲れているならば，ダンゴムシは休憩する。
もしダンゴムシが攻撃を受けるならば，ダンゴムシは逃げる。
もしダンゴムシが配偶者を欲求し，かつ前方に何もないならば，
ダンゴムシは前方に進む。
もしダンゴムシが配偶者を欲求し，かつ前方に障害物があり，
かつそれが配偶者でないならば，ダンゴムシは右を向く。
もしダンゴムシが配偶者を欲求し，かつ前方に障害物があり，
かつそれが配偶者ならば，ダンゴムシは停止し，かつ子供をつくることを試みる。

新しい目標はダンゴムシの入力－出力行動を規定するものであり，メモリなしでプロダクションシステムとして直接的に実装できる。しかし，この新しい目標は潜在的に矛盾をはらんでいる。例えばもしダンゴムシが配偶者を欲求し，それと同時に空腹になった場合には，停止して食事をすると同時に右を向いて配偶者を探さなければならない状況に陥る可能性がある。このような両立しない状況を避けるためには，ダンゴムシは競合の解消を実行する必要があるだろう。

しかし，ダンゴムシに論理的な推論を求めることが過度な期待である場合には，ダンゴムシに競合を解消させることもおそらく過度な期待だろう。当然，空腹を満たすことと配偶者を追い求めることを比較し，相対的な有益性を重みづけして意思決定理論を適用させることは，もっと無理な要求といえる。最も単純な解決法は，ダンゴムシのためにこれらの決定を設計者が行い，仕様詳細のなかに組み込むことだろう。

もしダンゴムシが空腹になり，かつ**攻撃を受けず**，かつ前方に何もないならば，ダンゴムシは前方に進む。
もしダンゴムシが空腹になり，かつ**攻撃を受けず**，かつ前方に障害物があり，かつそれが食べ物でなく，かつ**配偶者を欲求しない**ならば，ダンゴムシは右を向く。
もしダンゴムシが空腹になり，かつ**攻撃を受けず**，かつ前方に食べ物があるならば，ダンゴムシは停止し，かつ食べ物を食べる。
もしダンゴムシが疲れ，かつ**攻撃を受けず**，かつ**空腹になっておらず**，かつ**配偶者を欲求しない**ならば，ダンゴムシは休憩する。
もしダンゴムシが攻撃を受けるならば，ダンゴムシは逃げる。
もしダンゴムシが配偶者を欲求し，かつ**攻撃を受けず**，かつ前方に何もないならば，ダンゴムシは前方に進む。
もしダンゴムシが配偶者を欲求し，かつ**攻撃を受けず**，かつ**空腹になっておらず**，かつ前方に障害物があり，かつそれが配偶者でないならば，ダンゴムシは右を向く。
もしダンゴムシが配偶者を欲求し，かつ**攻撃を受けず**，かつ前方に配偶者がいるならば，ダンゴムシは停止し，かつ子供をつくることを試みる。
もしダンゴムシが配偶者を欲求し，かつ空腹になり，かつ攻撃を受けず，かつ前方に障害物があり，かつ**それが配偶者でなく，かつそれが食べ物でない**ならば，ダンゴムシは右を向く。

この新しい仕様詳細は入力－出力連合の集まりであり，攻撃への反応に最も高い優先度を，疲れているときの休憩に最も低い優先度を，そして子づくりと食事に等しい優先度を与えている。今や，競合が起こる唯一の状況は，食べ物と配偶者が同時に前方に現れた場合のみである。そう，いつもあらゆることを心配するわけにはいかない。ダンゴムシだってささやかな自由意志を持つに値する。仮にそれがランダムな選択を行う以上のものではないとしても。

心身問題

一般に，設計者の仕事はオブジェクトの入力－出力行動の宣言的記述を構築したときに終了する。この行動がオブジェクトの内部でどのように実装されるかは，設計者の関心事ではない。

コンピュータサイエンス（計算機科学）では，オブジェクトの設計とその実装を分離することは**カプセル化（encapsulation）**と呼ばれる。実装は，オブジェクトの内部にカプセル化される。オブジェクトは他のオブジェクトと相互作用でき，それらの入力－出力行動のみが考慮される。

カプセル化という概念は，行動主義的な視点を一部正当化する。多くの場合で他のオブジェクトの内部で何が起こっているかを決定することは不可能なだけでなく，大抵の目的に関してそれは不要であるばかりか，望ましくない場合さえある。

われわれのダンゴムシも例外ではない。入力－出力行動の仕様があれば，メモリや競合解消がない原始的なプロダクションシステムを用いてダンゴムシの行動を実装することは簡単だろう。しかしダンゴムシは，空腹や食べ物といった概念を表現し，行動の記号的な表現を導出するために，心を持つ必要があるのだろうか？　ダンゴムシは本当にこの心的な荷物を持ち歩く必要があるのだろうか？　必要であれば，入力－出力連合の集まりとして本能的行動をダンゴムシの身体に直接組み込んでおけばよいのではないか？[4]

同様に第7章で見たように，設計者はサーモスタットの動作を記号的な表記を使って記述するかもしれない。しかしこのことは，サーモスタットがその動作を生成するために，記号的記述の操作を必要とすることを意味するわけではない。ほとんどの人にとっては，設計が単純な機械的あるいは電子デバイスとして実装されていたほうがずっとありがたいだろう。

サーモスタットの動作は，サーモスタット自身による記号操作を含意することなしに，外部から論理的・記号的にとらえることができる。それと同じ方法で，われわれのダンゴムシの振る舞いもまた，本能的な入力－出力連合の集まりとして，心を持たない身体へと実装できる。

4　この議論はMITにおいて，とりわけロドニー・ブルックスとの間で行ったものである。ブルックスは，印象的で知的な振る舞いをみせる，心を持たないダンゴムシ様のロボットを（複数世代）開発した。

直感的思考と熟慮的思考の二重過程理論

先述した仮想例では，偉大なる設計者はダンゴムシの目標に関する高水準の認識を持ち，ダンゴムシの振る舞いがどのようにその目標の達成を助けるかを説明する信念を持つ。しかし，ダンゴムシが持つのは低水準の本能的な入力－出力連合のみであり，その目的に関する自覚はない。

しかし，人々は違う。人間の振る舞いの多くが，直感的，本能的，そして時に思慮を伴わないものであるが，われわれは直感的な判断から一歩引いて，その暗黙的な目標や，それら目標をよりうまく達成するための振る舞いの制御について，意識的に熟考することができる。あたかもわれわれは，ダンゴムシのようにも，その設計者のようにも同時に振る舞えるかのようである。

直感的思考と熟慮的思考の組み合わせは，人間の思考に関する**二重過程理論**（**dual process theory**）が注目する論題である。Kahneman and Frederick [2002] が述べているように，直感的で潜在意識的なレベルは，「判断が必要な問題が発生したら，直感的な答えを迅速に提案する」。一方の熟慮的で意識的なレベルは，「それらの提案の特質をモニターし，それを承認し，修正し，覆すこともある」。

計算論理において，二重過程理論は計算的な解釈と論理的な解釈の両方を持つ。計算的な解釈では，エージェントが熟慮するとき，その振る舞いは高水準プログラムによって制御され，その環境において意味を持つ解釈を伴う記号を操作する。しかしエージェントが直感的に行動する場合には，その振る舞いは低水準プログラムや物理的デバイス（その構造は主にエージェントの身体の物理的特徴によって決定される）によって生成される。

二重過程理論の論理的解釈では，エージェントが熟慮するとき，その振る舞いは高水準の目標と信念を使った推論によって生成される。エージェントが直感的に行動する場合，（それら連合が論理形式で表現できる場合でさえ）その振る舞いは低水準の入力－出力連合によって決定される。

地下鉄での２種類の思考

ロンドン地下鉄の例は，２種類の思考とその関係性を示してくれる。高水準の表現には，目標とそれを支える信念の明示的な表現を含んでいる。

目標：もし緊急事態が発生しているならば，わたしは救助を受ける。
信念：ある人が救助を受けるのは，その人が運転手に警告する場合である。
ある人が運転手に警告するのは，その人が非常ボタンを押す場合である。
緊急事態が発生しているのは，火災が発生している場合である。
緊急事態が発生しているのは，ある人が他の人を攻撃する場合である。
緊急事態が発生しているのは，誰かが急病になる場合である。
緊急事態が発生しているのは，事故が起きる場合である。
火災が発生しているのは，炎がある場合である。
火災が発生しているのは，煙がある場合である。

乗客は高水準の目標と信念を明示的に使うことができ，観察から前向きに推論して緊急事態の発生を認識し，救助を受けるという目標を導出する。その次に後ろ向きに推論して，非常ボタンを押すことによって救助を受ける。

しかし，入力－出力連合や条件－行動規則形式をとる低水準の表現を使用することにより，同じ振る舞いをより効率的に，より少ない思考で生成することができる。この表現は論理形式の持続目標でも記述でき，観察入力から行動出力を生成するために１ステップの前向き推論のみを必要とする。

目標：もし炎があるならば，わたしは非常ボタンを押す。
もし煙があるならば，わたしは非常ボタンを押す。
もしある人が他の人を攻撃しているならば，わたしは非常ボタンを押す。
もし誰かが急病になるならば，わたしは非常ボタンを押す。
もし事故が起きるならば，わたしは非常ボタンを押す。

この低水準の表現は，必要となる前に前向き推論と後ろ向き推論をあらかじめ行っておくことによって，高水準の表現から導出することができる。

この低水準表現は，ある表現がとれる限界の低水準に近いが，それでもまだ論理形式を維持している。しかし，もしこの連合が，エージェントの感覚系と運動系の関連部分の直接的な物理的連結によって実装されたならば，さらに低水準にすることは可能である。これはソフトウェアをハードウェアに実装することに似ている。

直感的思考と熟慮的思考の計算的解釈

計算においては，異なる水準の表現は異なる利点を持ち，互いに補い合う。低水準の表現はより効率的である。一方の高水準の表現はより柔軟性があり，開発や変更が比較的容易である。

ロンドン地下鉄の例でいうと，低水準の表現は，高水準の表現においては明示される「救助を受ける」という目標の認識を欠いている。「救助を受ける」という目標は，非常ボタンを押すことの目的である。例えばボタンが作動しないとか運転手が助けにこないなどで低水準の表現がうまくいかない場合，乗客は問題があることに気づかないかもしれない。さらに，もし環境がかわったり，別の種類の緊急事態が発生したり，あるいは緊急事態へのよりよい新しい対処方法がある場合などでは，低水準の表現では変化に対応して柔軟に修正することは難しい。

計算においては，典型的には高水準の表現が最初に開発されるが，時にプログラムとしてではなく，プログラム要件の分析として実施される。この高水準の表現はその後，手作業あるいは**コンパイラ**（compiler）と呼ばれる別のプログラムにより，より効率的に実行できる低水準の表現へと**変換**（transform）される。

逆のプロセスも可能である。低水準のプログラムは時に，等価の高水準プログラムへと**デコンパイル**（decompile）される。デコンパイルは，おそらくは環境が変化したりプログラムの不備が発覚したなどで，低水準のプログラムを変更する必要が生じた際に有用である。そして高水準のプログラムは修正され，改良された新たなより低水準のプログラムへと**リコンパイル**（recompile）される。

ただし，この逆の過程が常に可能なわけではない。低水準言語で直接開発され，長期間にわたって修正され続けたレガシーシステム（旧いシステム）は，その目標を正確に把握してより高水準のプログラムへとデコンパイルできるような構造を持っていない場合がある。しかしそのような場合でさえ，部分的なデコンパイルを行い，より高水準のプログラムで近似することは可能なことがある。この合理的な再構築プロセスは，包括的な再実装が不可能な場合でさえ，レガシーシステムのメンテナンスを改善する助けとなりうる。

直感的思考と熟慮的思考の関係性

計算における高水準プログラムと低水準プログラムの関係は，人間の思考における熟慮的思考と直感的思考の関係に似ている。

計算において高水準プログラムを低水準プログラムへとコンパイルすることは，熟慮的思考から直感的思考への移行と類似している。例えば，人間がキーボードの操作や楽器の演奏，あるいは車の運転を覚えるときなどにこれが起こる。計算においては，高水準プログラムや仕様詳細のコンパイルは通常，より効率的なプログラムが実装される前に，前もって推論を実施することによって行われる。しかし人間の思考においては，長期間にわたって繰り返し実行した後に，明示的な高水準表現はより低水準のショートカットへと畳み込まれることがより一般的である。

低水準プログラムを高水準プログラムへとデコンパイルすることは，潜在意識的な知識について内省し，それを意識的に表現するプロセスと類似している。例えば，言語学者が自然言語の形式的文法を構築することなどである。ある言語の母語話者は，文法を暗黙的・潜在意識的にしか知らない場合があるが，言語学者は文法の明示的モデルを意識的・熟慮的に形式化する。非母語話者は明示的な文法を学び，十分な訓練によって最終的にはその文法をより効率的で自然な形式へとコンパイルすることができる。

結論

計算論理は広い適用範囲を持つ思考の言語である。高水準の目標や信念に加え，低水準の刺激－応答連合も表現できる。知的エージェントは時間が許すときには高水準の表現を使い，時間が限られている場合には低水準の表現を使うことができる。さらには双方の表現を同時に使うこともできる。

あるエージェントは刺激－応答連合を生まれつき備えており，自身の経験によってそれを調整しているかもしれない。もしそうであるなら，エージェントやその設計者，あるいはその祖先が過去にうまく対処した状況と似た新たな状況に直面したとき，それらの連合に頼ることは理に適ったものとなる。

一方で，知的なエージェントは振る舞いについて熟考し，その行動の帰結の理解を定式化できるかもしれない。エージェントは，特に過去に生起した状況とは異なる新しい状況に直面したとき，基本的な目標をよりよく達成するために，そのようなより高水準の理解を使用できる。

さらに詳しくは補遺 A5 で，目の前の状況で必要になった前向き推論と後ろ向き推論だけではなく，前もって行う類似の推論の実行に，推論の導出規則をどのように利用できるのかを示す。前もって行う推論は，目標や信念の高水準表現を，より効率的な低水準表現へとコンパイルすることとみなせる。

2つの水準の表現を組み合わせる能力は，それぞれの強みを組み合わせ，それぞれの弱点を補う効果を持つ。

第10章

アブダクション

世界の変化のほとんどは，われわれの気づかないうちに起こる。われわれの感覚器と知覚器がそれらを選別してくれるおかげで，どうでもいい情報によってわれわれの思考が妨げられることはない。しかし，観察として心のなかに入ってくる変化もある。われわれはそのような観察から前向きに推論し，帰結を演繹し，必要ならそれに反応する。そのような観察の多くは定型（ルーチン）的なもので，われわれの反応は自動的なものである。その多くはわれわれの意識的な思考に入ってくることさえない。

しかし，定型的なものではない観察もある。深夜の大きな爆発音，キッチンの床の上の血だまり，パイのなかの黒ツグミの羽[訳注1]はどうだろう。それら観察は説明（explanation）を必要とする。それらは観察されていないイベントによって引き起こされている可能性があり，それらイベントはもっと深刻な別の帰結を持つかもしれない。大きな爆発音は銃声だったのかもしれない。血だまりは銃撃の被害者のものである可能性がある。パイのなかの黒ツグミの羽は，証拠を隠そうとした苦し紛れの試みなのかもしれない。

定型的な観察でさえ，その説明から利益を得ることができる。なぜ太陽や月や星は東から昇って西へ沈むのだろうか？　なぜこのドアは開かないのか？　なぜリンゴは食べごろになる前に落ちるのか？　定型的な観察を説明することは，説明を試みていなければ関連のないままだった現象間の新しいつながりの発見や，未来の予測，そして過去の再構築に役立つ。

あるエージェントは，既存の信念を使って，あるいは新しい仮説的な信念を

訳注1　パイと黒ツグミが登場するイギリスの謎めいた童謡『6ペンスの唄』が念頭にあるものと思われる（ミステリ小説などでもネタ元としてしばしば使われる）。

使って，観察を説明することがある。「もし説明が真ならば，観察は真である」ことから，それら両方のタイプの説明が観察を演繹的に含意する。前向き推論は，説明が発見された後にそれを正当化する自然な方法である。しかし，実際の説明の発見により適した方法は，通常は後ろ向き推論である。シャーロック・ホームズは『緋色の研究』のなかでワトソンにこう説明している。

(ホームズ)「いつかも話したとおり，異常な事がらというものは手がかりにこそなれ，決して障害になるものじゃない。こうした事件を解くにあたって大切なのは，過去にさかのぼって後ろ向きに推論しうるかどうかだ。これはきわめて有効な方法で，しかも易しいことなんだが，世間ではあまり活用する人はいない。日常生活では，前向き推論のほうが役に立つから，後ろ向き推論のほうはなおざりにされるんだね。総合的に推論のできる人五十人にたいして，分析的に推論のできる人はせいぜいひとりくらいのものだろう」
(ワトソン)「どうもはっきりのみこめないな」
(ホームズ)「のみこめなかったろうね。じゃあもっとわかるように説明してみよう。あるできごとを順序を追って話してゆくと，多くの人はその結果がどうなったかをいいあてるだろう。彼らは心のなかで，個々のできごとを総合して，そこから起こるであろうことを論じるのだ。しかし，ある結果が与えられたときに，はたしてどんな段階をへてそういう結果にたち至ったかということを，内的認識を通じて展開できる人はほとんどいない。この能力が僕のいう後ろ向き推論，すなわち分析的推論なんだ」(コナン・ドイル『緋色の研究』，延原謙訳，新潮文庫（用語を本書に合わせて一部改変))

結果として得られる説明が既存の信念を使うものであろうと，新たな仮説的信念を生成するものであろうと，後ろ向き推論は説明を発見するために使うことができる。対照的に前向き推論は，既存の信念や仮説から帰結を演繹するときにのみ意味を持つ。観察を説明するために前向き推論を使うためには，暗闇のなかで推測して仮説を立て，その仮説が観察と関連するかどうかを確かめなければならない。後ろ向き推論を使うと，仮説は自動的に生成され，関連性は保証される。

しかし，観察を説明することに伴う主な問題は，関連性を持つ説明を生成することではない。問題は，同じ観察に対して複数の候補説明が存在しうる場合に，どの説明が“最適な説明”なのかを決定することである。この後，最適な説明を決定するという問題が，目標の達成に関する最適なプラン（計画）の決定問題と類似していることを見ていく。

仮説的な信念は2種類の形式をとる。①**一般規則（general rule）**または条件文と，②**具体的事実（specific fact）**である。一般規則形式の仮説は，複数の観察間の関連を表現する。そして規則形式での仮説の生成プロセスは，**帰納（induction）**として知られている。帰納による仮説の生成は困難な作業であり，天体運動のような科学的理論の生成はこちらに含まれる。帰納の問題（problem of induction）については本書のまとめの章で簡単に再考する。

一方で事実形式の仮説は，観察の背景にある可能性のある原因を表現する。この仮説の生成プロセスは**アブダクション（abduction）**として知られる。アブダクションによってつくられる仮説は典型的に，1つあるいは複数の特定の観察を説明したいという要求によってトリガーされる。その仮説が説明するより多くの観察があれば，それはよりよい説明である。同様に，異なる行動プラン間での決定においては，あるプランによってより多くの目標が達成できれば，それはよりよいプランである。

アブダクションが可能なのは，開かれた認識を持ち，異なる仮説を進んで受け入れるエージェントだけである。「自分はすべてを知っている」と考える“閉じた認識を持つエージェント”においては，アブダクションは機能しない。開かれた認識を持ちながら，候補となる仮説を管理可能な範囲に抑える最も簡単な方法は，候補となる仮説を開いた述語に限定することである。開いた述語には，「選択的な閉世界仮説」も失敗としての否定も適用されることはない。

“アブダクション”という用語は，論理学者のチャールズ・サンダース・パースによって導入された［Peirce 1931］。彼は演繹，帰納，アブダクションの違いを以下のような例で示した。

演繹：　この袋のなかのすべての豆は白い。
　　　　これらの豆はこの袋から取り出した。
　　　　したがって，これらの豆は白い。

帰納：　　　　　　これらの豆はこの袋から取り出した。
これらの豆は白い。
したがって，この袋のなかのすべての豆は白い。

アブダクション：この袋のなかのすべての豆は白い。
これらの豆は白い。
したがって，これらの豆はこの袋から取り出した。

シャーロック・ホームズが犯罪を解決した次のような古典的な例も，アブダクションによる仮説の生成とそれらの間での決定にあたる。まずはすべての仮説的な容疑者を同定し，次に１人ずつ容疑者を排除していき，最後の１人が残るまでそれを繰り返す。ホームズ自身の言葉を借りれば，「ありえないことを取り除くと，残ったものがどんなにありそうもないことでも，それが真実であるというのが，わたしの昔からの信条です」（コナン・ドイル『シャーロック・ホームズの冒険』収録「緑柱石の宝冠」，小林司･東山あかね訳，河出書房新社）。

ホームズは彼の推論テクニックを演繹として説明している。しかし，論理学における**演繹（deduction）**とは，既知の事実あるいは観察から必然的な結論を導くことである。もし結論の演繹に使用された信念が真であれば，結論もまた真でなければならない。一方でアブダクションでは，真である観察や信念から，偽である仮説が導かれることがある。この理由から，アブダクションによる推論は**可謬（fallible）**とか**無効可能（defeasible）**と呼ばれる。第 15 章では，条件文が変装した双方向条件文（一見すると一方向の条件文に見えるが内実は両方向の条件文であるもの）として解釈されるとき，演繹とアブダクションの境界が曖昧になることを見ていく。

芝生が濡れている

人工知能分野におけるアブダクションの使い古された例は，あなたがある朝起きたときに「芝生が濡れている」という観察を行い，それを説明することである。もちろん多くの説明が可能だが，ここでは「雨が降った」か「スプリンクラーが作動した」のどちらかの見込みが非常に高いとしておく。これらの説明を発見する最も簡単な方法は，観察を目標として扱い[1]，そこから後ろ向きに推論し,因果関係を「結果が存在するのは,原因が存在する場合である（effect if cause）」の形式で表現することである。

信念：芝生が濡れているのは，雨が降った場合である。
　　　芝生が濡れているのは，スプリンクラーが作動した場合である。

ここで「芝生が濡れている」は閉じた述語であり，「雨が降った」と「スプリンクラーが作動した」は開いた述語である。

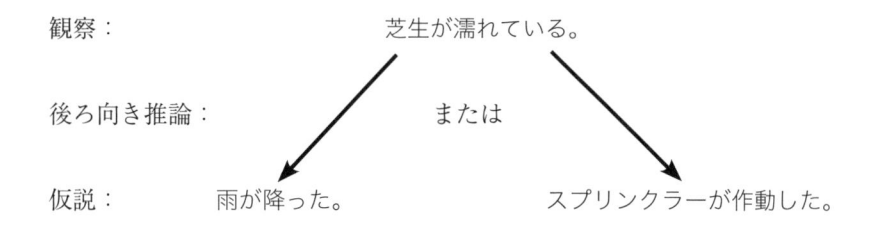

観察：　　芝生が濡れている。

後ろ向き推論：　　または

仮説：　　雨が降った。　　スプリンクラーが作動した。

現状では2つの副目標のどちらが成り立つかに関する直接的な証拠はない。そのため目標の解決に失敗するかわりに，後ろ向き推論によるアブダクションは観察の仮説的説明として2つのありうる原因を特定する。

「雨が降った」か「スプリンクラーが作動した」かのどちらかなのだろうとしておくこともできる。しかし念のために少しエネルギーを使って頭を働かせ，それぞれの仮説の論理的帰結を追ってみてもいいかもしれない。もし昨晩「雨が降った」のならば，外に干していた服は濡れているだろうし，今朝行うはずだったアイロンがけはできないだろう。もし「スプリンクラーが作動した」のならば，水道代がとんでもないことになるだろうし，今晩またひとりでに作動しないようにスプリンクラーを切っておいたほうがいいかもしれない。

1　観察を目標として扱うことは，目標という概念の拡張となっており，未来においてエージェントが望む世界を表現することを超え，エージェントが実際に見ている世界を説明する。これは，「目標を達成する行動の発見」と「観察を説明する仮説の発見」という2種類の推論が両方とも，「結論を演繹的に導出する仮説を発見する」というより抽象的な問題の特殊例とみなせるためである。例えば [Kakas et al. 1998] を参照。

ここで，あなたは酷い面倒くさがり屋であるか，非常に賢い人物であると仮定しよう。いずれにせよあなたは，外に出て干してある服やスプリンクラーの状態をチェックするなどといった面倒なことは行わない。かわりにあなたはリビングのアームチェアに座り，次のように推論する。もし昨晩「雨が降った」のならば，リビングの天窓には水滴がついているだろう。実際，天窓には水滴がついている。「雨が降った」という仮説は2つの独立した観察を説明するが，「スプリンクラーが作動した」という仮説はその片方しか説明しないため，昨晩は雨が降ったのだろう。

この例で使われた後ろ向き推論と前向き推論の組み合わせは，以下のように図示できる。

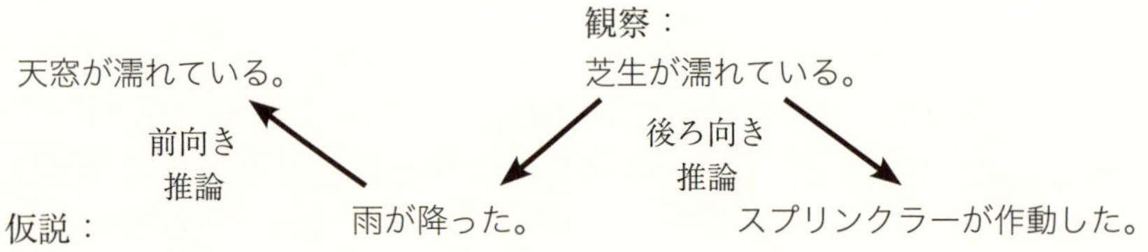

とりあえずここでは，正しい説明を行おうとするあなたを混乱させようとして，いたずら好きな誰かがホースで天窓へ水を撒いたといった可能性は横に置いておく。

したがって，別個の説明から前向き推論を行うことにより，過去や未来の観察によって確認が可能な，追加の帰結を導出できる場合がある。ある仮説が説明するそのような追加の観察の数が多いほど，それはよりよい説明である。次章では，異なる行動プランから行う前向き推論もまた，それらプランの間で決定を行う助けとなることを見ていく。あるプランが達成する追加の目標の数が多いほど，それはよりよいプランである。

ロンドン地下鉄再々訪

ここまでの章では，火災，煙，炎の関係を，「原因が存在するのは，結果が存在する場合である（cause if effect）」の形式で表現した。この定式化は，煙の観察を取り込み，前向き推論によって「緊急事態が発生している」と結論することを容易にする。もっとも，この関係を「結果が存在するのは，原因が存在する場合である（effect if cause)」の形式で記述するほうがより自然だろう。

炎があるのは，火災が発生している場合である。
煙があるのは，火災が発生している場合である。

しかしこの表現では，「煙がある」という観察が与えられたとき，演繹のみを使って「緊急事態が発生している」を導出することは不可能である。実際にはまずアブダクションを使って観察の説明として「火災が発生している」ことを決定し，その後に前述のような前向き推論を行う必要がある。

原因と結果の間の関連性を表現する 2 つの方法のこの比較は，「赤いこと」と「赤く見えること」の関連性を表現する 2 つの方法についての第 2 章での議論を思い起こさせるかもしれない。この例では，「赤く見えること」の異なる原因をより自然に表現する方法として，「結果が存在するのは，原因が存在する場合である」という形式の別々の条件文で表現することを論じた。

ある物体が赤く見えるのは，それが赤い場合である。
ある物体が赤く見えるのは，それが赤い光で照らされている場合である。

同様に，煙の異なる原因を，「結果が存在するのは，原因が存在する場合である」という形式の別個の条件文として表現することはより自然である。

煙があるのは，火災が発生している場合である。
煙があるのは，催涙ガスが撒かれている場合である。

結論が成り立つ唯一の諸条件が存在するという仮定から，以下の 2 つの別個の「原因が存在するのは，結果が存在する場合である」形式の条件文の導出が可能なことは，第 15 章で議論する。

火災が発生しているのは，煙があり
かつ，催涙ガスが撒かれている事実がない場合である。

催涙ガスが撒かれているのは，煙があり
かつ，火災が発生している事実がない場合である。

古典論理ではこれら条件文の両方が，選言的な結論を持つ以下の条件文と論理的に等価である。

火災が発生している，または催涙ガスが撒かれているのは，
煙がある場合である。

否定的な条件が失敗としての否定として解釈される計算論理では，この選言の非対称的な近似が得られる（つまり2つの候補の片方がデフォルト状態で成立する）。この例では，火災は催涙ガスよりも煙が存在することの一般的な原因といえる。そのため，「原因が存在するのは，結果が存在する場合である」形式の2つの条件文の一番目を使い，デフォルト状態での煙の原因として，火災の存在を導出することができる。こうすることで，最適な説明を決定しようとする際の計算論的にコストのかかる労力を避けることができ，かわりにシンプルで迅速なヒューリスティクスに帰する。

原因と結果の関係性を表現する2つの方法は，それぞれ異なる利点と欠点を持つ。「結果が存在するのは，原因が存在する場合である（effect if cause）」表現は，それが表現する因果構造にシンタクスが近いという意味で高水準である。しかし，この表現はより複雑なアブダクション的な推論が必要となる。「原因が存在するのは，結果が存在する場合である（cause if effect）」表現はより低水準であり，より効率的である。この場合に必要となるのは演繹的推論のみで，ある説明を他の説明よりも優先させることが容易である。表現の2つの水準の間のこの関係は，本書でみてきた他の類似の関係と似ている。しかし，本章ではより高水準のアブダクション的な表現に焦点を当てており，これが純粋に演繹的に実装できることも覚えておこう（この点に関しては第15章で詳述する）。

理にかなった説明には何が重要か？

観察を演繹的に含意するアブダクションによる仮説のすべてが，観察に対する理にかなった説明というわけではない。理にかなった説明であるためには，仮説は以下の条件を満たすべきである。

- 観察と**関連**（relevant）があり，観察とは無関係の恣意的な仮説を含んでいない，かつ
- エージェントの既存の信念と**無矛盾**（consistent）である。

関連性の要件については先に少しふれた。これは観察から後ろ向きに推論することによって，自動的に満たされる。後ろ向き推論では，説明において生成されるすべての仮説が究極的には信念の連結グラフのリンクの鎖によって観察とつながっていることが保証される。関連性の要件は，説明は**極小**（minimal）であるべきという要件よりも弱い。この極小性の要求は，その説明のいかなる（真の）部分集合も説明にはならないことを主張している。例えば，

信念：	床が濡れているのは，雨が降り，かつ窓が開いていた場合である。
	床が濡れているのは，雨が降り，かつ屋根に穴が開いている場合である。
	屋根に穴が開いている。
観察：	床が濡れている。
関連する説明：	雨が降った，かつ窓が開いていた。
極小の説明：	雨が降った。
関連のない説明：	雨が降った，かつ犬が吠えていた。

極小性は多くの場合アブダクションの説明で望ましい性質，あるいは必須の性質としてさえ引き合いにだされる。しかし，説明が極小であることを保証することは，計算的には実行不能な場合がある。一方，後ろ向き推論により容易に得られる関連性は，多くの場合で極小性の許容可能な近似となる。関連性と

極小性は，オッカムの剃刀の一形式といえる。

無矛盾性の要件は，不可能な説明を排除する。外に干していた服が濡れていない場合の「雨が降った」という説明などである。無矛盾性を保証することは一般的には複雑である。しかし，否定的概念を肯定的な形式で表現し，相互に対立する述語が同時に成立しないことを監視するために制約を使うことで，多くの場合でそれを容易なものにできる。例えば，「濡れていない」という否定的概念は「乾いている」という肯定的概念で表現でき，「濡れている」と「乾いている」の間の関係は制約という手段を使って以下のように記述できる。

もし，ある物が乾いていて，かつ濡れているならば，偽。
すなわち　乾いていて，かつ濡れているものはない。

このような場合に無矛盾性は，「仮説は偽という結論を演繹的に含意しない」という要件に還元される。そして無矛盾性の要件を施行する自然な方法は，仮説から前向きに推論し，もし偽を含意するならその仮説を排除することである。例えば，

信念：　　　外に干していた服は乾いている。
　　　　　　外に干していた服が濡れているのは，雨が降った場合である。
仮説：　　　雨が降った。
前向き推論：外に干していた服は濡れている。
前向き推論：もし外に干していた服が乾いているならば，偽。
前向き推論：偽。

偽の導出は，「芝生が濡れている」という観察の候補説明としての「雨が降った」という仮説を排除する。

反対語と強い否定

第5章で見たように，多くの概念は反対の意味を持つ肯定的概念のペアとして生起する。「濡れている」と「乾いている」，「高い」と「低い」，「大きい」と「小

さい」，「よい」と「悪い」などである。時としてこれら反対の概念は，お互いの否定として記述される。「乾いている」のかわりに「濡れていない」，「濡れている」のかわりに「乾いていない」などである。否定のこの使用法は，時に**強い否定**（strong negation）と呼ばれることがある。否定の一形式として見ると，これは真でも偽でもない述語の具体化（インスタンス）が存在しうる**真理値空隙性**（truth value gap property）を持つ。例えば，もし服が湿っている程度ならば，わたしは服が濡れているとも乾いているとも思わない可能性がある。

真理値空隙を持つ反対の述語のペアを使用することは，曖昧な概念を表現する自然な方法である。概念の肯定的なインスタンスはペアの片方の述語で表現でき，否定的なインスタンスはもう一方の述語で表現できる。明確に肯定的でも否定的でもないインスタンスは，単に未決定のままにできる。

したがって，肯定的な反対概念形式での強い否定を使った推論は，もし反対の述語のすべてのペアに対し以下の形式のような制約がある場合，計算論理の推論規則の拡張を必要としない。

もし述語かつ反対の述語ならば，偽。

最適な説明として何が重要か？

説明を，関連性と無矛盾性を持った仮説へと制限するだけでは十分ではない。多くの状況では，そのような関連性と無矛盾性を満たす複数の説明が存在する。重要で予期可能な帰結を持つ選択肢がない場合には，それら説明の間で選択を行う必要はないかもしれない。しかし，重要で予期可能な帰結を持つ選択肢がある場合には，その説明が実際に真かどうかを決定することは賢明であり，その結果，その帰結に対処する準備もできる。もし帰結が有益なものであれば，それを利用することができる。あるいは帰結が有害なものであれば，大きな損害を与える前に対応することが可能になるかもしれない。

例えば，多くの人にとってたいていの場合，「芝生が濡れている」という観察は説明するほどの価値があるとはいえない。「雨が降った」のか「スプリンクラーが作動した」のかはほとんど重要ではないだろう。特にスプリンクラーがあなたの所有物ではなく，いずれにせよ芝生に水を撒く必要があるような場合には。それと比較して，「床が濡れている」という観察で候補となる説明の一部は重要な帰結を持つ。もし屋根に穴が開いているせいで床が濡れているのなら，もっと酷くなる前に屋根を修理すべきだろう。もし配管から水が漏れているようなら，洪水のようになる前に対処する必要がある。

地球温暖化はより時事的な問題である。もし観察された世界の気温上昇が主に炭素の排出によるものなら，この温暖化のペースでは地球はまもなく人類が住めないものとなり，手遅れになる前に炭素排出量を大きく減らすべきである。しかし，温暖化が主に自然な気候変動過程によるものであれば，われわれは気候変動とその結果に適応していくしかないのだろうし，適応可能な間は問題ないだろう。

人生に確かなものはない。それは他のすべてのものと同じように，観察の説明についてもいえる。ある説明の確からしさを判断する1つの方法は，専門家の意見を聞くことだ。例えば「気候変動に関する政府間パネル（IPCC）第4次評価報告書：気候変動2007」によると，20世紀半ば以降観察されている地球温暖化の大部分は，90%以上の見込みで人類の活動による温暖効果ガス濃度の上昇に原因がある。したがって，原因の確率によって帰結の重要性を評価し，最も重大な帰結の最も見込みの高い説明を選択すると，気候変動の原因が人間の活動による温室効果ガスの排出であると想定し，われわれはそれに従って行動すべきである。

ある説明の見込みを判断するもう1つの方法は，異なる原因に関する過去の相対頻度についての統計的情報を使用することである。例えば，あなたの車が動かないとき，燃料の問題か，電気系統の問題か，あるいは機械的な問題があるに違いなく，それに気づくためにあなたが自動車整備士である必要はない。しかし，燃料や機械的な問題よりも電気系統の問題が多いことに気づくためには，少なくとも多少の経験が必要である。そのため，他のすべての条件が同じなら，まずは電気系統に問題がないか調べることは賢明な戦略である。例えば，バッテリーが原因の電気系統の問題があるという仮説から前向きに推論し，もしバッテリーが故障していたらライトが点灯しないだろうと結論することによってこれを実行できる。そしてもしライトを試してみて点灯しなかったら，問題はバッテリーの故障である見込みが最も高い。なぜなら，ある仮説が説明する観察が多いほど，その

仮説が真である見込みはより高いからである。

競合する説明の間での決定を助けるこれら2つの基準（帰結の数とその重要性によって判断される，相対的な見込みと効用）は実質的に，より高水準の目標を達成するために複数の行動方針の間で決定を行う際に最も有用である基準と同一のものである。これらの基準については次章で詳述する。

結論

アブダクションは伝統的論理学の上に構築された，計算論理の顕著な特徴の1つである。デフォルト推論と同じく，アブダクションは日々の生活で論理を使用する際の最大の障害の1つとなる問題への対応策となる。その問題とは，われわれは世界についての知識が不完全な状況で判断を行う必要があり，さらにその判断に基づいて行動を起こさなければならないということである。

アブダクションとデフォルト推論は，信念を拡張するために仮説を使用するという共通点において関連している。アブダクションでは，開いた述語のインスタンスに関する仮説によって信念を拡張する。デフォルト推論では，ある述語の反対のインスタンスは示すことができないという仮説によって信念を拡張する。両方の場合でこれらの仮説は無効可能であり，もし後の観察がそれと対立する情報を提供したならば，仮説は撤回できる。アブダクションとデフォルト推論の間のこの関係は，Poole et al.［1987］によって最初に考察された。

最適な説明を同定するという問題は，異なる行動方針の間で決定を行う問題と共通する多くの重要な特徴を持つ。確率と効用の判断が関係する類似した基準が，双方の問題に対して適用できる。次章ではこれらの基準を見ていくつもりだが，アブダクションを用いた論理プログラミングの技術的基礎は補遺A6で扱っている。

第11章

囚人のジレンマ

ここで，できる限り手っ取り早くお金持ちになろうとして自暴自棄なあなたは，さまざまな選択肢を考慮し，そのありそうな帰結を推論し，最良の選択肢として銀行強盗をすることにしたと想定してほしい。あなたは計画の手助けに親友のジョン（注意深い性格で知られている）も誘い，強盗を実行した。協力のかいもあって深夜に銀行に忍び込むことに成功し，あなたは金庫を開け，100ポンドの大金（これを書いている時点で約2億円）を車のトランクに入れて逃げ出した。

まずいことに長年の貧乏と放置がたたってあなたの車はボロボロで，夜中にヘッドライトを1つだけ点灯させたまま走行していたところ，警察に止められてしまった。職務質問中に警察官はトランクに大金の入ったスーツケースを見つけた。何も悪いことはしていないとあなたはしらばっくれたが，強盗の容疑であなたたちは逮捕されてしまった。

目撃証言も自白もない場合，警察はより軽い罪である盗品の保有のみに基づいて，あなたとジョンに有罪を宣告することができる。盗品の保有のみでは1年の懲役が科される。しかし，もしあなたたちのうちの一人が裏切ってもう一人に不利な証言を行い，もう一人が証言しなかった場合，一番目の人物は解放され，二番目の人物は責任のすべてを負わされて6年の懲役の宣告となる。もし二人とも相手に不利な証言を行った場合，二人が責任を分け合い，それぞれ3年の懲役が科される。

これは決定理論やゲーム理論において研究されている古典的な囚人のジレンマの例である。決定理論では，選択肢となる行動の間で決定を行うという一般的な問題は，しばしば決定表の形で表現される。決定表の行はあなたの行動を，列は世界の状態を，各項目はそれぞれの結果を表す。この場合では，あなたの決定表は以下のようになる。

行動	世界の状態 ジョンは証言する	 ジョンは証言を拒否する
わたしは証言する	わたしは３年の懲役	わたしは０年の懲役
わたしは証言を拒否する	わたしは６年の懲役	わたしは１年の懲役

もしあなたとジョンが同じ条件を提示され，決定を行う前に相談する機会があれば，二人にとって最適な選択肢は互いに証言を拒否することであることにすぐに気づくだろう。それを阻止するために，警察はあなたとジョンを別の部屋に隔離して尋問することにした。そのため，あなたはジョンがどうするかを知らないまま，自分の行動を決定しなければならない。

古典的な決定理論に従えば，あなたは期待効用の最も高い行動を選ぶべきである。この例でいえば，予想される懲役年数が最も少ない行動である。どのようにそれを行うかは本章後半で見ていく。

囚人のジレンマの論理

囚人のジレンマは，目標と信念から見た自然な表現を持つ。

目標：もしあるエージェントがわたしにある行動をとるよう求めているならば，わたしはその行動をとれという要求に反応する。

信念：わたしがある行動をとれという要求に反応するのは，わたしがその行動をとる場合である。

わたしがある行動をとれという要求に反応するのは，わたしがその行動を拒否する場合である。

わたしが３年の懲役を科されるのは，わたしが証言し，かつジョンが証言する場合である。

わたしが０年の懲役を科されるのは，わたしが証言し，かつジョンが証言を拒否する場合である。

わたしが6年の懲役を科されるのは，わたしが証言を拒否し，かつジョンが証言する場合である。
わたしが1年の懲役を科されるのは，わたしが証言を拒否し，かつジョンが証言を拒否する場合である。

エージェントモデルに従えば，持続目標は観察によってトリガーされる。

観察：　警察はわたしに証言を求めている。
前向き推論[1]，達成目標：わたしは証言せよという要求に反応する。
後ろ向き推論，1つの候補行動：わたしは証言する。
前向き推論，帰結：　わたしが3年の懲役を科されるのは，ジョンが証言する場合である。
わたしが0年の懲役を科されるのは，ジョンが証言を拒否する場合である。
後ろ向き推論，別の候補行動：わたしは証言を拒否する。
前向き推論，帰結：　わたしが6年の懲役を科されるのは，ジョンが証言する場合である。
わたしが1年の懲役を科されるのは，ジョンが証言を拒否する場合である。

ここでの候補行動の帰結（結果）は，ジョンがあなたに対して不利な証言を行うかどうかに依存している。残念ながら，あなたはジョンがどういう行動をとるかを知らないまま決定を行わなければならない。

古典論理では，以下のように推論することが可能だろう。

候補行動：　わたしは証言する。

1　観察と目標の条件とをつなげるためには，「警察」を「あるエージェント」に，「証言をする」を「ある行動をとる」に単一化（ユニフィケーション）させることが必要である。計算機への実装では，この単一化は機械的に行う必要があると考えられる。そのためには，「証言する」を「証言するという行動をとる」の省略型として認識することが必要となるだろう。

選言的制約：ジョンは証言する，またはジョンは証言を拒否する。
選言的帰結：わたしは３年の懲役を科される，またはわたしは０年の懲役を科される。

候補行動：　わたしは証言を拒否する。
選言的制約：ジョンは証言する，またはジョンは証言を拒否する。
選言的帰結：わたしは６年の懲役を科される，または１年の懲役を科される。

直感的には，最初の候補行動の選言的帰結のほうが，二番目の選言的帰結よりも有利に見える。そして理論的には，それぞれの選言的帰結を評価し，それらを比較し，比較した結果を使ってどちらの候補行動を選ぶかの参考にすることは可能かもしれない。

しかしこの選言的制約は，不確実性を表現するには大雑把すぎる方法である。これでは不確実性の程度を表現できていない。例えば，ジョンはあなたの友人であるため，あなたは次のように信じているかもしれない。

ジョンは10%の確率で証言する。
ジョンは90%の確率で証言を拒否する。

これらの確率は，信念の条件から結論へと伝播させる（propagate）ことができる。例えば，

もしわたしが証言し，かつジョンが証言する確率が10%ならば，
わたしは10%の確率で３年の懲役を科される。

決定理論は，不確実性を伝播させ，ある行動の期待効用を決定するために確率的判断と効用的判断を組み合わせる原則的な方法を提供する。決定理論の規範に従うなら，選択肢となる候補行動の集合が与えられたとき，エージェントは最良の期待効用を持つ行動を選ぶべきである。

ある行動の期待効用をどのように計算し，それをどのようにして囚人のジレンマに応用するかを見る前に，少し話を変えて，より日常的な決定問題を取り

上げてみよう。家を出るとき，あなたは傘を持って出るべきだろうか？

傘を持っていくべきか？

この問題は下記の決定表で表現できる。

行動	世界の状態	
	雨が降る	雨が降らない
傘を持っていく	わたしは濡れない わたしは傘を持っている	わたしは濡れない わたしは傘を持っている
傘を置いていく	わたしは濡れる	わたしは濡れない

この問題は（単純化された）目標と信念によって表現できる。

目標：もしわたしが外に出るならば，わたしは傘を持っていく，または傘を置いていく。

信念：わたしは外に出る。
わたしが傘を持っているのは，わたしが傘を持っていく場合である。
わたしが濡れないのは，わたしが傘を持っていく場合である。
わたしが濡れないのは，雨が降らない場合である。
わたしが濡れるのは，わたしが傘を置いていき，かつ雨が降る場合である。

信念の観点から見た表現は，決定表による表現よりも多くの情報を持つことに注意しよう。信念は行動の結果が依存する条件をより正確に示すからである。例えば，濡れないことは雨が降るかどうかではなく，傘を持っていくかどうかのみに依存していることを示している。

あなたは傘を持っていくかどうかは制御できるが，天気は制御できない。あなたが制御できる候補行動の間で決定を行うためには，起こりうる帰結を推論し，総合的な期待効用が最も高い行動を選ぶべきである。

「濡れないこと」には「傘を持って歩くことの面倒さ」よりも高い価値があるとあなたが判断したと仮定する。そのとき直感的には，もし雨が降る確率が高いと予想すれば，あなたは傘を持って家を出るべきである。逆に，もし雨が降る確率が低いと予想した場合，あなたは傘を置いて家を出るべきである。これらの直感は数学を利用した決定理論によって正当化でき，さらにはより正確なものにできる。

傘を持って出るかどうかに決定理論を適用する

決定理論に従えば，ある行動の全体的な期待効用は以下のような方法で計算できる。まず，行動によって起こりうる結果それぞれの効用を確率によって重みづけし，次にそれら重みづけされた効用をすべて合計する。数学的には，

> ある行動の**期待効用**（expected utility）は，もしその行動が n 個の異なる結果を持ち，それぞれが $u_1, u_2, ..., u_n$ という**効用**（utility）を有し，それぞれが $p_1, p_2, ..., p_n$ という**確率**（probability）を持つとすると，$p_1u_1 + p_2u_2 + \cdots + p_nu_n$ である。

そしてあなたは最も高い期待効用を持つ行動を選ぶべきである。

傘を持って出るかどうかを決定する場合，以下のように判断したとする。

> 濡れないことの利益は，お菓子 2 個分の価値がある。
> 傘を持ち歩くことのコストは，お菓子－1 個分の価値がある。
> 濡れることのコストは，お菓子－8 個分の価値がある。
> 雨が降る確率は P であり，
> したがって雨が降らない確率は（$1 - P$）である。

効用と確率に関する上記の判断は，右頁の決定表にまとめることができる。

もし候補行動の期待効用が同じであれば，傘を持って出るかどうかにお菓子によって測定される違いは発生しない。つまり次のような場合である。

$$-10P + 2 = 1$$

すなわち　$P = 0.1$

行動	**世界の状態**		**期待効用**
	確率 P で雨が降る	確率（1 − P）で雨が降らない	$P \times$ 効用$_1$ + （1 − P）× 効用$_2$
傘を持っていく	濡れない 傘を持っている （効用$_1$ = 2 − 1 = 1	濡れない 傘を持っている （効用$_2$ = 2 − 1 = 1	P +（1 − P）= 1
傘を置いていく	濡れる （効用$_1$ = −8）	濡れない （効用$_2$ = 2）	−8P + 2（1 − P） = −10P + 2

したがって，もし雨が降る確率が10%より大きいなら，あなたは傘を持って家を出るべきである。もし確率が10%未満なら，あなたは傘を置いて家を出るべきである。

決定理論のこのような利用は，**規範的（normative）**な理想化である。現実の生活では，われわれはルーチンの決定を目標や信念へと直接コンパイル（変換）することによって，このような理想化を近似する傾向がある。例えば，

目標：もしわたしが外に出て，かつ雨が降りそうならば，わたしは傘を持っていく。
　　　もしわたしが外に出て，かつ雨が降りそうにないならば，わたしは傘を置いていく。

信念：雨が降りそうなのは，空に厚い雲がある場合である。
　　　雨が降りそうなのは，雨が降るという天気予報の場合である。
　　　雨が降りそうにないのは，空に雲がない場合である。
　　　雨が降りそうにないのは，雨は降らないという天気予報の場合である。

より一般的には，

もしわたしがある場所を出発する
かつ，わたしがその場所である物を保有している
かつ，わたしがその場所から離れている間にその物が有益そうである
かつ，その物の価値がその物を持ち運ぶ面倒より大きいならば，

わたしはその物を持っていく。

もしわたしがある場所を出発する
かつ，わたしがその場所である物を保有している
かつ，わたしがその場所から離れている間にその物が有益そうである
かつ，その物を持ち運ぶ面倒がその物の価値より大きいならば，
わたしはその物を置いていく。

傘の価値が傘を持ち運ぶ面倒よりも大きいのは，
雨が降りそうな場合である。

傘を持ち運ぶ面倒が傘の価値よりも大きいのは，
雨が降りそうにない場合である。
等々。

心理学者はこのような目標と信念を，実用的な推論スキームやダーウィニズム的アルゴリズムとみなすことを好むかもしれない。しかし本書を通して既に議論してきたように，これらの観点は両方とも，「思考とは，推論という汎用的な論理的規則を，論理形式で記述された領域特化的な知識（目標と信念）へと適用することである」という視点と両立する。

囚人のジレンマを解く

囚人のジレンマと傘を持っていくかどうかの問題は，同じ一般的パターンを持つ因果関係の実例となっている。

特定の結果が起こるのは，
わたしがある行動をとり，かつ世界が特定の状態にある場合である。

同様に，

わたしがお金持ちになるのは，わたしが宝くじを買い，かつそのくじが当選する場合である。

わたしが有名になるのは，わたしが本を書き，かつ批評家からの絶賛を受ける場合である。

明日雨が降るのは，わたしが雨乞いのダンスを踊り，かつ神がお喜びになる場合である。

すべての場合であなたは自分の行動は制御できるが，他人の行動や世界の状態を完全に制御することはできない。うまくいけば，世界が特定の状態をとるであろう正確な確率の見当をつけることができるかもしれない。一方，悪くすると，世界がある状態をとるかそうでないかの可能性は単純に等しいと仮定することくらいしかできないかもしれない。

囚人のジレンマの例において，あなたは高校で習った代数学を少々使ってみることにしたとしよう。いま，

N 年の懲役を科されることの効用は $-N$ である。

ジョンがわたしに不利な証言をする確率は P である。

とすると，ジョンが証言を拒否する確率は（$1-P$）である。

これらの効用と確率を組み合わせると，下記の決定表が得られる。

行動	世界の状態		期待効用
	ジョンは証言する（確率 P）	ジョンは証言を拒否する（確率 $1-P$）	$P\times$効用$_1$＋（$1-P$）$\times$効用$_2$
わたしは証言する	わたしは3年の懲役（効用$_1=-3$）	わたしは0年の懲役（効用$_2=0$）	$-3P$
わたしは証言を拒否する	わたしは6年の懲役（効用$_1=-6$）	わたしは1年の懲役（効用$_2=-1$）	$-6P-(1-P)$ $=-5P-1$

しかし，この場合では P が0～1のいかなる値をとっても，証言すること

の期待効用 $-3P$ は，証言を拒否することの期待効用 $-5P-1$ よりも値が大きい。そのため，ジョンがあなたに不利な証言をする確率 P がどんな値をとろうとも，あなたは彼に不利な証言をするほうが常に有利である。

残念ながら，もしジョンがあなたと同じ信念，目標，効用を持っていたら，彼はあなたに不利な証言をするほうがいいという同じ決定をするだろうし，その場合にはあなたもジョンも３年の懲役を科される。それなら，あなたもジョンもいっそ決定理論を無視し，いちかばちかに賭けて，もう一方に不利となる証言を拒否したほうがいいのかもしれない。その場合，あなたもジョンも１年の懲役ですんだだろう。

しかし，この話から引き出すことのできる別の教訓がある。この方法がうまく機能していないように見える原因は，決定理論ではなく，効用に関するあなたの自己中心的な評価にある。あなたの行動の結果としてジョンが刑務所で過ごす時間に関して，あなたはまったく価値を置いていない。

例えば，あなたとジョンが刑務所で過ごす時間に同じ価値を与える場合を想定してみよう。対応する新たな効用判断は，以下の修正版の決定表へと取り入れることができる。

行動	世界の状態 ジョンは証言する（確率 P）	 ジョンは証言を拒否する（確率 $1-P$）	期待効用 $P\times$効用$_1$＋$(1-P)\times$効用$_2$
わたしは証言する	わたしは３年の懲役かつジョンは３年の懲役（効用$_1=-6$）	わたしは０年の懲役かつジョンは６年の懲役（効用$_2=-6$）	$-6P-6(1-P)$ $=-6$
わたしは証言を拒否する	わたしは６年の懲役かつジョンは０年の懲役（効用$_1=-6$）	わたしは１年の懲役かつジョンは１年の懲役（効用$_2=-2$）	$-6P-2(1-P)$ $=-4P-2$

P が $0\sim1$ のいかなる値をとろうとも，$-6\leqq-4P-2$ である。したがって，ジョンがあなたに不利な証言をする可能性 P がいかなる値であろうとも，あ

なたがジョンに不利な証言することにメリットはない。さらに，もしジョンがあなたと同じ信念，目標，効用を持っていれば，彼もまたあなたに不利な証言をしないという判断をするだろうし，その場合にあなたとジョンの懲役は1年となる。

ただし，あなた自身に起こることとジョンに起こることを同じ価値を持つものとして扱うというのは，おそらく現実的ではないだろう。より現実的な仮定として，ジョンの身に起こることにあなた自身に起こることの半分の値を与えてみよう。

行動	世界の状態		期待効用
	ジョンは証言する（確率 P）	ジョンは証言を拒否する（確率 $1-P$）	$P \times$ 効用$_1$ + $(1-P) \times$ 効用$_2$
わたしは証言する	わたしは3年の懲役かつジョンは3年の懲役（効用$_1$ = −4.5）	わたしは0年の懲役かつジョンは6年の懲役（効用$_2$ = −3）	$-4.5P - 3(1-P)$ $= -1.5P - 3$
わたしは証言を拒否する	わたしは6年の懲役かつジョンは0年の懲役（効用$_1$ = −6）	わたしは1年の懲役かつジョンは1年の懲役（効用$_2$ = −1.5）	$-6P - 1.5(1-P)$ $= -4.5P - 1.5$

2つの行動の期待効用は，以下の場合に等しくなる。

$$-1.5P - 3 = -4.5P - 1.5$$
$$3P = 1.5$$
$$P = 0.5$$

したがって，もしジョンが証言する確率が50%未満と判断するならば，あなたは証言すべきではない。逆にジョンが証言する確率が50%以上と判断するならば，あなたは証言すべきである。つまりはしっぺ返し（tit for tat）戦略である。

家を出るときに傘を持っていくかどうかを決める場合と同じく，この計算は規範的な理想化である。しかし現実の生活では，われわれは決定を規則（またはヒューリスティクス）へとコンパイルすることがより一般的である。この規則は決定理論的な理想化を近似するものだが，より単純でより効率的な適用が可能である。例えば，

目標：もしあるエージェントがある行動をとるようわたしに要求し
かつ，その行動が他の人を傷つけないならば，
わたしはその行動をとる。

もしあるエージェントがある行動をとるようわたしに要求し
かつ，その行動が他の人を傷つけるならば，
わたしはその行動をとることを拒否する。

これらの規則はそれほど精妙なものではないが，他のケースを扱うさらなる規則を加えたり，追加の制限を導入するためにさらなる条件を加えることにより，改良できることは明らかである。

賢い選択

しかし，決定理論とヒューリスティクスが唯一の可能性というわけではない。実際，両方ともそれぞれが異なる方法で，より大きな視点を欠いている。決定理論は対象となる複数の候補行動を独立に扱うのみで，それらのありそうな帰結を評価するが，それら候補の由来や，それらが果たす目的を考慮しない。ヒューリスティクスはわずかばかり高水準の刺激－反応連合を採用することによって，この根本的な問題を迂回している。

決定を行うより賢い方法は，いったん一歩引いてみて，より高水準の目標へと注意を払い，決定を行う必要性を発生させた（トリガーした）可能性のある外的な状況に注意を払うことである。すなわち，

• あなたが行う必要がある決定の，より高水準の目標（狙い，動機，問題また

は目的）を特定すること。その目標は，環境中のイベントによってトリガーされるヒューリスティクスの暗黙的な性質なのか？ あるいは明示的なより高水準の達成目標なのか？ それとも，さらに高水準の目標（根本的な目的）に向かうための副目標（または手段）なのか？

- トップレベル目標とそこへ至るための副目標を特定できる場合，それらの目標を解決するにあたって選択肢となる複数の方法を考えること。すべての関連する選択肢を適切に考慮しただろうか？ 最初に思いついた選択肢のみに不必要にとらわれていないだろうか？ “最良の”選択肢を生成するために必要となる，問題となっている領域の十分な知識（または信念）をあなたは持っているだろうか？
- 選択肢の帰結（結果）とその影響を調査すること。それら帰結が達成する範囲を評価すること。その際には，選択肢の動機となった目標だけではなく，その途中で副次的に達成される可能性のある目標も含めること。選択肢が制約を破っていないか，あるいは避けるべき否定的な帰結を伴っていないか，確認すること。
- 帰結に伴う不確実性を推定すること。希望的観測に陥ってはいないか？ 不必要なリスクをとっていないか？
- 帰結の評価と不確実性の推定を組み合わせることにより，選択肢を比較すること。最終的な決定の特定だけなく，探索を効率的にするための参考として，この比較を使うこと。
- トップレベル目標を達成するために解決する必要のある，他の関連副目標を特定すること。決定が，それら他の副目標の賢い解決と両立するものであることを確かめること。未来の副目標の達成を促進する決定に優先権を与え，未来の選択肢を可能な限り広く維持すること。

上記のガイドラインに見覚えがあるのなら，それは上記の項目が本書で繰り返し言及したことに基づいているからだろう。しかし，いくぶん聞き慣れないものだったとしたら，それはジョン・S・ハモンドらの書籍『*Smart Choice: A practical guide to making better decisions*』の言葉によって言い換えているからである［Hammond et al. 1999］。

『*Smart Choice*』（賢い選択）に掲載されているガイドラインは，決定に関する科学の確かなリサーチと広範な実践的経験に基づいている。このガイドラインは論理と常識に訴えるものだが，身近でインフォーマルなバージョンである。本書でも類似の論題を扱っているが，われわれの場合はそれを計算論理と人工知能という文脈で議論している。

結論

決定理論，ヒューリスティクス，賢い選択の使用は，決定を行うための3つの方法である。

決定理論は強力で規範的なツールである。しかし，効用と確率に関する知識を必要とする。そして期待効用の計算と比較には時間が必要だが，われわれが普段遭遇する状況ではそんな時間はないことが多い。さらにいうと，行動の動機，目標と副目標という階層内におけるそれら動機の構造，そして目標を副目標へと還元する別の方法などは考慮されない。

おそらく多くの人は，決定を行うガイドとして決定理論ではなくヒューリスティクスを使う。ヒューリスティクスは日常的に起こる状況の多くに効率的に対応でき，決定理論的分析を使うと至るであろう決定をしばしば近似する。しかし，ヒューリスティクスはあらゆる種類のバイアスの影響を受け，われわれが人生で最も重要な決定を行うようなときには悪い選択を導くこともある。

可能な限りよい選択を行うことが重要となる状況では，われわれは自身のヒューリスティクス的な反応を監視する必要がある。そして目標と副目標の階層構造全体におけるそれらの反応の役割を分析しなければならない。われわれは自身の直感的な反応の暗黙的な目標について自問し，それら目標を達成する選択肢となる諸手段を決定し，そのありうる帰結を調査し，賢い選択を行う必要がある。

しかし，どのような方法で決定を行ってみたところで，われわれは結果の不確実性から逃れることはできない。本章や本書全体を通してみてきたように，われわれの行動の結果は通常，世界の不確実な状況に依存している。

> 特定の結果が起こるのは，
> わたしがある行動をとり，かつ世界が特定の状態にある場合である。

世界は不確実な場所であり，世界に関するわれわれの知識はまったく不完全なものであるため，不確実性を伴うことなく結果を判断することは不可能である。

本書がとっている不確実性への態度は，David Poole［1997］が考案したアプローチに基づいている。このアプローチでは，確率は条件文全体ではなく，条件文の条件部と紐づけられる。このアプローチは，例えばある観察に関し，アブダクションによる異なる説明の間での選択を助けるといった，確率の他の応用法と相性がいい。確率と論理の統合は，今日の人工知能研究で最も活発に取り組まれている領域の 1 つである。De Raedt et al.［2008］に収録されている論文集に，この分野の最近の成果[訳注 1]の概観がある。

訳注 1　原書が出版された時点（2011 年）における「最近の成果」である。

第12章

動機が重要

囚人のジレンマにおいて異なる行動間での選択を行う必要性を生み出していたのは，友人に不利な証言をするようにという警察からの要求の結果として発生する，達成目標を解決する必要性だった。外部のイベントによってトリガーされる達成目標は，あなたが最終的に選ぶ行動の**動機**（motivation）である。

しかし古典的な決定理論では，行動の動機は特定されない。加えて，起こりそうな帰結のみを考慮することで選択肢の評価を行うことが期待されている。

プロダクションシステムにおける競合解消は，相互排他的な行動の間で決定を行うという類似した必要性を決定理論と共有する。しかし，決定理論では判断の決め手となるのが行動のありそうな帰結であるのに対し，プロダクションシステムでは決定は通常，より単純な考慮すべき事柄へとコンパイルされる。プロダクションシステムでは行動は条件－行動規則という手段を使って明示的に導出され，その動機（目標）は典型的には暗黙的（創発的）なものである。

動機が見当たらない，あるいは暗黙的なものである決定理論やプロダクションシステムとは対照的に，AI 分野における古典的なプランニングシステムでは，動機は中心的な関心事となる。古典的なプランニングにおいては，行動のプラン（計画）はより高水準の達成目標によって動機づけ（目的づけ）される。しかし，決定理論とは異なり，この場合では行動の意図しない帰結は一般的に無視される。異なるパラダイムのなかで行動を評価するそれぞれの方法は，以下の表のようにまとめることができる。

行動の評価	プロダクションシステム	決定理論	古典的プランニング	計算論理
動機	なし	なし	あり	あり
帰結	なし	あり	なし	あり

計算論理では，行動は達成目標によって動機づけられ，達成目標は持続目標によって生成され，持続目標は世界の変化の観察によってトリガーされる。どの行動選択肢を実行すべきかの決定は，最初に行動を動機づける達成目標も含めた，行動の起こりそうな帰結の評価によって情報が与えられる。この決定は，決定理論の技法を使うことによって促進される。あるいは決定はより実用上有用な目標や信念へとコンパイルでき，その場合には動機や帰結の評価は明示的ではなく創発的なものとなる。

道徳的な考慮

決定理論は，エージェントの個人的目標の最適な達成へと向かう行動をガイドする。そのような個人的目標は，エージェント自身の私利だけに関するものかもしれないし，あるいは他のエージェントの利益を含んでいるのかもしれない。囚人のジレンマのところで見たように，他のエージェントの利益にも価値を置くと，エージェント個人の利益がよりよく達成できる場合がある。おそらくは，他のエージェントの利益も含む個人的な目標を促すものが，道徳に関する人間の直感の基盤である。

道徳は宗教の主要な関心事の 1 つだが，心理学的な研究は，幅広く異なった文化的 / 宗教的背景を持つ人々が類似した道徳的直感を共有していることを示してきた［Hauser et al. 2007］。さらにこれらの研究は，そのような直感の多くが，行動の動機と帰結とを区別することに依存していることを示している。特にそれらの研究は，**二重効果の原則（principle of double effect）**を支持している。

二重効果の原則では，もしある行動がよい結果を導くことを動機としたものであれば，その行動が悪い帰結をもたらしても道徳的に容認可能なこともあると考える（ただし，その悪い帰結が，よい結果へと至る手段として意図されていなかった場合）。しかし，もしある行動が悪い結果によって動機づけされていたり，よい結果へと至るために悪い手段の使用が関与するような場合には，たとえよい帰結が悪い帰結を上回る場合であっても，その行動は道徳的に容認できないものとみなされる。

二重効果の原則は例えば，無辜の市民に危害が及ぶ危険性があったとしても，戦争中に軍事施設への爆撃を正当化するといったことに使われてきた。しかし，敵に恐怖を与えるために市民を標的とした爆撃を行えば，それは非難の対象になる。

二重効果の原則は**帰結主義（consequentialism）**と対照される。帰結主義は決定理論と同じく，行動の帰結（結果）のみに関心を持つ。帰結主義に従うなら，軍事施設を破壊する際の副次的な結果として無辜の市民を殺すことと，恐怖を与えるために意図的に市民を殺すこととの間に，道徳的な違いはない。

二重効果の原則はまた，法律における規範の役割も果たす。例えばこの原則は，ある人の死を直接的に意図した殺人と，それほどの悪意はないがそれでも非難されるべき意図の副次的な結果として起きた予見可能な過失致死の違いを説明する。

したがって二重効果の原則は，道徳的直感を理解するための記述的な役割と，法律における規範的な役割を果たす。Mikhail［2007］は，この二重の役割を次のような主張を提示しながら説明している。すなわち，人々は道徳的直感をガイドするこの原則に気づいていないように見えるが，「これらの人々は直感的な法律家であり，法的・道徳的な問題を分析するにあたっては，結果，手段，副次的効果，明白な悪事（暴行のような）の関連性を暗黙的に認識していると想定することによって，このような判断を説明できる」という主張である。

課題は，決定理論のみでは説明できないこれらの直感を説明することである。

暴走するトロッコ

二重効果に関する直感に焦点を当てた最も有名な心理学的実験が，**トロッコ問題（trolley problem）**である。これには以下の2つの主要なバージョンがある。

乗客バージョン：暴走するトロッコが5人を轢き殺そうとしている。運転手は気絶している。あなたはトロッコに乗っており，ボタンを押すことによってトロッコを側線の線路へと路線変更し，5人の命を救うことができる。しかし，側線の線路上に立っている1人を轢き殺してしまう。ボタンを押すことは道徳的に容認できるか？

歩道橋バージョン：暴走するトロッコが5人を轢き殺そうとしている。あなたは線路上にかかっている歩道橋の上に立っている傍観者である。トロッコを止めて5人を救う唯一の方法は，トロッコの前方に重い物体を投げ入れることである。周囲にある唯一の重い物体は，あなたの隣に立っている大きな男である。男を線路に突き落とすことは道徳的に容認できるか？

およそ5,000人のボランティア被験者が参加したインターネット上の実験［Hauser et al. 2007］では，85％の人が，乗客がボタンを押すことは容認できると判断した。しかし，傍観者が男を歩道橋から突き落とすことが容認できると判断したのは12％だけであった。2つの状況の違いは，二重効果の原則によって説明される。乗客がボタンを押す場合では，側線の線路上にいる人はボタンを押すという行動の帰結として殺される。そしてこれは5人を救うことの副目標である。ボタンを押すという行動は，それ自体としては悪いものではない。そのため，多くの人はこの行動を道徳的に容認できるものとみなす。

しかし，傍観者が男を歩道橋から線路へ突き落とす場合では，仮に5人を助けるという道徳的によい目標を達成する手段であったとしても，男を歩道橋から突き落とすという行動自体が道徳的に悪いものである。

ここで帰結主義に従えば，両方の状況が同じ道徳的立場を持つ。そして最大多数の最大利益を目指すべきと考える**功利主義（utilitarianism）**に従えば，両方の状況が道徳的に正当化可能で，何もしないよりは望ましいものとされる。

人々は行動の道徳的判断において二重効果の原則を潜在意識的に適用していると仮定することは，トロッコ問題などにおける直感的判断を説明するかもしれない。しかし，なぜ人々が単純な決定理論ではなく二重効果の原則を使うのかを説明してはいない。まずはトロッコ問題の論理的表現を検討した後に，動機が重要であるということを説明しよう。

トロッコ問題の論理

下記の表現はトロッコ問題に特化したものである。本書の他の例と同じく，当面の問題に必要となる具体的な信念から汎用的な信念を区別するために，この表現はより一般的に記述することもできた。しかし，特化した表現には，重要性の低い細かい点を無視することを可能にするという利点がある。

信念：ある人が殺されるのは，その人がトロッコによって轢き殺される危険があり
かつ，誰もその人をそのトロッコによって轢き殺されることから助けない場合である。

あるエージェントがある人を殺すのは，
そのエージェントがその人をトロッコの前に突き落とす場合である。

ある人がトロッコによって轢き殺される危険があるのは，
その人が線路の上におり
かつ，トロッコがその線路に走ってきて
かつ，その人が線路から逃げられない場合である。

ある人がトロッコによって轢き殺されることをあるエージェントが助けるのは，
そのエージェントがそのトロッコを止める
または，そのエージェントがそのトロッコを逸らす場合である。

あるエージェントがトロッコを止めるのは，
そのエージェントがそのトロッコの前に重い物体を置く場合である。

あるエージェントがトロッコの前に重い物体を置くのは，
その重い物体がそのエージェントの隣にあり
かつ，そのトロッコが線路上にあり
かつ，そのエージェントがその物体を線路へ突き落せる距離におり
かつ，そのエージェントがそのトロッコの前にその物体を突き落とす場合である。

あるエージェントがトロッコを逸らすのは，

そのトロッコの前に側線の線路があり
かつ，そのエージェントがそのトロッコに乗っており
かつ，そのエージェントが路線変更ボタンを押す場合である。

トロッコが側線の線路を走るのは，
そのトロッコがある線路を走っており
かつ，そのトロッコの前に側線の線路があり
かつ，あるエージェントが路線変更ボタンを押す場合である。

さらに詳細な定式化では，例えばイベント計算を使い，路線変更ボタンを押すという行動はトロッコが現在の線路を走るという状態を終了させ，トロッコが側線の線路を走るという状態を開始させることに言及するだろう。

現在の状態：5 人が本線の線路上にいる。
1 人が側線の線路上にいる。
トロッコは本線の線路上を走っている。
側線の線路がそのトロッコの前方にある。
5 人は本線の線路上から逃げられない。
1 人は側線の線路上から逃げられない。

メアリーはトロッコに乗っている。
ジョンはボブの隣にいる。
ジョンは重い物体である。
ボブはジョンを本線の線路上に突き落とせる距離にいる。

これらの信念のなかには誰が何をするかの動機となるものが何もない。ボブ，ジョン，メアリーを動機づけするためには，動機となる目標が必要である。本書で提示した他の例と同じく，動機となる目標は，環境の観察によってトリガーされる持続目標から導出された達成目標である。この場合では，持続目標とそれを支持する関連信念は以下のようなものかもしれない。

目標：もしある人がトロッコによって轢き殺される危険があるならば，
あなたはその人がそのトロッコによって轢き殺されるという危険に反応する。

信念：あなたがある人がトロッコによって轢き殺されるという危険に反応するのは，
あなたがその危険を無視する場合である。
あなたがある人がトロッコによって轢き殺されるという危険に反応するのは，
あなたがその人をそのトロッコによって轢き殺されることから助ける場合である。

3人のエージェントのすべてが現在の状況に関する知識を持っており，かつ単純化のために本線の線路上にいる5人をひとまとめに扱うとすれば，3人のエージェントは同様にこう結論づけるだろう。

前向き推論：　5人がトロッコによって轢き殺される危険がある。
達成目標：　あなたは5人がそのトロッコによって轢き殺される危険に反応する。
副目標の選択肢：あなたはその危険を無視する。
副目標の選択肢：あなたはそのトロッコに轢き殺される危険から5人を助ける。

メアリーは路線変更ボタンを押してトロッコを逸らすことにより，5人を助けることができる。ボブはトロッコの前にジョンを突き落とし，トロッコの前方に重い物体を置いてトロッコを止めることにより，5人を助けることができる。ボブにとっては幸いなことに，ジョンはボブをトロッコの前に突き落として5人を救うことはできない。ボブが重い物体であるとジョンが信じる理由がないからである。またジョンにとっては都合がいいことに，ここでわれわれは「ジョンが自らの意志でトロッコの前に身を投げて5人を救う」という可能性を無視している。したがって，副目標の2つの選択肢間で選択を行わなければならないのはメアリーとボブのみである。

メアリーは，路線変更ボタンを押すことによって5人を救うかどうかを決めなければならない。事態の切迫さを考えると，メアリーには行動のすべてのありうる帰結を熟考する時間があるのかもしれないし，ないのかもしれない。もし彼女に十分な時間があって十分に冷静だったとしたら，（誰もその人を助けなければ）トロッコによって側線の線路上にいる1人が殺されると彼女は結論するだろう。しかし，ほぼ間違いなく1人が死ぬことと，確実に5人を救うことを比較すれば，何もしないよりはましである。

もし帰結についてしっかり考える時間がメアリーになかったら，5人を救うことは何もしないよりいいと単純に判断し，帰結がどうであろうが彼女はボタンを押すかもしれない。どちらの場合でも，彼女の振る舞いは道徳的に正当化されている。彼女の意図はよいものであるし，ありうる悪い副次的効果は意図されたものではないし，利益のほうが大きいからである。

一方でボブは，トロッコの前にジョンを突き落とすことによって5人を救うかどうかを決めなければならない。ボブにこのプランを生成する十分な時間があれば，ジョンをトロッコの前に突き落とせば帰結としてジョンが死ぬだけではなく，目的を達成する手段として彼がジョンを殺すことに気づく時間的余裕があるかもしれない。

もちろん，行うに値する行動かどうかを決めるために，ボブは決定理論を使うことができる。5人を助けることを，1人を殺すことと比較する。この計算は，ジョンを殺すほうに有利に傾く。しかし，ジョンを殺すことの帰結として自身が犯罪を犯すことになるとボブが結論したら，この計算はそれほど簡単ではない。

このような場合，もし以下のような明確で単純な規則（制約）があれば，意思決定はずっと容易になる。

もしあるエージェントがある人を殺し
かつ，その人が他の人の生命を脅かしていないならば，
偽。

もしボブがこのような規則を持たなければ，5人を救うというより高水準の

よい意図から，彼はジョンを線路に突き落とすと判断するかもしれない。それでもわれわれは，彼の行動が道徳的に容認できないと判断する可能性がある。われわれのこの判断は，ボブが道徳的制約を欠いていることに関する懸念から正当化できるだろう。彼の制約の欠如は，この状況でいえば全体としてはよい帰結を導くかもしれないが，別の状況では非常に悪い帰結を導きうる。

もしボブがこのような制約を持っており，しかしそれでもなおジョンを線路に突き落とすことを選択するようなら，それはボブにはプランを生成するための十分な時間はあったが，制約をトリガーして実行する時間はなかったのに違いない。あるいはこの一件が裁判沙汰になれば，弁護士はそう主張するだろう。

道徳的制約の計算的な事例

道徳的制約を宗教的な背景から支持することは可能だろう。しかし，決定理論的な規範に従って最適な決定を行う時間や知識がない多くの状況が存在するのだという，計算的な背景から制約を支持することもできる。ただし，仮に時間や知識があったとしても，「自身や家族・友人の利益が，敵や最大の競争相手の利益と同程度の価値しか持たない」とする純粋に効用主義的な原則をすべての人が遵守するのを期待することは，理に適ったものではないと思われる。

もし，すべての人が何の制約も受けずに決定理論を使うと，社会は大混乱となるだろう。一部の人は，自分の利益に合致した恣意的な効用手段を自由に採用し，他人の利益を踏みにじるだろう。そのような無制御な利己主義の行使による反社会的帰結を防止するために，社会は個々人の振る舞いに制約を課す。しかしそれを効果的に実施するためには，時間や知識が不足している場合であっても，それら制約は単純かつ簡単に適用できる必要がある。

トロッコ問題に関する本書の表現において，先の制約は十戒の 6 番目「汝殺すなかれ」の限定付きバージョンである。そして人を殺す唯一の方法は，トロッコの前に人を突き落とすことであった。これは過剰な単純化である。人を殺すことに関して非常に限定的な定義を採用しており，ボブに対しては適用しやすいが，メアリーに対しては適用しづらい。そこで，別のより現実的な定義が考えられる。

あるエージェントがある人を殺すのは,
そのエージェントがある行動を起こし
かつ，その行動がその人の死の原因となる場合である。

これは因果関係をどのように定義するかに依存して，ボブとメアリーの両者に適用できる。人をトロッコの前に突き落とすことは，確実にその人の死を導く。しかし，路線変更ボタンを押すこともまた，側線の線路上にいる人の死の原因となるのだろうか？

哲学者や法学者はこの種のジレンマと数世紀にわたって格闘してきた。もっと簡単な解決が存在するはずである。そうでないと，制約の行使は因果関係という厄介な問題の解決を要求し，現実に制約を適用することが不可能となってしまいかねない。

1つの簡単な解決法がある。「その行動がその人の死の**原因となる**」という条件を，計算的によりシンプルな条件，つまり「その行動が1ステップ内で死を**引き起こす**ことによって，その人の死の直接的な原因となる」で置き換えるのである。

あるエージェントがある人を殺すのは,
そのエージェントがある行動を起こし
かつ，その行動がその人の死を**引き起こす**場合である。

多くの場合，ある行動がある人の死を引き起こすかどうかの決定に必要なのは1ステップの演繹的推論のみであり，この推論は成人で通常の能力を持つすべてのエージェントが実行可能なはずである。この推論は，人を殺すことの定義を制約へとコンパイルすることによってさらに単純化できる。

もしあるエージェントがある行動を起こし
かつ，その行動がある人の死を**引き起こし**
かつ，その人が他の人の生命を脅かしていないならば,
偽。

対照的に，ある行動がある人の死の「原因となる」かどうかを決めることは，行動の長い連鎖を通した際限のない推論が必要となる可能性がある。推論の数が増えるにつれ，その実行可能性をエージェントに期待することは難しくなる。

悪い帰結を「引き起こす」行動に対する単純な制約を使うことは，制約の実行をずっと簡単にするが，起こりうるすべての問題を解決するわけではない。エージェントの行動の直接的影響が世界の状態にも依存するような，難しい状況は常に考えられる。例えば，あるエージェントが車のスピードを出しすぎてコントロールを失ったことによって，ある人の死が引き起こされるような場合である。

このような困難なケースを扱うのは法律専門家の仕事であり，本書の守備範囲を超えている。しかし，この話題から離れる前に，制約に関するもっと大きな問題がある。

違反をどう扱うべきか？

制約を使うにあたり問題となるのは，制約に違反した人々の扱いである。違反者は制約を破り，そのまま逃げきるか，あるいはペナルティを払うかすることになる。非常ボタンは不適切に押してはいけない。もしそれを行えば，あなたは50ポンドの罰金を支払うことになる。

しかし論理的にはこの考え方は機能しない。偽という結論を持つ条件文として制約を定式化することは，制約の条件が真となることを防ぐはずである。偽という結論が導出されたときにのみ適用される付加的な制約を持つことは，理に適わない。

この問題は，チザムのパラドックス（Chisholm's paradox）という形で哲学的な論理学において研究されてきた［Chisholm 1963］。このパラドックスは通常，ある種の義務論理として定式化されるが，制約という視点からも定式化できる。以下はこのパラドックスのインフォーマルな言明である。

> ジョーンズは隣人を手伝いに行くべきである。
> 「もしジョーンズが行くならば，彼は行くことを隣人に伝える」べきである。
> もしジョーンズが行かないならば，彼は行くことを隣人に伝えるべきではない。

ジョーンズは行かない。

標準的な義務論理では，これらの言明は逆説的な結論を含意する[訳注1]。

ジョーンズは行くことを隣人に伝えるべきである。
ジョーンズは行くことを隣人に伝えるべきではない。

ほとんどすべての義務論理は様相論理であり,「べきである（ought)」は,「かつ（and)」や「または（or)」,「もし～ならば（if then)」「～でない（not)」などと同じ論理結合子である。しかし，本書で使用している計算論理の基盤となるアブダクティブ論理プログラミング（abductive logic programming：ALP）では, 義務と禁止は整合性制約（integrity constraint）によって表現され, これには持続目標と制約が含まれる。以下は ALP 視点からのパラドックスの表現である。

目標：ジョーンズは行く。
　　　もしジョーンズが行くならば，ジョーンズは行くことを伝える。
　　　もしジョーンズがとどまる，かつジョーンズが行くことを伝えるならば，偽。
　　　もしジョーンズがとどまる，かつジョーンズが行くならば，偽。
信念：ジョーンズはとどまる。

一番目の文は達成目標である。この話のより完全なバージョンでは，この目標は「もしある人が手助けを必要としている，かつジョーンズが手助けできるならば，ジョーンズは手助けに行く」といったような持続目標によって導出されたのかもしれない。

二番目の文は持続目標でも通常の制約でもないが，それでもこれは典型的

訳注1　ジョーンズが手伝いに行くことを g，そのことを隣人に伝えることを t で表すと，義務論理では一番目の文は Og，二番目の文は O(g → t) と表される（ここで O は「べきである」を表す義務演算子)。このとき，Og と O(g → t) から Ot が演繹される一方で，三番目の文¬g → O ¬t と四番目の文¬g から O ¬t が演繹され，両者は矛盾する。

な整合性制約である。データベースの観点からは，データベースが「ジョーンズが行く」という記録を含むときには常に，「ジョーンズは行くことを伝える」という記録も含むという制限を課す。ALP/ プランニングの観点からは，「ジョーンズが行く」という行動を含むいかなるプランも，「ジョーンズは行くことを伝える」という行動も含むという制限を課す。

三番目と四番目の文は制約である。四番目の文は,「とどまる」ことは「行く」ことと対立することを記述している。三番目の文は，ジョーンズが「とどまる(行かない)」ことと同時に「行くと伝える」ことに制約をかけている。

五番目の文は，「ジョーンズは行かない」ことを肯定的な原子的事実の形で記述している。五つの文の集まりは全体として偽という結論を含意するだけでなく，一番目，四番目，五番目の文のみで偽を含意する。言い換えれば，ジョーンズは行くべきであるが，行かない。ALP の表現では，二番目の文と三番目の文は機能を果たさない。

制約とその違反は，規則と例外に似ている。基本的な制約は一般的な規則のようなものであり，違反を扱う補強的な制約は例外のようなものである。既に見たように，通常の規則と例外の場合では，例外が適用されない一般的な規則に明示的な条件を加えることで，矛盾は避けられる。制約とその違反に関するパラドックスの解決も，同様の方法で試みることができる。ジョーンズの例の場合，基本的な制約に例えば「ジョーンズは無責任ではない」といった付加的な条件を加えることができる。

もしある人が手助けを必要としている，かつジョーンズは手助けできる，
かつジョーンズが無責任でないならば，ジョーンズは手助けに行く。

無効可能な義務論理の文脈［Nute 1997］や，データベースにおける整合性制約の違反の修正［Bertossi and Chomicki 2003］の両者のアプローチから，この種の複数の解決法が考案・検証されている。この種の問題はまた，計算においてはより一般的に発生する。例えばプログラムが機能せず，修正手段が必要な場合などである。計算においてこのような問題に関する実用的な解決法が存在することは，より論理学的な文脈でも類似の解決法が存在することを示唆している。しかし，そのような解決法の探究は，本書の範囲を超えた別の問題となる。

結論

囚人のジレンマは，あるエージェントは他のエージェントの利益にも価値を認め，行動の効用判断に際してそのような利益も考慮に入れるべきであることを示している。より一般的には，囚人のジレンマや類似の例は，あるエージェントの決定は当該エージェントに関する帰結だけではなく，全体としての社会の利益によって判断できることを示している。社会の一般的利益に対するそのような関心は，道徳に関する人間の直感の基盤のように思える。

囚人のジレンマにおいては，道徳的な価値は，効用を判断する際に他者の利益も考慮に入れることによって比較的単純に取り入れることができる。帰結主義や功利主義に従えば，これらの判断は一般的にエージェントの決定の道徳状態を決めるために十分なものである。しかし，二重効果の原則の支持者からすると，それは人間の道徳的直感を完全には説明しておらず，法律分野における目的と手段と副次的効果の間にある区別の規範的役割も説明していない。

トロッコ問題に関する道徳的直感の心理学的な実験は，動機に関しても帰結に関しても，人々はエージェントの行動を本能的に判断することを示している。計算論理は，そのような道徳的直感を説明できるエージェントのモデルを提供することをみてきた。そのようなモデルが示すのは，知識や時間の限られた状況では，エージェントは選択肢となる候補行動と関連するすべての帰結の期待効用を判断・比較できない可能性があるということである。そのような状況では，道徳的に容認できないとみなされる行動を避けるために，エージェントは制約を使うことができる。

一般的な場合やトロッコ問題のような特定問題における計算的道徳（computational morality）への計算論理の応用は，ルイス・ペレイラによって研究されている［Pereira and Saptawijaya 2007, 2009］。本章では二重効果の原則と関連する道徳的直感を正当化するために計算論理を使ったが，だからといって計算論理の利用がただ１つの道徳理論のモデル化や正当化に制限されるわけではないし，トロッコ問題のただ１つの分析のモデル化に制限されるわけでもない。目標，副目標，制約，帰結といった概念的フレームワークは道徳的には中立であり，良かれ悪しかれ多くの目的に利用することができる。

第13章

変化する世界

数学における意味論的構造は静的なものであり，真理は永遠である。しかし現実世界に組み込まれた知的エージェントにとって，意味論的構造は動的なものであり，唯一変わらないものこそが変化である。

変化を理解する最もシンプルな方法はおそらく，行動やその他のイベントを，ある静的な世界構造から次の世界構造へと状態の変化を引き起こすものとみなすことだろう。例えば，

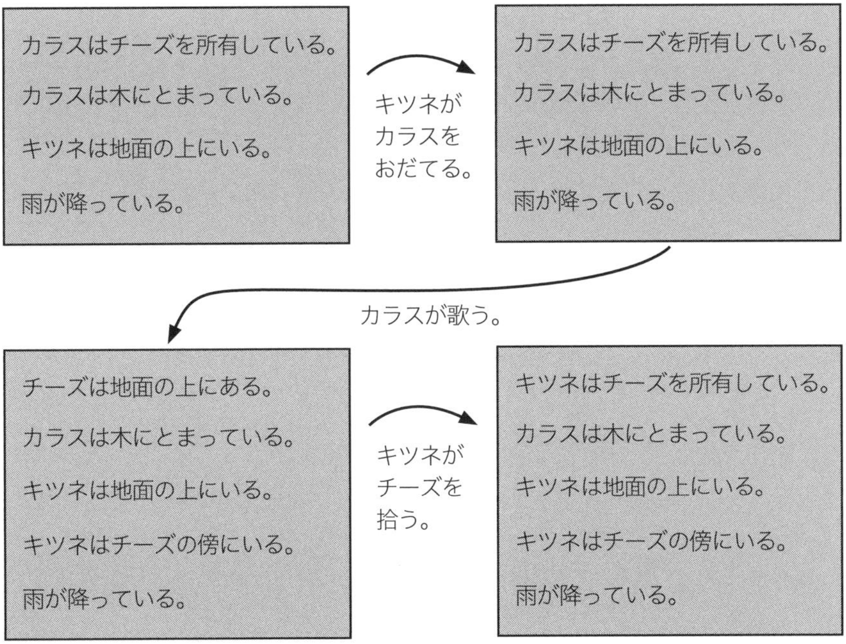

変化に対するこの見方は，様相論理の**可能世界意味論**（**possible world semantics**）によって定式化される。**様相論理**（**modal logic**）において，文は到達可能性という関係によって互いにつながった複数の可能世界の集まりのなかに組み込まれた，静的な可能世界に対応する真理値を与えられる。

時間の様相論理では，状態を変化させる単一のイベントによって別の世界から到達可能な可能世界は，別の世界から直接的に**到達可能**（**accessible**）と呼ばれる。「過去において（in the past）」,「未来において（in the future）」,「〜の後（after）」,「〜以降（since）」,「〜まで（until）」などの構文論的記述は**様相演算子**（**modal operator**）として扱われ，これは「かつ（and）」や「または（or）」,「もし〜（if）」「〜でない（not）」「すべての（all）」のような論理結合子である。

通常の古典論理と同じように，様相演算子を含む文の真理値は，より単純な文の真理値によって規定される。しかし，古典論理では真であることは1つの解釈（または可能世界）に対応するものなのに対し，様相論理において真であることは可能世界の集まりのなかの1つの可能世界に対応するものである。例えば,

> 可能世界の集まり C のなかのある可能世界 W において「未来における P」という形式の文が真であるのは,
> 一連の状態変化のイベントよって W から到達可能な可能世界 W' が C のなかに存在し
> かつ，文 P が W' において真の場合である。

例えば様相論理では，以下の文を記述することが可能である。

> 未来においてカラスはチーズを所有している。

この文は，キツネとカラスの物語の始まり時点の可能世界では真であり，話の終わり時点での可能世界では偽である（物語が終了した後の可能世界はないものと仮定)。

様相論理的なアプローチに対する1つの批判は，その**オントロジー**

(ontology；存在論) が保守的すぎ，知識表現が受け入れがたいほど難しくなることである。代替案は，イベントや世界の状態を個体として扱うことによって，言語の記述力を上げることである。あたかもそれが存在するかのように，何かを個体として扱うためには，それを**具象化する**（reify）必要がある。このプロセス自体は**具象化**（reification）と呼ばれる。

具象化のメリットは，ものごとについてより簡単に語れるようになることである。逆にデメリットとして，具象化に強い困惑を感じる人もいる。キツネやカラス，チーズのような実体を持つものを個体として語るのはわかる。しかし，世界の状態やその類の抽象的な対象まであたかも普通の個体であるかのように語るとなると，話は違ってくる。

状況計算

状況計算（situation calculus）は，様相論理と同じく変化というものを世界がある状態から別の状態へ転換することとみなす。しかし状況計算は，行動と状態（または状況）を個体として具象化する。状況計算は事実上，様相論理の到達可能な関係性を，通常の物質的オブジェクト間での「キツネはチーズを所有している」のような他の関係と共に，第一級関係（first-class relation）として扱う。

例えば状況計算では，キツネとカラスの物語においては単一の関連する意味論的構造のみが存在し，それは通常の個体に加えて，行動を表す個体や全体的な状態を表す個体を含む。そのような文は以下のように記述が可能である。

物語の開始時点の状態において，カラスはチーズを所有している。
物語の開始時点での状態の後，
キツネがカラスをおだてた後，
カラスが歌った後，
キツネがチーズを拾った後，
の状態において，カラスはチーズを所有している。

上記の最初の文は真であるが，二番目の文は偽である。

行動や状態を個体として具象化することは，世界の状態に対する行動の結果について表現および推論することを可能にする。もしわれわれが“事実”をも具象化すれば，この表現は２つの状況計算の公理として定式化できる。

ある行動の後の状態においてある事実が成り立つのは，
その行動がその事実を開始させ
かつ，その行動の直前の状態においてその行動が可能な場合である。

ある行動の後の状態においてある事実が成り立つのは，
その行動の直前の状態においてその事実が成り立ち
かつ，その行動の直前の状態においてその行動が可能であり
かつ，その行動がその事実を終了させない場合である。

キツネとカラスの物語のオリジナルのバージョンは，開始させる（initiate），終了させる（terminate），可能である（is possible）といった適切な述語を定義することによって，状況計算の観点から再定式化できる。この目的のためには，「カラスが歌う」といった行動も事実として扱うと便利である。

ある動物がある物体を拾うという行動は，
　その動物がその物体を所有するという事実を開始させる。
ある動物がある物体を拾うという行動は，
　その動物がその物体の傍にいるという状態において可能である。

わたしがカラスをおだてるという行動は
　カラスが歌うという事実を開始させる。
わたしがカラスをおだてるという行動は，
　任意の状態において可能である。

カラスが歌うという行動は，
　わたしがチーズの傍にいるという事実を開始させる。
カラスが歌うという行動は，

　　カラスがチーズを所有しているという事実を終了させる。
　カラスが歌うという行動は，
　　任意の状態において可能である。

理論的には，キツネのようなエージェントは行動を計画し，帰結を推論し，他のエージェントの行動の帰結を推論するために，信念のなかに上記のような公理[訳注1]を含めることができる。しかし現実では，二番目の状況計算の公理（**フレーム公理（frame axiom）**と呼ばれる）の使用は，計算的な爆発を引き起こす。**フレーム問題（frame problem）**と呼ばれるこの問題はしばしば，変化に関する推論に論理を使用することに内在する問題とみなされる。

この物語の終わりにカラスがチーズを所有しているかどうかを決定するという目標に関しては，フレーム問題はそれほど重要ではない。フレーム公理を用いた後ろ向き推論の 2 回の適用は，目標を副目標の連言へと還元する。そのような副目標のうちの 1 つは，歌うという行動はカラスがチーズを所有しているという“事実”を終了させないことを示すことである。しかし，歌うという行動は実際にはその事実を終了させるため，この副目標は偽である。したがって，最初の目標もまた偽である。

しかし，この物語の開始時点で雨が降っていたと仮定して，この物語の終わりに雨が降っているかどうかを決定するという目標では，フレーム問題はかなり重要になる。物語の開始と終了の間にあるすべての状態で雨が降っていたことを示すためには，前向きに使うにしろ後ろ向きに使うにしろ，物語で行動が発生するのと同じ回数でフレーム公理を何度も使う必要がある。この類の思考はキツネとカラスの想像上の世界ではそれほど難しくないが，現実世界に住む現実のエージェントにとっては明らかに不可能である。

おそらくこの問題の発生源は論理ではなく，状況計算が様相論理の可能世界意味論と共有する，変化に対する状況計算的な視点にある。双方の場合で，ある行動は世界の全体的な状態を変化させることとして扱われる。結果として，ある世界の状態において成り立つ事実がその終了まで成立し続けることを示

訳注 1　ここでいう“公理”は，前頁の「2 つの状況計算の公理」として定式化したものを指す。

すためには，その間に世界全体を通じて起こるすべての他の行動について知り，推論を行う必要がある。

変化に対するイベント指向的アプローチ

一方，世界をある状態から別の状態へ遷移させるものとして行動を大局的に捉える視点を捨て，より局所的な視点へと置き換える方法がある。この視点では，行動やその他のイベントは，世界の異なる場所で同時にかつ独立して起こりうる。

イベント計算における**イベント**（event）は，エージェントによって実行される通常の意味での行動に加えて，チーズが地面に落ちるといった，無生物によって生起される行動として比喩的に理解される他のイベントの両方を含む。

単純化のために，イベントは瞬間的に起こるものと仮定できる。この目的のために，一定の継続時間を持つイベントは，それを開始させる瞬間的なイベントと，それに続く継続的な変化の状態，そしてその後に続くそれを終了させる瞬間的なイベントへと分解できる。したがって，チーズが地面に落下するというイベントは，以下のような瞬間的なイベントへと分解できる。つまり，チーズが地面へと落ち始めるという瞬間的なイベントが発生し（これはチーズが実際に落下するという状態を開始させる），続いてチーズが地面に着地するという瞬間的なイベントが起こる（これはチーズが落下するという状態を終了させる）。

イベントは個体間の関係を開始あるいは終了させる。これらの関係は，それらが成り立つ時間間隔と合わせて，出来事の**原子状態**（atomic state）とみなすことができる。このような原子状態と，それを開始あるいは終了させるイベントを，次のように図示できる。

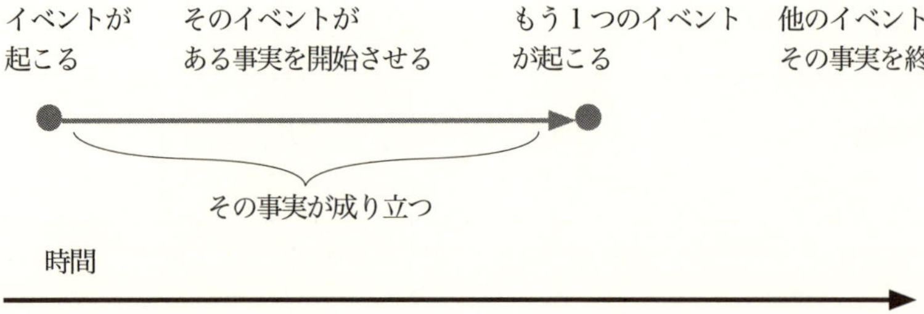

キツネとカラスの物語では，この図は以下のようになる。

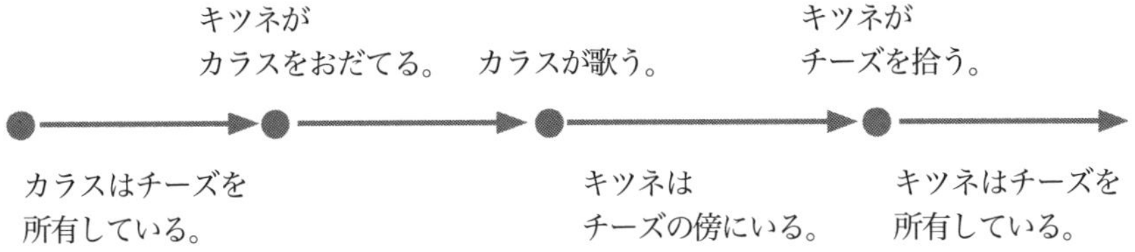

このなかで，カラスが歌うことは，カラスをおだてるという行動／イベントによって引き起こされる行動／イベントとして扱われる。この因果的な関係は，以下の一般的なパターンの具体化（インスタンス）として見ることができる。

特定の結果が起こるのは，
わたしが特定の行動を起こす，かつ世界が特定の状態にある場合である。

この場合，関係のなかの行動／イベントは，それらが生起する時間と関連している。

カラスが時点 T' で歌うのは，
わたしがカラスを時点 T でおだてる
かつ，カラスが時点 T と T' の間でおだてに反応する場合である。

条件「カラスが時点 T と T' の間でおだてに反応する」は，開いた述語である。これは，時点 T' でカラスが歌い出すという観察の説明として，あるいはチーズを得るというキツネのプランの一部として考えることが可能である。

イベントの単純化された計算

イベント計算は，イベントとそれらイベントが開始／終了させる性質との間の関係を，以下に示す公理と制約によって表現する。

公理：　ある事実がある時点において成り立つのは，
　　　　あるイベントがより早い時点において起こり
　　　　かつ，そのイベントがその事実を開始させ
　　　　かつ，2つの時点の間に起こりかつその事実を終了させる他の
　　　　イベントが存在しない場合である。
制約：　もしあるイベントがある時点において起こり
　　　　かつ，そのイベントがその時点において可能でないならば，偽。
上の制約と等価：もしあるイベントがある時点において起こるならば，
　　　　　　　　そのイベントはその時点において可能である。

このイベント計算の制約は，状況計算の条件「ある行動はある状態において可能である」の類似物である。制約はプラン形成に必須である。制約がないと，エージェントは実行時に成立しない前提条件を持つ行動を組み込んだ実行不能なプランを生成できてしまう。

多くの場合で，ある行動の実行は前提条件を終了させる。例えば，ある物体を手放すためには，エージェントはその物体を所有していなければならない。したがって，制約を正しく機能させるためにイベント計算は，「ある事実は，それを開始させるイベントの後に成り立つが，それを終了させるイベントの時点まで成り立つ」という慣習を採用する。そのため例えば，もしメアリーがジョンにリンゴをあげるならば，メアリーはリンゴをあげる時点ではリンゴを所有している必要があるが（制約），ジョンはその後にリンゴを所有する（公理）。

イベント計算を現実に適用するためには，状況計算と同じく，開始，終了，可能性，時間的順序を定義する付加的な公理を追加することが必要である。そのためイベント計算は，述語「ある事実がある時点において成り立つ」，「あるイベントがある事実を開始させる」，「あるイベントがある事実を終了させる」，「あるイベントがある時点において可能である」や，「時間的に順序づける」ための述語を閉じた述語として扱う。しかし，述語「あるイベントがある時点において起こる」は開いた述語として扱う。

イベントの帰結を予測するためのイベント計算

開いた述語「あるイベントがある時点において起こる」は，観察によって直接与えられたり，観察された事実を説明するためにアブダクションによって生成されたり，あるいは達成目標を解決するためのプランのなかで候補行動として生成されたりする。以下は3つの場合の一番目（観察によって直接与えられる場合）の例であり，開始，終了，可能性に関して状況計算の例と同様の定義が与えられているが，イベントを表現するのにイベント計算を使っている。

キツネがカラスを時点3においておだてる。
カラスが時点5において歌う。
キツネが時点8においてチーズを拾う。

われわれはまた，物語の開始時点でカラスはチーズを所有しているという事実を表現しなくてはならない。これはいくつかの方法で可能だが，最も単純なのは単に次のような付加的なイベントを仮定することである。

カラスが時点0においてチーズを拾う。

物語の終了時点（例えば時点9とする）でカラスがチーズを所有しているかどうかを決定するために後ろ向きに推論することで，イベント計算の公理は次の一連の目標と副目標を生成する。

初期目標：カラスは時点9においてチーズを所有している。
副目標：　あるイベントが時点 T において起こる，かつ $T < 9$
かつ，<u>そのイベントはカラスがチーズを所有しているという事実を開始させる</u>
かつ，時点 T と時点9の間に別のイベントが存在しない
かつ，その別のイベントはカラスがチーズを所有しているという事実を終了させる。

副目標：　カラスは時点 T においてチーズを拾う，かつ $T < 9$
かつ，時点 T と時点 9 の間に別のイベントが存在しない
かつ，その別のイベントはカラスがチーズを所有しているという事実を終了させる。

副目標：　時点 0 と時点 9 の間に別のイベントが存在しない
かつ，その別のイベントはカラスがチーズを所有しているという事実を終了させる。

Naf：あるイベントが時点 T' において起こる
かつ，T' は 0 と 9 の間である
かつ，そのイベントはカラスがチーズを所有しているという事実を終了させる。

副目標：カラスは時点 T' において歌う
かつ，T' は 0 と 9 の間である。

副目標：5 は 0 と 9 の間である。

成功：　yes!

失敗：　no!

失敗としての否定と，副目標の上記の選択順序が与えられた場合には初期目標を解決する他の方法は存在しないという事実から，カラスはチーズを所有していないという結論が導かれる。もちろんこの結論は，カラスがチーズを所有していることを開始させる時点9の前に起こる他のイベントがないという閉世界仮説に依存している。一方で，カラスが時点9の後にチーズを再び手に入れることができる可能性は排除されない（例えばキツネをおだてることによって）。

解の探索の効率は，副目標を選択する順序に強く依存することに注意しよう。上述の証明における選択の順序を考えると，探索空間に別の枝はなく，探索は非常に効率的である。しかし，例えば副目標「あるイベントが時点 T において起こる」を最初に選ぶ他の選択戦略は，非常に非効率的なものとなるだろう。探索の効率は，生起順にイベントを保存してアクセスすることによってさらに改善できる。そうすることで最も関連の強いイベント群のみが考慮される。

イベント計算とフレーム問題

まとめると，副目標選択とイベント保存に関する戦略は，必ずしもすべてではないが多くのフレーム問題の非効率性をイベント計算が克服する助けとなる。その他の非効率性は，変化に関して局所的な見方をするイベント計算の結果として回避できる。

例えば仮に，物語の開始時点で雨が降っていたということを追加してみよう。これは「時点 −1 において雨が降り出す」のような付加的なイベントを仮定することによって行う。ここで，

雨が降り出すというイベントは，雨が降っているという事実を開始させる。
雨がやむというイベントは，雨が降っているという事実を終了させる。

われわれは，イベント計算公理の副目標「あるイベントはある事実を開始させる」「あるイベントはある事実を終了させる」を前もって解決し，特殊化された以下の公理を生成することによって，「時点 9 において雨が降っている」かどうかを決定する問題を単純化できる。

ある時点において雨が降っているのは，
より早い時点において雨が降り出し
かつ，それら 2 つの時点の間で雨がやまない場合である。

この特殊化された公理を使った後ろ向き推論は，以下の一連の目標と副目標の文を生成する。

初期目標：時点 9 において雨が降っている。
副目標：　時点 T において雨が降り出す，かつ $T < 9$
　　　　　かつ，時点 T と 9 の間で雨はやまない。
副目標：　時点 −1 と 9 の間で雨はやまない。
　　　　　Naf：時点 T' において雨がやむ，かつ T' は −1 と 9 の間である。
　　　　　失敗：no!

成功：　yes!

状況計算における同様の問題の解と異なり，解の長さは時点 −1（雨が降り出す時点）と時点 9（考慮している時点）の間の状態，行動，イベントの数に依存しないことに注意してほしい。イベント計算では，解の長さは雨が降っていることを開始または終了させる関連イベントの数と，その生起時点だけに依存する。

プラン生成のためのイベント計算

観察されたイベントの帰結の予測にイベント計算の公理が使われているとき，イベント計算の制約は必要ではない。しかし制約は，観察されたイベントを監視するために使うことができる。もしある観察が制約を破ったら，エージェントはその観察を錯覚として拒絶するか，観察と対立する信念のほうを拒絶するか，どちらかを選択する必要がある。

しかしイベント計算の公理を，観察を説明する候補イベントを生成するために，あるいは達成目標を解決する候補行動を生成するために使用するときには，制約は必要である。

以下は，カラスのチーズを取得するというキツネの達成目標の解の開始部分である。この解では，最初のイベント「カラスは時点 0 においてチーズを拾う」のみが与えられている。

初期目標：キツネは時点 *T* においてチーズを所有している。

副目標：　あるイベントが時点 *T'* において起こる，かつ *T'* < *T*
かつ，そのイベントはキツネがチーズを所有しているという事実を開始させる
かつ，時点 *T'* と *T* の間で起こる別のイベントがない
かつ，その別のイベントはキツネがチーズを所有しているという事実を終了させる。

副目標：　キツネは時点 *T'* においてチーズを拾う，かつ *T'* < *T*
かつ，時点 *T'* と *T* の間で起こる別のイベントがない

かつ，その別のイベントはキツネがチーズを所有しているという事実を終了させる。

イベント計算の制約なしでは，目標を解決するためにキツネが行う必要があるのはここまでである。キツネが異なる時点の間でチーズの所有を終了させることを行わないと仮定すれば，キツネは単純に任意の時点でチーズを拾えばいい。この解は不完全なものに見えるかもしれないが，実際には補遺 A6 の証明手続きにおける解のためのすべての形式的条件を満たしている。

しかしこの解は，制約を考慮に入れた場合には実際に不完全である。制約を考慮に入れた場合，候補行動「キツネは時点 T' においてチーズを拾う」は制約をトリガーし，さらなる達成目標が生成される。

さらなる目標：「キツネはチーズを拾う」は時点 T' において可能である。

ここで，“可能性”についての以下の関連する定義を使う。

ある動物がある物体を拾うことがある時点において可能なのは，
その動物がその時点においてその物体の傍にいる場合である。

後ろ向き推論により上のさらなる目標を還元し，

副目標：キツネは時点 T' においてチーズの傍にいる。

この副目標は，われわれが開始時点で持っていたのと同種の達成目標であるが，完全なプランに一歩近づいている。

このように推論し，イベント計算の公理とイベント計算の制約を交互に使用することで，キツネは初期目標を達成するための完全なプランを迅速に生成できる。プランは関連行動に加えて，プランの邪魔となる可能性のある他の行動をキツネが実行することを妨げる副目標を含む。また，キツネのおだてにカラスは歌うことで反応するだろうという，明示的な仮定も含んでいる。

この解は必要以上に複雑に見える。見かけ上の複雑さの一部は，制約をイベント計算の公理そのものへとコンパイルすることによって排除できる。

コンパイル後の公理：
ある事実がある時点において成り立つのは，
あるイベントがより早い時点において起こり
かつ，そのイベントがその事実を開始させ
かつ，そのイベントがそのより早い時点において可能であり
かつ，2つの時点の間に起こり，かつその事実を終了させる他のイベントがない場合である。

副目標「あるイベントがある事実を開始させる」と「あるイベントがある時点において可能である」を前もって解決し，考慮している特定の事例に関して特殊化された公理を生成することによって，複雑さはさらに排除できる。例えば，

ある動物がある物体をある時点において所有しているのは，
その動物がその物体をより早い時点において拾い
かつ，その動物がそのより早い時点においてその物体の傍におり
かつ，2つの時点の間に起こり，かつその動物がその物体を所有しているという事実を終了させる他のイベントがない場合である。

このイベント計算のコンパイル後の形式は，第3章と第4章で見たキツネとカラスの物語の表現により近い。しかし，観察されたイベントの帰結を予測することに関して柔軟性がなく，制約の使用は不要である。

キツネがチーズを所有しているという観察を説明することは，キツネがチーズを手に入れるためのプランを生成することと類似している点に注意しよう。これは，プラン形成と観察の説明が形式的には同じものだからである。

部分的に順序づけられた時間

可能世界意味論と状況計算は両方とも，全体的な状態を，事実，行動，他のイベントと関連づける。一方でイベント計算は，時点を関連づける。ここまで

見てきた例では，それら時点は数字で表現され，すべての事実とイベントが同じ時系列上に直線的に並べられるという性質を持っていた。しかし，関連しないイベントの時点が直線的に順序づけられる必要はない。例えば以下のように図示できる。

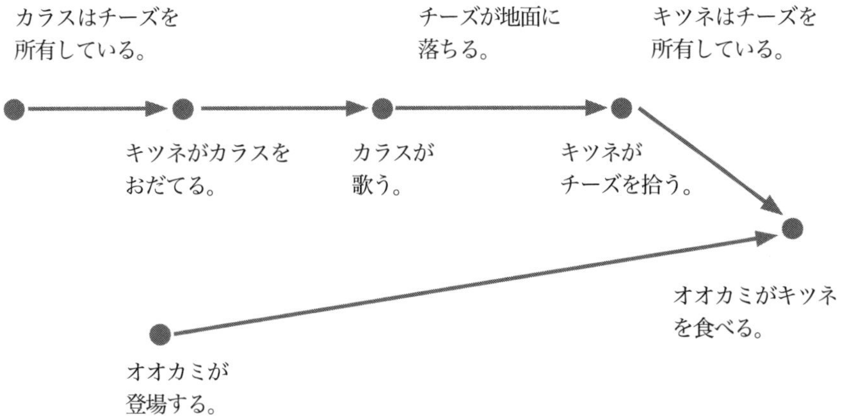

このような部分的に順序づけられた（半順序構造を持つ）イベントを表現するためには，時点に名前をつけ，ある時点が別の時点の前にあるかどうかを決める異なる方法が必要である。例えば，

時点 $_{\text{crow-pickup}}$ においてカラスはチーズを拾う。
時点 $_{\text{praise}}$ においてキツネはカラスをおだてる。
時点 $_{\text{sing}}$ においてカラスは歌う。
時点 $_{\text{fox-pickup}}$ においてキツネはチーズを拾う。
時点 $_{\text{enter}}$ においてオオカミが登場する。
時点 $_{\text{eat}}$ においてオオカミはキツネを食べる。
時点 $_{\text{crow-pickup}}$ ＜時点 $_{\text{praise}}$ ＜時点 $_{\text{sing}}$ ＜時点 $_{\text{fox-pickup}}$ ＜時点 $_{\text{eat}}$
時点 $_{\text{enter}}$ ＜時点 $_{\text{eat}}$
$T_1 < T_3$ であるのは，$T_1 < T_2$ かつ $T_2 < T_3$ の場合である。

このような異なる時間表現を用いても，イベント計算は同様によく機能する。

時系列を追う

数字，日付，時刻などを使った時間の表現は，2つの機能を持つ。時点を直線的に順序づけるだけでなく，時点間の間隔を測定するのである。間隔を見積もるこの能力は，エージェントサイクルが適切に機能するためには必須である。例えば，もしあなたが空腹だったら，あなたは力尽きて倒れる前に食べ物を手に入れてそれを食べる必要がある。あなたのほうに向かって車が走ってきたら，ひかれる前に逃げなければならない。もしあなたに午前9時に仕事の約束があるのなら，ベッドから出て，顔を洗って，朝食をとり，服を着て，通勤して，9時前には到着していなければならない。

すべてを時間内に終わらせるためには，あなたには内的な時計が必要で，それを使って観察の時刻を記録し，現在の時間と内的に導出された未来の行動のデッドライン（有効期限）とを比較する。これはエージェントサイクルにとってのさらなる仕事を作り出す。

以下を繰り返し（あるいは並行して）実行。
世界を観察せよ，
それら観察を観察時間と共に記録せよ，
思考せよ，
どんな行動をとるか決定せよ，
デッドラインを超えていない行動のみを選択せよ，
行動せよ。

例えば，空腹であるという観察へのキツネの反応について考えてみよう。キツネは手遅れになる前に食事なしでどれくらいの期間もちこたえることができるかを推測する必要がある。

もしわたしが時点 T_{hungry} において空腹であり
かつ，もしわたしが何も食べなければそれより後の時点 T_{collapse} において倒れ

そうならば,
わたしは時点 T_{food} において食べ物を手に入れ
かつ，わたしは時点 T_{food} においてその食べ物を食べ
かつ，T_{food} は T_{hungry} と $T_{collapse}$ の間である。

キツネはまた，地元の猟師による攻撃にも対処しなければならない。

もし猟師が時点 T_{attack} においてわたしを攻撃し
かつ，もしわたしが逃げなければ彼らはより後の時点 T_{catch} においてわたしを捕まえそうならば,
わたしは時点 T_{run} において猟師から逃げ
かつ，T_{run} は T_{attack} と T_{catch} の間である。

仮に，キツネは空腹であると同時に攻撃を受けているとしよう。キツネは素早く暗算を行い，食べ物を見つけるのにどのくらい時間がかかりそうかと，逃げるのにどのくらい時間がかかりそうかを見積もる必要がある。キツネは2つの異なる行動の確率と効用を判断し，全体的な期待効用を最大化するようなスケジュールを立てなければならない。キツネが計算を首尾よく行い，後続するイベントの展開で運にめぐまれれば，お腹を満たして攻撃から逃げるのに十分な時間があるかもしれない。もしそうでないなら，キツネは空腹で死ぬか，猟師に捕まって殺されてしまうだろう。

しかし，この種の推論は規範的に理想化されたもので，おそらくは知的な生物学的存在よりもロボットに向いた方法である。空腹を満たすことより攻撃から逃れることに高い優先順位を与えるもっとシンプルな方法は，ヒューリスティックな“経験則（rules of thumb）”を使うことだろう。この場合ではこれは以下のようになるかもしれない。

もしわたしが時点 T_{hungry} において空腹ならば,
わたしは時点 T_{food} において食べ物を手に入れ
かつ，わたしは時点 T_{food} において食べ物を食べ
かつ，T_{food} は T_{hungry} 後の可能な限り早い時点である。

もし誰かが時点 T_{attack} においてわたしを攻撃するならば，
わたしは時点 T_{run} において攻撃者から逃げ
かつ，T_{run} は T_{attack} のすぐ後である。

したがって，もしあなたが例えば任意の時点 0 で空腹であると同時に攻撃を受けたならば，目標は次のようになるだろう。

わたしは時点 T_{food} において食べ物を手に入れる
わたしは時点 T_{food} において食べ物を食べる
わたしは時点 T_{run} において猟師から逃げる
かつ，T_{run} は時点 0 のすぐ後であり
かつ，T_{food} は時点 0 から可能な限り早い時点である。

この場合，T_{run} は T_{food} より前に位置すべきであるだけでなく，次の瞬間が T_{run} であるべきだと決定するのは簡単なことだろう。

あなたが空腹になった後，食べ物を手に入れる前に攻撃を受けた場合も同じである。あなたはすぐに逃げ，攻撃から逃避した後にはじめて，再び食べ物を探す。

経験則は迅速で容易な決定を可能にするが，その決定が常に最適であるわけではない。もしあなたが攻撃から逃げているときに地面にチーズが落ちているのに気づいたら，規範的計算はチーズを拾った後に再び逃げても攻撃から退避するのに十分な時間があると決定するかもしれない。しかし，最もよく遭遇する状況を扱うためにつくられた経験則では，この可能性を認識できる見込みは低い。

われわれのエージェントモデルは，決定を行う方法に関しては中立的である。特に，意思決定理論の使用，おおざっぱなヒューリスティックな規則の使用，そしてそれら 2 つの組み合わせのいずれとも両立する。

歴史的背景と関連文献

イベント計算［Kowalski and Sergot 1986］は，McCarthy and Hayes［1969］によって開発された状況計算に大きな影響を受けている。イベント計算におけるフレーム問題を緩和するためのイベントの時系列的保存の使用は，Kowalski［1992］で議論されている。フレーム問題に対する急進的なアプローチとして，破壊的な更新が行われたワーキングメモリを操作するものがあり，これはKowalski and Sadri［2010］で取り上げられている。フレーム問題はマレー・シャナハンの『*Solving the Frame Problem*』［Shanahan 1997］のテーマとなっている。

人工知能における知識表現と推論に対するイベント計算の使用は，エリック・ミューラーの『*Commonsense Reasoning*』［Mueller 2006］の主な論題の1つである。認知心理学的視点からの研究もあり，『*The Proper Treatment of Events*』［van Lambalgen and Hamm 2005］では，イベント計算を自然言語における時制と相の分析に応用することが論題となっている。

第14章

論理とオブジェクト

キツネやカラスとチーズの違いは何だろうか？ もちろん，キツネとカラスは生物（animate）であり，チーズは無生物（inanimate）である。ここでいう生物にはエージェント，つまり世界に起こる変化を観察し，世界において自身が変化するものも含まれる。無生物は完全に受動的である。

しかし，あなたが極端な行動主義者なら，異なる考え方をするかもしれない。あなたはキツネ，カラス，チーズはすべて単なる**オブジェクト（object）**であり，入力－出力の振る舞いの違いのみによって区別できると考えるかもしれない。

もしキツネがカラスを見かけ，かつカラスが食べ物を口に咥えているならば，
キツネはカラスをおだてる。

もしキツネがカラスをおだてるならば，
カラスは歌う。

もしカラスがクチバシに食べ物を咥えていて，かつカラスが歌うならば，
その食べ物は地面に落ちる。

もしその食べ物がキツネの傍にあるならば，
キツネはその食べ物を拾う。

極端な行動主義が，20世紀半ばの心理学で大流行していた。コンピュータ分野においては，行動主義のより穏当な一形式がここ30年ほど流行している[訳注1]。それは**オブジェクト指向性（object-orientation）**である。

過去の極端な行動主義を笑うことは容易い。しかし今日の，オブジェクト指

訳注1　原著が発刊されたのは2011年である。

向に染まったコンピュータ科学者やソフトウェア・エンジニアを退場させるのはそう簡単ではない。今日ではオブジェクト指向性は，システム環境のモデリングからシステム要件の仕様策定，ソフトウェアやハードウェアの設計や実装まで，計算機分野のあらゆる側面で支配的になっている。

支持者たちは，オブジェクト指向性は世界を見る自然な方法を提供し，大きなシステムを制御可能な構成要素に分解することを助け，その開発と維持をより簡単にすると主張している。自然性に関するこのような主張により，オブジェクト指向性は論理一般，特に計算論理の直接的な競争相手という立場にある。

1980年代のしばらくの間，ある種の計算論理が計算機科学で中心的な役割を占めるようになるのではないかと見られていた（今日のオブジェクト指向性のように）。なぜこの競争においてオブジェクト指向性が勝利したのかを理解すれば，計算機科学だけでなく人間の推論に関する計算論理の展望の，よりよい理解が得られるかもしれない。

個体としてのオブジェクト

ものごとに対するオブジェクト指向的な見方では，世界はオブジェクトによって構成され，それらオブジェクトは外的に観察可能な入力－出力行動を通して相互作用する。従来の論理においては，エージェントと世界の関係は次のようになっていた。

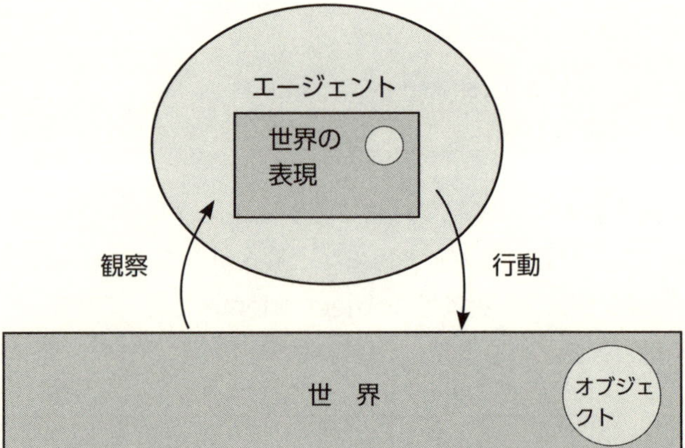

しかし，オブジェクト指向では，（世界の）外側が内側に入って次のようになる。

エージェントの観察は他のオブジェクトから受け取ったメッセージに変わっており，エージェントの行動は他のオブジェクトに送ったメッセージに変わっている。世界はオブジェクト同士が相互作用するネットワークに吸収されるか，あるいは他のオブジェクトと同様の独立したオブジェクトになる。

カプセル化

一般に，オブジェクトは**局所的状態**（local state）と**メソッド**（method）の集まりから成る。局所的状態は，オブジェクトの**属性**（attribute）の現在の**値**（value）の集まりである。メソッドは，オブジェクトがメッセージへの応答をしたり，自身の属性値を計算したりする際に用いるものである。局所的状態とメソッドのどちらもオブジェクトの内部に**カプセル化**（encapsulation）され，他のオブジェクトからは見えなくなっている。

オブジェクトのメソッドのカプセル化は，自然界に備わっている性質である。どのオブジェクトも他のオブジェクトの内部で起こっていることを知り得ないからである。理屈の上では，あなたが他のオブジェクトの内側に入れたとすれば，それがあなたと同じようなものであると発見する可能性はある。すべてのオブジェクト（熊，木，川，山，石など）が魂，つまり内的な精神状態を持っているということが，あり得ないとは言えない。逆に，あなた以外のオブジェクトがいかなる内的状態をも持たないという発見に至る可能性もある。

メソッドのカプセル化は，人工的な世界の構築のためには便利な特性である。これにより，複数のオブジェクトからなる複雑なシステムに個別のオブジェクトを組み込む際の複雑性が軽減される。というのも，エンジニアは構成物であるオブジェクトの外的な動作だけ考慮すればよいからだ。さらに，機能しているシステムのオブジェクトの１つに欠陥や陳腐化が生じても，同じ外的挙動を持つ新しいオブジェクトに置き換えることができ，この際にシステム全体の挙動への影響はない。

オブジェクト指向性は行動主義よりも穏当である。エンジニアができるのはカプセル化された既存のオブジェクトを組み合わせることだけではない。属性の値を初期化し，メソッドを実装することにより，新しいオブジェクトを作り出すことができる。

メソッド

メソッドの実装に使用される一般的なオブジェクト指向言語は典型的には手続き的な言語であり，オブジェクト指向以前のプログラミング言語から引き継いだ構文を持っている。そして，論理ベースの知識表現言語のような宣言的な意味論は持たない。

しかし，オブジェクト指向的なメソッドを手続き的なプログラミング言語で実装する場合でも，それらの仕様を論理形式で記述するのは自然である。これらの仕様は，しばしば宣言的な雰囲気を持つ以下のような条件−動作規則の形式をとる。

> もしあるオブジェクトが形式 *S* のメッセージをオブジェクト *O* から受け取るならば,
> そのオブジェクトは形式 *R* のメッセージをオブジェクト *P* に送る。

例えば,

> もしキツネが「カラスは食べ物を口に咥えている」というメッセージを受け取るならば,
> キツネは「おだてる」というメッセージをカラスに送る。

> もしカラスが「おだてる」というメッセージをキツネから受け取るならば,

カラスは「歌う」というメッセージを送る。

もしカラスが食べ物を口に咥えており
かつ，その食べ物がカラスから「歌う」というメッセージを受け取るならば，
食べ物は「落下する」というメッセージを地面へと送る。

もし食べ物が「キツネの傍にある」というメッセージを送るならば，
キツネは「食べ物を拾う」というメッセージを送る。

カプセル化されたメソッドでこれらの仕様を実装する場合，異なる方法でプログラムすることができる。特に，後述することになるが既に明らかなように，これを論理形式で表現されたプログラムによって実装することが可能である。

クラス

オブジェクト指向では，より一般的なオブジェクトのクラスをインスタンス化することによって，エンジニアは新しいオブジェクトを作ることができる。

例えば，エンジニアは「すべてのキツネからなる一般的クラス」の新しいインスタンスを作ることによって，新しいキツネを作ることができる。キツネ全体としてのクラスは，他の動物が食べ物を持っている光景や，手の届くところにある食べ物の出現のようなメッセージを扱うための一般的なメソッドを持っていてもよい。また，毛皮の色や尻尾の形などの属性についての典型的な値を備えていてもよいだろう。新しいキツネはこれらのメソッドと属性値を少し変えて継承してもよいし，そのまま継承してもよい。また，特殊なメソッドや独自の属性を追加してもよい[訳注2]。

クラスは分類的階層のなかで組織化される。したがって，例えば「すべてのキツネからなるクラス」のメソッドと属性の大半が，「すべての動物からなるクラス」から引き継がれたものであってもよい。「すべての動物からなるクラス」は，そのメソッドや属性を「すべての生物（animate being）からなるクラス」から引き継いでいるかもしれない。そして「すべての生物からなるクラス」は，メソッドや属性を「すべての物質的対象（material objects）からな

るクラス」から引き継いでおり,「すべての物質的対象からなるクラス」は「すべての物（thing）からなるクラス」から引き継いでいるかもしれない。

論理とオブジェクトを調和させる

論理とオブジェクトを調和させるための自明な方法は，オブジェクトやクラスに関連付けられたメソッドの実装に計算論理を用いることである。論理的な性質の実装では，受信したメッセージの観測に応答するための持続目標と，目標を副目標に還元するための信念を組み合わせ，外へ向けてメッセージを送ることも含まれる。例えば，

目標：もしわたしが形式 *S* のメッセージをオブジェクト *O* から受け取るならば，*G* を行う。

信念：*G* であるのは，条件が成り立ち，かつわたしが形式 *R* のメッセージをオブジェクト *P* に送る場合である。

オブジェクト指向のメソッドの実装への計算論理の利用は，高水準の知識表現と問題解決能力を与え，オブジェクト指向性に利益をもたらす。

逆に，オブジェクト指向性におけるカプセル化や継承といったテクニックは，個々の論理ベースエージェントをマルチエージェントコミュニティに組みこむための枠組みを与えることにより，計算論理に利益をもたらす。個々のエージェントは，知識や問題解決のためのリソースを同じコミュニティの他のエージェントと共有できる。

訳注 2　C++，Java，Python，Ruby，JavaScript などの比較的広く使われている言語が，オブジェクト指向プログラミングをサポートしている。これらの言語では，クラスを定義することができる。クラスは，オブジェクトの属性の値やメソッドをひとまとめにして定義するものであり，個々のオブジェクトを生成するための鋳型として機能する。Python，Ruby，JavaScript では，実行時にクラスのインスタンスに対して属性やメソッドを動的に追加することができるが，C++ や Java ではこの機能はサポートされていない（これらの言語でこのような機能を実現するためには，メタプログラミングの技巧が必要になる）。本文では，Python，Ruby，JavaScript のように動的な性格を持つ言語で採用されているようなオブジェクト指向性が暗黙のうちに仮定されている。

そのようなエージェントのコミュニティでは，複雑な問題をより単純な部分問題へと分割し，その解を異なる問題領域に特化した異なるエージェントへと配分することができる。単一のエージェントがすべてを知っている必要はなく，自身ですべての問題を解決する必要もない。

同様に，目標や信念の複雑な結合グラフは，複数のエージェントへ配分されることがある。他の部分グラフと希薄なリンクしか持たない比較的自己完結的な部分グラフを，個々のエージェントと関連させることが可能である。部分グラフ同士のリンクは，エージェント間の連絡チャネルとして働く。エージェントは副目標の解決を手伝ってくれるようリクエストを送り，返答として解や他の情報を受け取る。

メッセージパッシングか共有環境か？

コンピュータの世界には，エージェントをマルチエージェントシステムのなかに組みこむための2つの主要なアプローチがある。その1つはコミュニケーティングエージェントアプローチ（communicating agents approach）である。このアプローチでは，エージェント同士はメッセージをやり取りすることで直接的に相互作用する。もう1つが共有環境アプローチ（shared environment approach）である。このアプローチでは，エージェント同士は大域的なデータベースを媒介として間接的に相互作用する。計算論理はどちらのアプローチとも共存でき，両方のアプローチを組み合わせる自然な方法を示唆する。

エージェントを結合グラフの部分グラフとし，メッセージを部分グラフの間のリンクとして解釈するとき，計算論理はコミュニケーティングエージェントアプローチを支持する。しかし，環境をエージェントの思考に意味を与える意味論的構造とみなすときには，計算論理は共有環境アプローチを支持する。計算論理では，これらの2つの視点は共存可能であり，結合される。

これらの2つのアプローチを計算論理において組み合わせ調和させる最も単純な方法は，単一のエージェントの心の結合グラフの部分グラフをつなげるための内的な機序としてメッセージパッシング（message passing）を使い，エージェントとその他のエージェントとの相互作用を協調させるための外的な媒介物として環境を使うことである。このような観点に立てば，オブジェクト指向性の主要な貢献は，知識と目標を複数のコンポーネントに構造化する方法だと言える。このコンポーネントは，扱いやすく，ある程度の独立性を持ち，カプセル化されており，モジュール性を持ち，階層的に組織化されている。

オブジェクト指向性の変形としての意味ネットワーク

オブジェクト指向と似た言葉で知識を組織化する計算パラダイムには多くのものがある。なかでも特筆すべきものが**意味ネットワーク**（semantic network）である。これは世界を個体の間の関係の網として表現する。例えば，キツネとカラスの物語の初期状態を表す意味ネットワークは次のようになる。

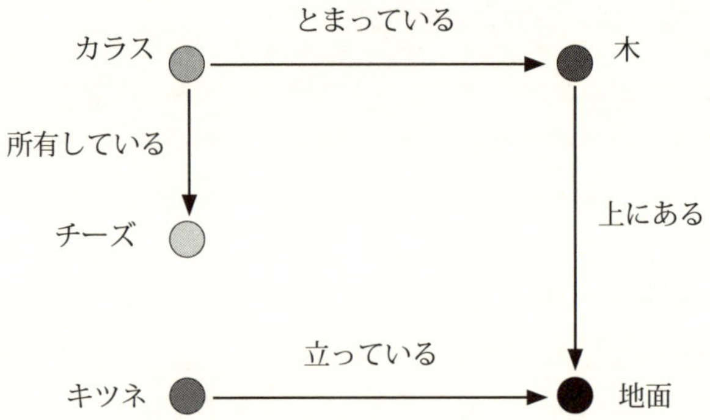

ここで円（ノード）は個体（オブジェクト）を表現し，弧（矢印）は2つの個体間の二項関係を表現している。この表現は二項関係以外にも拡張できる。

単一の個体に対するすべての事実を単一の場所（すなわち，その個体を表現するノードの周囲）に保持するという意味で，意味ネットワーク表現はオブジェクト指向的である。これらの事実はそのノードにつながる弧と，それらの弧によって結合される他のノードによって表現される。

しかし，関係（relationship）は一度だけ表示され，その関係にかかわるすべての個体と結ばれている。これは通常のオブジェクト指向とは対照的である。しかも，それらは外部世界から見えており，オブジェクトの内部にはまったくカプセル化されていない。

意味ネットワークは動的な情報を表現するためにも使われており，この際，イベントは具象化される。以下に例を挙げる。

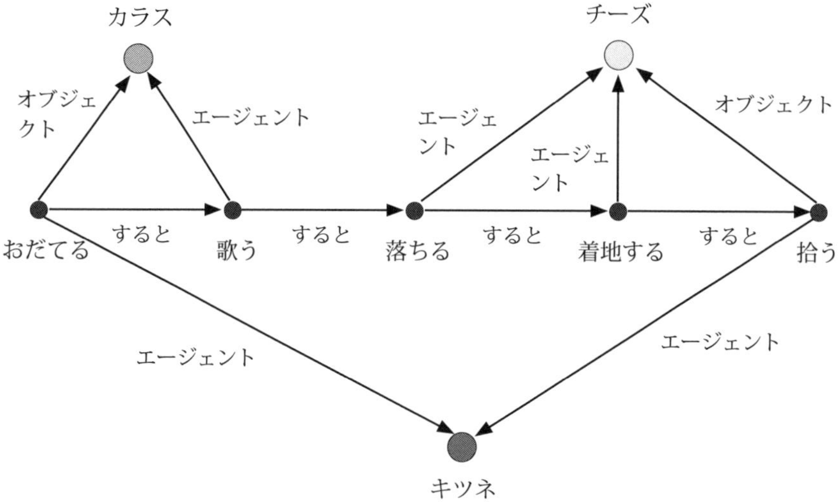

このネットワークでのオブジェクトとエージェントという用語は，われわれが使ってきたオブジェクトやエージェントの概念とはあまり関連していない[訳注3]。

意味ネットワークは，クラスの階層を表現するためにも使用できる。以下に例を挙げる。

訳注3　原書の図での「object」というラベルに，本書では「オブジェクト」というラベルが与えられている。これは本書での慣例にならったものだが，この図における「object」は，どちらかと言えば目的語，つまり動作の対象や行為の目標を表すと考えたほうが理解が容易になる。また，これに合わせて「エージェント」を主語，つまり動作や行為の主体として理解するとよい。これに合わせて図の一部を読めば次のようになる。

- 「おだてる」という動作の目的語はカラスである。
- 「おだてる」という動作の主語はキツネである。

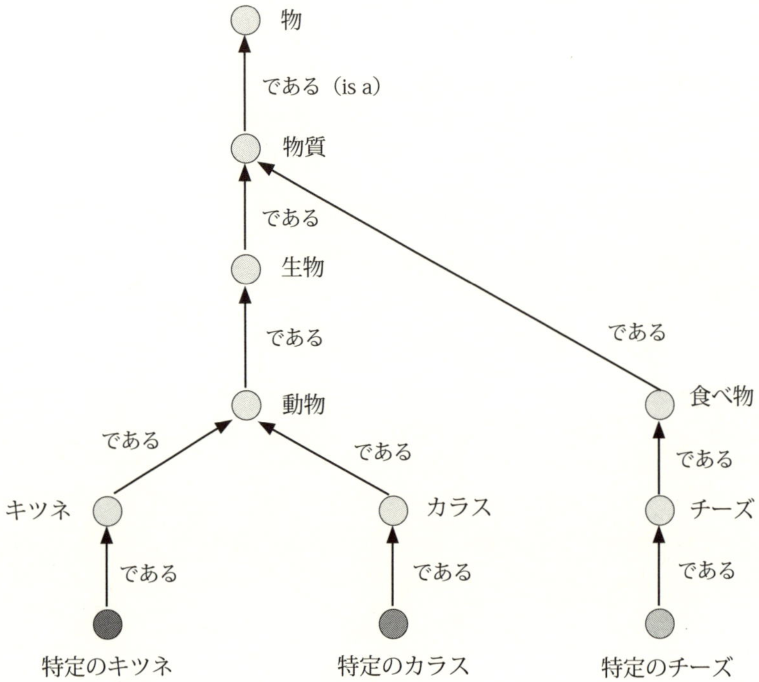

意味ネットワークは補遺 A2 の意味論的構造（これは単なる原子文の集合である）のようなものである。実際，次のような意味ネットワークの接続は，「あるものが別のものに関連している」という形の原子文を図式化したものに過ぎない。

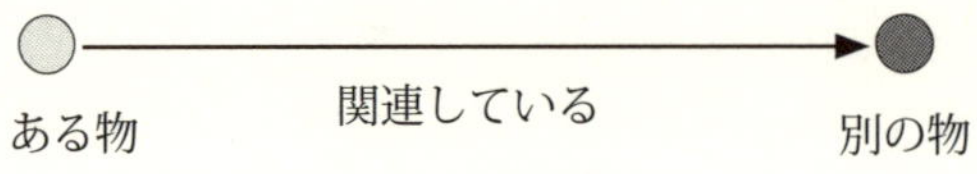

自然言語のオブジェクト指向的構造化

意味ネットワークは，情報のオブジェクト指向的構造化をグラフィカルに示す方法である。オブジェクト指向による構造化は，自然言語にも適用できる。

既に第1章で述べたように，論理形式で表現された文は文脈から独立しているため，（複数の文があったときに）どのような順序で書いても構わないが，他の順序より理解が容易な並べ方というものはある。複数の文をオブジェクトについての文の集まりへとグループ化するのも，理解を簡単にする方法の1つである。

例えば，キツネとカラスの物語の始まりを記述する原子文を，物語中のオブジェクトについての文の集まりへとグループ化できる。

カラス：カラスはチーズを所有している。
　　　　カラスは木にとまっている。
木：　　木は地面より上にある。
キツネ：キツネは地面の上にいる。

もちろん，これらの同じ文を他のオブジェクトを用いてグループ化してもよい。

チーズ：カラスはチーズを所有している。
木：　　カラスは木にとまっている。
地面：　木は地面より上にある。
　　　　キツネは地面の上にいる。

文をうまくまとめるためには，どのオブジェクトが最も重要なのかを決定する必要がある。一般に，エージェントを含む能動的なオブジェクトは受動的なオブジェクトより重要性が高い。

自然言語は，例えば英語のように，文の冒頭がその**主題**（topic）を示し，その後の部分がその主題についての**解説**（comment）を表現するという文法形式を用いることによって，オブジェクト指向をさらに一歩進めている。この形式は，**主語**（subject）と**述語**（predicate）という文法的な構造化としばしば一致するのだが，そうと決まっているわけではない。

オブジェクト指向性には2つの形式，つまりオブジェクトによる文の集合のグループ化と，オブジェクトによる個々の文の構造化があるが，実践の場ではこの２つを組み合わせることが多い。例えば，Yule and Brown［1983:130］から拝借した１組の英文を考えてみよう。

首相が飛行機から降り立った。
ジャーナリストたちがすぐに彼女を取り囲んだ。

どちらの文も能動態で述べられており，英文指南書が推奨するガイドラインに沿ったものとなっている。

この２つの文では，首相（二番目の文では「彼女」として参照されている），ジャーナリスト，そして飛行機という３つのオブジェクトに言及している。首相は２つの文に共通する唯一のオブジェクトである。したがって，首相は２つの文をグループ化するオブジェクトになる。しかし，最初の文から二番目の文に移るときに，主題は首相からジャーナリストへと移行している。

ここで，次のように論理的には同等な一対の文を考えてみよう。

首相が飛行機から降り立った。
彼女はすぐにジャーナリストたちに取り囲まれた。

ここでは，２つの文の主題は同じである。しかし，二番目の文はいまや受動態になっている。この事実が文章指南書のガイドラインの単純な理解に違反しているにもかかわらず，ほとんどの人は二番目に掲げた一対の文をわかりやすいと感じる。このことは，人々は思考をオブジェクト指向的な形式へと組織化する強い選好性を持っており，それは受動態よりも能動態を好む選好性よりも強いことを示唆しているように思われる。

文の集まりを構造化し順序化する方法はオブジェクト指向性だけというわけではない。上に掲げた二対の文のどちらにおいても，文はイベントの時系列に沿って順序づけされている。

次のような一連の文を考えてみよう。

キツネはカラスをおだてた。
カラスは歌を歌った。

チーズは地面に落ちた。

キツネはチーズを拾った。

ここでは各文は時系列に沿って順序化されている。個々の文はエージェントによって組織化されているのであり，オブジェクトによって組織化されているわけではない。このことが能動態の使用に反映されている。

結論

論理に多くの体系があるのと同じように，オブジェクト指向性にも多くの形式がある。極端な形のオブジェクト指向性では，能動的なオブジェクトと受動的なオブジェクトの間に違いを設けず，オブジェクト間のすべての相互作用はメッセージのやり取りへと還元される。

極端なオブジェクト指向では，個々のオブジェクトを過度に対等に扱う。すべてのオブジェクトを対等に扱うよりは，能動的なオブジェクトと受動的なオブジェクトを区別するのが自然だと思われる。能動的なオブジェクトはカプセル化されたメソッドを持っているが，これはエージェントのようなものであり，内的な目標と信念を持つ。受動的なオブジェクトには内的な構造がなく，他のオブジェクトとの外的な関係に関与するだけである。

極端なオブジェクト指向性には，メッセージパッシングのメタファーの乱用という問題もある。オブジェクト間のすべての相互作用をメッセージとみなすより，能動的なオブジェクトから他へ送られるメッセージと，実際には観察や行動であるメッセージを区別するほうが自然であろう。

オブジェクトがカプセル化され，比較的自己完結的な知識の集まりとしてモジュール化されており，たいていのクラスがより一般的なクラスから継承されている，というような穏健な形式に，オブジェクト指向性の真の価値がある。

英語のような自然言語の例は，論理とオブジェクト指向性は関心の異なる領域を持っていることを示している。論理は知識を表現することに関心を持つが，オブジェクト指向性は知識表現を構造化することに関心を持つ。構造化というオブジェクト指向的な概念が，本書を構成している文の集まりへどのように適用されるかを考えてみても面白いだろう。

第15章

双方向条件文

第5章で見たように，失敗としての否定にはメタ論理的あるいは自己認識的な意味論として自然なものがある。この意味論においては「示すことができない」というフレーズを，メタ言語あるいは自己認識論理において文字通りに解釈するのであった。しかし，歴史的に最も初期の，そしておそらく最も簡単な意味論は**完備化意味論**（**completion semantics**）〔Clark 1978〕であろう。この意味論では条件文を，変装した双方向条件文として扱う。

メタ論理的意味論と完備化意味論に共通しているのは，エージェントの信念を，結論を成立させる“唯一の”条件として扱うことである[訳注1]。しかし，メタ論理的意味論ではこの“唯一の”という言葉をメタ言語において解釈するのに対して，完備化意味論における双方向条件文は，同じ“唯一の”を対象言語において解釈する[訳注2]。

例えば，メアリーがパーティーに行くかどうかについての完全な情報をわれわれが持っており，そしてわれわれの“唯一の”信念が次のようなものだったとする。

　メアリーが行くのは，ジョンが行く場合である。

訳注1　ここで「“唯一の”条件」と訳した箇所は原文では「only conditions」である。only が形容しているのが複数形 conditions なので日本語の“唯一の”という表現に違和感を抱く向きもあるかもしれない。とはいえ他に適当な訳語もなさそうなので，以下では“唯一の”で形容される条件が複数の場合もある，と了解してほしい。誤解を招くおそれがある場合には適宜言葉を補うことにする。

訳注2　第6章で説明されているように，ある言語（対象言語〔object language〕と呼ばれる）の意味や解釈を説明するための言語をメタ言語（meta language）と呼ぶ。

すると,「メアリーが行くのは，ジョンが行く場合に限られる（mary will go only if john will go)」ということになる。失敗としての否定のメタ論理的解釈では，この文における「～の場合に限られる（only if)」をメタ言語において次のように解釈する。

「メアリーが行くのは，ジョンが行く場合である」ということは,
「メアリーが行く」ことを示すための唯一の方法である。

しかしながら，伝統的な論理学において正しいと認められた解釈は,「～の場合に限られる（only if)」を対象言語において理解するのであり,「結論が成り立つのは，条件が成り立つ場合に限られる（conclusion only if conditions)」を次のような対象言語の条件文として理解する。

条件が成り立つのは，結論が成り立つ場合である（conditions if conclusion)。

したがって，次のような単独の条件文,

結論が成り立つのは，条件が成り立つ場合である

が，結論が成立するための“唯一の”条件を記述しているという前提の下で与えられたとき，伝統的な論理学ではその条件文を，対象言語における次のような**双方向条件文（biconditional)** として解釈する。

結論が成り立つのは，条件が成り立つ場合かつその場合に限られる（conclusion if and only if conditions)[訳注3]。

もっと一般的には，命題論理（変数がない）の場合，伝統的な論理学では次のような条件文

結論が成り立つのは，条件$_1$が成り立つ場合である
…

結論が成り立つのは，条件$_n$が成り立つ場合である

が与えられた結論を成立させる“唯一の”方法であるという仮定を，次のような双方向条件文として解釈する。

結論が成り立つのは，
条件$_1$または ... または条件$_n$が成り立つ場合かつその場合に限られる。

この形で書かれた双方向条件文では，これらの条件は結論の定義を与えていると見なしてよい。

この条件文が単純な事実[訳注4]ならば，対応する双方向条件文は次のような形式の定義と同値である。

結論が成り立つのは，真である場合かつその場合に限られる。

訳注3 「*B* if and only if *A*」という文は，2つの文「*B* if *A*」と「*B* only if *A*」を並列構造（parallel structure）に着目して1つにしたものだから「(*B* if *A*) and (*B* only if *A*)」という論理形式で表現できる。本書では「*B* if *A*」を「*B* であるのは，*A* である場合である」と訳し，「*B* only if *A*」を「*B* であるのは，*A* である場合に限られる」と訳すスタイルを取ってきたから，一貫性を保つならこの文は「*B* であるのは，*A* である場合，かつ *A* である場合に限られる」と訳すことになる。さらに前方照応(anaphora)を用いて省略を施せば，「*B* であるのは，*A* である場合かつその場合に限られる」という表現が得られる。とはいえ，これが日本語文としてはややぎこちないのも確かである。参考のため日本語で書かれた論理学の教科書を見ると，しばしば「*B* if and only if *A*」に相当する双方向条件文の自然言語解釈として「*B* は *A* と同値である」や「*B* は *A* と等値である」が採用されている。しかしながら，この形式で訳した場合，次の節で説明される「双方向条件文を対象レベルの同値性とみなす」意味論を暗黙のうちに仮定してしまうことになり，とくに本章においては不適切である。双方向条件文の論理形式を持つような日本語表現であって，もっと日常の表現として自然なものがあってもよさそうに思えるが，戸田山和久氏によると「実は，どうもわれわれは**双条件法を表すときにも「ならば」で済ませている**ようなのである」とのことである［戸田山『論理学をつくる』（名古屋大学出版会，2000年）p.43］。これは，まさに本章で触れられている完備化意味論でよく説明される事情であることに注意しよう。

訳注4　事実とは，変数を含まない原子文のことである（補遺 A1，327頁参照）。

ある**原子述語**（atomic predicate）がいかなる条件文の結論でもないなら，次のような形式の定義と同値である。

原子述語が成り立つのは，偽である場合かつその場合に限られる[訳注5]。

あるいは次のように述べても同じことである。

原子述語が成り立つことはない。

これは次のような制約と同値である。

制約：もし原子述語が成り立つならば，偽。

命題論理ではない場合，双方向条件形式はもっと込み入ったものになる。例えば，誰がパーティーに行く予定であるかについての完全な情報を持っており，そしてわれわれの“唯一の”信念が以下の２つだったとする。

メアリーが行くのは，ジョンが行く場合である。
ジョンが行くのは，ボブが行かない場合である。

このとき，これらの信念に対する双方向条件形式は次のようになる。

ある人物が行くのは，
「その人物がメアリーと同一人物で，かつジョンが行く，
またはその人物がジョンと同一人物で，かつボブが行かない」場合かつその
場合に限られる。

話を簡単にするために，この本では命題論理ではない場合をこれ以降扱わないことにする。

訳注５「原子述語は偽と同値である」と訳すほうがわかりやすいかもしれない。

同値性として使われる双方向条件文を用いた推論

対象レベルでの「〜の場合に限られる（only if）」の解釈は，クラークの「有限回の失敗としての否定」の意味論に由来する［Clark 1973］。しかし，それ自体を対象レベルの証明手続きの基礎として用いることもできる。この立場では双方向条件文を**同値性（equivalence）**として用いて，結論にマッチする原子論理式をその定義条件で置き換えることになる［Fung and Kowalski 1997］。このように双方向条件文を用いることは後ろ向き推論の一形態であり，後ろ向き推論を通常の条件文に適用したものとほとんど同じように振る舞う。さらに，否定の内側にある原子論理式にこれを適用すると失敗としての否定とほとんど同じように振る舞う。実際，日常的なインフォーマルな推論において，通常の後ろ向き推論と同値性による推論を区別するのは難しい。

例えば，パーティーに「メアリーが行く」かどうかをわれわれが決定したいとしよう。ただし今回は双方向条件文を，それら条件文が結論を導く唯一の条件であるという仮定を表現するために使う。

メアリーが行くのは，ジョンが行く場合かつその場合に限られる。
ジョンが行くのは，ボブが行くことがない場合かつその場合に限られる。
ボブが行くのは，偽である場合かつその場合に限られる。

初期目標：　　メアリーは行くだろう。
同値な副目標：ジョンは行くだろう。
同値な副目標：<u>ボブが行く</u>ことはない。
同値な副目標：偽であるということはない。
同値な副目標：真。

ボブが心変わりしたとしよう。すると状況は次のようになる。

メアリーが行くのは，ジョンが行く場合かつその場合に限られる。
ジョンが行くのは，ボブが行くことがない場合かつその場合に限られる。
ボブが行くのは，真である場合かつその場合に限られる。

初期目標：　　メアリーは行くだろう。
同値な副目標：ジョンは行くだろう。
同値な副目標：ボブが行くことはない。
同値な副目標：真であるということはない。
同値な副目標：偽。

今度はボブのことを気にしないことにし，そして「メアリーは行かない」ことを以下の信念から示してみよう。

メアリーが行くのは，ジョンが行く場合かつその場合に限られる。
ジョンが行くのは，メアリーが行く場合かつその場合に限られる。

初期目標：　　メアリーが行くことはない。
同値な副目標：ジョンが行くことはない。
同値な副目標：メアリーが行くことはない。
同値な副目標：ジョンが行くことはない。
これが無限に続く …

「メアリーは行かないだろう」ことを示すことは不可能であり，「メアリーは行くだろう」ことを示すことは不可能である。ジョンについても同様である。

この最後の結果は，第５章において同じ例を「〜ということはない（it is not the case)」を失敗としての否定を用いて「〜を示すことはできない（it cannot be shown)」と理解したときとは異なっている。そのときの結論は「メアリーは行かないだろう」だったが，それは「メアリーが行くだろう」ことを示すことができなかったからであった。これは，双方向条件文によるデフォルト推論が「有限回の失敗としての否定」の一形態であることを示すものである。

双方向条件文を，自己認識的な失敗の模倣に用いること

ある人物は，有罪だと示されるまでは無罪だという信念について再考し

てみよう。もしメタレベルの否定「～を示すことはできない（it cannot be shown)」を対象レベルの否定「～ということはない（it is not the case)」で置き換え，そして条件文を双方向条件文で置き換えると次のようになる[1]。

ある人がある犯罪に関して無実なのは，
その人がその犯罪で訴えられ
かつ，その人がその犯罪を犯したことがない場合かつその場合に限られる。

ある人がある行動を実行したのは，
その人がその行動を実行したことを他の人が証言した場合かつその場合に限られる。

ボブが銀行強盗の容疑で訴えられるのは，
真である場合かつその場合に限られる。

さらに，事実としても条件文の結論としても出現しないような述語を表現するために，閉世界仮説の一種を表現しなければならない。そのような述語の例は，ボブが犯罪を犯したことを誰も見ていないという最初の状況を表現するものである。これは否定的な事実として双方向条件文の形でも表現できるし，次のような制約としても記述できる[2]。

---

1 この議論では詳細は省略されている。例えば，もしボブが犯罪に関して訴えられた唯一の人物ならば，これは「ある人が犯罪を犯したとして訴えられるのは，その人物がボブと同一（人物）であり，かつその犯罪が銀行強盗である場合かつその場合に限られる」と表現できる。ここでの「同一である（is identical to)」は，「X は X と同一である」と定義される等号の一種である。

2 どちらの表現についても議論がある。とはいえ，実際にはこの 2 つの表現はよく似た振る舞いをする。ここでの双方向条件文表現では，後ろ向き推論によって原子論理式をその定義である偽によって置き換えている。そして制約としての表現では前向き推論によって原子論理式から偽を導き出し，偽を原子論理式と結びつけている。どちらの場合でも，（補遺 A6 で記述されている種類の）論理的単純化は，原子論理式とその連言を偽に変換する。

ある人物が「ボブが銀行強盗を犯した」ことを証言するのは，
偽である場合かつその場合に限られる。

または次のようにしてもよい。

もしある人物が「ボブが銀行強盗を犯した」ことを証言するならば，偽。

「ボブは銀行強盗に関して無実である」というような目標を解決するためには，原子論理式をその定義で置き換えるという操作を繰り返し，真と偽についての明白な単純化をすればよい。「ボブは銀行強盗に関して無実である」を示す場合では，この形の後ろ向き推論は，次のようにして初期目標を同値な式（これは副目標を表現している）の列へと変換する。以下では，原子論理式がその定義で置き換えられた箇所を下線で示すことにする。

初期目標：　ボブは銀行強盗に関して無実である。
同値な副目標：ボブは銀行強盗の容疑で訴えられ，かつ
ボブが銀行強盗を犯したということはない。
同値な副目標：ボブが銀行強盗を犯したということはない。
同値な副目標：ボブが銀行強盗を犯したことを他の人物が証言したということはない。
同値な副目標：偽であるということはない。
同値な副目標：真。

真と同値なので，これで初期目標は解決である。真と偽を明示的に使った推論は少しぎこちなく見えるかもしれないが，これは「～を示すことはできない (it cannot be shown)」という形式のメタレベルの条件を使って推論するときに暗黙のうちに行われている推論と同種のものと照応している。

このように行われる双方向条件文による推論は無効可能である。これを説明するために，いま「ボブが銀行強盗を犯したと証言した者はいない」という仮定を次のように置き換えたとしよう。

ジョンが「ボブが銀行強盗を犯した」と証言するのは，
真である場合かつその場合に限られる。

すると，以前の結論は次のようにして撤回されることになる。

初期目標：　ボブは銀行強盗に関して無実である。
同値な副目標：ボブは銀行強盗の容疑で訴えられ，かつ
ボブが銀行強盗を犯したということはない。
同値な副目標：ボブが銀行強盗を犯したということはない。
同値な副目標：ボブが銀行強盗を犯したことを他の人物が証言したということはない。
同値な副目標：真であるということはない。
同値な副目標：偽。

驚くべきことに，どちらの証明も失敗としての否定による証明探索を反映しているだけでなく失敗としての否定の自己認識的な性格も模倣している。こうなるのは，双方向条件文表現を使って導き出された結論が，「わたしの知る限り」その結論が成り立つという大域的な自己認識的な仮定を暗黙のうちに持っているためである。

アブダクションか演繹か？

双方向条件文を用いた推論は，デフォルト推論を行うための代替的な方法になっている。これと似たような意味で，観察を説明するために，双方向条件文による演繹をアブダクションの代わりに用いることができる。例えば「芝生が濡れている」という観察を説明することを考えよう。この方法では双方向条件文を使って「閉じた述語」をそれと等価な定義で置き換え，「開いた述語」は潜在的な仮定として残しておく[訳注 6]。

訳注 6　第 5 章で述べたように，完全な知識に基づいた言明をする述語を「閉じた（closed）」，そして不完全な知識に基づいたものを「開いた（open）」とそれぞれ言うのであった。

信念：　芝生が濡れているのは，「雨が降った，**または**スプリンクラーが作動した」場合かつその場合に限られる。
観察と初期目標：芝生が濡れている。
同値な副目標：　雨が降った，**または**スプリンクラーが作動した。

ここで述語「芝生が濡れている」は閉じている。そして「雨が降った」と「スプリンクラーが作動した」は共に開いており，観察の説明をするための仮説の役割を果たす。

双方向条件文による演繹では，選言「または」が対象言語で記述されていることに注意しておく。対照的に，アブダクションを条件文に適用した場合には，同じ選言がメタ言語によって「芝生が濡れているのは雨が降ったからである」または「芝生が濡れているのはスプリンクラーが作動したからである」と記述されることになる。

アブダクションによって導き出された仮説の帰結を演繹するために前向き推論を用いることができるのと同様に，双方向条件文によって導き出された仮説の帰結を演繹するために前向き推論を使うこともできる。例えば，もし昨晩「雨が降った」のなら，外に干していた服が濡れているであろう。あなたが服を調べ，乾いていたのなら，雨が降った可能性を除去できる（ここでは「濡れている」と「乾いている」が相反するという事実を使っている）。この推論はより正確には以下のように表現できる。

信念：芝生が濡れているのは，「雨が降った，またはスプリンクラーが作動した」場合かつその場合に限られる。
外に干していた服が濡れているのは，雨が降った場合かつその場合に限られる。
外に干していた服が乾いているのは，真である場合かつその場合に限られる。
制約：もし外に干していた服が乾いており，かつその服が濡れているならば，偽。

ここでわれわれは「濡れている」と「乾いている」が相反していることを制約として表現している。この表現は持続目標と同様の書き方（そして使い方）だが，偽という結論を伴っている 。

観察と初期目標：芝生が濡れている。
（後ろ向き推論により）これは次と同値：雨が降った, **または**スプリンクラーが作動した。
（前向き推論により）これは次と同値：（雨が降った，**かつ**外に干していた服が濡れている），**または**スプリンクラーが作動した。
（前向き推論により）これは次と同値：（雨が降った，**かつ**外に干していた服が濡れている，**かつ**（もし外に干していた服が乾いているならば，偽）），**または**スプリンクラーが作動した。
（後ろ向き推論により）これは次と同値：（雨が降った，**かつ**外に干していた服が濡れている，**かつ**偽），**または**スプリンクラーが作動した。
これは次と同値：偽，**または**スプリンクラーが作動した。
これは次と同値：スプリンクラーが作動した。

ここで，後ろ向き推論によって定義式に置き換えられたり，前向き推論に使われた原子文には下線を引いた。

「結果が存在するのは，原因が存在する場合である」から「原因が存在するのは，結果が存在する場合である」を導く

「結論が成り立つのは，条件が成り立つ場合である（conclusion if conditions)」を，双方向条件文「結論が成り立つのは，条件が成り立つ場合かつその場合に限られる（conclusion if and only if conditions)」が変装したもの

と解釈する立場は，われわれが条件文をその逆である「条件が成り立つのは，結論が成り立つ場合である（conditions if conclusion)」と容易に混同することの説明になっている。これは，因果性の表現としてより自然な「結果が存在するのは，原因が存在する場合である（effect if cause)」と，より効率的な「原因が存在するのは，結果が存在する場合である（cause if effect)」の関係の説明にもなっている。

例えば，煙が発生する原因についての仮定として，「結果が存在するのは，原因が存在する場合である」形式による完全な表現が次のように与えられたとしよう。

煙があるのは，火災が発生している場合である。
煙があるのは，催涙ガスが撒かれている場合である。

完備化意味論ではこの表現を，次のような双方向条件文として解釈する。

煙があるのは，「火災が発生している，または催涙ガスが撒かれている」場合かつその場合に限られる。

この双方向条件文の半分は，もとの一対の条件文である。この双方向条件文の残りの半分は，もとの一対の条件文の逆であり，次のような選言形の結論部を持つ１つの条件文である。

火災が発生している，または催涙ガスが撒かれているのは，煙がある場合である。

結論部が選言形の条件文はさほど有用ではない。もし煙の原因についての相対的な頻度についての統計的情報があれば，より有用になったはずだ。これについて，次の例で考えてみよう。

もし煙があるならば，99.9％の確率で火災が発生している。
もし煙があるならば，0.1％の確率で催涙ガスが撒かれている。

これは，より自然な「結果が存在するのは，原因が存在する場合である」という表現において，それぞれの仮定に確率を割り当てたものに似ている。

しかし選言形の結論部を持つ条件文を，原子論理式による結論部と否定形の条件を持つ条件文として，次のように同値な書き換えをすれば同様の効果が得られる。

火災が発生しているのは，煙があり，
かつ催涙ガスが撒かれているということはない場合である。

この条件文は煙の原因として火災をデフォルトで導出し，有用さを欠く選言形の結論を避け，そして情報が過剰な確率的な結論も避けている。

こうして，異なる水準の表現の事例がまたしても得られたことになる。「結果が存在するのは，原因が存在する場合である」は高水準の表現である。しかし，この表現によって観察を説明するためにはアブダクションが必要であり，複数の仮説から決定を行うために，相対尤度（relative likelihood）と説明力のような基準も必要となる。「原因が存在するのは，結果が存在する場合である」は低水準表現である。得られる結果は同様なのだが，こちらの表現ではアブダクションの代わりに演繹を用いており，より効率的である。

真理と証明の，算術における対比

失敗としての否定についての 2 つの解釈，説明を理解する 2 つの方法，そして原因とその結果の関係を表現する 2 つの方法は，算術における真理と証明の違いと関係している。

おそらく，失敗としての否定のメタ論理的解釈，アブダクションによる説明，そして原因と結果についての表現形式「結果が存在するのは，原因が存在する場合である」はすべて，対象レベル，演繹，そして「原因が存在するのは，結果が存在する場合である」という代替より基本的なものである。同様に，算術における真理は，証明より基本的である。

数理論理学では話を単純化して，自然数を 0 という数字に繰り返し 1 を加えることで表現する。つまり，X の直後の数字を $X + 1$ としているわけである。

例えば，数 0, 1, 2, 3, ... は次のようになる。

$$0,\ 0 + 1,\ (0 + 1) + 1,\ ((0 + 1) + 1) + 1, \ldots$$

この表現では，算術は次の条件文で定義された加法と乗法についての一連の性質に過ぎない。

$0 + Y = Y.$　$(X + 1) + Y = (Z + 1)$ なのは，$X + Y = Z$ の場合である．
$0 \times X = 0.$　$(X + 1) \times Y = V$ なのは，$X \times Y = U$ かつ $U + Y = V$ の場合である．

より正確で形式的な表現は補遺 A2 で与えるが，そこでは $X + 1$ は後者関数 s(*X*) で表現されている。

これらの条件文を用いた前向き推論により，加法と乗法に関する，すべての自然数についての演算表が生成される。後ろ向き推論を使うと，加法と乗法についての問題が，より小さな数についての類似の問題に還元される。例えば，以下に示すのは後ろ向き推論による計算の例である。ここでは 1×3 という乗算の問題をより単純な「0×3 という乗算の結果に 3 を足す」という副問題に還元している。

初期目標：　$(0 + 1) \times (((0 + 1) + 1) + 1) = V$
副目標：　$0 \times (((0 + 1) + 1) + 1) = U$ かつ $U + (((0 + 1) + 1) + 1) = V$
副目標：　$0 + (((0 + 1) + 1) + 1) = V$
これにより：$V = (((0 + 1) + 1) + 1)$，つまり $V = 3.$

前向き推論によって生成された加法と乗法についての演算表は，多くの直感的な性質を備えている。例えば，2 つの数の乗じられる順序は結果に影響しない。

$$X \times Y = Y \times X$$

このような（全称量化された）性質が真であるという直感は，それらの性質が，加法と乗法の定義から導かれるすべての原子的事実からなる集合について真であるという事実に支えられている。算術において，この真理の概念は証明の概念より本質的である。

しかしながら，算術におけるこの真理概念は，（潜在的に無限回の）失敗としての否定と同じ意味で非構成的である。失敗としての否定の場合では，ある文の否定が真であることを示すためには，無限回の失敗を認識することが要求される。算術の場合では，全称量化された文が真であることを示すためには，その文の潜在的に無限個のインスタンスが真であることを示すことが要求される。

常にというわけではないが，多くの場合，真理は証明によって捉えることができる。失敗としての否定について言えば，条件文を双方向条件文で置き換える完備化意味論は有限回の失敗を捉えている。さらに帰納法の公理を追加することにより，完備化意味論でも普通のループによって起こる無限回の失敗を捉えることができる。

同様に，算術の多くの性質は，加法と乗法についての双方向条件文表現を帰納法の公理で増強することにより，有限の手段で証明できる。実際，この表現はペアノ算術と呼ばれる標準的な公理系と同値である。論理プログラムの性質を証明するために完備化意味論に帰納法の公理を追加したものが使われるわけだが，これとペアノ算術の間の類似についてはクラークとターンルンドによって調べられている［Clark and Tärnlund 1978］。

しかしながら算術においては，ゲーデルの不完全性定理からわかるように，真である文（あるいは算術の性質）で，有限の手段では証明できないものが存在する。同様に，論理プログラミングやその他の条件文についても，無限の失敗により真であることがいえるような否定文で，完備化意味論では証明できないものが存在する。帰納法の公理や洗練されたループの検出によって増強しても事情は変わらない。

算術についての不完全性定理は，おそらく 20 世紀の数理論理学における最も重要な結果である。この失敗としての否定との類比は，この定理がさらに一般的に，人間の推論における真理と証明に関しても同様の重要性を持つことを示している。

結論

条件文で書かれた信念を理解する方法は２つある。１つの方法は，それらから前向き推論で導出できる原子的事実全体の意味論的な構造の表現だと理解することである。この意味論的な構造は，これらの条件文の極小モデル（minimal model）になっている。この極小モデルは，同じ言語で表現されたその他すべての文の真偽を決定している。条件文の形式の信念を理解するもう１つの方法は，変装した双方向条件文として扱うことである。

最初の方法は補遺 A2，A3，A4，A6 で調べるが，おそらくより基本的である。この方法は，すべての証明方法に対してその健全性と完全性を判断するうえで必要な真実の概念を規定している。二番目の方法は，そのような真である文の証明を試みるうえでの標準的な方法である。これは健全であるが不完全であり，この性質は帰納法の公理によって増強しても変わらない。

したがって，条件文を理解する２つの方法はそれぞれの意義を持つのである。最初の方法は目標を規定し，これによって真実が決定される。二番目の方法は有限の手段で構成的に目標を達成しようとする。

とはいえ，この２つのアプローチを見分けるのがいつでも容易なわけではない。例えば，補遺 A6 の ALP 手続きは，極小モデルにおける真の事実を生成し決定するためのもので，双方向条件文による推論によって論理的帰結を示すための IFF 証明手続きを改変したものである。

第16章

計算論理と選択課題

第２章では，選択課題についての心理学的な研究が，人間の思考は論理的な推論であるという見解を攻撃し，思考はむしろ目的に特化したアルゴリズム[訳注1]を使用するという主張を支持するために使われることを見た。わたしはそこで，これらの攻撃は論理とアルゴリズムの次のように表される関係を認識できていないのだと論じた。

目的に特化したアルゴリズム＝目的に特化した知識＋汎用推論

特化した知識は論理形式で表現できる。そして，汎用推論の大部分は観察－思考－決定－行動のエージェントサイクルに埋め込まれた前向き推論と後ろ向き推論として理解できる。

第２章では，人間の思考における論理の価値に批判的な研究の多くにおいて，自然言語の文章理解の問題と論理形式を用いた推論の問題の区別ができていないということも論じた。これらの区別，およびこれらの関係は，次のような等式として表現できる。

自然言語理解＝論理形式への翻訳＋論理的推論

われわれは，一見すると既に論理形式をとっている自然言語文でさえ，例えば条件を欠いていないかどうかや意図された意味の逆となっていないかなどを

訳注１　原文では “specialised algorithms” だが，文脈に合わせて「目的に特化したアルゴリズム」と補った。以下でも，必要に応じて同様に補う。

決定するために，解釈を必要とすることを見た。この解釈が必要となるため，読者は典型的には自身が持つ背景的な目標と信念を，自然言語による問題文において意図されている論理形式を同定する手助けにする。

しかしながら，表現と解釈をめぐるこれらの問題に対する考慮が片付いたとしても，結果として得られた論理形式を用いた推論の問題が残っている。この問題が本章の主題である。

選択課題の抽象的な形式

あるエージェントが，次の論理形式を持つ文

もし P ならば，Q

が真になるはずだが，偽であるかもしれないと告げられたとしよう。さらに，P と Q は開いた述語であり，直接観察できるとする。選択課題の抽象的な形式は，これらの述語の真理値についてのさまざまな観察に対して，エージェントがどのように対応するべきかを決定することである。

エージェントサイクルの文脈では，選択課題をこのようにエージェントに提示するのが自然な方法である。エージェントは，前述の条件文が真になるべきだと信じているのだから，このエージェントがこの条件文から帰結を導き，複数の観察を適合させようとするのは自然である。しかし，このエージェントはこの条件文が偽になる可能性もあると信じているので，この条件文が真である場合に成り立つべき帰結が実際に真であるかどうかを能動的に観察することもまた自然である。

われわれのエージェントモデルでは，この条件文の解釈が目標であるのか，それとも信念であるのかによって，エージェントの反応が変わる。エージェントがこの条件文を目標として解釈する場合，この目標が偽である可能性は，世界の状態が目標と適合していないかもしれないということを意味する。しかしエージェントがその条件文を信念として解釈する場合には，その信念が偽である可能性は，その信念が世界の状態と適合していないかもしれないことを意味する。

一方，古典論理では，目標と信念の間に区別を置かない。古典論理における正しい応答は次のようになる。

Pの観察から，Qを演繹する。（モーダス・ポネンス）
not Qの観察から，not Pを演繹する。（モーダス・トレンス）

しかしながら，オリジナルのカードを使った選択課題やその変種についての心理学的研究によれば，ほとんどの人が次のように処理している。

Pの観察から，Qを演繹する。（モーダス・ポネンス）
Qの観察から，Pを演繹する。（後件肯定）

彼らは**モーダス・ポネンス（modus ponens；前件肯定）**を正しく実行しているが，**後件肯定（affirmation of the consequent）**という誤謬を犯し[訳注2]，**モーダス・トレンス（modus tollens；後件否定）**の実行に失敗している。また理屈のうえでは，次のような追加的な応答があってもよかったはずである。

not Pの観察から，not Qを演繹する。（前件否定）

しかしながら，ほとんどの人は**前件否定（denial of the antecedent）**の推論を行うことはまずない[訳注3]。

ほとんどの人が，ある場合には正しく推論を行うが，別の場合には間違った推論を行うように見えるのは何故なのかを説明するのは難題である。問題の一部は当然ながら，この心理学的なテストでは，被検者が演繹的推論についての明確な概念をもっていると仮定していることである。しかし，既に見てきたように，シャーロック・ホームズですら演繹とアブダクションの区別は難しかった（第10章参照）。そして条件文が双方向条件文として理解されている場合に

訳注2　後件肯定（affirmation of the consequent）は，「もしPならば，Q」と「Q」から「P」を導く間違った推論の1つである。
訳注3　前件否定（denial of the antecedent）は，「もしPならば，Q」と「not P」から「not Q」を導く間違った推論の1つである。

は，アブダクションを演繹によって実行できるのだから，このような混乱が起こるのも仕方がないということも見てきた。こうして，大抵の被験者が後件肯定という誤謬演繹に陥ってしまう理由とともに，上で述べたような理由を考慮すれば，これが完全な誤謬とも言えないことが説明できる。

上述のような選択課題の抽象的な形式が与えられた場合，次のようなことが言えるであろう。

- モーダス・ポネンスは，条件文を目標あるいは信念と解釈するかどうかの違いとは無関係に容易である。なぜなら，どちらの場合でも，前向き推論は P の観察から Q を導出するからである。
- 後件肯定は，条件文がある結論を導く“唯一の”信念であると解釈される場合には正しい。これを正当化するのは，“唯一の”をメタ言語で解釈する場合はアブダクションであり，“唯一の”を対象言語で解釈する場合は双方向条件文としての定式化である。しかしながら，この条件文が目標として解釈される場合には，この正当化はできない。
- モーダス・トレンスは，条件文が信念として解釈されている場合は難しい。肯定的な観察 Q' を，条件文「もし P ならば，Q」の結論 Q の否定である not Q と結びつけなければならないからである。多くの場合，この結びつけは，暗黙の背景的な制約「もし Q かつ Q' ならば，偽」を通して行われる必要がある。

  このような場合にモーダス・トレンスが易しいのは，条件文が目標として解釈される場合である。このときは観察に先立って推論を行い，そして条件文と制約を「もし P かつ Q' ならば，偽」の形にコンパイルするのが自然であるからである。この形式で表現したとき，条件文から「もし P ならば，偽」，つまり not P を Q' の観察から導出するのは容易である。
- 前件否定は，条件文がある結論を含意する“唯一の”条件文と解釈される場合は，理論的には可能である。しかし，否定的な結論である not P を肯定的な観察 P' から導出しなければならないため，扱いづらい。条件文を（ある結論を含意する）“唯一の”条件文として解釈することと，否定形の結論を導出することが前件否定を困難にしており，このことからあまり使われないのだと思われる。

選択課題のより正確な表現

「もし P ならば，Q」という条件文の抽象的な形式は，心理学的な実験における条件文の近似に過ぎない。次のような形式で表現するほうがいっそう正確であろう。

もし X が性質 p に対して値 u を持つならば，X は性質 q に対して値 v を持つ。

例を挙げれば，

もしカード X の文字側に d という文字があるならば，
このカード X の数字側には 3 という数字がある。

ある人物 X がバーでお酒を飲んでいるならば，
その人物 X の年齢は 18 歳以上である 。

多くの場合，性質 p と q は与えられた X の値に対して 1 つだけの値を取る[1]。例えば，カードの文字側にはただ 1 つの文字があり，数字側にはただ 1 つの数字がある。このとき，性質 q については次のような整合性制約として表現される。

もし X が性質 q に対して値 V を取り，かつ X が性質 q に対して値 W を取るならば，
V と W は同一である。

ここで述語「同一である（is identical to）」は，以下の節によって定義される。

X は X と同一である。

1　数学では関係 X が性質 q に対して値 V を持つという関係は関数的関係であることを意味し，関数記号 q を使って普通 $q(X) = V$ と書く。

例を挙げれば,

もしカード X の数字側に数字 N があり
かつ, カード X の数字側に数字 M があるならば,
N と M は同一である。

このような整合性制約（あるいはそれに類したもの）が, 肯定的な観察から否定的な結論を導出するために必要であることがわかるであろう。年齢についても, よく似た次のような制約が成り立っている。

もしある人物 X の年齢が 18 歳以上であり
かつ, その人物 X が 18 歳未満であるならば,
偽。

これらの整合性制約は次のような制約と似ている。

もし述語とそれに反する述語が成立するならば, 偽。

これは, アブダクションの際に否定を伴う推論のために用いたものであり, これをわれわれは一種の目標として扱ってきた。

以下では条件文が信念として解釈される場合について考察し, その後に条件文が目標として解釈される場合について詳細な考察を行おう。

信念として解釈される条件文

エージェントが条件文を信念として理解しており, そしてその信念を疑うに足る理由を持っているとき, そのエージェントはその帰結をチェックすることによってその信念をテストすることができる。これらの帰結が他の信念から既に導かれておらず, しかも観察可能ならば, そのエージェントはその帰結の観察を試みることによって, その信念を確認したり棄却したりできる。例えば, カード版の選択課題においては, エージェントはカードの片面に書かれている

ものを観察し，反対の面に何があるべきか（またはあるべきではないか）という結論を出し，その後にカードを裏返して，その結論が実際に真か否かを能動的に観察できる。

この状況は観察が仮説によって説明されるという状況と似ている。このエージェントはその帰結をチェックすることによって仮説をテストできる。帰結が真であるという観察により，その仮説の証拠としての重みが増す。しかし，ある帰結が偽であるという観察がなされると，その仮説はそれを機に棄却され，その後の考察では除外される。

したがって，条件文の形の信念の妥当性が疑わしいとき，真となる観察からの前向き推論によってその信念の帰結を導き，その帰結が真であることを観察することが，その信念への信頼を高めることになる。しかし，条件文の信念が全称量化された変数を含む場合には，1つの真となる帰結によってその信念を確証することはできない。というのも，その信念の別のインスタンスは偽になるかもしれないからである。その一方で，1つの偽となる帰結でその信念は棄却され，その信念はその後も無効になる。個々の具体的な選択課題においては，条件文を反証しうるような帰結の観察を促し，そして条件文のインスタンスが真であることを確認するに過ぎない観察を思いとどまらせるように指南されるのが通例である。

モーダス・ポネンス

計算論理においては，条件文の信念は前向きと後ろ向きの両方の推論に用いられる。特に，肯定的な述語 P についての（受け身の）観察が与えられると，条件文「もし P ならば, Q」を用いた前向き推論は, 肯定的な結論 Q を導出する。これは古典的で正しいモーダス・ポネンスの使い方である（ただし，この条件文の変数のインスタンス化が，条件 P についての観察とマッチするように与えられる必要がある)。

もしこの結論 Q が観察可能であり，さらにこの条件文が実際に真であるかについての疑いがあるため Q をチェックしたいとしよう。このとき，エージェントは能動的に Q が真なのか否かをチェックできる。もし Q が真ではなかったら，この条件文は偽である。もし Q が真ならば，その P の観察についての条件文のインスタンスは真である (ただし, 他のインスタンスは偽かもしれない)。

後件肯定

計算論理において，条件文は観察の説明にも用いられる。与えられたQの観測から，後ろ向き推論によってPがQの説明候補として導かれる。この導出は，条件文「もしPならば，Q」によるアブダクションと見なすことも，双方向条件文「Qであるのは，Pである場合かつその場合に限られる」による演繹と見なすこともできる。古典論理では，この形式の推論は後件肯定の誤謬と呼ばれている。

モーダス・ポネンスの場合と同様に，もしPが観察可能ならば，エージェントはPが真か否かを能動的に観察できる。もしPが真ではない場合，たとえその条件文の信念自体は真であっても，この信念は観測Qの説明に失敗している。一方，この信念の双方向条件形式は確実に偽である。

モーダス・トレンス

モーダス・トレンスについての主要な問題は，現実の観察は肯定的なものであって，否定的なものではないことである。否定的な結論が肯定的な観察から導出されなければならない[2]。その導出が長く，観察と関連がない紛らわしい導出の数が増えるほど，エージェントにとって必要で関連する導出を行うことが難しくなる。

カード版の選択課題における肯定的な観察は次のような事実である。

　四番目のカードの数字側には 7 という数字がある。

ここで，以下の信念を使ってモーダス・トレンスを実行してみよう。

　もしあるカードXの文字側に d という文字があるならば，
　このカードXの数字側には 3 という数字がある。

まず最初に，次のような否定的な結論を導出する必要がある。

2　否定的な観察は，肯定的な観察が実現しなかったことによっても得られる。とはいえ，標準的な選択課題の例では，モーダス・トレンスが適用できるようになる前に，肯定的な観察だけを援用して「否定的な観察」を導き出す必要がある。

四番目のカードの数字側に 3 という数字がある，ということはない。

しかし，この導出の動機を持つのは困難である。やはり関連性のない次のような結論を導出しないのはなぜなのか？

四番目のカードの数字側に 1 という数字がある，ということはない。
四番目のカードの数字側に 2 という数字がある，ということはない。
四番目のカードの数字側に 4 という数字がある，ということはない。
等々。

しかしながら，このような付加的な結論に気を逸らされずとも，モーダス・トレンスの効果は次のような整合性制約を使えば，より直接的に得られる。

もしカード *X* の数字側に数字 *N* があり
かつ，そのカード *X* の数字側に数字 *M* があるならば，
N は *M* と同一である。

まず最初の観察，

四番目のカードの数字側には 7 という数字がある。

と制約を使って前向き推論を行うことにより，次を得る。

もし四番目のカードの数字側に *M* という数字があるならば，
7 は *M* と同一である。

条件文を用いた後ろ向き推論により，次を得る。

もし四番目のカードの文字側に d という文字があるならば，
7 は 3 と同一である。

この時点で，前向き推論と後ろ向き推論の標準的なパターンから，「四番目のカードの文字側には d という文字がある」という条件は，結論の「7 は 3 と同一である」が導かれる前にチェックされるべきだということがわかる。とはいえ，この条件は能動的な観察によってのみチェックできる。しかしこの能動的な観察は，もし結論が真ならば必要ない。結論が真である条件文は，その条件部が真でも偽でもつねに真だからである。

実際に，この制約が次のような形をしていたとしよう。

もしカード *X* の数字側に数字 *N* があり
かつ，そのカード *X* の数字側に数字 *M* があり
かつ，*N* が *M* と同一ではないならば，
偽。

すると，われわれは失敗としての否定と「*X* は *X* と同一である」という定義を用いて，「7 は 3 と同一**ではない**」という条件をチェックすればよかったことになる。そこから，次のような所望の結果を得られる。

もし四番目のカードの文字側に d という文字があるならば，偽。

つまり，

四番目のカードの文字側に d という文字がある，ということはない。

この単一の条件は能動的な観察によってチェックできる。

この推論は次のような標準的なパターンに少しの変更を加えたものになっている。

- 観察を目標の条件部とマッチするように前向きの推論を行う。
- 後ろ向き推論を行って，他の条件を検証する。
- 前向き推論を行って，結論を導出する。
- 後ろ向き推論を行って，その結論の解を求める。

この導出は，制約と信念の結合グラフのなかのリンクの活性化と見なすことができる。

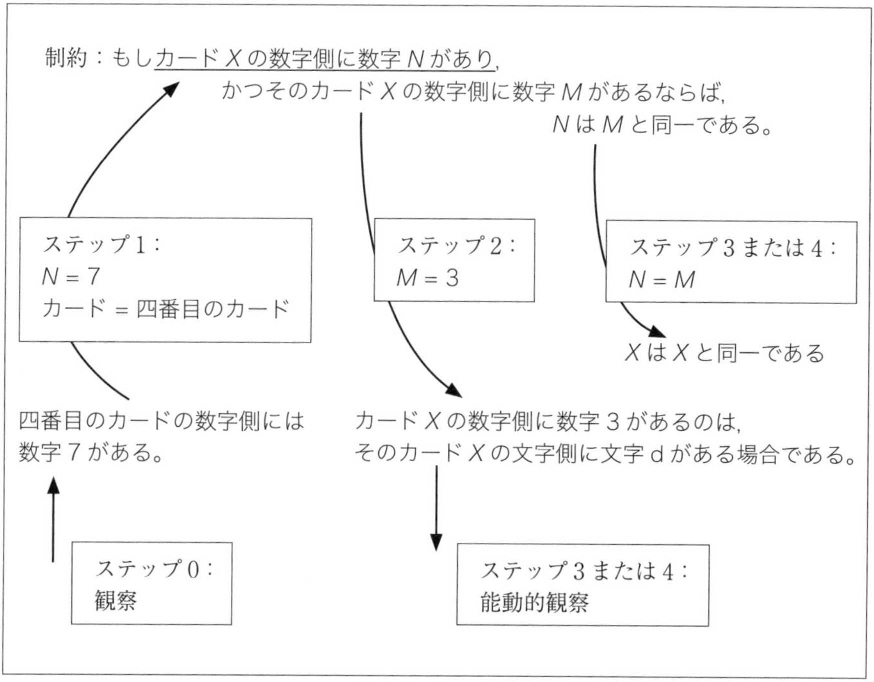

おそらく，このような観点からすると，いま問題にしている導出は困難であろう。というのも，肯定的観察と条件文的な信念の結合が，問題文とは緩やかな関係しか持たない制約／目標を通して作られなければならないからである。一方，条件文が目標として解釈されるときには，大抵の場合結合は強く，そして導出は容易になることを次節で論じる。

ここではオリジナルのカード版の課題という具体的な場合について，モーダス・トレンスの問題を考えてきた。しかし，類似の考察は，条件文が信念として解釈される他の場合にも適用される。一般的に，結論を導出するためのエージェントの労力が大きくなるほど，それがやり遂げられる見込みは小さくなる。

解を認識するのは，解を生成することよりずっと易しい。解の生成には探索が必要だが，解の認識には必要ないからである。このことは，多くの人がモーダス・トレンスを選択課題に適用できないにもかかわらず，それを見たときには正しく適用されたことを認識できる理由を説明している。

前件否定

選択課題ではあまり見かけない間違いとして，not P の観察から not Q を結論づけるというものがある。一方では，この推論は後件肯定が正当化されるのと同じ理由によって正当化できる。他方では，この推論はモーダス・トレンスが難しいのと同じ理由で難しい。とはいえ，これは選択課題における主要な課題ではないので，ここでは無視しよう。

結論

このように見てくると，条件文が信念として解釈される場合，エージェントサイクルにおける計算論理による推論は，選択課題についての人間の行動についての心理学的な研究と辻褄が合う。計算論理でも人間の推論でも，モーダス・ポネンスと後件肯定は簡単である。モーダス・トレンスは可能ではあるが難しい。これは，否定形の結論を肯定的な観察から導出することが難しいためである。前件否定もやはり可能だが，難しい。

次節では，モーダス・トレンスは条件文が目標として解釈されているときには通常易しくなるということを論じよう。

目標として解釈される条件文

本書では，エージェントが条件文の目標を用いる様子をいろいろと見てきた。その主要な使用法は，エージェント自身が変転する世界の状態と調和の取れた関係を維持するための手助けである。しかしながら，条件文の目標の第二の機能は，エージェントの社会全体の調和を維持する手助けである。どちらの場合でも，条件文の目標は，世界の状態を変化させる行動の生成と抑制の両方によってエージェントの行動を統制している。

バーの場面での選択課題とロンドン地下鉄におけるセキュリティ評価の例では次のようになっていた。

もしある人がバーでお酒を飲んでいるならば,
その人は 18 歳以上である。

もしある乗客がリュックサックを背負っているならば,
その乗客の胸元には A の文字が貼られている。

この条件文は社会的な制約と理解するのが自然である。エージェントはこの制約のインスタンスが真であるか偽であるかを観察することによって，世界の状態を監視できる。インスタンスが偽であるという観察は，目標 / 制約に違反したものである。インスタンスが真であるという観察は，目標 / 制約に適ったものである。

よく統制された社会においては，エージェントは通常なら規則に従い，違反するのは例外的な場合である。したがって，選択課題の具体的な定式化において，文脈からその条件文が目標と解釈されることが明らかな状況では，そのタスクが違反を検出するためのものであることを強調する必要はない。というのも，違反を防止するのはそのような目標が置かれるときの普通の目的だからである。計算機科学では，整合性制約がデータベースの更新の監視において似たような役割を果たす。

エージェントが選択課題を条件文の目標への適合を監視するタスクと解釈した場合には，計算論理において容易な推論は古典論理の基準に照らしても正しい，ということを論じていく。説明しないといけない 2 つの主要な問題は，なぜ後件肯定は適用されないのか，そしてなぜモーダス・トレンスは易しいのかということである。しかし，まずはモーダス・ポネンスが易しいということを確かめよう。

モーダス・ポネンス

条件文の目標を用いた推論の一般的なパターンは，事実または仮定であってその目標の条件部にマッチするようなものから前向き推論を行い，その目標の他の条件部を検証するために後ろ向き推論を行い，それから前向きに推論し結論を導出するというものである。この推論のパターンは，その目標が検証すべき他の条件を持たない特殊例として，古典論理において正しいモーダス・ポネンスの適用を含んでいる。

その条件文で与えられる目標が個人的な持続目標の場合には，結論は達成目標であり，そのエージェントが後ろ向き推論を行い，最終的に行動することによって解決を試みることのできるものである。その条件文で与えられる目標が社会的制約の場合には，エージェントはその結論が真なのかどうかの観察を能動的に試みることができる。もしエージェントが，その結論は真であると観察したら，最初の観察または仮定によって引き起こされた社会的制約のインスタンスは履行されている。しかし，もしエージェントがその結論は偽であると観察したら，その社会的制約に違反していることになる。

後件肯定

「もし P ならば，Q」という条件式が信念として解釈されるなら，Q という観察の説明として P を導出するために後ろ向き推論を行うことができる。この際，条件文を直接用いてもよいし，双方向条件文とみなしたものを使ってもよい。

しかし，もしその課題が，目標として理解される条件文が成立していることの監視と解釈されているならば，Q が真であるという観察は直ちに「もし P ならば，Q」という条件文が正しいことを確証するものになっている。ここでは P が真か否かを能動的に観察する意味はない。P の真理値は，この条件文の真偽に影響しないからである。つまり，P の真理値の観察を行っても，その条件文が成立していないことを暴くことはできない。

モーダス・トレンス

既に述べたように，モーダス・トレンスは，条件文が信念として解釈されたときには難しい。これが難しい理由の大半は，否定的な結論を導出するのが難しいことにある。以下では，否定的な結論の導出は，その条件文が目標として解釈されている場合には，通常易しくなることを論じる。この議論は，計算において整合性制約をチェックする問題についての経験に支えられたものである。

計算において，整合性のチェックは，データベースの更新のたびに行わねばならない高コストの演算である。1つの更新によって多数の異なる整合性制約が影響を受ける可能性があるため，それに関する推論を可能な限り前もって行うことによって制約を最適化するのが一般的である。このためによく行われる最適化は，「条件－行動」の規則を「事象－条件－行動」の規則に変換することである。この最適化は非常によく使われるものであり，実際にアクティブデータベース［Widom and Ceri 1996］を含む多くのシステムでは，事象－条件－行動という形式の規則のみが許されている。

しかし，条件文目標から事象－条件－結論という形式へのより一般的な変換を，事前の推論によって機械的に行うことができる。例えば，次の持続目標を考えよう。

もし緊急事態が発生しているならば，救助を求めよ。

これは次のように変換できる。

もし炎があるならば，救助を求めよ。
もし煙があるならば，救助を求めよ。
もしある人が他の人を攻撃しているならば，救助を求めよ。
もし誰かが急病になるならば，救助を求めよ。
もし事故が起きているならば，救助を求めよ。

この例に含まれる推論は第 9 章で説明されており，補遺 A5 で形式化されている。しかし第 9 章における結論「救助を受ける」の原子的行動への還元（reduction）は，「緊急事態が発生している」という条件そのものを縮小（reduction）するほどの効率はもたらさないことに注意しよう。

変換された規則の効率面での利点は，中間的な信念による前向きの推論を経ずに外部の観察から直接的にトリガーできることである。欠点は，場合によっては変換された規則の数が途方もなく増えることである。

選択課題における条件文目標の場合，肯定的な観察からの否定的な結論の導出が「もし Q かつ Q' ならば，偽」という形の制約によるものであるならば，この最適化はこの条件文と制約の間のリンクを入力となる観察に先立って活性化することによって実行できる。これによって最初の条件文目標は，次のようにして否定形にコンパイルされる。

条件文目標：もし P ならば，Q。

制約：もし Q かつ Q' ならば，偽。

コンパイルされた目標：もし P かつ Q' ならば，偽。

または次のようにしても同値：P かつ Q' であるということはない。

この形式では，Q' が真であることがコンパイルされた目標のトリガーになり，P の値の能動的な観察を始動する。もし P が真であるならば，Q' は条件文目標に違反していることになる。もし P が偽なら，Q' は条件文目標を満たしている。ここでのモーダス・トレンスはさほど簡単ではないが，Q に反する観察が与えられたときに P の真理値を能動的に観察するというのはモーダス・トレンスに関連した振る舞いである。

例えばバーの場面での選択課題では，次のようになる。

条件文目標：もしある人物 X がバーでお酒を飲んでいるならば，
その人物 X の年齢は 18 歳以上である。

制約：もしある人物 X の年齢が 18 歳以上であり
かつ，その人物 X が 18 歳未満ならば，
偽。

コンパイルされた目標：もしある人物 X がバーでお酒を飲んでおり
かつ，その人物 X が 18 歳未満であるならば，
偽。

または次のようにしても同値：
ある人物 X がバーでお酒を飲んでおり，
かつ，その人物 X が 18 歳未満であるということはない。

前件否定

観察を説明できるのは目標ではなく信念だけなので，not P の観察から not Q を結論づけることはできない。特に，次の 2 つを結ぶリンクは存在しない。

条件文目標：　もし P ならば，Q。
制約：　　　　もし P かつ P' ならば，偽。
ただし P' は P の反対である。

結論

条件文が目標として解釈されたときには後件肯定も前件否定も適用できないが，モーダス・ポネンスは簡単である。モーダス・トレンスは，違反のチェックへの注意により事前推論が促され，違反の検出が容易になるような形に目標がコンパイルされているという前提の下では簡単である。

目標のコンパイルを行うことについてのこの仮定は，スペルベルら［Sperber et. al. 1985］の次のような議論と似ている。この議論は，被験者は古典論理に従って推論する傾向があり，条件文「もし P ならば，Q」を以下のような否定形で解釈した場合にはモーダス・トレンスを使う傾向があるというものである。

P かつ not Q であるということはない。

または次のようにしても同値である。

もし P かつ not Q ならば，偽。

選択課題についてのこの分析は，人々は不正者検知アルゴリズムを生得的に持っているという進化心理学的観点とも符合する。しかしながら計算論理においては，不正者検知は社会的な整合性制約への違反を検出する特殊例に過ぎない。

バーの場面での選択課題に適用すると，次のような形式になる。

もしある人物 X がバーでお酒を飲んでおり
かつ，その人物 X が 18 歳未満ならば，
偽。

汎用目的の整合性チェックは，制約の条件部の１つにマッチする観察を監視する。ある人物がお酒を飲んでいることを観察したとき，エージェントはその

人物の年齢の能動的な確認を試みることができ，そしてもしその人物の年齢が18歳未満ならば，そのエージェントは目標への違反が起こっていることを推論できる。同様に，18歳未満の人物を観察したとき，そのエージェントはその人物がお酒を飲んでいるか否かの能動的な検査を試みることができ，そしてもしその人物がお酒を飲んでいたら，エージェントはやはり違反を推論する。

セキュリティ評価の再考

第2章で，わたしはロンドン地下鉄のセキュリティ改善についての，次のような架空の例から話を始めた。

もしある乗客がリュックサックを背負っているならば，
その乗客の胸元にはAの文字が貼られている。

この例における選択課題を解くためには，本章での単純な分析を，より精確なものにする必要がある。

この例におけるこの条件文が社会的制約であることについては疑いの余地はない。モーダス・ポネンス，後件肯定，前件否定についても問題はない。しかしモーダス・トレンスについてはどうだろうか？

他の例と同様に，主な問題は肯定的な観察から否定的な結論を導出することにある。あなたは，地下鉄である人がリュックサックを背負っており，さらにその人が犬を連れていたり煙草を吸っていることに気づくかもしれない。しかし，その人物の胸元に文字Aが貼られていないことや，彼がスコティッシュテリアを連れていないこと，マルボロを吸っていないことを自発的に観察したりはしない。

この章で，モーダス・トレンスの効果を得るためには，Q'という受動的で肯定的な観察を否定的な結論であるnot Qに関連付けることが必要であることを論じてきた。また，多くの場合，必要となる関連付けは明示されていない「もしQかつQ'ならば，偽」という制約を通じて行われることを示唆した。しかしこの例においてそのような制約はあるだろうか？　例えば，次の制約を考えてみよう。

ある人物 X の胸元に文字 L が貼られており
かつ，その人物 X の胸元に文字 M が貼られているならば，
L は M と同一である。

しかしこれは明らかに不十分である。もしその人物の胸元についているのがピースシンボルだったらどうだろうか？　または何も着ていなかったら？　あるいはその人物の胸元がローマの盾のレプリカで隠れていたとしたら？　結論 Q に反する Q' として可能性のあるものは多すぎて，すべてを考慮に入れることは不可能である。

モーダス・トレンスの効果を得るためには，条件文を適切な，受動的な肯定的観察によってトリガーされる形式へとコンパイルする必要がある。そのような表現のうち最も単純なのは，多分次のようなものであろう。

もしある人物が地下鉄の乗客であり
かつ，その人物がリュックサックを背負っており
かつ，文字 A のラベルが胸元についていないならば，
偽。

これはモーダス・トレンスの適用を容易にするものとしてスペルベルら［Sperber et al. 1995］によって確認された「もし P かつ not Q ならば，偽」を少しだけ変えたものである。

このようにコンパイルされた形式の条件文と地下鉄の乗客についての肯定的観察が与えられると，あなたはその人物がリュックサックを背負っているか，または彼の胸元に文字 A があるかどうかを能動的に観察することができる。もし，この 2 つの条件のうち後者をチェックするほうが容易であり，彼の胸元に文字 A があるという観察に失敗したなら，彼がリュックサックを背負っているかどうかという，もう一方の条件をチェックするべきである。もし背負っていたら，条件文に違反した事態が起こっている。これは古典的なモーダス・トレンスに関連した振る舞いである。

補遺 A6 を学び，この章におけるカード選択課題についてのモーダス・トレンスについての分析に精細な注意を払った読者は，これらの両方の例に関わっ

ているのは次の形の推論規則において R が単純に偽である特別な場合であることがわかるだろう。

与えられた整合性制約が次の形式のとき：もし P ならば，Q または R
次のような整合性制約を導出する：　　　もし P かつ not Q ならば，R

この推論規則は補遺 A6 における否定の書き換え規則の逆である。

セキュリティ評価の例が示しているのは，計算論理の推論規則はある種の否定を扱えるように改良が必要だが，現状でも選択課題のような問題に必要とされるものにはかなり近いということである。

結論

選択課題は，人間の推論に関するどんな理論にとっても価値ある挑戦である。この章では，一定の条件の下で，エージェントサイクルの思考の構成要素として埋め込まれた計算論理がこの課題に対応できることを論じた。計算論理は，人々が古典論理の規範に照らすと間違っているように見える推論を行うことも，正しく推論することも説明できる。また，人々が自力で正解を得られない場合でも，正解の認識が可能なことがある理由も説明する。

選択課題についてのこの分析は，他の分析，とりわけスペルベルら［Sperber et al. 1995］のものとも整合するが，広義に解釈すればコスミデス［Cosmides 1985, 1989］の分析とも整合する。

しかし，ロンドン地下鉄の架空のセキュリティ対策の例が示すように，計算論理の推論規則はさらに精緻なものにする必要がある。選択課題や人間の推論に関する他の心理学的研究は，この詳細を埋める方法の手がかりになるかもしれない。

第17章
メタ論理

あなたは世の中で成功し，自らをさらに高め，そして今までより聡明になりたいだろうか？　もしそうなら，メタ論理を学ぶべきだ。

メタ論理はメタ言語の特殊な場合である。**メタ言語**（meta-language）とは，**対象言語**（object language）と呼ばれる他の言語についての表現や推論を行う言語のことである。対象言語が論理形式をとっている場合には，このメタ言語は**メタ論理**（meta-logic）とも呼ばれる。したがって，この本は計算論理という対象言語を学ぶためのメタ論理の利用例の1つになっている。

しかしながら，この本ではメタ論理を計算論理を学ぶためだけでなく，計算論理自身によって計算論理を学ぶためにも用いる。言い換えれば，本書で言うメタ論理の言語は計算論理でもあるということである。というわけで，この章の最初の段落を言い換えれば，もっと聡明になりたかったら，考えることについて考えるためのメタ論理として計算論理を使うべきだ，ということになる。

実際，あなたが自分の聡明さに満足しているとしても，メタ論理を使うことによって他のエージェントの思考をシミュレートできる。この事情は，他のエージェントについてあなたより賢いと信じていようが愚かだと信じていようが関係ない。例えば，聡明なキツネは愚かなカラスの思考をシミュレートするためにメタ論理を用いることができる。

既に第3章においてメタ論理のこの応用については軽く触れた。そこでは，条件文の形式の文の真理性の定義の表現にメタ論理を用いた。第6章でもメタ論理を用いて，英国国籍法1.1項の目的と，国務大臣を納得させるという副目標を表現した。第13章では，状況計算とイベント計算の表現にメタ論理を用いた。この章では，推論の表現と推論についての推論のためにメタ論理を用いることに集中する。

簡単な例で考えよう。メタ言語の項 *P*，（*P* であるのは，*Q* の場合である），*Q*，（*P* かつ *Q*）が対象言語の文を記述しているとしよう。以下で括弧を用いたのは多義性を避けるためである。

$meta_1$：あるエージェントが *P* を信じるのは，
そのエージェントが（*P* であるのは，*Q* の場合である）と信じており，
かつそのエージェントが *Q* を信じている場合である。

$meta_2$：あるエージェントが（*P* かつ *Q*）と信じるのは，
そのエージェントが *P* を信じており，かつそのエージェントが *Q* を信じている場合である。

この例はほとんど無意味に思えるかもしれないが，これはもっと重要な例を組み立てるための堅固な基礎となっている。しかし，あまり面白くないとしても，この単純な場合ですら，エージェントはどうしたら自身の思考に自覚的になれるのかということについての例示になっている。

この例をもっと精巧にした変種が**メタ解釈器（meta-interpreter）**の実装のために，計算機科学において広範に実利用されている。ここで言うメタ解釈器は，対象言語の実装のためにメタ言語で書かれたコンピュータ・プログラムである。一般的に，このような方法で実装された対象言語は，メタ言語自体には欠けている望ましい特性を備えている。

英語では，文や構文的実体とそれらの名称を区別するために引用符を使うのが一般的である。例えば "Mary" は Mary の名称であり[訳注1]，"Mary is an intelligent agent" はこの引用符の内側の文の名称である。しかしながら，計算機科学での多くの実務では，引用符記号の類の表現を使って名称をつける必要はない。ある表現が対象言語に属するのかメタ言語に属するのかは，文脈から明らかだからである。

次の例では，選言（*P* または *Q*）についての対象レベルの推論を実装するためにメタ論理を用いている。ただし，メタ言語における選言は用いていない。

訳注1　対象言語における Mary という単語は，それが解釈されたときに何らかの個体を指している。一方で "Mary" はこの Mary という単語自体を指している。

$meta_3$：あるエージェントが P を信じるのは，
そのエージェントが（P または Q）を信じており，
かつそのエージェントが（not Q）を信じている場合である。

このメタ文における「または」と「not」はメタ言語における論理結合子ではなく，対象言語における論理結合子の名称である。

この章の後のほうで，賢者についてのパズルを解く際に $meta_3$ を用いることになる。また，エージェントがある事実が真実かどうかを観察したときに，そのエージェントが観察結果を信じる，ということについての推論も必要である。賢者のパズルの解においては，この推論は否定的な観察，つまり以下に示す失敗としての否定のインスタンスの場合に対してのみ必要となっている。

$meta_4$：あるエージェントが（not Q）を信じるのは，
そのエージェントが Q であるかどうかを観察し，
かつ not（Q が成立）となる場合である。

ここで，「not」という表現は対象レベルとメタレベルの両方で出現している。最初に出現している not は対象言語の論理結合子を指しているが，二番目に出現している not はメタ言語における論理結合子を指している。このように対象言語とメタ言語で同じ構文を用いるとき，これを**両義的な（ambivalent）**構文と呼ぶ。これはどちらの意味で使っているのかが文脈から区別できるかぎり，多義的（ambiguous）ではない。

信念の意味論

文を名前づけるための引用符記号の類の機構を使用しないため，メタ論理は様相論理に似ている。様相論理においては，「～と信じる（believes)」は「もし (if)」や「かつ (and)」のような論理結合子である。さらに注目すべきことに，メタ論理における信念の公理 $meta_1$ と $meta_2$ は，様相論理における信念の公理とほとんど区別がつかない。しかしメタ論理と様相論理は異なる意味論を持つ。

信念についての様相論理の意味論は，第13章で軽く触れた時間についての可能世界意味論に似ている。様相論理では，文の真理値は世界の集まりのなかの可能世界Wに対して相対的に定まる。このような可能世界の集まりにおいて，あるエージェントが命題Pを可能世界Wにおいて「信じている」のは，エージェントがWから到達可能な世界すべてにおいてPが真である場合である。

メタ論理において，あるエージェントがPを信じているのは，Pがそのエージェントの思考の言語における信念となっている場合である。このメタ論理的な信念の意味論では，メタ信念$meta_1$と$meta_2$は完全に偽である。というのも，それらは実際のエージェントの限界を考慮に入れていないからである。この理由により，この「〜と信じる」というメタ述語は，「理論的には〜だと示せる」という述語と呼ぶほうがよかったかもしれない。この点において，失敗としての否定を「理論的には〜だと示せない」という述語と呼べる点と似ている。

信念に関する様相論理とメタ論理の関係は複雑な話題であり，これについてはいまだに一般的な合意というものがない。とはいえ計算機科学においては，両義的構文とメタ論理意味論の組み合わせは実用的な観点から大変有用であることが確認されている。このほかいくつかの理由から，本章ではこの信念の表現を用いている。

よい印象を与えるには

あなたが次のように信じているとしよう。

メアリーがある人物に感銘を受けるのは，
その人物は育ちがよいとメアリーが信じる場合である。

メアリーは，クイーンズ・イングリッシュ（標準英語）を話し，
かつ高貴な性格の持ち主である者なら，誰でも育ちがよいと信じている。

もしくは，二番目の文をより正確に次のように書いてもいいだろう。

> メアリーは，((ある人物が育ちがよいのは，その人物がクイーンズ・イングリッシュを話し，かつその人物が高貴な性格の持ち主である場合である）ということがすべての人に当てはまる）と信じている。

直感的に言えば，メアリーがあなたに感銘を受けるのは，あなたがクイーンズ・イングリッシュを話し，高貴な性格を持っていると，彼女が信じている場合である。あなたが実際にクイーンズ・イングリッシュを話すかどうか，あるいはあなたが高貴な性格の持ち主なのかそれとも悪漢なのか，ということはどうでもよい。肝心なのは，メアリーがあなたについて考えていることだけである。一方で，メアリーが感銘を受けたということを彼女自身が信じているかどうかは問題にしなくてよい。実際に彼女が感銘を受けるかどうかを問題にしているからである。

このような直感を隙のない議論に仕立て上げるのは，あなたが思うほど簡単ではない。とくに問題になるのは，メアリーは，一般的にその性質がすべての人について成立していると信じているのだから，とりわけ，その同じ性質を持つと彼女が信じる人物全員にそれが当てはまる，と推論しなければならないことである。これを示すためには，次のような追加的なメタ信念が必要である。

> $meta_5$：あるエージェントが（*S* はある人に当てはまる）と信じるのは，そのエージェントが（*S* はすべての人に当てはまる）と信じている場合である。

この信念は，全称量化された文の真理性の定義の必要条件部（if-half）に似ている。これについては第 3 章末尾で軽く触れたが，よりフォーマルなものは補遺 A2 で与えてある。第 3 章と補遺 A2 で述べているように，メタ信念はより一般には任意の型（type）を表現でき，人についての型に限られているわけではない。しかしながら $meta_5$ はよりシンプルであり，しかもわれわれの目的には十分である。

信念の帰結をよく理解するためには，関連するすべての信念を 1 つの結合グラフにまとめるとよい。メタ信念 $meta_3$ と $meta_4$ はこの例では関係ないので，それらの結合はここでは省いてある。

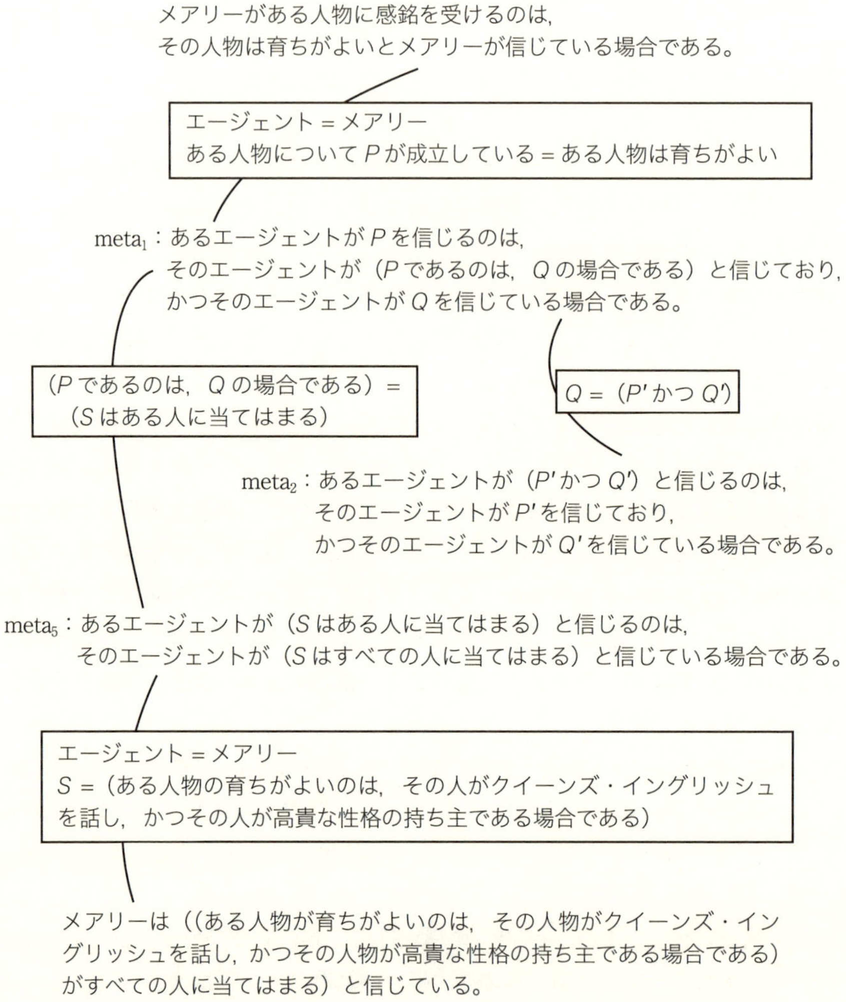
メアリーがある人物に感銘を受けるのは，
その人物は育ちがよいとメアリーが信じている場合である。
エージェント＝メアリー
ある人物について P が成立している＝ある人物は育ちがよい
meta$_1$：あるエージェントが P を信じるのは，
そのエージェントが（P であるのは，Q の場合である）と信じており，
かつそのエージェントが Q を信じている場合である。
（P であるのは，Q の場合である）＝
（S はある人に当てはまる）
Q＝（P' かつ Q'）
meta$_2$：あるエージェントが（P' かつ Q'）と信じるのは，
そのエージェントが P' を信じており，
かつそのエージェントが Q' を信じている場合である。
meta$_5$：あるエージェントが（S はある人に当てはまる）と信じるのは，
そのエージェントが（S はすべての人に当てはまる）と信じている場合である。
エージェント＝メアリー
S＝（ある人物の育ちがよいのは，その人がクイーンズ・イングリッシュ
を話し，かつその人が高貴な性格の持ち主である場合である）
メアリーは（(ある人物が育ちがよいのは，その人物がクイーンズ・イン
グリッシュを話し，かつその人物が高貴な性格の持ち主である場合である)
がすべての人に当てはまる）と信じている。

この結合グラフは，任意のリンクを選んで導出節（resolvent）を事前に推論しておくことで単純化できる。これについての詳細は補遺 A5 で述べる。実際，いくつかのリンクは並行して活性化できる。例えば，3 つのメタ信念 meta$_1$，meta$_2$，meta$_5$ を結ぶ 2 つのリンクを活性化させたとしよう。すると 3 つのメタ信念を，結果として得られる特殊化したメタ信念で置き換えることができる。

メアリーがある人物に感銘を受けるのは,
その人物は育ちがよいとメアリーが信じている場合である。

エージェント = メアリー
ある人物について P が成立している = ある人物は育ちがよい

あるエージェントが, ある人物について P が成立していると信じるのは,
そのエージェントが（すべての人間について（P であるのは, P' かつ Q' である場合である)）と信じており
かつ, そのエージェントが, その人物について P' が成立していると信じており
かつ, そのエージェントが, その人物について Q' が成立していると信じている場合である。

エージェント = メアリー
P= ある人物は育ちがよい
P'= その人物がクイーンズ・イングリッシュを話す
Q'= その人物が高貴な性格の持ち主である

メアリーは（(ある人物が育ちがよいのは, その人物がクイーンズ・イングリッシュを話し, かつその人物が高貴な性格の持ち主である場合である）がすべての人に当てはまる）と信じている。

結果として得られた結合グラフは, 残りの 2 つのリンクを活性化することによってさらに簡単にすることができ, 次の文が導出される。

メアリーがある人物に感銘を受けるのは,
その人物はクイーンズ・イングリッシュを話すとメアリーが信じ
かつ, その人物は高貴な性格の持ち主だとメアリーが信じている場合である。

さて, あなたがもちろん人間だとしての話だが, これがあなたの求めていた結論である。

国務大臣を確信させる方法

ここでは，メタ信念 $meta_1$，$meta_2$，$meta_5$ についての別の応用を，違う目的で取り上げる。さて，今回はあなたが国務大臣のように考えてみたいと思ったとしよう。そう思う理由は，あなたがいつか国務大臣になりたいと熱望しているからでもよいし，あなたが英国市民に帰化するための申請をしており，国務大臣があなたの応募に対して何を考えるのか予期したいからでもよい。あなたはとりわけ，「国務大臣が，6.1 項による帰化のための附則 1 の要件を満たすことを確信するかどうか」を決定したいのだとしよう。この問題は第 6 章から持ち越されていたものである。

議論の簡略化のために，あなたが帰化の申請をした時点で既に英国に居住しており，王室に仕える職務に就いていた過去がなく，また将来的にもその予定はないとしておく。そこで，最も関連の深い規定を適切に簡略化すれば次のようになる。

sec_1：国務大臣が 6.1 項に基づいて対象者に帰化証明書を交付するのは，
　当該人物が帰化を申請し
　かつ，当該人物が判断能力を持つ成人であり
　かつ，国務大臣が「当該人物が 6.1 項に基づく帰化のための附則 1 の要求を満たすこと」を確信し
　かつ，国務大臣が「当該人物が帰化証明書の交付にふさわしい」と判断する場合である。

sec_2：ある人物が 6.1 項に基づく帰化のための附則 1 の要件を満たすのは，
　当該人物が居住地に関する 1.1.2 項の要件を満たしており，
　かつ，当該人物が善良な人間であり
　かつ，当該人物が英語，ウェールズ語，またはスコットランド・ゲール語の十分な知識を持っており
　かつ，当該人物が英国での生活に関する十分な知識を持ち
　かつ，当該人物が帰化の許可を受けるイベントの際に主たる居住地を英国に置く意思を持っている場合である。

問題は，どうすれば最初の附則 sec_1 の三番目の条件を二つ目の附則 sec_2 の結論に関連付けられるかということである。この問題は，メアリーがよい印象を受けるかどうかを決定しようとした先ほどの問題と似ている。

明らかに，国務大臣が何かが成立していることを「確信する」というのは，彼がその何かが成立していることを「信じている」ということを言い換えたものになっている。したがって，国務大臣があなたの帰化申請について考えることをシミュレートするために，あなたは「確信する」という句を「信じている」に置き換えて，この信念に関連するメタ信念を用いることができる。

あなたはまた思考のレベルを一段引き上げて，国務大臣が英国国籍法のすべての規定，とりわけ二つ目の規定 sec_2 を信じていると仮定する必要がある。関係するすべての規定と仮定，そして関連するメタ信念をすべて同じ結合グラフに入れることができる。余計な煩雑さを避けるため，変数のマッチングのためのインスタンス化は示していない。

あまり驚くべきことでもないが，この結合グラフはメアリーを感銘させるときの結合グラフと似たような構造を持つ。

国務大臣が 6.1 項に基づいて対象者に帰化証明書を交付するのは，
当該人物が帰化を申請し
かつ，当該人物が判断能力を持つ成人であり
かつ，国務大臣が「当該人物が 6.1 項に基づく帰化のための附則 1 の要求を満たすこと」を信じ
かつ，国務大臣が「当該人物が帰化証明書の交付にふさわしい」と判断する場合である。

$meta_1$：あるエージェントが *P* を信じるのは，
そのエージェントが（*P* であるのは，*Q* の場合である）と信じており，
かつそのエージェントが *Q* を信じている場合である。

$meta_2$：あるエージェントが（*P′* かつ *Q′*）と信じるのは，
そのエージェントが *P′* を信じており，
かつそのエージェントが *Q′* を信じている場合である。

$meta_5$：あるエージェントが（*S* はある人に当てはまる）と信じるのは，
そのエージェントが（*S* はすべての人に当てはまる）と信じている場合である。

（次頁へ続く）

国務大臣は,
((ある人物が 6.1 項に基づく帰化のための附則 1 の要求を満たすのは,
当該人物が居住地に関する 1.1.2 項の要件を満たしており
かつ, 当該人物が善良な人間であり
かつ, 当該人物が英語, ウェールズ語, またはスコットランド・ゲール語の十分な知識を持っており
かつ, 当該人物が英国での生活に関する十分な知識を持ち
かつ, 当該人物が帰化の許可を受けるイベントの際に主たる居住地を英国に置く意思を持っている)
という条件がすべての人物に当てはまる) と信じている。

ここで $meta_1$ と $meta_2$ の節の内側には明確に示されていないリンクがあり, 条件部と結論部をつないでいる。$meta_1$ の内側のリンクはこの例では必要ないが, 附則 1 の 4 つの要求を扱うためには $meta_2$ の内側のリンクを 3 度活性化する必要がある。最上部のリンクを除いたすべてのリンクを活性化すると, 簡略化された結合グラフが得られる。この結合グラフには元の 2 つの附則を最初に置いたときには欠けていたリンクが含まれている。

国務大臣が 6.1 項に基づいてある人物に帰化証明書を交付するのは,
当該人物が帰化を申請し
かつ, 当該人物が判断能力を持つ成人であり
かつ, 国務大臣が「当該人物が 6.1 項に基づく帰化のための附則 1 の要求を満たす」ことを信じ
かつ, 国務大臣が「当該人物が帰化証明書の交付にふさわしい」と判断する場合である。

国務大臣が「ある人物が 6.1 項に基づく帰化のための附則 1 の要求を満たす」ことを信じるのは,
当該人物が居住地に関する 1.1.2 項の要件を満たしていると国務大臣が信じ
かつ, 当該人物が善良な人間だと国務大臣が信じ
かつ, 当該人物が英語, ウェールズ語, またはスコットランド・ゲール語の十分な知識を持っていると国務大臣が信じ
かつ, 当該人物が英国での生活に関する十分な知識を持つと国務大臣が信じ
かつ, 当該人物が帰化の許可を得るイベントの際に主たる居住地を英国に置く意思を持っていると国務大臣が信じている場合である。

第6章から持ち越されてきた問題を解くためには，「〜と信じる」という言葉を「〜を確信する」に置き換えれば十分である。

国務大臣を確信させる，もっと柔軟な方法

あなたがこれまでの議論にあまり納得しなかったとしても責める気持ちにはなれない。もしかしたらあなたは，国務大臣はもっと柔軟であるべきであり，例えばある人が善良な人間であることの信念が強ければ，その人物が英語，ウェールズ語，またはスコットランド・ゲール語の十分な知識を持っていることの信念が弱いことの埋め合わせになるはずだ，というふうに考えるかもしれない。幸いにも，メタ論理を使うと，条件の連言が結論を含意するかどうかを判定するための柔軟な方法を表現することができる。例えば，2つの信念 meta_1 と meta_2 を次のように置き換えることができる。

meta_1'：あるエージェントが P を信じるのは，
そのエージェントが（P であるのは，Q の場合である）と信じており，
かつそのエージェントが Q であることを確度 S で信じており
かつ $S > t$ の場合である。

meta_2'：あるエージェントが（P かつ Q）を確度 S で信じるのは，
そのエージェントが P を確度 S_P で信じており，
かつそのエージェントが Q を確度 S_Q で信じており，
かつ $S_P + S_Q = S$ の場合である。

脳のニューラルネットワークに詳しいなら，そのようなネットワークと meta_1' と meta_2' が似ていることがわかるだろう。$S > t$ という条件は，ニューロンが発火するためには，そのニューロンへの入力の強さがある閾値 t を超えなければならないという要件と似ている[訳注2]。$S_P + S_Q = S$ という和を取って

訳注2　生物学におけるニューロンの発火や，工学におけるセンサーの作動では，システムが刺激や信号の強度に応じて反応を起こすかどうかを決定することがある。このような場合，挙動変化の境界となる刺激や信号の強度の値を閾値（threshold）と呼ぶ。

いる箇所は，ニューロンへの入力の強さの和に対応している。このニューラルネットワークのアナロジーをもっと続けて，条件 P と Q に重みを対応させてもよいだろう。こうすると，例えば，善良な人物であることの重みは，英国の母国語の１つを話せることの重みより大きいかもしれない。

一見したところ，$meta_1'$ と $meta_2'$ はエージェントの思考の言語としての計算論理の表現とはかけ離れているように思える。しかし，結合グラフによる証明手続きの実装には，リンクを活性化する戦略が必要であることを思い出す必要がある。メタ信念 $meta_1'$ と $meta_2'$ は，第４章と補遺 A5 で概略を述べた最良優先（best-first）戦略の近似的な表現だと考えることができる。いずれにせよ，ここにはメタ論理の力が現れている。対象レベルの論理では信念の強度を明示しなければならないのに対し，メタ論理ではそのような明示が必要ないのである。

2 人の賢者

この例は，対象レベルの思考だけでは解決できない問題を解決するために，別のエージェントの思考をシミュレートするためにメタ論理を用いる，という印象的なものである。

この問題は通常，１人の王様と３人の賢者の話として定式化される。簡略化した新しい問題として，われわれは１人の女王と２人の賢者というバージョンを扱おう。メアリー，ジョン，ボブに恥をかかせないように，この物語の参加者を単に「女王」，「賢者 1」，「賢者 2」と呼ぶことにする。

> ２人の賢者がいる。どちらの顔にも泥がついている。賢者たちは互いにもう一方の賢者の顔に泥がついているのを見ることができるが，しかし自分の顔の泥は見えない。女王は２人に，少なくとも一方の顔に泥がついていると告げた。少し経つと，一番目の賢者が，自分の顔に泥がついているかどうかわからない，と表明した。二番目の賢者はメタレベル推論の方法を知っていたので，自分の顔に泥がついていることがわかったと宣言した。

賢者２は次のような二段階の推論でこの問題を解くことができる。

ステップ 1：賢者 1 は，自分の顔に泥がついているか，またはわたしの顔に泥がついていることを知っている。
したがって，もし賢者 1 にわたしの顔に泥がついていないことが見えるのなら，彼は自分の顔に泥がついていることに気づいたはずである。

ステップ 2：賢者 1 は自分の顔に泥がついていることがわからないのだから，わたしの顔に泥がついていないことを彼は見ていない。
したがって，彼はわたしの顔に確かに泥がついているのを見たにちがいない。

この種の推論は見かけより少し込み入っているのだが，知ることと見ることについての推論がかかわっているのもその理由である。とはいえ「見ることは信じること」であり，「知ること」は「信じること」の特殊な場合でもある。そこでこの解は，信念を用いて再定式化することができる。次に示すのは信念を用いて定式化したステップ 1 の推論の結合グラフ表現である[訳注 3]。

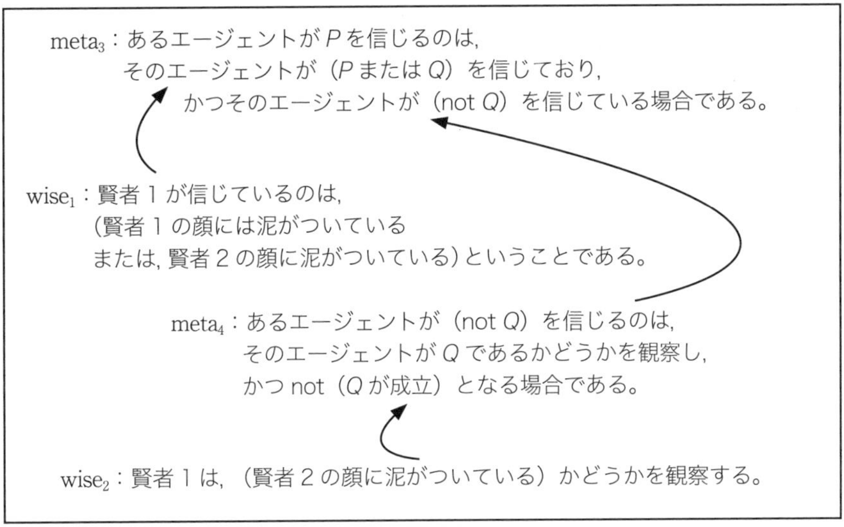
meta$_3$：あるエージェントが P を信じるのは，
そのエージェントが（P または Q）を信じており，
かつそのエージェントが（not Q）を信じている場合である。
wise$_1$：賢者 1 が信じているのは，
（賢者 1 の顔には泥がついている
または，賢者 2 の顔に泥がついている）ということである。
meta$_4$：あるエージェントが（not Q）を信じるのは，
そのエージェントが Q であるかどうかを観察し，
かつ not（Q が成立）となる場合である。
wise$_2$：賢者 1 は，（賢者 2 の顔に泥がついている）かどうかを観察する。

訳注 3　これまでの章では，自然言語を用いた論理式の表現においては論理結合子「not」をそのまま使ってきた。しかし本章では not が文全体を否定するために使われる場面が多い。そこで，本章に限ってその場合 not を「～ではない」のように訳す。

ステップ1は2つのサブステップに分解することができる。最初のサブステップは $wise_1$ と $wise_2$ を用いた前向き推論であり，その結果を受けて $meta_3$ を $meta_3'$ で，そして $meta_4$ を $meta_4'$ で次のように置き換える。

$meta_3'$：賢者１が賢者１の顔に泥がついていると信じるのは，
賢者１が（賢者２の顔に泥がついていない）と信じている場合である。

$meta_4'$：賢者１が（賢者２の顔に泥がついていない）と信じるのは，
賢者２の顔に泥がついていない場合である。

二番目のサブステップは $meta_3'$ と $meta_4'$ を結ぶリンクを活性化させるが，これは次のような仮定を用いた前向き推論の一種となっている。

ステップ１の結果：賢者１が賢者１の顔に泥がついていると信じるのは，
賢者２の顔に泥がついていない場合である。

ステップ2は，ステップ1の推論の結果と，賢者1の「自分の顔に泥がついているかどうかわからない」という主張を結びつける。信念という形で表現するならば，この主張は2つの部分からなっている。彼は自分の顔に泥がついていると信じておらず，かつ彼は自分の顔に泥がついていないことを信じていない。最初の部分だけが解に関係している。

$wise_0$：もし賢者１が，賢者１の顔に泥がついていると信じるならば，偽。

ステップ１の結果：賢者１が賢者１の顔に泥がついていると信じるのは，
賢者２の顔に泥がついていない場合である。

ステップ２の結果：もし賢者２の顔に泥がついていないならば，偽。

ステップ2の結果は次と同値である。

結論：賢者２の顔には泥がついている。

この同値性は，補遺 A4 と A6 で説明する全体性制約「賢者 2 の顔に泥がついていない，**または**賢者 2 の顔に泥がついている」を使った推論として正当化できる。あるいは補遺 A6 で説明する否定書き換え規則(「もし P でないならば，偽」を P で置き換える）を使った推論として正当化してもよい。

上で示した結合グラフによる解は，エージェントサイクル内の推論の一般的なパターンというスタイルではなく，典型的な数学的証明のスタイルで示されている。

解を一般的なパターンのインスタンスとして提示するには，パターンのトリガーとなる観察が必要となる。実際には，この例には 2 つの観察がかかわっている。女王が賢者の少なくとも 1 人の顔に泥がついていると主張したこと，そして賢者 1 が自分の顔に泥がついているかわからないと主張したことである。話を簡単にするために，最初の観察を無視してみよう。実際，これはどこにもつながっていない（賢者 1 が，自分の顔に泥がついているかどうかわからないと言ったのと同じ理由である)。

代わりに，二番目の観察に対する賢者 2 の反応に話を絞ろう。これは肯定的な原子文として次のように表現される。

wise_{-1}：賢者 1 は，自分は（賢者 1 の顔に泥がついているかどうか）わからないと主張している。

一方，結合グラフによる解法では次のような否定的な結論

wise_0：もし賢者 1 が，賢者 1 の顔に泥がついていると信じるならば，偽。

を出発点として，今度は適切な制約を用いて肯定的な観察 wise_{-1} から否定的な結論 wise_0 を導く必要がある（これは第 16 章での選択課題での導出と同様である)。

直感的には，賢者 2 がこの否定的な結論をいま問題にしている肯定的な観察から導出することが正当化されるのは，賢者 2 が賢者 1 の主張は信頼できると信じた場合である。この信念はさまざまな抽象レベルで表現できる。賢者 1 が信頼に足るという信念を，いくらか具体的に表現してみよう。

wise$_{-2}$：もし賢者１が，自分はPかどうかわからないと主張し
かつ，賢者１がPを信じるならば，偽。

明らかに，この信念は，例えば「すべての賢者は信頼に値する」という，より一般的な信念から導いてもよかったのである。

ここでは，賢者２の問題解決を一般的なパターンの特殊な場合として，以下のように提示してみる。

観察，wise$_{-1}$：賢者１は，自分は（賢者１の顔に泥がついてるかどうか）
わからないと主張している。

wise$_{-2}$による前向き推論：
wise$_0$：もし賢者１が，賢者１の顔には泥がついていると信じるならば，偽。

meta$_3$を用いた後ろ向き推論によってwise$_{-2}$の他の条件を検証しよう。
もし（(賢者１が，賢者１の顔には泥がついていると信じる）またはQ）であり，
かつ賢者１が（not Q）を信じているならば，偽。

wise$_1$による後ろ向き推論：
もし賢者１が（賢者２の顔に泥がついていない）と信じているならば，偽。

meta$_4$による後ろ向き推論：
もし賢者１が，賢者２の顔に泥がついているかどうかを観察し
かつ，賢者２の顔に泥がついていないならば，偽。

wise$_2$による後ろ向き推論：
もし賢者２の顔に泥がついていないならば，偽。

これは次のように言っても同じである。
賢者２の顔には泥がついている。

この解は，一般的なパターンのインスタンスとなっている。これは達成目標を解決するために持続目標からのトリガーで生成される行動計画を導くためではなく，観察結果の説明を生成するために使用される。このインスタンスにおいては，一般的なパターンが,「賢者 2 の顔には泥がついている」を,「賢者 1 が,自分は（賢者 1 の顔に泥がついているかどうか）わからないと主張した」ことの説明として生成しているのである。

対象言語とメタ言語の組み合わせ

あなたは，わたしがやってきたインチキに気づかなかったかもしれない。この章での 3 つの例は厳密に言えばメタ論理のみで表現されておらず，対象言語とメタ論理の組み合わせで表現されている。例えば次の文

メアリーがある人物に感銘を受けるのは,
その人物は育ちがよいとメアリーが信じている場合である。

は対象レベルの結論とメタレベルの条件の組み合わせである。この組み合わせにより，対象言語やメタ言語を単体で使う場合よりもずっと表現力が増す。両義的構文の使用により，この組み合わせは非常に簡単になる。

しかし，メタ論理を応用する場面なら必ずこの両義的構文による単純化の恩恵を受けるというわけではない。メタ論理の応用場面によっては，文を使うことと指示することを構文で明確に区別しなければ意味がわからなくなる。通常,英語でそれをやるときには引用符を使う。しかし文や構文要素を定数記号とその他の構文的表現によって $meta_1$ ～ $meta_5$ のように指示することもできる。このようなことは数学では普通に行われる。

文を指示するために定数記号を用いることにより，文が自分自身を参照することが可能になる。最も有名な自己参照文は次の嘘つきのパラドックスである。

この文：この文は間違っている。

この文はパラドックスである。なぜなら，もしこれが真ならば偽であり，かつ，もし偽ならば真だからである。

形式論理では，このパラドックスに対する普通の解決法は，自己参照文を完全に禁止してしまうことである。しかし，ほとんどの自己参照的な文はまったく無害である。例えば，

この文：この文は，19 個の文字から成っている。[訳注 4]

が真となるのは句読点を文字としてカウントした場合であり，偽となるのはそうしなかった場合である。

実際，自己参照文を禁止することは，数学と論理学の歴史上最も重要な定理の１つであるゲーデルの不完全性定理を違法とすることになる[訳注 5]。この定理の証明では，真でありながら証明不能であるような，次の形の自己参照文を構成する。

この文を証明することは不可能である。

ゲーデルの構成においては，文などの構文的表現，さらに証明までも，ある数字としてコード化したものによって指示される。この指示が数字によってなされるからこそ，数字についての文で自分自身を参照することができるのである。

多くの解説者，とりわけ J. R. ルーカス［Lucas 1959］やロジャー・ペンローズ［Penrose 1989］（この本は賞を取っている[訳注 6]）は，この不完全性定理は人

訳注 4　原文では This sentence: This sentence contains 37 characters. となっていた箇所を，日本語の文に置き換えた。これに合わせて，これに続く議論も適宜変更した。

訳注 5　ここで漠然と言及されているのは，いわゆるゲーデル文を用いた第一不完全性定理の証明［Gödel 1931］であろう。ただし，原論文での議論はいくらか煩雑である。この煩雑さの一因は，対象レベルの体系をホワイトヘッドとラッセルの『プリンキピア・マテマティカ』に取ったことにある。例えば体系をペアノ算術の適切な拡大にとることにより，ゲーデル文の構成と，それを用いた第一不完全性定理の証明はずっと見通しのよいものになる。これについては，例えば田中一之（編）『ゲーデルと 20 世紀の論理学③　不完全性定理と算術の体系』（東京大学出版会，2007 年）を参照されたい。

間は機械ではないことを示唆していると論じた。というのも，人間は機械では証明できない正しい文を識別することができるからである。ハオ・ワン［Wang 1974］によれば，ゲーデル自身も同様の見解を持っていたという。

しかし，ほとんどの論理学者や哲学者は，不完全性定理についてのこの解釈に反対しているようである。例えば，スチュワート・シャピロ［Shapiro 1989］は，ゲーデルの定理が適用される程度の算術を構成できる公理系では，真であるが証明不可能な文の構成は完全に機械的であると指摘している。この文を公理に追加することもできるが，そうすると，真実だが証明不可能な文が新しく存在することになり，この新しい文も公理に追加することができることになる。このように真であるが，以前は証明不可能であった文章を構成し，追加していくこの過程は無限に，果てしなく続けることができる［Feferman 1962］。

結論と文献案内

対象論理とメタ論理の組み合わせは，強力な知識表現と問題解決のツールであり，これはコンピュータにも人間にも使用できる。計算機科学では，単純なメタ言語によってより強力な対象言語を実装するために，これが日常的に使われている。人間が考えるとき，これによって自分自身の思考を振り返り，他人の思考をシミュレートすることができる。

対象論理とメタ論理の組み合わせは，不完全性定理の鍵ともなっている。この定理は，対象言語（この場合は算術）をメタ言語の視点から見ることで，対象言語のなかだけでは解けない問題を解くことができることを示している。

論理プログラミングにおけるメタ論理とその対象論理との組み合わせについての形式的な基礎については，Perlis and Subrahmanian［1994］，Hill and Gallagher［1998］，Costantini［2002］で述べられている。Gillies［1996］は，機械では解けない問題を人間が解けるかどうかという問題について，ゲーデルの定理の意義を論じている。

訳注 6　1990 年の Royal Society Prizes for Science Books.

本書の結論

わたしはここまで，人間の知能に関する包括的かつ論理ベースの理論を提示してきたが，その際には人工知能や他分野における競合的な側面を持つ多くのパラダイムを取り上げ，それらを組み合わせてきた。それらパラダイムのなかでも最も重要なのは，プロダクションシステム，論理プログラミング，古典論理，そして決定理論である。

競合するパラダイムを統合する

適切に拡張されたプロダクションシステムサイクルは，観察－思考－決定－行動エージェントサイクルの基本骨格を提供する。このサイクルはまた，エージェントの生涯の駆動力としての持続目標を同定する動機の一部を提供する。

論理プログラミングは，アブダクティブ論理プログラミング（abductive logic programming）への道を開く。そこでは信念は論理プログラミング形式の条件文として記述され，目標は古典論理のある種の節形式で記述される。開いた述語は，エージェントの心のなかの思考と，外部世界のものごととの間のインターフェース（接合面）を表現する。

エージェントは観察を介して外部世界と相互作用する。観察は目標と信念のウェブへと取り込まれ，行動を通して実行が試みられる。決定理論は，選択肢となる行動間で決定を行うための規範的理論をエージェントに提供する。その際には，期待される結果の不確実性と効用とが考慮される。決定理論はまた，より実践的な意思決定法への橋渡しも提供する。

論理ベースのエージェントモデルに明示的に寄与するこれらの主なパラダイムに加えて，このモデルを陰ながら支える他のパラダイムがある。

他のパラダイムとの関係

計算（computing）においてエージェントモデルは，論理プログラミングや演繹データベース，デフォルト推論だけではなく，穏当な形式のオブジェクト指向性の恩恵も受けている。極端なオブジェクト指向ではオブジェクトがメッセージのやりとりによってのみ相互作用するのに対し，穏当なオブジェクト指向ではオブジェクトは共有環境を媒介として互いに相互作用するエージェントのようなものである。

しかしエージェントモデルは，計算の外部にあるパラダイムから最も大きな支持を受けている。その多くは非形式的な理論であり，そのなかには例えばウィリアムズの書き方指南［Williams 1990, 1995］，チェックランドのソフトシステム方法論［Checkland 2000］，ハモンドらの『*Smart Choice*（賢い選択）』［Hammond et al. 1999］，バロンによる「探索＋推論」としての思考の特徴づけ［Baron 2008］などがある。そしてこれらはより形式的な論理ベースのエージェントモデルと組み合わせが可能である。

エージェントモデルはまた，法的推論の形式的および非形式的な理論の双方から影響を受けてきた。これは規則ベースの理論との関係で最も明らかであり，それらは規則ベースの法が無矛盾性，透明性，再現性を促進すると考える。法的な規則は，「規則は完全に規定される必要はなく，例外の対象となることもあり，デフォルト状態でのみ成り立つ場合もある」という性質を，論理的な条件文と共有する。

法的な推論や多くの他の分野では，規則ベースの推論は事例ベースの推論と連携して実行される。この２種の推論は衝突するパラダイムのように見えるかもしれないが，相補的なものであるといえる。その理由の１つは，規則はしばしば事例からの帰納によって生成されるからである。別の理由は，特定事例への規則の適用を評価し，その帰結が不適切と判断された場合にはそれを修正することで，規則は洗練されたものとなるからである。条件文形式の規則は修正を容易にする。受け入れられない結論は新たな条件を加えることによって撤回でき，欠けている結論は新たな規則を加えることによって追加できる。

事例を使って規則を生成および修正するこの過程は，帰納論理プログラミング（inductive logic programming）の基本的なテクニックであり［Muggleton and De Raedt 1994］，人工知能における機械学習の一分野である。ドナルド・ギリースは，エキスパートシステムの生成やタンパク質構造の法則発見といった応用における帰納論理プログラミングの成果は，科学哲学における帰納の問題（problem of induction）に関して重大な意味を持つと論じている［Gillies 1996］。

残念ながら本書では，他の重要な分野と同じく計算論理のこの側面は無視してきた。特に，エージェントサイクルの意思決定要素に不確実性の判断を統合する必要性についてはふれたものの，計算論理と確率理論との間のより広い関係性については取り上げてこなかった。この分野の研究の大部分では，確率的な推論と帰納論理プログラミングを組み合わせる。De Raedt et al. [2008] には，2011 年の時点で活発に研究が行われているこの分野の代表的な研究業績が概説されている。

本書で取り上げなかった他の重要な領域は，計算論理とニューラルネットワークやその他の脳のコネクショニストモデルの間の関係である。結合グラフのコネクショニスト的解釈は本書でも取り上げたが，この領域のほとんどの仕事は論理プログラミングとニューラルネットワークとの間の関係に関心を持っている。そのような研究は Hölldobler and Kalinke［1994］に始まり，d'Avila Garcez et al.［2001］や Stenning and van Lambalgen［2008］などもある。この分野における挑戦については，Bader et al. [2006] による優れた概説がある。

このような話題を挙げると切りがないため，どこかで紹介を諦めざるを得ない。しかし，この話を終える前に，ふれずに済ませるにはあまりに重要な，もう 1 つの分野に簡単に言及しておきたい。それは計算論理が貢献できると思われる分野でもある。

競合の解消

単一のエージェントが複数の行動や目標の間で選択を行わなければならないとき，競合が発生し得ることについては述べた。カラスはチーズを食べると同時に歌いたい。ダンゴムシは食べると同時に配偶者を探したい。ボブはジョンと友達のままでいたいが，刑務所には行きたくない。単一のエージェント内で起こるこの種の競合は，プロダクションシステムにおける競合解消の発生源であり，決定理論の発生基盤である。

競合解消は単一の個体のみが存在する場合でも重要だが，複数のエージェントが関与する際にはさらに重要なものとなることがある。リュックサックを背負った男は電車を爆破したいが，乗客は助かりたい。キツネはカラスのチーズが欲しいが，カラスは自分でチーズを食べたい。ボブはジョンに不利な証言をすることによって刑務所に入らずにすませたいが，ジョンはボブに不利な証言をすることによって刑務所に入らずにすませたい。

本書では囚人のジレンマを例にして，複数のエージェント間での衝突は，自身と同じく他者を気にかける単一エージェントにおける競合として扱えることを見た。このような場合への決定理論の適用は，ある種の功利主義といえる。つまり最大多数の最大幸福である。

しかし，束縛のない功利主義は，多数派により脅かされる個々のエージェントや少数派の利益を守ってはくれない。個人や少数派の権利を守るためには制約が必要である。制約は効用の最大化が収拾不能になることを防ぐ。第 12 章で取り上げたトロッコ問題において，そのような制約がどのように働くかを見た。

計算論理によるエージェントモデルは，個体の行動に関する制約と，異なる行動間での決定に関する競合解消を組み合わせる。しかしそれは，あるエージェントが持つ目標の階層構造における，より高位での競合解消の機会をも提供する。もし競合が行動レベルでは解消できない場合，より高いレベルで目標を解決し，その目標を衝突を生まない新しい行動へと還元する別の方法を見つけることで，競合を解消することは可能かもしれない。階層のレベルが多ければ多いほど，そして目標を副目標へ還元する手段の数が多ければ多いほど，潜在的な競合を回避・解消するための機会が多く存在することになる。

目標と副目標の階層構造は，エージェントの信念によって決定される。それら信念が実際にエージェントの目標達成の助けになるかどうかは，信念が実際に真であるかどうかに依存する。真である信念の数が多ければ多いほど，エージェントが目標達成とその他のエージェントとの衝突回避のために試みることのできる候補方法の数は多くなる。

エージェントは異なる出所から信念を得る。それら信念の一部はエージェントが生まれたときから組み込まれているものかもしれない。一方その他の，おそらくほとんどの信念は，個人的な経験や他者とのコミュニケーションを通じて獲得する。しかし，異なるエージェントは異なる経験を持ち，それは異なる信念につながる。その結果，複数のエージェントが同じトップレベルの目標を持つ場合でも，競合・衝突を招くことがある。したがって，異なる信念同士を調和させ，それらが異なる経験によるものであることを認めることによって，競合の折り合いをつけられることもある。

本書では，人間の振る舞いを説明・ガイドする異なるパラダイムを調和させようとしてきた。特に，プロダクションシステム，論理プログラミング，古典論理，決定理論の調和である。この試みがどれだけ成功しているかによって，本書の議論は，他の分野での衝突の調和に資する計算論理のより広い可能性を例示するものになっているかもしれない。

補遺 A1

論理形式の構文

本書で使われている計算論理の言語はインフォーマルなものであり，記号論理を簡略化したものである。これまでのところ，この言語はやや曖昧で不正確でもあった。この追加章は，この言語をより正確に規定することを意図している。これは本書の本筋には影響しないので，読者はここを完全にスキップしてもよいし，後で戻ってきてもよい。

原子式

論理にも色々な種類があるが，基本的な構成要素は**原子論理式**（atomic formula）である。以下では**原子式**（atom）と略称することがある。物理学における原子が，一群の電子が原子核によってひとまとめにされたものだとみなせるのと同様に，論理学における原子式は "train"，"driver"，"station" といった**項**（term）が "in" や "stop" といった**述語記号**（predicate symbol）によってひとまとめにされたものである。述語記号は英語の動詞のようなものであり，項は名詞や名詞句のようなものである。

われわれがインフォーマルに，

the driver stops the train
（運転手は列車を停止する）

と書いてきたものを，記号論理では通常次のように書く。

stop(driver, train)

ここでは述語記号を最初に書き，その後に原子式のパラメータとなる項（**引数〔argument〕**と呼ばれる）を括弧で囲んでカンマで区切って書く。それぞれの述語記号は定まった個数の引数を持つ。これらの引数の順序はどのように決めてもよいが，一度決めたらそれを使い続けることにする。ここでは述語記号 stop は２つの引数を持つ。主語の driver が最初の引数で，目的語の train が二番目の引数である。

原子式を書く際に論理の記号形式を使うことの利点は，原子式における述語記号とその引数を明確に区別できることである。しかも，括弧のなかのどこに引数を置くかによって（主語と目的語のような）役割の違いも指定できる。この明瞭性こそ，記号論理が計算機処理に適している理由である。

この利点の代償は，原子式の構成要素を，過度に指定しなければならないことである。例えば，the driver stops the train という文と同じ意味を持つ正当な原子式表現には次のような書式もある。

```
happens(stop, driver, train)
```

この新しい表現では stop が述語記号ではなく項として扱われている。あまり気の利いたやりかたではないが，同じ文を引数ゼロの述語記号で happens-stop-driver-train() とか，あるいはさらに簡単に happens-stop-driver-train と書くこともできる。実のところ，元の英文で意図されている根本的な意味に最も近い表現は，次のような原子文の集まりである[訳注1]。

```
happens(event-0014)
type(event-0014, stop)
agent(event-0014, 007)
object(event-0014, the-flying-scotsman)
isa(007, train-driver)
isa(the-flying-scotsman, train)
```

訳注１　以下では原子式を原子文（atomic sentence）と呼ぶことがある。

この表現では，運転手 007 が特定の個人であり，列車が識別名 the-flying-scotsman を持つ特定の列車であることが明示されている。この事象を，同じ運転手が同じ列車を他の機会に停車させた事象と区別できるのは，識別子 event-0014 のおかげである。

この表現は英語（自然言語）の文と比べるとずいぶん面倒である。しかし，論理の計算機実装ではこのような区別が不可欠であり，このような表現がしばしば必要となる。このような区別は（人間の）エージェントの思考の言語においても不可避であろう。

本書の大半で使用しているインフォーマルな表現には，このような正確な表現につきまとう複雑さを隠せるという利点がある。とはいうものの，単純そうな英文が意図している意味を表現するためであっても，たいていの場合，ここで例示したように，より精確な表現を用いて翻訳する必要があることを認識するべきである。

述語記号

述語記号は 0 個，1 個，あるいはそれ以上の引数を持つことができる。原子論理式を構成する述語記号が引数を持たないとき，**命題論理式（propositional formula）**と呼ぶことがある。命題論理式のなかには特別な原子式 true と false も含まれる。記号論理の特殊な場合で，すべての原子式が命題論理式となっているものを，**命題論理（propositional logic）**と呼ぶ。一般に述語記号が任意の個数の引数を持つことができる場合の記号論理を，**述語論理（predicate logic）**と呼ぶ。

命題論理式は**命題（proposition）**を表す文のことである。引数が 1 つの述語記号は個体の**性質（property）**を表し，引数が 2 つ以上の述語記号は個体間の**関係（relation）**を表す。通常の自然言語では命題，性質，関係の区別を重視するが，数学ではこのような区別は不要でありがたくない複雑化にすぎない。これら 3 つの概念を，0 個，1 個，またはそれ以上の個数の個体間の関係として参照するほうが単純で便利である。この用語を使えば，「述語記号は関係を意味する（または表現する）」と簡単に言えるようになる。

とはいえ，いかなる関係も述語記号で表現しなければならないということではない。関係は，（1 つの述語記号で表現する代わりに）より単純な表現を

"and"，"or"，"not"，"if" のような論理結合子で接続して構築された複合構文表現（compound syntactic expression）としての「述語」で表現することもできる。例えば「背が高くてハンサムである」という性質を表すための述語記号を用意する代わりに，tall(*X*) and handsome(*X*) のような述語で指示することができる。このような述語は，（単独の）述語記号で表されていることを前提とせずに言及するほうが都合がよいことに気づくであろう。

指示（denotation）とは，記号とそれが表す対象との間の意味的関係のことである。記号論理学が適切な**意味論（semantics）**を持つことは偉大な成果であり，記号論理学の批判者の多くにとってすら羨望の的である。しかし，意味論を議論する前に，**構文論（syntax）**の議論を終わらせなければならない。

項

最も単純な項は 007 のような**定数（constant）**であり，これは例えば「英国のペットワースでメアリー・スミスとジョン・スミスの両親の間に 2000 年 4 月 1 日に生まれた個人」のような**個体（individual）**を表している。一方，項は**変数（variable）**も含み，変数は個体のクラス全体を表す。記号論理学では，以下の代数式のように変数を X や Y のような文字で表すのが一般的である。

$$X + Y = Y + X$$

上式はすべての数 X と Y について成立する。本書では，論理プログラミング言語 Prolog にならい，変数は X や Y のように大文字で，定数や述語記号は小文字で始まるという慣例に従う。

単純な項から，より複雑な項を作ることができる。例えば「X の母」を表す項は**関数記号（function symbol）**の mother を用いて mother(*X*) と書けるし，「2 + 3」を表す項は関数記号 + を用いて +(2, 3) と書ける。しかし，関数は関係の特殊な場合なので，厳密に言えば関数記号は不要である。つまり，次のように関数記号を使って書く代わりに，

mother(cain) = eve
+ (2, 3) = 5

次のように関係として書ける。

mother(cain, eve)
+ (2, 3, 5)

関数を関係で表すことの利点は，個体の名前を構成する用途のために関数記号をとっておけることである。そのように使われる関数記号は，論理学者トアルフ・スコーレムにちなんで**スコーレム関数**（**Skolem function**）と呼ばれることもある。

関数記号を名前づけに使用すると，有限の語彙で無限個の個体に名前をつけることができる。例えば，数理論理学では**自然数**（**natural number**）0, 1, 2, ... に対して，**後者関数**（**successor function**）と呼ばれる関数記号 s を用いて 0, s(0), s(s(0)), ... という名前をつけることが一般的である。s(X) という項は $X + 1$ と同じ意味である。後者関数を使い加算関数を関係として表現すると，2 + 3 = 5 は次のように表現できる。

+ (s(s(0)), s(s(s(0))), s(s(s(s(s(0))))))

あまりきれいではないが，十進数，二進数，ローマ数字といった記数法よりは理論的な研究に適している。

変数を含まない項を**基礎項**（**ground term**）と呼ぶ。基礎項の集まりは個体の名前を汲みだせるプールのようなものであり，意味論において特別な役割を果たす。

条件文

厳密に言えば，**条件文**（**conditional**）とは，文 A と B から作られる $A \rightarrow B$ という形の文である。しかし，われわれは条件文という用語の定義を少し緩めて変数を含むような文に対しても使うことにする。また，本書の大部分では，次の 2 つの等価な形式で書ける条件式に注目する。

$C_1 \wedge ... \wedge C_n \wedge \neg D_1 \wedge ... \wedge \neg D_m \rightarrow E$
（もし C_1 かつ ... かつ C_n かつ $\neg D_1$ かつ ... かつ $\neg D_m$ ならば E）

または

$E \leftarrow C_1 \wedge ... \wedge C_n \wedge \neg D_1 \wedge ... \wedge \neg D_m$
（E であるのは，C_1 かつ ... かつ C_n かつ $\neg D_1$ かつ ... かつ $\neg D_m$ の場合である）

ここで**結論**（conclusion）E は原子論理式であり，**条件**（condition）C_i は原子論理式であり，条件 $\neg D_j$ は原子論理式の否定である。このような条件文は**節**（clause）とも呼ばれ，このような条件文の集まりは**論理プログラム**（logic program）とも呼ばれる。

数学の定義ではよくあることだが，肯定的条件の数 n や否定的な条件の数 m は 0 でもよい。m が 0 の場合，条件節は**確定節**（definite clause）と呼ばれる。

確定節が重要な理由は 2 つある。第一の理由は，計算可能な述語ならどんなものでも確定節で表現できることである。第二の理由は，A2 章で見るように，確定節の意味論が極小モデルの観点からは非常に単純になることである。

条件の数 $n + m$ が 0 の場合，退化した条件式 $E \leftarrow$（または $\rightarrow E$）は実質的に単なる原子文であり，通常は矢印をつけずに単に E と書く。

後ろ向き矢印 ← は「if」と読む。前方矢印 → も同じ意味で読むが，向きが逆である。記号 ∧ は論理結合子「and（かつ）」として使われる。記号 ∧ で結合された式は**連言**（conjunction）と呼ばれる。

別々の節に出現する述語記号や定数記号は，異なる節を結びつける外面的な接着剤である。変数は節の内部における別の種類の接着剤である。例えば，次の節にある変数 X

amazing(X) ← can-fly(X)

には，「空を飛べるものはどんなものでもすごい」ことを表現する効果がある。それに対し，次の節の 2 つの変数

amazing(X) ← can-fly(Y)

には，「もし何かが空を飛べるなら，すべてのものはすごい」ということを表現する効果がある！

したがって，節のなかの変数は，「変数が出現する節の範囲内で全称量化される（universally quantified）」と言われる。記号論理では，変数の量化は通常，記号∀は「すべての（for all)」，∃は「存在する（exists)」を表して明示的に記述され，量化子の範囲は括弧で示される。したがって，上の２つの条件文は次のように書ける。

∀X (amazing(X) ← can-fly(X))
∀X ∀Y (amazing(X) ← can-fly(Y))

節に出現するすべての変数はその節全体を範囲として全称量化されているため，量化子が省略されても多義性はない。

条件文は条件部を持たないことがあるので[訳注2]，原子文は全称量化された変数を含むこともできる。非現実的な例だが，

likes(bob, X)
（ボブはあらゆるものが好きだ）

このような変数を含まない原子文は**事実（fact）**と呼ばれる。

記号論理の最も単純なバージョンでは，X や Y のような変数はどのような種類の個体をも参照できる。よって例えば，amazing(X) ← can-fly(X) という節は「もし岩が空を飛べるなら，その岩はすごい」ということを含意する。同様に考えれば，数学の等式 $X + Y = Y + X$ を論理的な表記で書いたとき，２つの石をどちらの順序で加えても結果は同じであることになる。

制限のない変数の不自然な使用を克服するために，**ソート（sort）**[訳注3]また

訳注２　原子文を「退化した条件式」とみなせることについては，さきほど本文で触れた。
訳注３　種（しゅ）という訳語を当てることもある。

は**型（type）**を持つ論理が開発されている。この論理では，変数はソート（あるいは型）と呼ばれる指定されたクラスの個体のみを参照するように制限される。ソートを持たない論理で同じような効果を得るためには，面倒ではあるが，節内のすべての変数に，その変数のソートを記述する述語を追加の条件に含めればよい。

例えば「空を飛べる動物はすごい」と言うためには，ソートなしの論理ではこう書く必要があるだろう。

amazing(*X*) ← can-fly(*X*) ∧ animal(*X*)

「空を飛べる人はすごい」と結論づけるには，「すべての人は動物である」ことを記述する節が必要になる。

animal(*X*) ← person(*X*)

あるいは，計算におけるオブジェクト指向の信奉者（第 14 章参照）なら，「すべての人間からなるクラスは，すべての動物という，より抽象的なクラスから空を飛ぶというプロパティ（性質）を**継承している（inherit）**」と言うことを好むだろう。

本書で使用するインフォーマルな計算論理では，全称量化子を省略するだけでなく，ソートなしの変数を「（すべての）もの」のような単語で，ソートありの変数を動物，駅，鳥のような普通名詞で表現することもある。このインフォーマルな取り扱いの美点は，形式化を行うにあたってソートを持つ論理を用いるのか，あるいはソートを持たない論理においてソートを表現する明示的な述語を用いるのか，という選択のどちらにも肩入れしていないことである。というわけで，例えば，

∀*X* (amazing(*X*) ← can-fly(*X*) ∧ animal(*X*))

と書く代わりに，単純に次のように書く。

if an animal can fly then the animal is amazing.
（もしある動物が空を飛べるならば，その動物はすごい）

あるいは次のように書いてもよい。

any animal that can fly is amazing.（空を飛べる動物はすごい）

さらに，このインフォーマルなバージョンは次のような形式の表現とも共存可能である。

amazing(X) ← can-fly(X) ∧ isa(X, animal)
isa(X, animal) ← isa(X, person)

再帰的定義

条件文は述語の定義によく使われる。例えば，「自然数である」という述語の定義は以下で与えられる。

natural-number(0)
natural-number(s(X)) ← natural-number(X)

この定義が**再帰的（recursive）**であると言われるのは，二番目の文の結論部で定義された述語 natural-number が条件部に再び現れ，逆に条件部の natural-number の述語が結論部に現れるからである。再帰的な定義を表現する能力により，条件文は汎用プログラミング言語の力をフルに発揮する。

次に示すのは加法の再帰的定義である。

+(0, Y, Y)
+(s(X), Y, s(Z)) ← +(X, Y, Z)

ここでは簡単に書くために，X, Y, Z が自然数であるという制約条件を省略している。関数的記法を使うなら，この定義は次のようにもっと単純になる。

$0 + Y = Y$
$s(X) + Y = s(X + Y)$

二番目の式は次のようにさらに簡単に書ける。

$(X + 1) + Y = (X + Y) + 1$

しかし「+1」における加法記号 + と「$(X + Y)$」における加法記号は異なるので，この書き方は誤解を招く[訳注4]。関数と関係の関連性については，この章のもう少し後で述べる。

目標節

計算論理では，条件文（事実やその他の原子文を含む）を使って信念を表し，その変数はすべて全称量化される。加えて，連言を使って目標を表すが，そこでは変数はすべて存在量化される。

一般には，**目標節（goal clause）**とは，原子式およびその否定の連言を存在量化した以下のような式である。

$\exists X_1 \ldots \exists X_m (C_1 \wedge \ldots \wedge C_n \wedge \neg D_1 \wedge \ldots \wedge \neg D_m)$
（X_1 が存在し … X_m が存在し，それらについて C_1 かつ …C_n であり，
なおかつ not D_1 かつ …not D_m）

もし m が 0 なら，目標節は**確定目標節（definite goal clause）**と呼ばれる。

目標節の変数はすべて，それが出現する目標節の範囲内で存在量化されるので，存在量化子を明示的には書かないのが普通である[訳注5]。例えば次の目標節

訳注4　$X + 1$ における + は s(X) の後者関数 s() を表すが，$X + Y$ における + は +(X, Y) の述語を表すという違いがある。
訳注5　ここでいう目標節は節 $F \leftarrow G$ において結論部がない負節 $\leftarrow G$ における G であり，節に出現する変数は節の先頭で全称量化される $\forall (F \leftarrow G)$ ため，目標節においては $\forall (\leftarrow G) \equiv \leftarrow \exists G$ となる。

likes(bob, X)

は，次を意味する。

$\exists X$ likes(bob, X)

このように存在量化された目標節は，エージェントの達成目標を表現するには十分である。しかし，後で詳しく説明するように，持続目標と制約を表現するには不十分である。

確定節（原子文を含む）と確定目標節は，その数学的性質を研究した論理学者アルフレッド・ホーンにちなんで**ホーン節**(**Horn clause**)とも呼ばれる。ホーン節は，機械的計算の標準的な数学モデルであるチューリングマシンと等価な計算能力を持つ。

論理プログラミングでは，目標節は実行されるべき計算を表現している。例えば，次の目標節

+(s(s(0)), s(s(0)), X) $\wedge$ +(X, Y, s(s(s(s(s(0))))))

は，2 に 2 を加えた和 X を計算し，X に加えると 5 になる数 Y を計算する問題を表現している。

他の種類の文

信念を表す条件文と，達成目標を表す目標節は，非常に単純な構文を持っている。しかし，条件文は，古典論理の構文においては，より複雑な文と論理的に等価である。以下はそのような同値な式の例である。

$\forall X\ \forall Y$ (amazing(X) $\leftarrow$ can-fly(Y))

は，次と同値である。

$\forall X$ (amazing(X) $\leftarrow \exists Y$ can-fly(Y))

$amazing(X) \leftarrow can\text{-}fly(X)$

$amazing(X) \leftarrow movie\text{-}star(X)$

は，次と同値である。

$amazing(X) \leftarrow (can\text{-}fly(X) \vee movie\text{-}star(X))$

$generous\text{-}to(X, Z) \leftarrow likes(X, Y) \wedge gives(X, Y, Z)$

は，次と同値である。

$(generous\text{-}to(X, Z) \leftarrow likes(X, Y)) \leftarrow gives(X, Y, Z)$

記号∨は論理結合子「または（or）」を表現するために使われている。論理結合子∨で結んで作られた式は**選言（disjunction）**と呼ばれる。一般に，選言は次の形をとる。

$C_1 \vee ... \vee C_n$
（C_1 または ... または C_n）

存在量化子や選言を使えるようにすることに加え，より複雑な目標や信念を表現できるように条件論理[訳注6]の構文を拡張することは有用である。この点については，後で説明する。特に，持続目標の結論部に存在量化子や選言を含めると便利である。例えば以下のような具合である。

持続目標：$hungry(me) \rightarrow \exists X\ eat(me, X)$
（お腹がすいたら何かを食べる）
$attacks(X, me) \rightarrow runaway(me) \vee attacks(me, X)$
（攻撃されたら逃げるか反抗する）

訳注6　conditional logic の訳であるが，条件文による論理式表現のことを指す。

条件文による目標の結論に存在量化子が出現することはよくあるので，「条件文による目標の結論に含まれる変数であって，目標の条件（前提）に現れないものは，目標の結論を範囲として存在量化されている」という慣習を用いて省略すると便利である。例えば以下のようになる。

持続目標：hungry(me) → eat(me, *X*)

条件文の結論に選言を含めることで，条件文の論理は**古典論理（classical logic）**の能力を得ることができる。条件文の論理と古典論理の関係については，補遺 A2 で詳しく述べる。本書では，コンピュータにも人間にも理解しやすい条件形式の論理に焦点を当てる。

古典論理と条件文の論理の関係は，人間のコミュニケーションの言語と人間の思考の言語の関係に似ているといえるだろう。この関係を理解する方法の 1 つは，推論（reasoning）には 2 種類の推論規則（inference rule）が含まれており，2 つの段階で適用されているとみなすことである。第一段階で適用される第一種の規則は，複雑な文をより単純な文に変換する。第二段階で適用される第二種の規則は，結果として得られた，より単純な文を使って推論する。

この 2 段階の推論プロセスは，計算機科学で古典論理のために開発された証明手続きの多くで用いられている。特に導出原理［Robinson, 1965a］に基づくシステムでは，第一段階は古典論理の文を**節形式（clausal form）**に変換する。第二段階では，推論の導出規則を改良したものを利用して節を処理する。導出原理については補遺 A5 で説明する。

自然言語における人間のコミュニケーション理解は，同様の 2 段階のプロセスとみなせる。第一段階では自然言語の文章を，より単純な思考の言語の文章に翻訳（コンパイル）する。第二段階では，前向き推論や後ろ向き推論のような推論の規則（これは導出の簡単な場合である）を使って，これらの単純な文を処理する。自然言語の文章が思考の言語に近ければ近いほど，その文章を思考の言語に翻訳するのに必要な労力は少なく，その文章の理解も容易である。

否定

古典論理では，否定文と肯定文は同じ地位を持つ。「そうなのか，そうでないのか」，どちらか一方を選り好みする理由はない[訳注7]。しかし，計算論理では，肯定文は否定文よりも基本的であり，否定文は通常，肯定文のギャップを埋めているだけである。このような肯定文のより基本的な地位は，条件文の構文に反映されている。条件文は通常，肯定形の結論部しか持たないが，次のように否定形の条件部$\neg C$（not Cとも書く）を持つこともある。

liable-to-penalty(X) ← press-alarm(X) ∧ not emergency
can-fly(X) ← bird(X) ∧ not penguin(X)

第5章などで見てきたように，否定形の条件 not C が成立するのは，対応する肯定形の条件 C が成立しない場合だと結論するのが自然である。このような否定の解釈は，**失敗としての否定（negation as failure）**と呼ばれる。したがって，bird(john) だとわかっていても，penguin(john) だと信じる理由がないならば，失敗としての否定により can-fly(john) が導かれる。

次に示すのは，肯定形のみの結論部と否定形の条件部を用いた，奇数（odd）と偶数（even）の定義である。

even(0)
even(s(s(X))) ← even(X)
odd(X) ← not even(X)

even(s(0)) を導くことはできないため，これらの節と失敗としての否定により odd(s(0)) となる。

失敗としての否定として解釈された否定的条件だけではなく，否定的な文は**制約（constraint）**としての形式，つまり結論が false であるような条件文目標となっていてもよい。例えば，エージェントが候補となる行動を監視している場合，次のような制約がある。

訳注7　原文は To be or not to be — there is no reason to prefer one to the other. とあり，前半はシェイクスピア『ハムレット』の有名な台詞だが，劇中の意味を踏まえた引用というより，一種の軽口であろう。

liable-to-penalty(X) → false
つまり，
罰則の対象となることをしてはいけない

これは，禁止事項（prohibition）として機能し，非常ボタンを不適切に押したり，税金を納めなかったりといった，罰則の対象となる行為を防止する。

さらに，第 10 章で見たように，次のような制約，

even(X) ∧ odd(X) → false
つまり
偶数かつ奇数であるものはない

は偶数と奇数の定義による性質だが，これは観察の説明の候補を削減するために使える。

どちらの否定（「失敗としての否定」と「制約としての否定」）も，古典論理における否定と同じ意味論を持っていることは後で説明する。しかしながら，これらは知識表現と推論において異なる機能を果たす。

関数，関係，等号

本書では，関数記号の使用は控えめにし，個体の合成名（composite name）を構成する場合にのみ使用する。それ以外の関数は，リレーショナル・データベースでやるように関係（または述語）として扱われる。関数記号 f を用いて $f(X) = Y$ と書く代わりに，述語（あるいは関係）の記号 f を用いて $f(X, Y)$ と書く。この関係表現では，関係が関数であることは以下の制約によって表現される。

$$f(X, Y_1) \wedge f(X, Y_2) \rightarrow Y_1 = Y_2$$

この関数の関係表現と，以下の簡単な公理によって定義された，同一性と理解される単純な等号の概念とを組み合わせる。

$$X = X$$

関数を関係として，そして等号を同一性として表現するこの方法は，個体が一意（unique）な名前を持っている場合にのみうまくいく。したがって，例えば，“bob stops the train（ボブは列車を停止する）”という文章は，その人物が robert とも呼ばれ，複数の人物が bob と呼ばれる場合は，十分ではない。

bob に例えば 007 のような一意の名前を付けて，以下のように言わなければならない。

stops(007, the train)
first-name(007, bob)
first-name(007, robert)
first-name(008, bob)

同様の考察が列車の名前にも当てはまるし，この補遺の最初のほうで書いたように事象の名前にも当てはまることがある。

同一性としての等号の定義は，2 つの個体が同じ一意の名前を持っている場合，そしてその場合に限り，それらは同一であることを意味している。これは，同一個体が複数の名前を持てるという，より慣習的な等号の概念とは対照的である。例えば，

the morning star = the evening star（明けの明星 = 宵の明星）
doctor jekyll = mister hyde（ジキル博士 = ハイド氏）

この種の等号を使って推論するには，任意の関数記号 f と任意の述語記号 p に対する，次の確定節のような追加の公理を使用するのが普通である。

$$X = X$$
$$f(X_1, ..., X_n) = f(Y_1, ..., Y_n) \leftarrow X_1 = Y_1 \wedge ... \wedge X_n = Y_n$$
$$p(X_1, ..., X_n) \leftarrow p(Y_1, ..., Y_n) \wedge X_1 = Y_1 \wedge ... \wedge X_n = Y_n$$

とはいえ，このような公理を使った推論は計算論的に高くつく。しかも，次のような区別をしたいなら，公理の使用には注意が必要である[訳注8]。

good(doctor jekyll) ∧ bad(mister hyde)

古典論理

古典論理の構文は，本書で使われている論理の条件形式の構文を拡張したものである。古典論理における項と原子論理式は，条件文の論理のものと同じである。しかしながら，原子論理式以外の文は，論理結合子 →，∧，∨，¬，そして量化子∀と∃を任意に組み合わせて構成できる。

論理の条件形式と比べると，古典論理はあまり構造化されていない。例えば，条件形式では，“all birds can fly（すべての鳥は飛ぶことができる）” ことと “John is a bird（ジョンは鳥である）” ことを表現する方法は以下のように1つしかない[訳注9]。

can-fly(*X*) ← bird(*X*)
bird(john)

しかし，古典論理では，次のように同じ信念を多くの論理的に等価な方法で表現することができる。

¬ (∃*X* ((¬ can-fly(*X*) ∧ bird(*X*)) ∨¬ bird(john)))
¬ (∃*X* ((¬ can-fly(*X*) ∨¬ bird(john)) ∧ (bird(*X*) ∨¬ bird(john))))

古典論理を論理の条件形式に変換するには，次のような等価性を保つ推論規則を用いなければならない。

訳注8　例えば，good(doctor jekyll) と doctor jekyll = mister hyde から good(mister hyde) が導かれる。

訳注9　325 頁の「条件文」に書かれているように，異なる述語，例えば isa() を使うと，bird(X) は isa(*X*, bird) のようにも書くことができる。ここでは，条件文形式の論理式が古典論理では複数の等価な論理式で書き換え可能であることを示している。

$\neg \exists X \neg A$ を $\forall X A$ で置き換える。
$\neg A \vee \neg B$ を $\neg (A \wedge B)$ で置き換える。
$A \vee \neg B$ を $A \leftarrow B$ で置き換える。

古典論理と条件論理では，量化子の扱いも異なる。条件論理では，条件文の変数はすべて全称量化され，そして目標節の変数はすべて存在量化されるため，量化子を省略することができる。しかし古典論理では，どんな変数も全称量化あるいは存在量化できるため，量化子は明示的に書かねばならない。

条件論理では，存在するものすべてに名前を付与することにより存在量化子を回避している。ここでいう名前とは，定数や他の名前に適用された関数記号である。例えば，$\exists X$ bird(X) と言う代わりに bird(john) とか bird(007) と言う。このようにするのは，個体に明示的な名前を与えることで，より多くの情報を伝えることができるからである。特に，思考の言語によって自分自身に語りかけている場合，「ジョンは鳥である」と知っているのに「誰かは鳥である」とだけ言ってジョンの正体を隠す必要はない。

古典論理，節論理，計算論理の関係

古典論理について言えることは論理の条件形式にも当てはまる。ただし，全称量化された変数だけを使い，条件文の結論部にのみ選言を許すという制約が必要である。より正確に言えば，いかなる古典論理の文も次のような形の節の集合に翻訳できる。

$$C_1 \wedge \ldots \wedge C_n \rightarrow D_1 \vee \ldots \vee D_m$$

ここで，それぞれの条件 C_i と結論 D_j は原子論理式であり，この節のすべての変数は暗黙のうちに節全体を範囲として全称量化されているものとする。もし n が 0 ならば，$C_1 \wedge \ldots \wedge C_n$ は真と同値である。もし m が 0 ならば，$D_1 \vee \ldots \vee D_m$ は偽と同値である。

伝統的に，このような節は以下の論理的に等価な全称量化された選言の形で書かれる（**節形式〔clausal form〕**とも呼ばれる）。

$\neg C_1 \vee ... \vee \neg C_n \vee D_1 \vee ... \vee D_m$

古典論理の文は常に節形式に翻訳できるが，元の文とその翻訳文は必ずしも論理的に同値ではない。例えば，$\forall X \exists Y$(mother(X, Y) ← person(X)) という式は，mother(X, mom(X)) ← person(X) という節に翻訳できる。この節ではスコーレム関数を用いて名付けを行っており，ある意味で元の式より情報が増えている。

理論的には，存在量化子をスコーレム関数で置き換えることにより，等号を含む推論を行う必要が生じる。例えば mom(cain) = eve。しかし，このような存在量化子は通常，信念のなかではなく目標の結論のなかに現れる。補遺 A6 の証明手続きでは，目標の結論において明示的な存在量化子を扱う。そのため，スコーレム関数を使うと等号を用いた推論に付随する問題が起こるという話は，実際にはあまり起こらないようだ。

節論理では，達成目標は**帰謬法（reductio ad absurdum）**により，その否定を仮定して得られた節の集合から偽を導くことによって求解される。例えば達成目標

$\exists X_1 ... \exists X_m \ (C_1 \wedge ... \wedge C_n)$

の否定は（全称量化された）負節，

$C_1 \wedge ... \wedge C_n \rightarrow$ false

そして通常の（全称量化された）以下の節とも同値である。

$\neg C_1 \vee ... \vee \neg C_n$

節論理における持続目標は，その否定を節形式に変換して偽を導出することで，同様に求解できる。一方，持続目標は全称量化されているので，その否定は存在量化されているわけだが，これらの存在量化子はスコーレム定数で置き換える必要がある。例えば，次の持続目標，

attacks(X, me) → runaway(me) ∨ attacks(me, X)

を解くためには, X という変数をスコーレム定数, 例えば☹で置き換え, スコーレム化された条件文の否定を以下の3つの節に変換しなければならない。

attacks(☹, me)
¬ runaway(me)
¬ attacks(me, ☹)

もし持続目標の求解がこのようにして成功したら（つまり偽が導出されるということである）, 求解は既に完了していることになる。

しかし本書では持続目標を, その条件が真であればいつでも結論も真であることを示す, という方法で求解する。この方法での持続目標の扱いについては, 第8章でインフォーマルに, 補遺 A6 で形式的に論じている。

この持続目標の異なる扱いは, 古典論理でも節論理でも目標と信念を本質的には区別していないという事実を反映している。これに対し, われわれは目標と信念を区別するために, 目標に対しては節形式を少し変えたものを採用し, 信念に対しては, それと密接な関係を持つ論理プログラミングの以下の形式を使用する。

$C_1 \wedge ... \wedge C_n \wedge \neg D_1 \wedge ... \wedge \neg D_m \rightarrow E$
または
$E \leftarrow C_1 \wedge ... \wedge C_n \wedge \neg D_1 \wedge ... \wedge \neg D_m$

先ほど述べたように,（信念ではなく）目標の結論には, 選言および存在量化された変数が含まれていてもよい。

いくらか紛らわしいが, 文献でよく見られるように, わたしは「節」という言葉を, 条件文として書かれた節, 選言として書かれた節, 論理プログラミングの節のいずれを指すのにも使う。さらに混乱させるかもしれないが, わたしは「条件文」という言葉を, 選言形の結論部を持つ条件文として書かれた節という意味でも，論理プログラミングの節という意味でも使っている。わたしはまた，この２種類の条件文の組み合わせで得られるものを，「論理の条件形式（conditional form of logic)」とか「計算論理の形式（form of Computational Logic)」と呼んでいる。大抵の場合，文脈から意図された意味は明らかだと期待している。

結論と参考文献

論理の条件形式の構文と，古典論理の標準的な形式と節形式との関係について駆け足で眺めてきたが，これらについて語るべき多くの事柄のほんのさわりをなぞっただけである。

論理の条件形式は，古典論理における構造化されていない文の形式と同じくらい強力だが，それよりも単純である。これに対応して，条件形式についての推論規則も単純になる。古典論理の推論規則はもっと複雑である。というのも，条件文を使って推論するのに必要な規則に加えて，古典論理の文を条件形式の等価な文に変換する規則が実質的に含まれているからである。

古典論理におけるこの２種類の推論規則の区別は，自然言語における２種類の推論（reasoning）の区別に対応している。古典論理を条件文に翻訳するのに必要な推論規則は，自然言語を思考の言語（language of thought：LOT）に翻訳するのに必要な推論に対応し，条件文で推論するのに必要な推論規則は，LOT で必要な推論に対応する。

古典論理と条件論理の関係，そして自然言語と LOT の関係をめぐるこの視点については，ウィリアムズ［Williams 1990, 1995］のような本に書かれているよい文章を書くためのガイドラインに支えられてきた。明快さ，簡潔さ，一貫性を提唱するこれらのガイドラインは，自然言語によるコミュニケーションの構文と，LOT における意味の表現との間の差異を最小化する文章のスタイルを奨励しているものとみなせる。

論理の条件形式は論理の節形式から発展したものであり，論理の節形式は標準的な古典論理から発展したものである。最初期に節形式を用いた人々のなかにマーティン・デイヴィスとヒラリー・パットナムがいる［Davis and Putnam 1960］。彼らは古典論理についての機械による証明手続きのさきがけとなる仕事をした。論理の節形式は，アラン・ロビンソンが開発した導出規則

（resolution rule）にも使われた［Robinson 1965a］。

節形式の知識表現への応用と導出（resolution）の問題解決への応用はコーデル・グリーンによって創始された［Green 1969］。しかしながら，その当時利用可能だった導出に基づく定理証明器の振る舞いはあまり賢くなかったため，宣言的ではなく手続き的な知識表現を支持する人々から，導出に基づくアプローチは攻撃を受けやすかった［Hewitt 1971; Winograd 1971, 1972］。

節論理を擁護して，Kowalski and Kuehner［1971］は，本質的にはLoveland［1968］のモデル消去法の証明手続きを導出として解釈したSL-resolutionは，目標－還元の言葉で手続き的に理解できると論じた。1971年と1972年，わたしはマルセイユでアラン・カルメラウアーと共同研究を行い，その結果1972年にカルメラウアーがPrologを開発し，SL-resolutionの変種であるSLD-resolutionの手続き的解釈［Kowalski 1974］をホーン節に適用した。

『論理による問題の解法（*Logic for Problem Solving*）』［Kowalski, 1974, 1979；邦訳は培風館，1987年］では，知識表現と推論に節形式を使うことをより一般的に論じた。節論理と古典論理の関係の詳細な分析は，同書の第2章と第10章にある。計算論理において，目標のための節論理と信念のための論理プログラミングの組み合わせは，アブダクティブ論理プログラミング（ALP）に由来する［Kakas et al, 1998］。ALPの技術的な裏付けは補遺A6で扱う。

補遺 A2

真であること

この章では，古典論理と条件論理の意味論について考える。古典論理では，文の集合 S の意味論は**モデル (model)** と呼ばれる，S のすべての文を真とするような解釈（あるいは意味論的構造）のすべてからなる集合によって決定される。古典論理の主な関心は，文 C が S の**論理的帰結 (logical consequence)** であるという概念にあるのだが，これは C が S のすべてのモデルにおいて真のときに成り立つことである。

古典論理における意味論的構造とは個体と関係の任意の集合のことであり，これは文が記述される言語における記号の表示的意味を構成する。本章では，意味論的構造の仕様を原子文の集合に制限する，エルブラン解釈（Herbrand interpretation）と呼ばれる場合を議論する。

本書で使用している条件文の意味論は，古典論理の意味論を引き継いだものであるが，関連する極小モデル意味論（minimal model semantics）も含んでいる。この極小モデル意味論は，すべての確定節プログラムに唯一の極小モデル（最小モデル）を関連づける。この意味論は，確定目標節が極小モデルにおいて真である場合かつその場合に限り，確定目標節がプログラムのすべてのモデルで真であるという性質を持つ。

確定節に対しては，極小モデルにおいて真であることは，すべてのモデルにおいて真であることよりも根本的なものである。この論拠は，算術の標準的なモデルは，加算や乗算を定義するシンプルな確定節プログラムの極小モデルであるという事実により支持される。ゲーデルの不完全性定理に従えば，極小モデルにおいて真であることは，算術に関する公理の任意の計算可能集合のすべてのモデルにおいて真であることによって近似することのみ可能である。

真と帰結

記号論理のすべての派生系は形式体系である。そこでは，推論規則が使用され，記号表現を操作し，新たな記号表現を導出するが，その表現が意図する意味に注意を払うことはない。しかし，意味を持たない表現とその操作は無意味なだけでなく，何の役にも立たない。

現実世界のなかに存在するエージェントの場合，エージェントの思考の言語における記号表現は，世界における事実あるいは潜在的な状況を表す。その世界で真である信念は，エージェントが行動の帰結を予想し，目標を達成するための助けとなる。その世界でエージェントが現実的に真とすることが可能な目標は，エージェントが世界と調和した関係を維持し，自身の利益のために世界を変化させる手助けとなる。思考を操作し，既存の思考から新たな思考を導く推論規則は，エージェントが目標・信念・仮説の論理的帰結を導出し，世界との相互作用をガイドする補助となる。

古典論理では，論理的帰結という概念は，ある推論規則の集合が意図された機能を発揮するかどうかを判断する基準を提供する。

> 文 C が文の集合 S の**論理的帰結**である（あるいは S が C を**論理的に含意する**）のは，S が真であるときならばいつでも C が真の場合（かつその場合に限られる）である。

> 推論規則の集合が**健全**（または**真実保存的**）であるのは，
> 推論規則が文の集合 S から文 C を導出するときはいつでも，C が S の**論理的帰結**である場合（かつその場合に限られる）である。

> 推論規則の集合が**完全**であるのは，
> 文 C が文の集合 S の**論理的帰結**であるときはいつでも，推論規則による S からの C の導出が存在する場合（かつその場合に限られる）である。

論理的帰結，**健全性**（soundness），**完全性**（completeness）という概念は，**真**（truth）という概念に依存している。真であることは，文である整論理式のみに適用される。**整論理式**（well-formed formula）とは，論理結合子の→，∧，∨，¬と量化子の∀や∃を使って原子式から構築された記述である。**文**（sentence）とは，量化子の∀や∃を使ってすべての変数が明示的あるいは暗示的に限量化された整論理式のことである。

真という概念は，文が記述される言語の記号の解釈に相対的なものである。**解釈**（interpretation）とは，**個体**（individual）の集まり（**議論領域**[訳注1]と呼ばれる）と，**関係**（relation）の集合を合わせたものである。ここで，それぞれの個体は言語の定数や他の基礎項の**指示対象**（denotation）（あるいは**意味**[訳注2]）となっており，関係は述語記号の指示対象となっている。ある解釈に属する関係は，その言語の原子文の真偽を決定する。そして原子文の真理値が，他のすべての文の真理値を決定する。

例えば，もし次の条件文

amazing(john) ← can-fly(john)

において，定数 john をわたしの猫を指示するものとし，述語記号 amazing と can-fly をそれぞれ「だらしない」と「一日中寝ている」を指示するものとして解釈すると，この条件文は以下の意味になる。

わたしの猫がだらしないのは，わたしの猫が一日中寝ている場合である。

そしてわたしの猫は一日中寝ておりだらしないため，文 can-fly(john) と amazing(john) は両方とも真である。結果として，条件文 amazing(john) ← can-fly(john) もまた真である。

利便性のために，言語のなかに**真**（true）や**偽**（false）といった原子文を含める。空の連言を表すために原子式の true を，空の選言を表すために原子式の false を使うことがある[訳注3]。また制約を表すために，条件文の結論で原

訳注 1　domain of discourse

訳注 2　meaning

訳注 3　連言式 $F \wedge$ true（F は連言）は F と論理的に同値のため，F がない空の連言の場合は true に等しい。一方，選言式 $G \vee$ false（G は選言）は G と論理的に同値のため，G がない空の選言の場合は false に等しい。

子式の false を使うこともある。残念ながら，これらの使用法は真理値の真や偽と容易に混同されてしまう。これらの原子式と真理値を区別する必要がある場合には，「原子式の true」や「原子式の false」，「真理値の真」や「真理値の偽」と表現することにする。

真理値の真と偽は非対称的である。偽は真の概念を使って定義されるからである。

真ではない文は偽ともいわれる。
文 C が偽であるのは，否定文 $\neg C$ が真の場合（かつその場合に限られる）である。

$c_1, \ldots, c_n$ が基礎項のとき，形式 $p(c_1, \ldots, c_n)$ の**原子文（atomic sentence）**はある解釈において，$c_1, \ldots, c_n$ で指示された個体が述語記号 p で指示された関係にある場合（かつその場合に限り），真である。もし原子文が引数を持たない述語記号なら（つまり $n = 0$），解釈がその述語記号に真理値の真を割りあてる場合（かつその場合に限り），文は真である。原子文の true は，常に真理値の真を割りあてられる。原子文の false に真理値の真が割り当てられることはない（したがって真理値の偽を持つ）。

連言（conjunction） $C_1 \wedge \ldots \wedge C_n$ という文がある解釈において真であるのは，その解釈においてすべての C_i が真である場合（かつその場合に限られる）である。（したがって，もし $n = 0$ なら，連言は真となる）。

選言（disjunction） $C_1 \vee \ldots \vee C_n$ という文がある解釈において真であるのは，その解釈において少なくとも1つの C_i が真である場合（かつその場合に限られる）である。（したがって，もし $n = 0$ なら，選言は真ではない）。

条件文 $C \rightarrow D$ という文がある解釈において真であるのは，C が偽の値をとるか，または D が真の値をとる場合（かつその場合に限られる）である。（したがって，C が偽の値をとる場合かつその場合に限り，条件文 $C \rightarrow$ false は真である）。

全称量化された文 $\forall X\ C$ が真であるのは，C のすべての**基礎例（ground instance**；C に含まれるすべての変数 X を基礎項で置き換えたもの）が真の場合（かつその場合に限られる）である。

存在量化された文∃X Cが真であるのは，Cの一部の基礎例が真の場合（かつその場合に限られる）である。

最後に，文の集合のある解釈は，その集合のすべての文がその解釈で真の場合（かつその場合に限り），文の集合のモデルであるといわれる。

モデル論的意味論（model-theoretic semantics）という用語で使用される“モデル”とは，この意味である。モデルという用語には別の意味もあり，英語ではより一般的で，本書でも使用しており，これは**理論（theory）**の同義語としての意味である。本書で，例えばエージェントモデルとか，認知モデル，心のモデルといったときに意図しているのは，こちらのより一般的な意味としての用語である。理論という意味でのモデルと区別するために，文の解釈を表す場合は必要に応じて**意味論的モデル（semantic model）**という用語を使う。

条件文の意味論

古典論理の意味論に従うと，形式$C \rightarrow D$を持つ条件文（**実質含意〔material implication〕**とも呼ばれる）は，選言$\neg C \vee D$と論理的に同値である。これは，結論Dが真の場合，条件Cの真偽にかかわらずこの条件文は真であることを意味する。また，条件Cが偽の場合，結論Dの真偽にかかわらずこの条件文は真である。例えば次の2つの条件文，

john can fly → 2 + 2 = 4
the moon is made from green cheese → john can fly

は，“2 + 2 = 4”が真で“the moon is made from green cheese”が偽であるようないかなる解釈においても，両方とも真である。この際，“john can fly”が真であるか偽であるかは関係ない。

条件文の意味論の持つこのような性質は直感に大きく反するため，**実質含意のパラドックス（paradoxes of material implication）**として知られている。このようなパラドックスを避けようという試みのなかで，さまざまな非古典論理が登場し，なかでも最も影響力の大きいものは関連性論理（あるいは適切さの論理）（relevance logic）である［Anderson and Belnap 1975］。

しかし，これらの性質が道理にかなったものに見える場合がある。例えば，次の条件文を考えてみよう。

john can fly → I am a monkey's uncle[訳注4]

わたしのこの発言全体が真であり，“I am a monkey's uncle” が偽であるという明らかに意図された仮定のうえでは，わたしは “john can fly” が偽であると考えているはずである。この含意は，通常の古典論理で理解される実質含意の意味論に依拠している。

本書で使用している条件文の意味論は，古典的な意味論である。先のパラドックスは，意味論的な考慮ではなく語用論的（pragmatic）な考慮を行うことによって，一部避けられる（Grice 1989 による議論参照）。語用論の役割は選言の場合において最も明らかである。例えば，わたしがパーティーに行くつもりはなく家にいることを計画している場合，仮に真であったとしても下記のような**弱い選言（weak disjunction）**を言明する理由はないだろう。

わたしはパーティーに行くつもりだ ∨ わたしは家にいるつもりだ。

計算論理では，計算効率のために実用的な証明手続きは弱い選言や弱い条件文を排除するという追加的な理由によって，パラドックスは回避される。命題論理では，選言 $C \vee D$ は，それよりも強い選言，例えば D 単独によって**包摂（subsume）**される場合は削除される。同様に，より強い条件文 $C \rightarrow D$ によって包摂される弱い条件文 $B \wedge C \rightarrow D$ や $C \rightarrow D \vee E$ は削除される。

より一般的に文が変数を含む場合は，文はそのインスタンスである任意の文を包摂により削除する。例えば，もしわたしが likes(bob, X) を信じており，あなたが Bob が好きなものをわたしに尋ねたとすれば，わたしは Bob はあらゆるものが好きであると答えるだろう。その理由の 1 つはそのような返答はより情報量が多いためであり，また別の理由は，もしわたしがこの信念の特殊事例

訳注4　I am a monkey's uncle を直訳するなら「わたしは猿のおじである」だが，「まさか」「信じられない」といった場合に使用される慣用句。つまり条件文全体としては，「ジョンが飛べるならば，わたしは信じられない」程度の意味となる。

（例えば likes(bob, mary)）を信じている場合，混乱をさけるために必要のない詳細な情報は削除するだろうからである。包摂とそれに関連する事項については，補遺 A5 でより詳細に議論している。

全称量化子とエルブラン解釈

全称量化子の意味論では，形式$\forall X\ C$の文が真であるのは，Cのすべての基礎例が真である場合かつその場合に限られる。このシンプルな定義（**量化子の代入解釈**〔substitution interpretation of quantifires〕と呼ばれる）が正しく機能するのは，解釈におけるすべての個体を名づけるために十分な基礎項が言語に存在する場合のみである。基礎項の集合は，現在考慮している文の集合に含まれるすべての個体の名前だけでなく，将来的に関与してくる可能性のある個体を語るための名前を蓄えておく必要がある。

必要となる可能性のあるすべての個体に関して語るための十分な名前があると仮定することで，何を個体とみなし何を関係とみなすかという謎を排除することができる。こうして，解釈は単純にその解釈において真の真理値が割り当てられるすべての原子文の集合であるとみなすことができる。

解釈は真である原子文のみを直接同定し，否定文$\neg C$の真理値の定義が「Cが真であることの失敗」へと還元されるという事実は，真と偽の間にある非対称性を反映している。論理の条件形式においては，この非対称性はさらに肯定的な結論を持つ文は否定的な結論を持つ文よりも基本的なものであるという事実に反映されている。エージェントモデルでは，このことはエージェントの基本的な観察は肯定的な原子文によって表現されるという事実に反映されている。

解釈または意味論的モデルとみなされる原子文の集合は，論理学者ジャック・エルブランにちなんで**エルブラン解釈**（Herbrand interpretation）や**エルブランモデル**（Herbrand model）と呼ばれる。エルブラン解釈の数学的な利点は，もし何らかの他の種類のモデルが存在すれば，エルブランモデルもまた存在するという性質である。われわれの目的にとってはおそらく，そのようなエルブラン解釈は恣意的な解釈よりも有用である。

実際，われわれの目的にとっては，本当に重要な唯一の解釈は現実の世界であり，本当に重要な唯一の意味論的関係とは，エージェントの思考と世界で継起する状態との間の関係性である。

現実世界とエージェントの目標および信念の接点となるのが，エージェントが遭遇する観察の集合と，エージェントが実行する行動の集合である。この接点は，信念が真かどうかや目標が真となりうるかどうかを判断するために，現実世界に接近するエージェントのニーズに近い。エルブラン解釈の使用は，この接点に対するエージェントの世界の知識を制限し，他の言語においてそれらを記述することなしに世界の真の性質を同定しようとすることを回避する。

確定節プログラムの極小モデル

古典論理では，文の集合 S のすべてのモデルにおいて文 C が真の場合（かつその場合に限り），C は S の**論理的帰結**である。典型的には，文の集合 S は多くの，しばしば無限個のモデルを持つ。しかし，確定節の場合，他のすべてのモデルとは区別される単一のモデルが存在する。それは，全称量化された変数を基礎項で具体化し，前向きに推論することによって生成されるエルブランモデル M である。

例えば，以下のような再帰的な確定節 E を考えてみよう。

even(0)
even(s(s(*X*))) ← even(*X*)

前向き推論は，原子文の無限列を生成する。

even(0), even(s(s(0))), even(s(s(s(s(0))))), ..., 以下無限に続く。

この文の集合は E のエルブランモデルである。実際，これは E の 2 つの文の両方を真とする，最小のエルブランモデルである。

確定節プログラム H の極小エルブランモデルは常に存在し，H の極小モデルと呼ばれる[訳注5]。このモデルは，H の他のすべてのエルブランモデルに含ま

訳注 5　原著には minimal model とあり，そのまま訳すと「極小モデル」になる。一方，確定節プログラムは唯一の極小モデルを持ち，最小モデル（least model）と呼ばれる。本章では原著に忠実に極小モデルという用語を採用するが，確定節プログラムの文脈においては「最小モデル」と読み替えることができる。

れているという意味で“最小”である[1]。実際，原子文から構成されるより大きな集合もまたモデルである。このなかには，すべての基礎原子式が真であるような最大モデルも含まれる[訳注6]。

最大モデルは，古典論理の意味論に悪評を与えるモデルの1つである。一方で極小モデルは，それら批判者が望むようなあらゆる良好な性質を持つ。特に，目標節（または達成目標）に関する限り，極小モデルにおいて真であるものはすべてのモデルにおいて真であるものと同値であるという優れた性質を持つ。

> すべての確定節プログラム H に対し，すべての確定目標節 G に対して以下の性質を満たすような唯一の極小モデル M が存在する。
>
> G が M において真の場合かつその場合に限り，G は H の論理的帰結である（すなわち G は H のすべてのモデルで真である）。

この性質は，G が原子文の事実の場合に van Emden and Kowalski［1976］によって証明された定理の直接的な帰結である。これは確定目標節の選言，すなわち $G_1 \vee ... \vee G_n$ の形式の文に対しても成り立つ（ここでそれぞれの G_i は〔存在量化された〕確定目標節である）。しかし，この性質は否定や全称量化子を含む文については成り立たない。

例えば以下の文，

not even(s(s(s(0))))
∀X (even(s(s(X))) → even(X))

1　しかし，極小モデルは H の基盤となる言語の語彙への依存性がある。この語彙は，H において生起する項から構築されうるすべての基礎項を含むが，他の定数や関数記号も含みうる。それら他の使用されていない記号は，H の将来的な拡張における使用のために保持しておくことができる。しかしいずれにせよ，それらの基礎項は s(bob) のような項を排除するためにソート（sorted；または well-typed）されていることを必要とする（訳注：s() は A1 で述べたように自然数を変数の値とする後者関数）。

訳注6　原著には maximal model とあり，そのまま訳すと「極大モデル」となる。しかし，すべての基礎アトムが真であるようなモデルは最大モデル（greatest model）であるため，ここは最大モデルと訳した。

は，両方とも確定節の集合 E の極小モデル M で真であるが，E の論理的帰結ではない。最初の文は M において真であり，これは原子文 even(s(s(s(0)))) が M において真でないためである。しかし，この文は E の論理的帰結ではない。それは例えば E の最大モデルにおいて真でないからである。

二番目の文 $\forall X$ (even(s(s(X))) → even(X)) は，M において真である。それは定数 0 と関数記号 s から構築できるすべての基礎項 t に対して以下が言えるからである。

> もし even(s(s(t)) が M で真なら，それは E の条件文の基礎インスタンス even(s(s(t)) ← even(t) を使った前向き推論によって導出されるはずである。しかしそれなら，基礎インスタンスの条件 even(t) もまた M で真のはずである。

この二番目の文は，E の二番目の条件文の逆であることに注意しよう。これは E のすべてのモデルで真ではない。奇妙な個体を含む非エルブランモデルが存在するからである。例えば，even(s(s(**奇妙**)) が真だが，even(**奇妙**) が真でないような，**奇妙**と名づけられた個体である。そのようなモデルのうち最も単純で極小であるようなものは，E の極小モデル M に単に 1 つ原子文 even(s(s(**奇妙**)) を付け加えることで得られる。

ほぼ確実に，確定節プログラム H の**意図されたモデル（intended model）**とは H の極小モデルのことであり，古典論理の構文論における任意の文の真偽の判断はこのモデルに照らして判断されるべきである。

モデルに対するこの見方は，文を 2 種類に分ける。1 つは極小モデルを決定する確定節のような文であり，もう 1 つはそのような極小モデルにおいて真である古典論理の任意の文である。

これら 2 種類の文の間の違いは，エージェントの信念と目標の間にある違いと類似している。信念は論理プログラミングの形式を持ち，エージェントの世界の極小モデルを表す。目標は古典論理の任意の文の形式を持ち，エージェントが成立させたい世界の性質を表現する。

信念と目標のこの違いは，全称量化された条件文である持続目標の場合に最も顕著なものになる。持続目標 G の意味論が，原子行動を記述する原子文 Δ の集合を生成することとして自然に理解できることは，補遺 A6 で取り上げる予定である。ここで，B がエージェントの信念の集合であるとき，$B \cup \Delta$ の極小モデルにおいて G は真である。この意味論で前向き推論は，条件が真となる場合には常に結論を真とすることにより，G を真とする試みとみなすことができる。前向き推論のこのプロセスは，新しい原子文が観察あるいは導出されなくなるまで永遠に続く。

この方法で前向き推論によって生成されたいかなるモデルも極小である。それは $B \cup \Delta$ が極小モデルを持つという意味だけではなく，必要なときのみ原子文を Δ に加えることによってそれらが真となるという意味でも成り立つ。特に，持続目標の条件を理由もなく真にする必要はない。

算術における真理

極小モデルを意図されたモデルとして見ることは，算術の標準的モデルは確定節プログラムの極小モデルであるという事実によって支持される。以下は，関係を使った加算と乗算の確定節表現である（右に関数を使ったより慣例的な表現も併記してある）。

$+(0, Y, Y)$　　すなわち $0 + Y = Y$

$+(s(X), Y, s(Z)) \leftarrow +(X, Y, Z)$　　すなわち $s(X) + Y = s(X + Y)$

$\times(0, Y, 0)$　　すなわち $0 \times Y = 0$

$\times(s(X), Y, V) \leftarrow \times(X, Y, U) \wedge +(U, Y, V)$

すなわち $s(X) \times Y = (X \times Y) + Y$

関数表現のほうが間違いなく理解しやすいが，関係表現では自然数の構築のために使用された未定義の関数記号 s と，条件文によって定義される加算と乗算の違いをより明確に区別できる。さらに関係表現では，等号述語を別途準備する必要を回避できる。

関係表現はまた，4 つの確定節によって定義される極小モデル A の視点から，より明白な意味論を持っているといえる。「算術の意図されたモデル」や算術における「真理」と言うときわれわれが意味しているのは，このモデルである（このことは Martin Davis［1980］によって実質的に言及された）。

例えば以下の文を考えてみよう。

$$\forall X\,(\,+(X, 0, X))$$

ここで，X は自然数である。X が全称量化されているため，この文は目標節ではない。しかし，極小モデル A においてこの文が真であることを示すのは容易である。以下は数学的帰納法を用いた証明である。

基底段階（base case）：　$X = 0$ のとき，$+(X, 0, X)$ は単に $+(0, 0, 0)$ であり，節 $+(0, Y, Y)$ のインスタンスであるため，A において真である。

帰納段階（inductive case）：$X = n$ の場合について，$+(n, 0, n)$ は A において真と仮定する。
このとき，$+(s(n), 0, s(n))$ が A において真であることを示す必要がある。
一方，これは節 $(s(X), Y, s(Z)) \leftarrow +(X, Y, Z)$ を使った1ステップの前向き推論によって導かれる。

この意味論的論証は，帰納のための公理を含む付加的な公理を持つ確定節を加えることによって，純粋に統語論的に表現できる。この例で必要となる帰納の公理は，以下の公理式[2]のインスタンスである。

$$P(0) \wedge \forall N\,(P(N) \rightarrow P(s(N))) \rightarrow \forall X\,P(X)$$

ここで $P(X)$ は，X が唯一の限量化されていない変数であるような任意の述語である。この例で必要となる $P(X)$ のインスタンスは，$+(X, 0, X)$ である。

この例では，全称量化された文 $\forall X\,(+(X, 0, X))$ は真であると同時に，帰納

2　公理図式（axiom scheme）は，それぞれの述語 $P(X)$（述語記号に限定されない）に対する公理の集まりである。しかし帰納はまた，メタ論理やいわゆる二階論理においては単一の文として表現できる。メタ論理では，P は論理式の名前の範囲をとる。二階論理では，P は自然数の部分集合の範囲をとる。数学的な観点から見ると，メタ論理と二階論理の表現の間にある大きな違いは，論理式の集合は無限だが可算無限であるのに対し，自然数のすべての部分集合からなる集合は非可算無限であることである。

法を使って証明可能である。しかしながら，ゲーデルの不完全性定理により，全称量化された算術の文であって，真であるにもかかわらずいかなる構成可能な算術の公理系においても証明できないものが存在することが示される。直感的には，全称量化された文が真であることを示すためには，その文のすべての基礎例が真であることを示す必要があり，すべての自然数に対して無限に多くのそのような基礎例が存在するためである。

多くの場合，これらの無限に多くのインスタンスは再帰的なパターンを示し，帰納法による証明で有限的に捉えることができる。しかし不完全性定理の証明において構成される文の場合，それは不可能である。この文は次のように構成される。まず，算術における文を自然数によってコード化する方法を用意する。そして算術における証明可能性を，算術における述語として表現する。このようにして，算術が自分自身のメタ言語になり，算術に関して述べた文は算術における文となる。

問題となっている真だが証明不能な文は，その文自身が証明不能であることを述べる文である。もしその文が偽であるならば，その文が証明不能であるということが真ではないことになり，したがってその文は実際に証明可能だということになるが，この場合には算術の公理は矛盾していることになる。もしこの文が真ならば，その文が証明不能であるということになり，この場合には算術の公理は不完全だということになる。したがって，算術の構成的で無矛盾な公理化は，どれも不完全である。それだけでなく，そのような公理化は必ず非極小の意図しないモデルを持ち，意図された算術のモデルにおいて真の文は，そのモデルでは偽になる。

結論

この章では，真，論理的帰結，極小モデルという概念について取り上げた。限定的ではあるが，原子文の集合であるエルブラン解釈についても概説した。現実世界に埋め込まれているエージェントの場合，エルブラン解釈の利点は世界の真の性質を同定しようという哲学的問題を避け，かわりにエージェントの思考と世界との接点を特定することに焦点を絞っていることにある。

ここではまた，意図されたモデルとしての極小モデルについての議論も概観し，確定節の場合では，確定目標節は極小モデルにおいて真である場合かつその場合に限り，すべてのモデルにおいて真であることも指摘した。

算術の場合では，任意の文の真 / 偽は，加算や乗算を定義する確定節プログラムの極小モデルにおける真 / 偽として最もよく理解できることを議論した。さらに，エージェントの持続目標の意味論は，それら持続目標がすべて真である極小モデルを生成することとして同様に理解できることも概説した。

前向き推論は極小モデルの生成として理解できるという事実は，メンタルモデル理論からも支持される。メンタルモデル理論は，人は心にモデルに似た構造を構築することによって推論を行うと主張する。補遺 A3 と A6 では，前向き推論，後ろ向き推論，失敗としての否定の推論規則が，極小モデルにおける文の真偽の決定として，意味論的な視点ではどのように理解されるかを見ていく。

補遺 A3

前向き推論と後ろ向き推論

否定を含まない条件文（確定節）を用いた前向き推論と後ろ向き推論については，既にインフォーマルな形で触れてきた。この補遺ではこれら２つの推論規則をより正確に定義し，その意味論について吟味する。

おそらく，前向き推論は後ろ向き推論よりも基本的であろう。というのも，補遺 A2 で示したように，極小モデルは前向き推論を用いて生成されるからである。しかしながら，どちらの推論規則も，確定目標節が確定節プログラムのすべてのモデルで真となるかどうかを決定することとして理解できる。あるいは，この確定目標節が極小モデルで真かどうかを決定する，と言っても同じことである。

前向き推論

推論の２つの規則のうち，前向き推論だけが**真実保存的**（truth-preserving）である。つまり，推論を始める文がある解釈において真であれば，導かれる文も同じ解釈において真である。**前提**（premises）からなる初期集合から出発し，前向き推論を繰り返し適用することによって得られた文は，前提の論理的帰結である。したがって，前向き推論は健全な推論の規則である。後ほど，確定節に適用した前向き推論は完全（complete）でもあることを見ていく。

前向き推論が真実を保存する理由を理解するために，お金持ちになりたいという希望を抱いて宝くじを買うジョンを例にして考えてみよう。

buys-ticket(john, 150541)

buys-ticket(X, Y) $\wedge$ chosen(Y) $\rightarrow$ rich(X)

前向き推論が適用できるのは，この事実と条件文の条件部の1つが同一になるように変数をインスタンス化できる場合である。もしこのようなインスタンス化が可能であるなら，前向き推論によって条件文が次のようにしてインスタンス化される。

ステップ1：buys-ticket(john, 150541) ∧ chosen(150541) → rich(john)

これは，次のような標準的ではない条件文と**論理的に同値（logically equivalent）**である。

buys-ticket(john, 150541) → (chosen(150541) → rich(john))

この同値な条件文を用いた前向き推論により結論が導かれる。これは古典的なモーダス・ポネンスに過ぎない。

ステップ2：chosen(150541) → rich(john)

どちらのステップも真実保存的である。ステップ1が真実保存的である理由は，条件文が真となるのは，そのすべてのインスタンスが真となる場合かつその場合だけだからである。ステップ2が真実保存的である理由は，条件文が真であり，その条件部が真ならば，その結論も必ず真となるからである。

より一般には，前向き推論にかかわるのは1つの原子文と1つの条件文であり，どちらも全称量化された変数を含んでいてよい。次のような例を考えよう。

likes(bob, *X*)
likes(*X*, *Y*) ∧ gives(*X*, *Y*, *Z*) → generous-to(*X*, *Z*)

原子文と条件文がインスタンス化でき，その結果として得られる原子文と条件文の条件部の1つが同一であるならば，次のインスタンス化が実行される。

ステップ1：likes(bob, *X*)

likes(bob, X) ∧ gives(bob, X, Z) → generous-to(bob, Z)

上と同値な式：likes(bob, X) → (gives(bob, X, Z) → generous-to(bob, Z))

元の２つの文の変数 X は実際には２つの異なる変数であることに注意しよう。というのも，変数の“範囲（scope）”はそれが出現する文に制限されているからである。範囲の外側では，変数の名前[訳注1]は重要ではない。一方，範囲の内側では，文の意味に影響を及ぼすことなく，その変数の出現をすべて別の変数[訳注2]に置き換える（rename）ことができる。この２つの文のインスタンス化は，２つの原子式を同一にするうえでは最も一般的なインスタンス化であることにも注意してほしい。

この次のステップでは，インスタンス化された条件文から，インスタンス化された原子式と同一な条件部が前向き推論によって除去される。

ステップ２：gives(bob, X, Z) → generous-to(bob, Z)

一般に，以下のように原子文と条件文から始め，

atomic sentence
conditions → conclusion

前向き推論は，まず両方の文をインスタンス化し，それによってインスタンス化した原子文が，インスタンス化した条件文の条件部の１つと同一になるようにする。

ステップ１：atomic sentence′
atomic sentence′ ∧ other-conditions′ → conclusion′.

変数項に対するインスタンス化は，２つの原子式を同一にするようなインス

訳注１　the name of the variable，つまり構文要素としての変数自体のこと。
訳注２　ここでも構文要素としての変数の話をしている。

タンス化のなかで最も一般的なものであり，この2つの原子式の**（最汎）単一化子（most general unifier）**と呼ばれる。この2つの原子式の他の共通のインスタンスは，すべてこの最汎単一化子のインスタンスになる。最も一般的なインスタンス化を行う操作を**単一化（unification）**と言い，得られた原子式は**単一化されている（unified）**と言う。2つの原子式の単一化子は常に存在するわけではないものの，存在する場合は変数名の違いを除いて一意に定まる。

単一化を行ったあと，前向き推論はインスタンス化された条件文からインスタンス化された原子文と同一の条件を除去する。

ステップ2：other-conditions′ → conclusion′.

atomic sentence′が条件文の条件部において出現する位置はどこでも構わないことに注意しよう。しかしながら，話を簡単にするために，本書では左端の最初に書くことにする。というのも，連言において論理式が現れる位置はどこでもよく，このように決めておくと推論規則の記述が簡単になるからである。

後ろ向き推論

後ろ向き推論では，真理値は逆向きに保存される。つまり，導出された副目標が真であり，かつこの副目標の導出に用いられた条件文が真ならば，その副目標を導出した初期目標は真である。これを見るために，原子目標節を1つ持つような簡単な例で考えてみよう。

初期目標節：generous-to(X, mary)
条件文：　likes(X, Y) $\wedge$ gives(X, Y, Z) → generous-to(X, Z)

これらの節には同じ名称の（局所）変数 X が出現しているが，目標節における X は存在量化されており，条件文における X は全称量化されていて両者は異なる。

後ろ向き推論は，原子目標節と条件文の結論の単一化（unify）を試みる。この試行が成功した場合，2つの文はその単一化子の適用によってインスタンス化されて次のようになる。

ステップ 1：generous-to(*X*, mary)
likes(*X*, *Y*) ∧ gives(*X*, *Y*, mary) → generous-to(*X*, mary)

この条件文のインスタンス化は真実保存的である。なぜなら，すべての変数が全称量化されており，この条件文が真であるならば，そのすべてのインスタンスも真となるからである。この例では，目標節のインスタンス化は不要である。

しかしながら，一般に，目標節がインスタンス化される必要がある場合にはこのインスタンス化は真実保存的ではない。なぜなら，目標節のすべての変数は存在量化されているからである。しかし，もし目標節のあるインスタンスが真ならば，目標節自体が真となる。というのも，存在量化された文が真となるのは，そのインスタンスが真となるときだからである。

目標節と条件文をインスタンス化したあと，これに続いて後ろ向き推論が原子目標節を条件文の条件部で置き換えて，副目標を作る。

ステップ 2，副目標：likes(*X*, *Y*) ∧ gives(*X*, *Y*, mary)

ここで変数 X と Y は存在量化されている（メアリーに寛容な誰かを見つけるためには，自分の好きなものをメアリーに与える誰かを見つければよい。その誰かは，自分の好きなもの**すべて**をメアリーに与えなくても構わない）。もしこの副目標と条件文が真なら，初期目標節も同じ解釈で真となる。

一般的には，初期目標節において選択された原子目標節の 1 つ（selected-goal）と 1 つの条件文から開始する。

selected-goal ∧ other-goals
conditions → conclusion

後ろ向き推論は，selected-goal を条件文の conclusion と単一化しようと試みる。この単一化が可能ならば，その単一化子が両方の文に適用される。

ステップ 1，インスタンス化：selected-goal′ ∧ other-goals′
conditions′ → selected-goal′.

すると後ろ向き推論は，インスタンス化され選択された目標を，インスタンス化された条件文の条件部で置き換える。

ステップ 2：conditions′ ∧ other-goals′.

other-goals が存在しないような特別な場合には，この第二ステップは単にモーダス・ポネンスを逆にしたものである。conditions が存在しないような特別な場合には，この conditions は真と同値であり，この条件文は実際には**事実（fact）**である。

以下に示すのは，論理プログラミングにおける計算において後ろ向き推論を用いる方法の例である。この例は，理論的にはエレガントだが，0 と後者関数 s だけを用いて自然数を表現するという点で絶望的に非効率である。この計算の非効率性は論理プログラミングそのものに内在するものではなく，この特定の表現の性質である。

2 に 2 を足すという目標について，補遺 A1 で与えられている加法の定義を用いて考えてみよう。ここでは，適合するインスタンス化をわかりやすくするように変数名を選んでいる。

初期目標節：+(s(s(0)), s(s(0)), X)
新規目標節：+(s(0), s(s(0)), X')，ただし X = s(X')
新規目標節：+(0, s(s(0)), X'')，ただし X' = s(X'')
新規目標節：true，ただし X'' = s(s(0))

存在量化された変数の累積により，和 X = s(s(s(s(0)))) が計算される[訳注3]。

健全性と完全性

既に見てきたように，前向き推論は健全である。これに対して，後ろ向き推論は**後ろ向きに健全（backwards sound）**である。つまり，初期目標節と，後ろ向き推論によって条件文から導出された目標節が与えられたとき，初期目標節は，この導出された目標節と条件文が真となるいかなる解釈でも真である。さらに，この導出された目標節が真（true）という原子式（つまり 0 個の副目標の連言）ならば，初期目標節が真となるのは，単にこの条件文が真となる場合である。

したがって前向き推論と後ろ向き推論は，目標節 $C_1 \wedge ... \wedge C_n$ を解くための2つの異なる健全(sound)な方法になっている。前向き推論は，連言 $C_1' \wedge ... \wedge C_n'$ が目標節 $C_1 \wedge ... \wedge C_n$ のインスタンスとなるような原子文 $C_1', ..., C_n'$ を導出することによって，この目標節を解くものとして理解できる。後ろ向き推論は，初期目標節から，目標原子式 true を導出することによって目標節を解くこととして理解できる。

前向き推論の健全性と後ろ向き推論の後ろ向き健全性は，ある目標節が前向き推論や後ろ向き推論によって解かれた場合，その導出で用いられたすべての条件文が真となるとなるようないかなる解釈においてもその目標節が真であることを保証する。

後ろ向き推論の後ろ向き健全性が，通常の健全性に転換できるのは，目標節 G をその否定 $G \rightarrow$ false に転換し，かつ目標節を解くことを true → false（これは false と同値である）と理解する場合である[1]。後ろ向き推論をこのように見ることにより，後ろ向き推論も前向き推論も，補遺 A5 で提示される導出規則の特殊な場合になっていることがわかりやすくなる。これにより，以下の反駁完全性によって完全性を得ることも容易になる。

> C を古典論理の任意の文とし，S を古典論理の文からなる任意の集合とする。
> このとき，C が S の**論理的帰結**となるのは，
> 文集合 S かつ $C \rightarrow$ false がモデルを持たない場合（かつその場合だけである）。

訳注 3　本補遺で述べられているように，目標節における変数は実際には存在量化されている（と理解する必要がある）。これに注意しつつ，ここまでに得られた目標節をすべて1つの文にまとめれば次のようになる。

$\exists X \exists X' \exists X'' (+(s(s(0)), s(s(0)), X) \wedge +(s(0), s(s(0)), X') \wedge (X = s(X')) \wedge +(0, s(s(0)), X'') \wedge (X' = s(X'')) \wedge (X'' = s(s(0)))$.

$X = s(X')$，$X' = s(X'')$，$X'' = s(s(0))$ という関係式に順次代入してゆけば $X = s(s(s(s(0))))$ となる。

1　目標節の否定：$\neg(\exists X_1 ... \exists X_m (C_1 \wedge ... \wedge C_n))$ は，条件文制約 $\forall X_1 ... \forall X_m (C_1 \wedge ... \wedge C_n \rightarrow \text{false})$ に等しいことに注意。

つまり，S かつ $C \to$ false が論理的に false を含意する場合（かつその場合だけである）[訳注4]。

したがって，推論規則の集合が**反駁完全**（refutation complete）であるのは，C が S の**論理的帰結**であるときは必ず S かつ $C \to$ false から false を導くような推論規則を使った導出（これは**反駁**と呼ばれる）が存在する場合，かつその場合だけである。

前向き推論も後ろ向き推論も，ホーン節に関して反駁完全である。G が確定目標節であり，かつ S が確定節プログラムであるとき，以下の3つは同値である。

- G は S の論理的帰結である。
- G は S の極小モデル（即ち，最小モデル）において真である。
- 節集合 S と $G \to$ false から前向き推論と後ろ向き推論を使った false の導出が存在する。

結論

本章では，前向き推論と後ろ向き推論はともにホーン節に対して，健全であり，反駁完全であることを見た。補遺 A4 では，ホーン節を用いた推論を失敗としての否定という観点から拡張する方法を述べる。補遺 A5 では，前向き推論と後ろ向き推論を拡張して，古典論理一般における節形式について健全かつ反駁完全な導出規則にする方法を述べる。

訳注4　この説明法は背理法の原理であることに注意。

補遺 A4
極小モデルと否定

第一近似としては，失敗としての否定という推論の規則は単純明快である。名前がすべてを物語っており，次のように理解できる。

ある文の否定が成立していることを示すには，
その文が成立することを示すことを試みよ，
そしてもしその試みが失敗すれば，その否定が成立する。

しかし「失敗する」とは何を意味するのだろうか？　無限回失敗してもよいのか，それとも有限回の失敗だけだろうか？　これらの疑問に答えるためには，意味論についてさらに理解する必要がある。

例えば，次のような英文について考えてみよう。

bob will go if no one goes

ここでボブが普通の人であったなら，bob will go if no one else goes（ボブが行くのは，他に誰も行かない場合である）のほうがより自然だろうが，とりあえず無視しよう。その代わりに，文をより形式的に論理的な条件文として表現する問題に焦点を置く。次のような直接的な表現を考えることにしよう。

bob will go ← not (*X* will go)

ここでの変数 *X* は次のように条件文全体を範囲として全称量化されている。

$\forall X$(bob will go ← not (X will go))

つまり　bob will go ← $\exists X$ not (X will go)

つまり　bob will go ← not $\forall X$ (X will go)

つまり　bob will go if not everyone will go

一方，われわれが本当に表現したかったのは次の文である。

bob will go ← not $\exists X$ (X will go)

実際，この文は量化を無視して，明らかな方法で失敗としての否定の推論規則を用いれば，以下に示すように得られる。

初期目標：bob will go
副目標：　not X will go
　　Naf：　X will go
　　副目標：not X' will go（ただし X = bob）
　　　　Naf：　X' will go
　　　　副目標：not X'' will go（ただし X' = bob）
無限に続く ...

しかし，ここで2つの問題が生じる。最初の問題は，条件文のすべての変数は暗黙のうちに全称量化されているが，実際にわれわれが必要とするのは否定の内側で存在量化された変数であることである。その次が無限ループの問題である。

しかし，たった今見てきたように，最初の問題は実際には問題ではなく，われわれが認識できていなかった問題への答えなのである。一般に失敗としての否定では，否定的な条件部だけに現れる変数を否定の内側で存在量化されたものとして解釈する。そしてほとんどの応用ではこれこそわれわれが望むものなのである！　後でわかることだが，これは持続目標の条件部に出現せずに結論部に出現するような変数に対してわれわれが望み，そして得るものでもある。

本当に問題になるのは無限ループである。この特定の例でこの問題に取り組む前に，まずはもっと簡単な場合を考えて直感を研ぎ澄ませることにしよう。最も簡単なのは，否定が存在しない場合である。

極小モデルにおける否定

補遺 A2 で見たように，否定を含まない条件文（つまりホーン節プログラム）のどんな集合 H も，ただ1つの極小モデル（つまり最小モデル）M を持つ。この極小モデルは，全称量化された変数を基礎項でインスタンス化し，前向き推論を行うことによって得られるのであった。そこで述べたように，H の意図されたモデルとはこの極小モデルである。このような視点では，失敗としての否定の意味論は古典論理における通常の否定の意味論に過ぎないことになる。つまり

> ある文 not p が失敗（無限回でもよい）としての否定によって成立するのは，
> not p が M で真である場合かつその場合に限られる。
> また，このことが成立するのは，
> p が M で真でない場合かつその場合に限られる。

実際，失敗としての否定の推論規則は，事実の定義に後向き推論を適用したものに過ぎないという理解も可能である。つまり not p が M で真であることを示すには，p が M において真ではないことを示せばよい。

次のような単純な確定節プログラム E に立ち戻ろう。

even(0)
even(s(s(*X*))) ← even(*X*)

このプログラムの無限エルブランモデル M は次のような原子文からなるのであった。

even(0)，even(s(s(0)))，even(s(s(s(s(0))))),... 無限に続く。

not even(s(s(s(0)))) が M において真かどうかを決定する問題を考えてみよう。

not even(s(s(s(0)))) が M において真であるのは，
even(s(s(s(0)))) が M において真ではない場合かつその場合に限られる。
また，このことが成立するのは，
even(s(s(s(0)))) が M に属していない場合かつその場合に限られる。
そして，even(s(s(s(0)))) は M に属していない。

失敗としての否定の推論規則は，モデル M を明示的に生成することなく同じ結果を導くことができる。

even(s(s(s(0)))) を示すことができるのは，
even(s(0)) を示すことができる場合かつその場合に限られる。
しかしそれは，s(0) が 0 または s(s(0)) と単一化可能な場合だけである。
しかしそれはできないため，even(s(s(s(0)))) を示すことはできない。
したがって，not evens(s(s(s(0)))) を示すことができる。

一般論理プログラムにおいて意図されたモデル

確定節の極小モデル意味論は，条件部に否定を含むような条件文に拡張することができる。このような条件文から構成されるプログラムは**一般論理プログラム（general logic program）**とも呼ばれている。そのような一般論理プログラム P が与えられたとき，最初のステップは，P を原子文 a の否定 not a からなる集合Δ によって文字通り拡張する。このとき，not a を（強い否定¬ a のように）肯定的な原子文として扱う。

二番目のステップは，拡張された集合 $P \cup \Delta$ を確定節プログラムであるかのように扱い，その一意的な極小モデルを M_Δ とする。集合Δが適切に制限されている場合，特に M_Δ が原子 a と not a の両方を含むようなことがないとき，M_Δ は P によって意図されたモデルの 1 つとなっている。後ほど，プログラム P についてこのような拡張Δが複数あり得ることを述べる。

集合Δが適切に制限されていることを保証するのに必要な条件について詳述する前に，次のような even/odd プログラムを考えてみよう。

even(0)

even(s(s(*X*))) ← even(*X*)
odd(*X*) ← not even(*X*)

差し当たって odd の定義を無視して，一番目と二番目の節からなる確定節プログラム E の極小モデルにおいて真であるような，基礎原子式の否定からなる集合を Δ としよう。このとき，Δ は以下の要素から構成される集合になる。

not even(s(0)), not even(s(s(s(0)))), not even(s(s(s(s(s(0)))))),... 無限に続く。

M を even/odd プログラムと Δ を併せたプログラムの極小モデルとする。この際，Δ を肯定的な原子式の集合として扱う。この結果，E の極小モデルに次のような肯定的な原子式が追加される。

odd(s(0)), odd(s(s(s(0)))), odd(s(s(s(s(s(0)))))),... 無限に続く。

M が even/odd プログラムの唯一の意図されたモデルであることは確かであろう。制約 even(*X*) ∧ odd(*X*) → false が M で真であることに注意しよう。

このようにして生成することができる一意的な極小モデルを持つような一般論理プログラムの大きなクラスが存在する。これはいわゆる**局所層状プログラム（locally stratified program）**と呼ばれるクラスである［Przymusinski 1988］。直感的に言えば，局所層状プログラムは複数の層に分けることができ，上方の層における否定的な条件が下方の層において定義される。上の例では，odd（上層に含まれる述語）は even（下層に含まれる述語）によって定義されている。

次の節では，以下のような非層状のプログラムについて調べる。

bob will go ← not john will go
john will go ← not bob will go

しかし，まずわれわれは層状，非層状にかかわらず，Δ が適切であることを保証するために必要な制限を同定しなければならない。明らかに，最も重要な制限は次のようなものである。

ΔはPと**無矛盾**（consistent）である。

つまり　もし not a がΔに属するならば，a は$P \cup \Delta$の極小モデルMにおいて真ではない。

つまり　任意の原子式 a に対して，制約 a ∧ not a → false はMにおいて真である。

Δが満たす必要があるその他の制約は，Δが十分大きくなければならない，ということだけである。この条件は別の方法でも理解することができ，そのなかでも最も簡単なのは次のようなものである。

Δは**全域的**（total）である。

つまり　もし a がMにおいて真でないならば，not a がMにおいて真であり，したがって not a がΔに属する。

つまり　任意の原子 a に対して，「制約」a ∨ not a はMにおいて真である。

これらの**無矛盾性**（consistency）と**全域性**（totality）という 2 つの制限は，一般論理プログラムの**安定モデル意味論**（stable model semantics）を定義する［Gelfond and Lifschitz 1988］。

> $P \cup \Delta$を確定節プログラムとみなしたときに得られる極小エルブランモデルMがPの**安定モデル**（stable model）であるのは，not a がMに属することと，a がMに属さないことが同値である場合，かつその場合だけである。

この安定モデル意味論では，not a は「a でないこと」が真であることと理解してもよく，また「a を示すことはできない」と理解してもよい。

安定モデルの例

最初の例に立ち戻ることにしよう。以下をプログラムBと呼ぶことにする。

bob will go ← not ∃X (X will go)

Bに現れる語彙から構成できる基礎原子式は bob will go という原子式だけである。しかし，この文が表現されている言語には，この文で言及されていない他の個体や対象を表す定数が含まれているかもしれない。このような少し複雑な事情は，以下の議論には影響を与えないので無視してよい。

ここでの問題は，安定モデルが存在するか，そして bob will go がそのモデルにおいて真なのか偽なのかということである。そのような安定モデル M_{Δ}が存在して，Bのある拡張 $B \cup \Delta$ の極小モデルであるとしよう。ここで，否定文 not bob will go がΔに属するかどうかを考えてみよう。

もし not bob will go がΔに属するなら，bob will go が M_{Δ}に属しており，したがってΔはプログラム B と無矛盾ではない。
もし not bob will go がΔに属していないなら，bob will go も not bob will go も M_{Δ}に属さないことになり，Δは全域的ではない。

したがってプログラム B はそのような安定的な拡張Δを持たず，したがって安定モデルを持たない。B は単純に矛盾しているのだ。

安定モデル意味論においては，論理プログラムが複数の安定モデルを持つことが起こり得る。次のプログラム BJ はそのような例となっている。

bob will go ← not john will go
john will go ← not bob will go

このプログラムは，not john will go と bob will go が成立するような安定モデルを持つ一方で，not bob will go と john will go が成立するような別の安定モデルも持つ。

あるプログラムが複数の極小モデルを持つ場合，エージェントが**軽信的**（**credulous**）であることもあれば，**懐疑的**（**sceptical**）であることもある。安定モデル意味論では軽信的なエージェントがある文を信じるのは，その文がいずれかの極小モデルで真である場合，かつその場合だけである[訳注1]。しかし懐疑的なエージェントがある文を信じるのは，その文がすべての極小モデルで真である場合，かつその場合だけである。もちろん，エージェントが場面によっては軽信的になったり懐疑的になったりすることはあり得る。

最後の例では，懐疑的意味論に従えば，bob will go が成立するのか john will go が成立するのかわからない。これは古典論理において，上に提示した2つの条件文が次のような選言として記述された状況に似ている。

bob will go ∨ john will go.

結論

古典論理では，ある文 C が文の集合 S の論理的帰結であるのは，S を真にするような任意の解釈において C が真となる場合，かつその場合だけである。しかしながら，本書における応用では，任意の解釈ではなく意図された解釈のほうが重要である。

確定節の形式の信念の場合，このような意図された解釈とは極小モデル（最小モデル）のことであり，節のインスタンス化と前向き推論によって生成することが可能である。一般論理プログラムで表されるような，より一般的な信念の場合，意図された解釈は，信念の集合を原子文の否定によって拡張して得られる極小モデルである。意味論についての極小モデルからの観点は，人工知能におけるデフォルト推論のために発展してきた（事実上）すべての論理の精髄である。このような論理として，極小限定（circumscription）[McCarthy 1980]，デフォルト論理 [Reiter 1980]，様相非単調論理（modal non-monotonic logic）[McDermott and Doyle 1980]，そして自己認識論理（autoepistemic logic）[Moore 1985] などがある。

こうして，思考というものを論理的帰結よりは極小モデルにおける真実の決定に関連付ける観点は，デフォルト推論や算術や現実世界における例によって支持されている。ヨハン・ファン・ベンテムが，これらの例やその他多くの例について論じている [van Benthem 1989]。

訳注1　原文では軽信的なエージェントがある文を信じるのは “if it is true in some minimal model” となっているが，安定モデル意味論を考えているので “if it is true in some stable model” とした方が正確。懐疑的なエージェントについても同様。

補遺 A5

導出規則

この追加章では，前向き推論と後ろ向き推論の両方が推論の導出規則（resolution rule）の特殊な場合であることを示す。次のような2つの節

you deal with the emergency appropriately ← you get help.

you get help ← you alert the driver.

を次のように1つにまとめる（コンパイルする）ことも導出に含まれる。

you deal with the emergency appropriately ← you alert the driver.

命題論理で，次のような2つの節が与えられたとしよう。

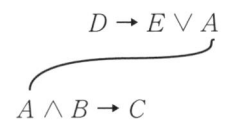

$$D \rightarrow E \vee A$$

$$A \wedge B \rightarrow C$$

ただし B と D は原子式からなる連言で，そのなかには原子式 true が含まれてもよい[訳注1]。また，C と E は原子式からなる選言で，そのなかには原子式 false が含まれてもよい[訳注2]。このとき**導出（resolution）**[訳注3]により，次のよ

訳注1　0個の原子式からなる連言に対応する。
訳注2　0個の原子式からなる選言に対応する。

うな**導出形**（resolvent）[訳注4]が導かれる。

$$D \wedge B \to E \vee C.$$

導出形を導くために用いられたこの2つの節を，この導出形の**親**（parents）と呼ぶ。また，この原子式 A を，導出が行われた（resolved upon）原子式と言う。

導出はもともとロビンソン［Robinson 1965a］によって**リテラル**（literal）の集合として表現された選言節を用いて定義された。ここで，リテラルとは原子式あるいは原子式の否定である。例えば，B，C，D，E を原子式とするとき，条件式 $D \wedge B \rightarrow E \vee C$ は選言式 $\neg D \vee \neg B \vee E \vee C$ として解釈され，リテラルの集合 $\{\neg D, \neg B, E, C\}$ によって表現される。

節をリテラルの集合とし，その解釈を選言とするこのような表現によって，古典論理におけるいくつかの推論規則が導出規則に組み込まれる。このため，これらの推論規則を個別に明示する必要がない。例えば，以下のような論理的同値性は節の集合表示に内在している。

$A \vee A$ は A と同値
$A \vee B$ は $B \vee A$ と同値
$A \vee (B \vee C)$ は $(A \vee B) \vee C$ と同値。

命題論理の場合，集合として表現された次の2つの節

$$\{A\} \cup F \text{ と } \{\neg A\} \cup G$$

の導出形は $F \cup G$ という節になる。

本書では節を条件文として表現するが，節の条件部と結論部を原子式の集合

訳注3　日本語の文献では「融合」あるいは「レゾリューション」と呼ばれることもある。
訳注4　日本語の文献では「融合節」あるいは「レゾルヴェント」と呼ばれることもある。

として扱う。これによって導出規則の論述が単純になり，導出が行われる原子式 A は，一方の親節の結論部のどこに現れてもよく，また他方の親節の条件部のどこに現れてもよい。これは，もしある原子式が両方の親節の条件部，あるいは両方の親節の結論部に出現する場合，この原子式の重複する出現は導出形においては自動的に1つに統合されることも意味している。重複した原子式をまとめることを**ファクタリング（factoring）**と呼ぶこともある。

導出は健全であり，かつ**反駁完全（refutation complete）**である。もし節の集合がモデルを持たない場合，推論の導出規則（ファクタリングを含む）だけを用いたfalseの導出が存在する。

導出の反駁完全性により，次のような古典的な一階論理における論理的帰結を示せる。古典論理において文の集合 S から論理的に文 C が含意されることを示すには，S と C の否定を節形式に変換し，導出によってfalseを導けばよい。

制限のない導出規則は非常にエレガントなのだが，大変効率が悪い。効率の改善のために数多くの改良が開発されてきたが，このような改良のほとんどは，前向き推論と後ろ向き推論の一般化である。例えば，ハイパーレゾリューション［Robinson 1965b］は，前向き推論の一般化であり，SL-導出［Kowalski and Kuehner 1971］は後ろ向き推論の一般化である。これに対し，結合グラフ証明手続き［Kowalski 1975 and chapter 8, 1979］は無制限の導出を行うのだが，冗長を避けるために導出の際にリンクの削除を行う。

命題確定節の場合，前向き推論は $B \rightarrow C$ が A と $A \wedge B \rightarrow C$ から導かれるような導出の特殊なケースになっている。後ろ向き推論は事実上，$D \wedge B \rightarrow$ false が $D \rightarrow A$ と $A \wedge B \rightarrow$ false から導かれるような導出の特殊なケースである。

単一化とファクタリング

命題論理ではない場合，つまり節が（全称量化された）変数を含むことがあるときを考えると，導出規則を拡張し，単一化によって同一になった2つの原子式の間で導出を行えるようにする必要がある。次の2つの節が与えられたとしよう。

$$D \to E \vee A_1$$

$$A_2 \wedge B \to C$$

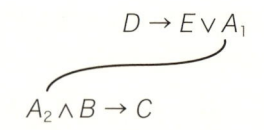

ここで A_1 と A_2 が単一化可能だとすると，導出形は次のようになる。

$$D' \wedge B' \to E' \vee C'$$

ここで B'，C'，D'，E' は，A_1 と A_2 の最汎単一化子をそれぞれ B，C，D，E に適用して得られたものである。

オリジナルの導出規則はもう少し込み入ったものである。それは，同じ節に含まれる2つのリテラルを同一にし，1つのリテラルへとファクタリングするような追加的な単一化が含まれているからである。ホーン節の場合にはファクタリングは不要だが，それ以外の場合には必要なことがある。

床屋のパラドックスの例を考えてみよう。床屋のJohnは，自分でヒゲを剃らない者全員のヒゲを剃り，自分でヒゲを剃る者のヒゲは剃らない，というのが設定である。ヒゲを剃られる人を表す変数が適切な種（sort）に制限されるべきである（これについてはA1と第6章で触れた）というような面倒なことを無視すれば，この例を次のような節形式で表現できる。

$$\text{shaves}(\text{john}, X) \vee \text{shaves}(X, X)$$
$$\text{shaves}(\text{john}, X) \wedge \text{shaves}(X, X) \to \text{false}$$

この2つの節から4つの導出形が得られる（そのうち2つが重複している）。

$$\text{shaves}(X, X) \to \text{shaves}(X, X)$$
$$\text{shaves}(\text{john}, \text{john}) \to \text{shaves}(\text{john}, \text{john})$$
$$\text{shaves}(\text{john}, \text{john}) \to \text{shaves}(\text{john}, \text{john})$$
$$\text{shaves}(\text{john}, X) \to \text{shaves}(\text{john}, X)$$

これ以上導出を行っても偽（false）を導出することはできない。導出ステップのたびに2つの原子式が除去され，2つの原子式が導出形に残るからである。

このような場合には，単純な導出規則をファクタリングで強化する必要がある。次のどちらかの形の節が与えられたとしよう。

$$D \to E \lor A_1 \lor A_2$$
または　$$A_1 \land A_2 \land B \to C$$

ここで，A_1 と A_2 は最汎のインスタンス A に単一化できるとすると，ファクタリングによって次の節が導かれる。

$$D' \to E' \lor A$$
または　$$A \land B' \to C'$$

ただし B'，C'，D'，E' は，A_1 と A_2 の最汎単一化子をそれぞれ B，C，D，E に適用したものである。

床屋のパラドックスに適用すると，元の2つの節に対して，次の2つの追加的な節が得られる。

shaves(john, john) → false
shaves(john, john)

偽（false）の導出が1ステップで行われ，そのような床屋は存在しないことが示される。

結合グラフ

結合グラフに節，単一化リンク，そしてそれらの単一化子を格納することにより，導出の効率を大幅に向上させられる。これらのリンクは必要に応じて活性化できるので，結合を探索する必要はない。

推論は，リンクの活性化（どのリンクでもかまわない），グラフへの導出形の追加，活性化されたリンクの削除，そして新規に追加された導出形とグラフ内の他の節とのリンクの追加によって行われる。

リンクの削除により，リンクを持たない原子式を含む親節が作られる場合がある。この場合，その親節は他のリンクとともに削除してよい。この削除が波及し，他の節とそこにあるリンクが削除される場合もある。以下に示すのは［Kowalski 1979］からの例である。

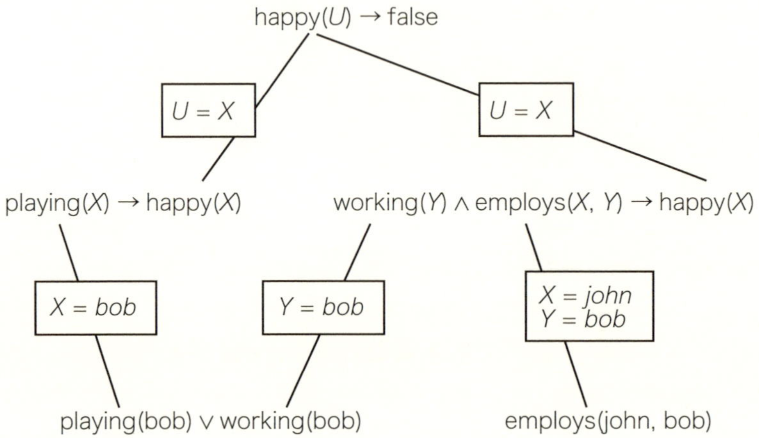

結合グラフ証明手続きは，導出と同様に反駁手続きである。したがって，これが成功するのは，節 false が導出される場合である。節 playing(bob) ∨ working(bob) は非ホーン節であることに注意しよう。したがって，厳密な意味では前向き推論も後ろ向き推論も不可能である。

このグラフのどのリンクを活性化してもよい。幅優先探索によってどこまで前向き推論に近づけるかを見てみよう。“事実” employs(john, bob) に接続されているリンクから始めればよいことは明らかであろう。関連する導出形が生成されてリンクが削除されると，両方の親節がリンクされていない原子式を持つことになり，したがって両方の親節が，他のすべてのリンクと一緒に削除できる。このようにすれば，事実上２つの親節を導出形で置き換えたことになる。というのも，導出形はその親節のリンクを継承しているからである。しかしながら，このように受け継がれたリンクに関連付けられた単一化子は，活性化されたリンクの単一化子と継承されたリンクの単一化子を組み合わせた結果となっている。

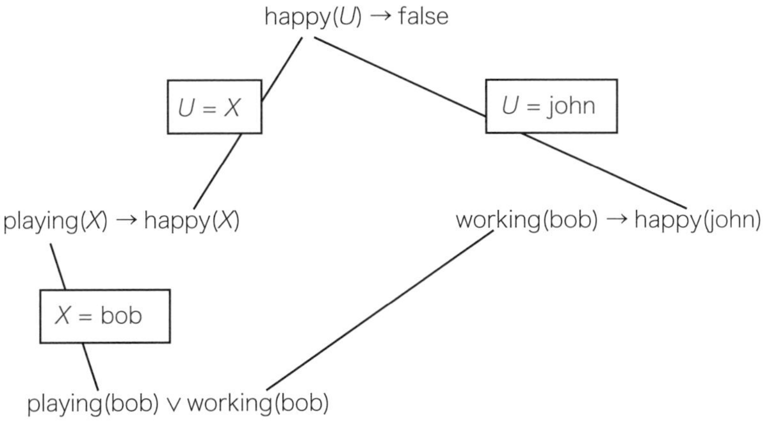

ここでも，われわれはどのリンクを活性化してもよい。今度は X = bob という単一化子を持つリンクを選び，この選言から前向き推論を行うと，導出形として得られる節によってその両方の親が再び置き換えられる。

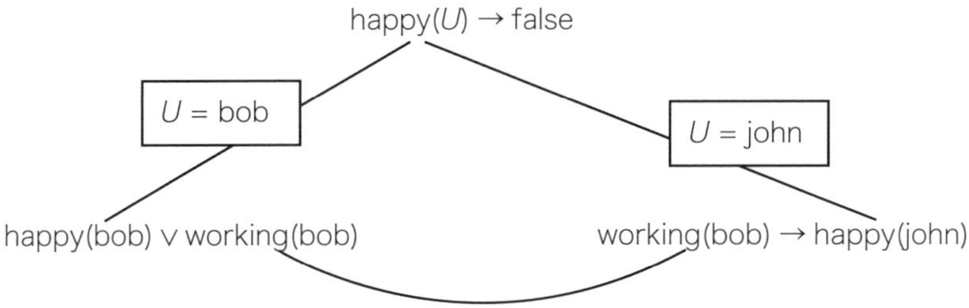

原子式 working(bob) の 2 箇所の出現を結ぶリンクを活性化すると，次が得られる。

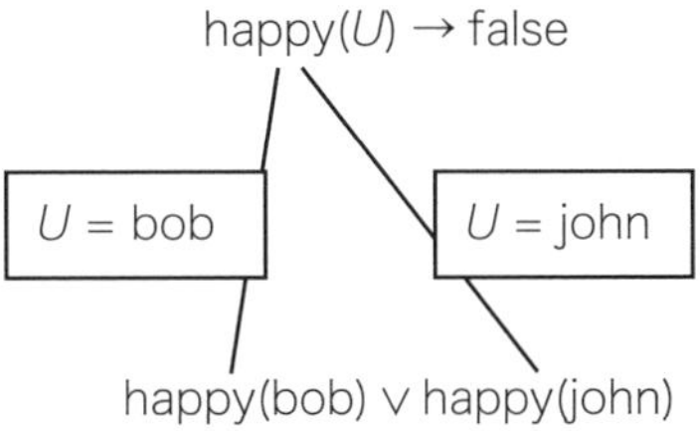

残る2つのリンクはどの順序で活性化してもよいし，並行して活性化してもよい。いずれにせよ，false という節は2つのステップで導出され，そして残りの結合グラフは空になる。われわれが探している幸せな人は U = bob または U = john である。

再帰的な節，つまり +(s(X), Y, s(Z)) ← +(X, Y, Z) のようなものは，自身のコピーを用いて導出でき，この場合は +(s(s(X)), Y, s(s(Z))) ← +(X, Y, Z) という導出形が得られる。自己導出節（self-resolving clause）は，同じ節のなかに内部リンクを作るが，このリンクはこの節に対する2つの異なるコピーを結ぶリンクを意味している。このような場合には，リンクの削除と継承についての同様の規則が適用される。ここに示すのは2 + 2という和の計算についての結合グラフである。

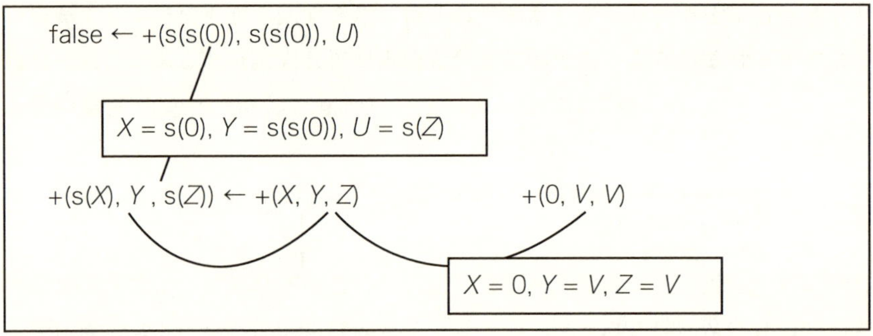

理論上は，内部リンクも含めて，どのリンクを選んで活性化してもよい。しかしながら，標準的なプログラム実行戦略においては，目標から後ろ向きにリンクを活性化する。この戦略を組織的に適用することにより，次のような結合グラフの列が得られる。ただし，混乱を避けるために再帰的な節の変数名を変更してある。

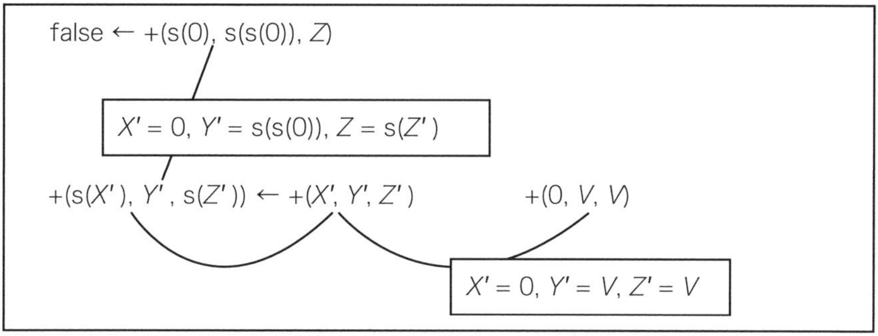

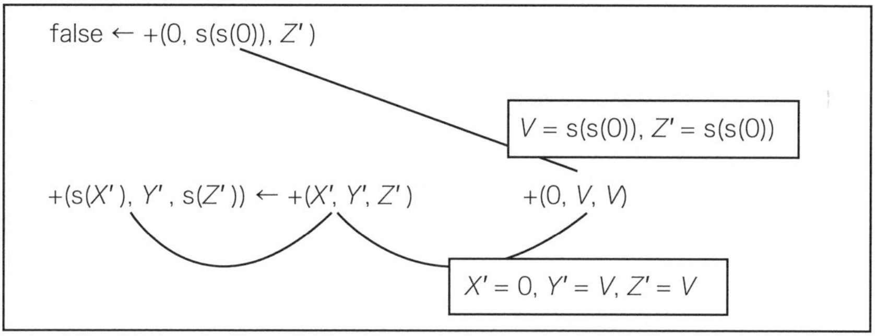

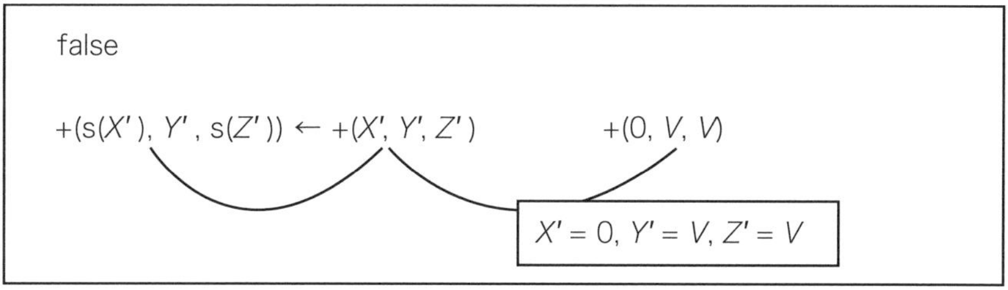

累積的なインスタンス化 $U = \mathrm{s}(Z)$, $Z = \mathrm{s}(Z')$, $Z' = \mathrm{s}(\mathrm{s}(0))$ によって，和 $U = \mathrm{s}(\mathrm{s}(\mathrm{s}(\mathrm{s}(0))))$ が計算される。

結合グラフは導出を容易にしているに過ぎないという事実を無視すると，このような例では，目標節が一般的なコンピュータプログラムの実行時のように，繰り返し上書きされているように見える。もう少し想像をふくらませれば，単一化による代入が，脳の神経接続のネットワークを伝って伝達される信号だと想像することさえできるかもしれない。

結合グラフを心のコネクショニストモデル（connectionist model）の一種と

みなすような，この空想的な観点は，マース［Maes 1990］の拡散活性化ネットワークとの類似性から支持される。活性化ネットワークと同様に，それぞれの初期目標に対して，その相対的な重要性に応じて異なる強度レベルを割り当てることができる。強度レベルの違いは，重要度に関する本能的判断などを反映した観察の違いに関連付けられていてもよい。活性化ネットワークのように，これらの活性化レベルは結合グラフ内のリンクを通じて節から節へと伝達することができる。

このような活性化レベルは，決定問題における効用の尺度と似ている。そして，効用の尺度と同様に，不確実性の見積もりによって重み付けすることができる。結合グラフの場合では，これらの重みは，リンクの活性化が過去において成功した（とみなされる）結果に貢献した頻度を反映するようにしてもよいだろう。この結果として，有用な結果につながる見込みで重み付けされた活性化レベルが得られる。これを，過去の経験に基づき，現在の状況で最良の結果をもたらすと期待されるリンクを選択するために使用することができる。

エージェントの思考言語としての結合グラフ

結合グラフによる導出の実装は，思考の言語における文の構文が，伝統的な論理学や英語のような自然言語における線形[訳注5]の構文とはいかに異なったものであり得るかを示している。

結合グラフの最も重要な特徴の1つは，文の順序や文中の条件部の順序を問題にしないことだが，これは導出から受け継いだものである。このことから，例えば次の2つの英文

> I get wet if I do not take an umbrella and it will rain.
> （わたしが濡れるのは，わたしが傘を持たずかつ雨が降る場合である）
> I get wet if it will rain and I do not take an umbrella.
> （わたしが濡れるのは，雨が降りかつわたしが傘を持たない場合である）

訳注5　表示のための便宜として複数行で表示されるような文であっても理屈の上では単語や記号が一直線に並んでいる（linear）ように書けること。

は同じ論理形式を持ち，したがって同じ信念を表現している。

それほど明らかではないが，結合グラフのさらに重要な特徴は，述語やその引数の名前を問題にしないことである。大事なのは接続，つまりグラフ内部の接続と，エージェントの心の外部にある現実の世界と接続，その両方なのである。図示すれば次のようになるだろう。

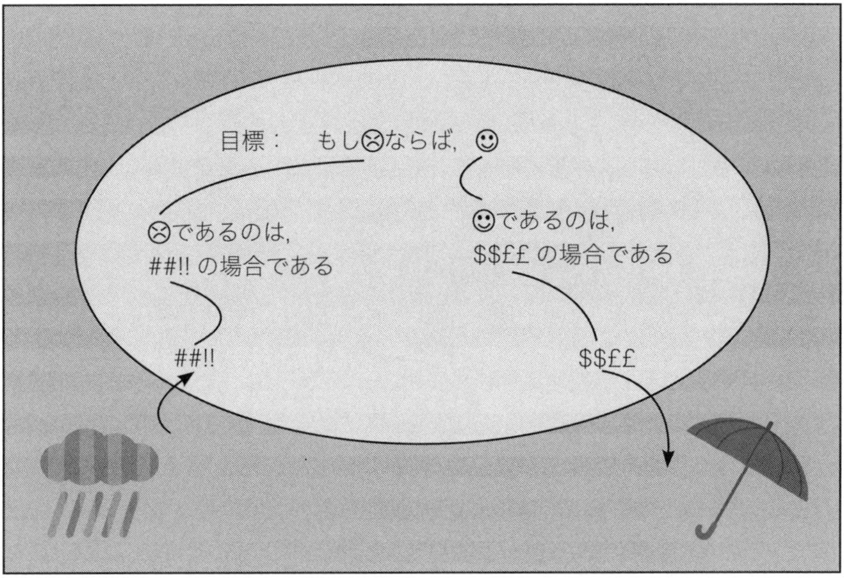

包摂

結合グラフによる証明手続きは，自動推論の効率を向上させるために開発された，数多くの洗練された導出手法のなかの１つにすぎない。このような拡張手法のうち，結合グラフと組み合わせて使えるものとしては，包摂された節の削除があり，これは推論の効率を向上させる。その理由は，包摂された節を用いた反駁が存在する場合，それを包摂している節を用いればさらに短い反駁が存在するからである。このとき両方の節を保持する必要はない。包摂している節はより情報量が多く，しかも包摂されている節より効率的だからである。注意深く行えば，包摂された節の削除は健全性にも完全性にも影響を与えることはない。

例えば，わたしが次のように信じているとしよう。

メアリーはパーティーに行くだろう。
メアリーはパーティーに行くだろう → X はパーティーに行くだろう。
わたしはパーティーに行くだろう ∨ わたしは家に居るだろう。

最初の2つの節から，全員（あるいはすべてのもの）がパーティーに行くであろうことが導き出される。

X はパーティーに行くだろう。

これは選言「わたしはパーティーに行くだろう ∨ わたしは家に居るだろう」を包摂しており，したがってこの節は削除可能である。

補遺A2で注意したように，包摂された節の削除は，古典論理を放棄することなく実質含意のパラドックスに対処する実用的な方法である。

矛盾許容性

実質含意のパラドックスは，矛盾した文の集合からはどのような文も含意されてしまうという古典論理の性質と密接に関連している。この古典論理の性質は直感に反するが，次のような論理的帰結の定義における「いつでも（whenever）」をメタ言語における実質含意として解釈してしまうことから来ている。

ある文 C が文の集合 S の**論理的帰結**である（あるいは S が C を**論理的に含意する**）のは，S が真であるときならばいつでも C が真である場合（かつその場合だけ）である[訳注6]。

訳注6　論理的帰結の定義の箇所の原文は次の通り。
A sentence C is a *logical consequence* of a set of sentences S (or S *logically implies* C) if (and only if) C is *true* whenever S is *true*.

whenever をこのように解釈するならば，もし S が矛盾している場合には，いかなる解釈においても S が真であるということは偽である。したがって C は S の論理的帰結になり，このことはいかなる解釈においても C が真であるか否かには関係ない。しかしながら次のように言いかえると，よりわかりやすいであろう。

> C が S の**論理的帰結**であり，かつ S が矛盾している場合，いかなる解釈においても C の真偽について言及することは不可能である。

このように考えれば，whenever を実質含意として解釈しても問題はない。間違っているのは，ある文章が矛盾した文の集合の論理的帰結であると誰かに伝えることが有益であると考えることなのである。

実際，導出はそれが包摂（の処理）で補強されているか否かにかかわらず，節の集合から有益な結果だけを導く。2つの節 p と not p からなる最も単純な場合を考えてみよう。導出できるのは1回だけであり，その1ステップで偽が導出される。「月はグリーンチーズでできている」とか「世界は終わりを迎える」などという文は導出されない。

とはいえ，どんな文 q も p と not p の論理的帰結であることを示すために導出を用いることができる，という不条理な感覚がある。

> q が p と not p の論理的帰結であることを示すには，
> 文 not q を節の集合 not-Q として表現し，
> 節の集合 {p, not p} ∪ not-Q を反駁するために導出を用い，そして
> not-Q に属するどの節もその反駁に関与しなかったという事実を無視すればよい。

しかし（SL- 導出のように任意の節を扱うように一般化された）後ろ向き推論では，この不条理なアプローチはうまくいかない。結論からの後ろ向き推論は，関連する節だけを使用して目標を副目標に還元する。もし矛盾した節が解に関係しないなら，証明に関与することはない。例えば，q が原子文の場合，矛盾している無関係の節 p と not p から後ろ向き推論を用いて q を示すことは

まったく不可能である。

実質含意のパラドックスが関連性論理やその他の非古典論理のきっかけになったのと同じ意味で，矛盾した文の集合が論理的にいかなる文も含意するという事実は，矛盾許容論理［Priest 2002］という非古典論理が考案されるきっかけとなった。この節の議論が示しているように，これらの問題をグライス［Grice 1989］の精神に従って，語用論の（pragmatic）問題として扱うことにより古典論理で解決することもできる[訳注7]。

結論

導出規則はエレガントで強力な推論規則であり，前向き推論と後ろ向き推論を特別な場合として含んでいる。ジョン・アラン・ロビンソン［Robinson 1965a］によって最初に発明された（あるいは発見されたというべきか）とき，これは機械指向の推論原理で，計算機で実装するのに適したものとして提示され，人間が使うことは想定されていなかった。わたしは1979年の著書で，それとは逆に，導出の特別なケースは人間指向の言葉で自然に解釈できると主張した。

導出についてのこれらの相反する見方は実際には相補的であり，そしてこれらは人間の推論についての二重過程理論（dual process theory）によって裏付けられている。さらに，導出の結合グラフによる実装は，人間の心は機械に似ているという視点とも馴染む。そのソフトウェアは論理の節形式であり，ハードウェアは導出原理なのである。結合グラフによる推論は，導出の健全性により健全である。しかしながら，完全性を証明しようとする多くの試み［Siekmann and Wrightson 2002］にもかかわらず，完全性についてはその正否がわかっていない。

完全性は理論的な性質として重要だが，その完全性を証明することの難しさ自体が，いくらか逆説的にではあるが，それが気に入られる論拠にもなっている。証明手続きにおいて，同じ証明の生成に，本質的には等価だが多数の異な

訳注7　グライスの立場では，発話者が明言しなかった意図や会話の文脈を補うことが文の解釈にとって重要であり，実質含意のパラドックスもそのような前提上で解釈するかぎり，古典論理の範囲で解決できるということになる。

る方法が許容されている場合には，完全性を示すのは容易である。証明の生成方法が少ない場合，反例を示すのはより困難になる。生成できない証明がない限りにおいてだが，完全性を示すことの困難は，結合グラフによる証明手続きは冗長性をほとんど含まないために効率的だということを示唆している。

補遺 A2 では，包摂は実質含意のパラドックスを解消するとわたしは論じ，この章では，文の矛盾した集合からはすべての文が論理的に含意されてしまう問題を導出によって解決できることを論じた。どちらの場合でも，解決策ではこれらを語用論の問題として扱っており，古典論理の意味論や証明手続きには影響を与えない。

導出と結合グラフによる証明手続きは，古典一階論理において論理的帰結を示すための反駁手続きとして開発された。しかしながら，他の章でわたしは，われわれが求めるべきものは論理的帰結ではなく，極小モデルにおける真実だと論じた。

実際，特に断らなかったが，他の章で提示されている結合グラフは正式な導出規則に準拠していない。なぜなら，結合グラフには，条件文目標の結論部にある原子式と条件文信念の結論部にある原子式を結ぶリンクが含まれているからである。これらの準拠を外れた結合グラフは補遺 A6 で暗黙のうちに示されているように，条件文目標が極小モデルにおいて真であることを示すために必要なのである。

補遺 A6
アブダクティブ論理プログラミングの論理

この補遺では，本書で使われている計算論理の基礎であるアブダクティブ論理プログラミング（abductive logic programming：ALP）に関する技術的な補足を提示する。ALP はアブダクションを使い，観察の説明だけでなく，行動計画の生成も行う。

ALP は，論理プログラミングの閉じた述語（節によって定義される）と開いた述語（古典論理の変形で表現された整合性制約によって，直接的 / 間接的に制約される）を組み合わせて，通常の論理プログラミングを拡張する。ALP における整合性制約は特別なケースとして，条件－行動規則，持続目標，制約の機能を含む。

より形式的には，ある**アブダクティブ論理プログラム（abductive logic program）** <*P*, *O*, *IC*> は，論理プログラム *P*，開いた述語の集合 *O*，整合性制約の集合 *IC* で構成される。開いた述語は制限を受け，*P* における節の結論部には現れない。この制限は必須ではないが，技術的扱いを単純にする。

ALP には多くの種類があり，それぞれ異なる統語論，意味論，証明手続きを持つ。本書では，整合性制約を一般化された条件文の形で記述した。一般化された条件文は通常の条件文と似ているが，その結論部に存在量化子と選言を持つ場合がある。整合性制約の結論に選言を含むことは，命題の場合では，古典論理の力をフルに使えることを意味する[1]。結論に存在量化子を含むことは，命題ではない場合，存在量化子を除去するためのスコーレム関数の使用が，通

1　命題の場合では，これらは範囲が制限された（range-restricted）節の表現力を持っている。この節のなかでは，整合性制約の結論部に現われるすべての全称量化された変数は，制約の条件部にも現れる。

常の節形式と比較して減少することを意味する（補遺 A1 参照）。

ALP では，目標節 G を解くという問題に関心がある。目標節 G は，観察を説明する場合には単に原子文のこともあれば，計画の場合には条件の連言の場合もある。どちらの場合でも，G の**解（solution）**は，以下のような開いた述語 O の基礎インスタンスの集合 Δ である。

G はプログラム $P \cup \Delta$ に関して成立し，
かつ $P \cup \Delta$ は IC を満たす。

「成立する」（holding）や「満たす」（satisfying）という概念は敢えて曖昧（抽象的）にしてある。これは，「成立する」や「満たす」については多くの異なる概念が研究されており，最も適切な概念についての一般的な合意はいまだないためである。

1980 年代，データベースの整合性をチェックする異なる証明手続きと関連して，演繹データベースの分野で整合性制約の意味論に関するいくつかの競合的な視点が活発に研究された。まず第一に，無矛盾性視点と定理的視点という 2 つの主要な視点があった。**無矛盾性視点（consistency view）**では，整合性制約がデータベースと無矛盾である場合，整合性制約は満たされる。**定理的視点（theoremhood view）**では，整合性制約がデータベースのすべてのモデルで真である定理であるとき，整合性制約は満たされる。また Reiter［1980］は，整合性制約はデータベースが知っていることについての真の言明であるという，**認識論的視点（epistemic view）**を提案した。

Reiter［1988］はさらに，閉世界仮説を採用したデータベースに関して，多くの場合これら 3 つの視点が等価であることを示した。関係データベースの場合，この 3 つの視点は，「データベースが整合性制約を満たすのは，エルブラン解釈とみなされるデータベースにおいて整合性制約が真である場合である」という標準的な視点とも等価である。

しかし，これら異なる視点が整合性充足に関して異なる判断を下す多くの場合も存在する。最も単純な例は単一のホーン節 $C \leftarrow C$ と整合性制約 $C \rightarrow$ false からなるプログラムである。無矛盾性および認識論的視点に従うと整合性制約は満たされるが，標準的な定理的視点ではそうではない[訳注 1]。

これらの異なる視点は，失敗としての否定の異なる解釈法として理解することが可能である。無矛盾性視点と認識論的視点はそれを無限の失敗として理解するが，定理的視点では有限の失敗として解釈する。ホーン節プログラムに関しては，無矛盾性視点と認識論的視点は「ある整合性制約が満たされるのは，唯一の極小モデル（最小モデル）においてそれが真である場合かつその場合に限られる」という視点と等価である。

整合性制約の意味論についての議論に関与し，整合性チェック［Sadri and Kowalski, 1988］と ALP［Fung and Kowalski, 1997; Kowalski et al., 1998］双方の証明手続きを開発し，従来型のモデル理論的意味論に反対してきた経験［Kowalski, 1995］から，わたしは今，意味論一般，特に ALP における意味論は，極小モデルにおける真という視点から理解するのが最良だと確信している。つまり，

> 開いた述語 O の基礎インスタンスの集合 Δ が G の**解**であるのは，
> $P \cup \Delta$ のある極小モデルにおいて $\{G\} \cup IC$ が真である場合かつその場合に限られる。

極小モデルという概念は，$P \cup \Delta$ がホーン節プログラムの場合には明確である。これは非常に限られた場合に見えるかもしれないが，他のすべての場合と拡張の基礎となる。P と IC が変数を含む場合への拡張は非常に単純で，主にインスタンス化と単一化（ユニフィケーション）を行う作業が伴うだけである。否定を含む場合への拡張は，ホーン節プログラムの極小モデルから否定を伴う論理プログラムの安定モデルへの拡張に類似している。否定の扱いとその他の拡張については後述する。

基礎ホーン ALP に対する推論規則のシステム

基礎ホーンアブダクティブ論理プログラム $<P, O, IC>$ は，基礎（変数を含まない）ホーン節プログラムであるプログラム P，開いた述語の集合 O，整合性制約 IC から構成される。IC は次の形式の基礎条件件文である。

訳注 1　$C \rightarrow \text{false} \equiv \neg C$ はホーン節 $C \leftarrow C \equiv C \vee \neg C$ からは証明できないため。

$$A \land B \rightarrow C$$

ここで A は**開いた原子式（open atom）**（すなわち，O の開いた述語を持つ原子式）であり，B と C は原子式の連言である[2]。この形式をとる整合性制約は，アクティブデータベースの「イベント－条件－行動規則」と似ている［Widom and Ceri 1996］。原子式 A はデータベースによって定義されていないイベントのようなものである。

問題は，変数を含まない原子式の連言である基礎ホーン目標節 G_0 を解くことである。

以下の**アブダクティブ導出（abductive derivation）**の定義は，ALP の IFF 証明手続き［Fung and Kowalski 1997］を改変したものである。IFF 証明手続きが「iff（～であるのは，～の場合かつその場合に限られる）」形式で表現された双方向条件文を用いるのに対し，本補遺でのアブダクティブ証明手続きは，条件文形式における論理プログラムに対して類似の推論規則を採用している。この 2 つの証明手続きは主に意味論に違いがある。IFF 証明手続きは整合性充足性の定理的視点を採用しているのに対し，本補遺のアブダクティブ証明手続きは極小モデルの視点を採用している。

この証明手続きは，前向き推論と後ろ向き推論を使って G_0 の解 Δ を生成することを試みる。その際には，集合 Δ を含み解決すべき他の目標を含まないような G_N を導くアブダクティブ導出 $G_0, G_1, ..., G_N$ を生成する。それぞれの G_{i+1} は，以下の推論規則の 1 つによって，その前の G_i から得られる。

F_1：　G_i において選択された（selected）開いた原子式 A と，IC の整合性制約を使った**前向き推論**。整合性制約が $A \land B \rightarrow C$ の形式を持ち，G_i が $A \land G$ の形式を持つとき，G_{i+1} は $(B \rightarrow C) \land A \land G$ になる。（これは目標節へ条件文を導入していることに注意。この理由から，結果として得られる目標節を**汎化目標節〔generalised goal clause〕**と呼ぶ）

2　原子式 A は制約の条件のどこに現れてもよいことに注意。また，B がない場合，これは B が真であることと等価であることにも注意してほしい。C がない場合，これは C が偽であることと等価である。C が連言同士の選言である場合は後述する。

F_2：　**前向き推論**は，G_i において選択された開いた原子式 A と条件文を使って行うこともできる。いま G_i が $(A \land B \rightarrow C) \land A \land G$ の形式のとき，G_{i+1} は $(B \rightarrow C) \land A \land G$ になる。

B_1：　G_i において選択された原子式 C と，P における節を使った**後ろ向き推論**。節が $C \leftarrow D$ の形式で，G_i が $C \land G$ の形式のとき，G_{i+1} は $D \land G$ になる。

B_2：　$(C \land B \rightarrow H) \land G$ の形式を持つ G_i のなかの**条件文**における選択された原子式 C を使った**後ろ向き推論**。いま，P において結論 C を持つすべての節が $C \leftarrow D_1, ..., C \leftarrow D_m$ であるとき，G_{i+1} は $(D_1 \land B \rightarrow H) \land ... \land (D_m \land B \rightarrow H) \land G$ になる。

$Fact$：G_i において開いた原子式 A が重複しているとき，**ファクタリング (factoring)** を行う。いま G_i が $A \land A \land G$ の形式のとき，G_{i+1} は $A \land G$ になる。

（F_1 および F_2 の A に対する適用は，ファクタリングの結果として得られる単一の A に対して行ったものとみなされる）

S：　**論理的単純化**：true → C を C で置き換える。
true ∧ C を C で置き換える。
false ∧ C を false で置き換える。

これらの推論規則を使ったアブダクティブ導出 $G_0, G_1, ..., G_N$ は，以下の条件が満たされる場合に限り，開いた原子式の集合 Δ を**成功裏に導出して終了する**。

G_N が false でなく，
G_N が $(B_1 \rightarrow C_1) \land ... \land (B_m \rightarrow C_m) \land A_1 \land ... \land A_n$ $(m \geq 0, n \geq 0)$ の形式（A_i は開いた原子式）を持ち，
どの原子式を選択しても，G_N に対して適用できるさらなる推論規則が存在せず，
$\Delta = \{A_1, ..., A_n\}$ である。

成功裏に終了する導出における残る条件文 $B_i \rightarrow C_i$ は，F_1 によって導入される条件文であるが，そこに含まれる条件 B_i は $P \cup \Delta$ の極小モデルで真ではな

い。これらの残りの条件 B_i は，Δには含まれない開いた原子式のみで構成される場合もあるし，P に含まれる節の結論ではない閉じた原子式 C を含む場合もある。後者の場合は，P に $C \leftarrow$ false の形式の節が存在するとみなすことができる（その結果 B_i は偽となり，$B_i \rightarrow C_i$ は true に単純化され，無視できる）。

もし G_i が $C \wedge G$ の形式で，閉じた原子式 C を結論に持つような節が P に含まれない場合，G_i は成功裏に終了する導出の一部とはなり得ないことに注意しよう。この場合，P に $C \leftarrow$ false の形式の節が存在するとみなすことができる（その結果 C は偽となり，G_i は false へと単純化できる）。

推論規則 F_1，F_2，B_2 を合わせて利用し，整合性制約の条件が $P \cup \Delta$ の極小モデルで真であるかどうかをチェックする。そして真であるなら，論理的単純化により整合性制約の結論を目標へと加える。推論規則 B_1 は通常の後ろ向き推論を使い，初期目標と，整合性制約の結論から導入された任意の新しい目標の双方を解く。実質的には，ファクタリング規則 *Fact* は，Δに追加された開いた述語を，P に加えられた事実であるかのように扱う。6つの推論規則 F_1，F_2，B_1，B_2，*Fact*，S は**健全（sound）**である。

定理：基礎ホーンアブダクティブ論理プログラム <*P, O, IC*> と基礎ホーン目標節 G_0 が与えられたとき，

> もし成功裏に終了するΔの導出が存在するならば，
> $\{G_0\} \cup IC$ は $P \cup \Delta$ の極小モデルにおいて真である。

これらの推論規則は無限の失敗を認識できないため，完全ではない。

無限の成功と不完全性

アブダクティブ論理プログラム <$\{C \leftarrow C\}$，$\{A\}$，$\{A \wedge C \rightarrow$ false$\}$> と目標節 A を考える。このとき，推論規則は次の終了しない導出（non-terminating derivation）を生成する。

G_0　　A （目標節）
G_1　　$(C \rightarrow \text{false}) \wedge A$　(F_1 より）
G_2　　$(C \rightarrow \text{false}) \wedge A$　(B_2 より）
　　　無限に続く …　(B_2 より）

この無限の導出は唯一可能な導出である。しかし，$\Delta = \{A\}$ は G_0 の解である。整合性制約と初期目標の両者が $P \cup \{A\}$ の極小モデル（最小モデル）において真だからである。また，C が偽であるため，整合性制約 $A \wedge C \rightarrow$ false は真である。

成功する導出という概念を以下のように拡張することによって，この種の終了しない " 成功する " 導出をとらえることは可能である。

アブダクティブ導出 $G_0, G_1, \ldots, G_N$ が開いた原子式の集合 Δ の**成功する導出**であるのは，次の条件が満たされる場合かつその場合に限られる。

G_N が false でなく，
G_N が $(B_1 \rightarrow C_1) \wedge \ldots \wedge (B_m \rightarrow C_m) \wedge A_1 \wedge \ldots \wedge A_n$ $(m \geq 0, n \geq 0)$ の形式（A_i は開いた原子式）を持ち，
A_i に対してそれ以上推論規則を適用することができず，
$\Delta = \{A_1, \ldots, A_n\}$ であり，
残った条件 B_i が $P \cup \Delta$ の極小モデルにおいて真ではない場合。

残った条件が $P \cup \Delta$ において真ではないという要件の実装は，それらの条件が真であることを示そうとして失敗することによって実現できる。しかし，上述の例が示すように，これには無限の失敗の認識が不可欠である。これは一般には不可能であるが，**テーブル化 (tabling)** を使うことによって多くの場合（変数を含まない場合を含む）で効果的に解くことができる［Sagonas et al., 1994］。

この新しい定義により，推論規則は次の意味において完全である。

定理：基礎ホーンアブダクティブ論理プログラム $<P, O, IC>$，基礎ホーン目標節 G_0，開いた基礎原子式の集合 Δ が与えられたとき，

もし $\{G_0\} \cup IC$ が $P \cup \Delta$ の極小モデルにおいて真ならば，
$\Delta' \subseteq \Delta$ であるような Δ' の成功する導出が存在する。

基礎ホーン ALP に対する証明手続き

推論規則 F_1，F_2，B_1，B_2，*Fact*，S はアブダクティブ導出の形式を決定する。証明手続きを得るためには，導出の探索空間をどのように生成および探索するかの特定が必要である。ここで注意が重要となるのは，B_1 のみが代替導出を生成する点である。この代替導出は，P における代替節 $C \leftarrow D$ を使って G_i における選択された原子目標節 C から後ろ向き推論を行う別の方法に対応する。すべての他の推論規則は，ある（汎化された）目標節 G_i を別のものに転換するのみである。さらに，推論規則が適用される順番は重要ではない。成功する導出を生成するためには，それらすべてが適用されなければならないからである（B_1 適用の代替方法を除いて）。しかし効率化のためには，単純化規則 S と *Fact* は可能になればすぐに適用すべきである。

すべての可能な導出の探索空間は，以下のような **OR 木**（**OR-tree**）（または**探索木**〔**search tree**〕）の形式を持つ。

R　初期目標 G_0 は木の**根**（**root**）である。

S/Fact　探索木の任意のノード G_i が与えられたとき，S または *Fact* における規則が適用可能ならば，そのノードはそのような 1 つの規則の適用によって得られる単一の後続 G_{i+1} を持つ。

Select　S または *Fact* における規則が適用可能でない場合，G_i の形式 $C \wedge G$ または $(C \wedge B \rightarrow H) \wedge G$ に含まれる原子式 C が選択され，推論規則が適用される。

F　もし $C \wedge G$ において選択された C が開いた原子式であり，F_1 が整合性制約 IC と共に適用可能であるか，または F_2 が G_i における一部の条件文と共に適用可能ならば，そのうちの 1 つが適用実行されて G_{i+1} を生成する。いずれの場合も，この F_1 と F_2 の適用はそれ以前には実

行されていないものである必要がある。

B_1　もし選択された原子式 C が $C \wedge G$ における閉じた原子式であれば，結論 C を持つ P の節を伴う B_1 の適用方法の数だけ，後継のノード G_{i+1} が存在する。

B_2　もし選択された原子式 C が $(C \wedge B \rightarrow H) \wedge G$ におけるものであるならば，B_2 は G_{i+1} の生成に使用される。

そのような探索木が，ステップ *S/Fact* における単純化またはファクタリングの適用方法，ステップ *F* における前向き推論の適用方法，ステップ *Select* における原子式の選択方法と同じ数だけ存在するということに注意することは重要である。成功する導出を生成する試みでは，そのような探索木を 1 つだけ探索する必要がある。このことから，得られる探索をできるだけ効率的なものにするために，どの探索空間を生成するかの決定にある程度の労力をかける価値がある。選択された探索空間を探索するために，任意の探索戦略（深さ優先，幅優先，最良優先，直列 / 並列を含む）を使うことができる。特に，探索木は結合グラフに埋め込み，その探索のガイドに第 4 章で紹介した最良優先探索戦略を使うことができる。

選言的結論を持つ整合性制約

本書の例のいくつかでは，以下のような選言的な結論を持つ整合性制約が関与する。

$$C \rightarrow D_1 \vee \ldots \vee D_m$$

このような整合性制約を扱うためには，次の推論規則を加えれば十分である。

Splitting（分割）：G_i が $(D_1 \vee \ldots \vee D_m) \wedge G$ の形式ならば，D_i と同じ数の $D_i \wedge G$ の形式の後継ノード G_{i+1} が存在する。

Splitting は，整合性制約の条件が true へと還元され，選言的結論が副目標 G_i へと結合されたときに実行する必要がある。

命題の場合では，選言的結論を持つ整合性制約は節形式の古典論理の表現力を持つ。*Splitting* 規則は，前向き推論規則 F_1 や F_2 と共に使用され，証明手続きを節論理のモデル生成器に変える。実際，*P* が空で *O* が対象言語のすべての述語の集合であるような場合，<*P, O, IC*> のための証明手続きは，節形式の古典論理のための SATCHMO モデル生成器（および証明手続き）［Manthey and Bry 1988］と同値である。

次節では，失敗としての否定の安定モデル意味論の全体性制約の実装に *Splitting* がどのように使用できるかを見ていく。

反対語と制約によるアブダクションを介した否定

ALP の極小モデル意味論は，否定を伴う論理プログラムの安定モデル意味論とうまく調和する。両方の場合で，意味論は集合 Δ で拡張されたホーン節プログラム *P* の極小モデルの視点から定義される。アブダクションでは，Δ は開いた基礎原子式で構成される。否定を伴う論理プログラムでは，Δ は肯定的な原子式のように扱われる基礎原子式の否定で構成される。

原子式のすべての否定 not a を肯定的な開いた原子式（例えば non-a）として扱い，整合性制約を使って a と non-a が反対語であることを表現することにより，安定モデル意味論は ALP の特別な場合として解釈できる[3]。このために必要な最も重要な整合性制約は，以下の**無矛盾性制約（consistency constraint）**である。

non-a ∧ a → false

また，Δ が十分に大きいことを保証する必要もある。安定モデル意味論を捉えるためには，以下の**全体性制約（totality constraint）**が必要である。

true → non-a ∨ a

3　否定を肯定的な反対語として扱うことで，ALP での否定の扱いと安定モデル意味論での否定の扱いの比較が容易になる。一方，IFF 証明手続きのように，否定を直接的に開いた論理式として扱うことも可能である。

この表現を使い，否定を伴うすべての論理プログラム P に対し，対応するアブダクティブ論理プログラム $<P', O, IC>$ が存在する。ここで O は P における原子式の否定の肯定的な反対語の集合であり，P' は原子式の否定を O の肯定的な反対語に置き換えて P から得られるホーン節プログラムであり，IC は無矛盾性制約と全体性制約の集合である。

この対応により，P の安定モデルは $P' \cup \Delta$ の極小モデルに一致する。ここで Δ は初期目標 true の解である［Eshghi and Kowalski 1989］。実際，安定モデルの定義そのものが，この特別な場合でのアブダクティブな解の定義と一致する。

しかし，この対応に関して問題がある。それは初期目標 G_0 と関連があるかないかにかかわらず，すべての全体性制約が満たされることが要求されることである。次節ではこの問題を検討し，その解を議論しよう。

全体性制約を無視する場合

補遺 A4 でとりあげた次のプログラムを考える。

P：　bob will go ← not john will go.
　　　john will go ← not bob will go.

ALP 視点でプログラムを再定式化するには，否定的な条件を肯定的な開いた述語として表現しなおす。例えば下記のような具合である。

P'：　bob will go ← john stays away.
　　　john will go ← bob stays away.
O：　{john stays away, bob stays away}
IC：　bob will go ∧ bob stays away → false.
　　　john will go ∧ john stays away → false.

さしあたって全体性制約を無視し，初期目標 G_0 = bob will go を考えてみよう。証明手続きは，以下のように解 Δ = {john stays away} を持つ 1 つの成功裏に終了する導出のみを生成する。

G_0　bob will go

G_1　john stays away

G_2　(john will go → false) ∧ john stays away

G_3　(bob stays away → false) ∧ john stays away

同様に証明手続きは，初期目標 G_0 = {john will go} に対する解 Δ = {bob stays away} を生成する。この結果は安定モデルによって得られるものと同じであるが，全体性制約は使用していない。

全体性制約が必要な場合

次の例は，全体性制約（あるいはそれに類するもの）が必要であることを示している。次のような節を含むプログラムを考えてみよう。

P：　john can fly ← john is a bird ∧ not(john is abnormal).
　　　john is a bird.

閉世界仮説と安定モデル意味論のもとでは，"john is abnormal" を示すことができないので，"not(john is abnormal)" が導かれ，従って "john can fly" となる。一方，"not(john can fly)" は示すことができない。

しかし，全体性制約がない場合，対応するアブダクティブ論理プログラム <P', O, IC> を使用し，肯定的な述語 "john is flightless" として再表現された "not(john can fly)" を示すことは可能である。ここで，

P'：　john can fly ← john is a bird ∧ john is normal.
　　　john is a bird.

O：　{john is flightless, john is normal}

IC：　john is flightless ∧ john can fly → false.
　　　john is normal ∧ john is abnormal → false.

全体性制約を持たない ALP の意味論に従うと，"john is flightless" は望ましくない解 Δ = {john is flightless} を持つ。この同じ解は，アブダクティブ証明

手続きによっても生成される。

G_0　john is flightless
G_1　(john can fly → false) ∧ john is flightless
G_2　(john is a bird ∧ john is normal → false) ∧ john is flightless
G_3　(john is normal → false) ∧ john is flightless

結局のところ，全体性制約（かそれに類するもの）をわれわれは必要としているようである[4]。全体性制約：

true → john is normal ∨ john is abnormal

があるとき，“john is normal” も “john is abnormal” も Δ = {john is flightless} とした場合の極小モデル $P' \cup \Delta$ で真ではないため，望まれない解 Δ は消える[訳注2]。

以下は，上記の全体性制約（煩雑を避けるため他の全体性制約は無視する）で補強された同じ問題に対する，証明手続き（と特定の選択戦略）である。導出の最初の3つのステップは同じである。しかし，制約の条件が true であるため，初期目標は全体性制約の選言的結論を含むものとみなすことができる。

G_0　(john is normal ∨ john is abnormal) ∧ john is flightless
G_1　(john is normal ∨ john is abnormal) ∧
(john can fly → false) ∧ john is flightless
G_2　(john is normal ∨ john is abnormal) ∧
(john is a bird ∧ john is normal → false) ∧ john is flightless
G_3　(john is normal ∨ john is abnormal) ∧
(john is normal → false) ∧ john is flightless

4　これは，安定モデル意味論の全体性の要件を，$P \cup \Delta$ または $P' \cup \Delta$ が最大限の無矛盾性を持つという要件で置き換えることの反例にもなっている。
訳注2　Δ = {john is normal} とした場合は2つの全体性制約が満たされるため解となる。

G_4 john is normal ∧ (john is normal → false) ∧ john is flightless

G_5 john is normal ∧ john is flightless ∧ false

G_6 false

$G_4{}'$ john is abnormal ∧ (john is normal → false) ∧ john is flightless

汎化目標節 G_3 は2つの後継ノード G_4 と $G_4{}'$を持つ。後継ノード G_4 は false という導出の失敗を導く。“john is abnormal” は開いた原子式ではなく，$G_4{}'$には推論規則が適用できないため，ノード $G_4{}'$は不成功に終わる。このように全体性制約があると，意味論においても証明手続きにおいても望まれない解は消える。

全体性制約の代替物

残念ながら，全体性制約は計算的に非常に高くつく。目標と関連しているかどうかにかかわらず，その言語におけるすべての基礎原子式に対する全体性制約の総合的な考慮が必要になる。これは基礎原子式の場合でも十分に都合が悪いが，変数がある場合にはとんでもないレベルの計算量となる。

すべての全体性制約をチェックすることの代替策は，当面の問題と局地的に関係する全体性制約のみをチェックすることである。総合的な制約の計算的問題を避けることに加えて，局地的な代替策には他の利点もある。とりわけ，代替策は矛盾に耐えることができ，予防的持続（preventative maintenance）の問題を扱うことができ，初期目標を支持 / 反対する論拠の視点における優れた解釈を持つ。全体性制約を局地的に関連するものに限定することの効果は，IFF 証明手続きの否定書き換え規則の小さな変更と，下記のさらなる単純化規則を加えることによって得られる。

Neg： もし G_i が (non-$C \land B \rightarrow H$) $\land$ G の形式ならば，
G_{i+1} は ($B \rightarrow H \lor C$) $\land$ G である。
non-$C \land C$ を false で置き換える。
false $\lor$ C を C で置き換える。

われわれは，整合性制約の集合 IC は，結論の選言を持つことはあるが，否定を含まない節の集合であると仮定している。したがって，否定書き換えは，B_2 を使った後ろ向き推論によって論理プログラムの条件から導入された否定のみを扱う。しかし，もし否定 non-C が B_2 によって持続目標を表す整合性制約の条件へと導入された場合，Neg は C を真にすることによって持続目標を満たすことを可能にし，その結果，持続目標の結論を導く必要がなくなる。

否定書き換えがどのように全体性制約に匹敵するかを確かめるために，同じアブダクティブ論理プログラムを用いて前節の例 G_0 = john is flightless を再考してみよう。

P'　john can fly ← john is a bird ∧ john is normal.
　　john is a bird.
O　{john is flightless, john is normal}
IC　john is flightless ∧ john can fly → false.
　　john is normal ∧ john is abnormal → false.

最初の 3 つのステップは，以前の全体性制約がなかった場合と同じである。

G_0　john is flightless
G_1　(john can fly → false) ∧ john is flightless
G_2　(john is a bird ∧ john is normal → false) ∧ john is flightless
G_3　(john is normal → false) ∧ john is flightless

以前の全体性制約のない導出は G_3 で成功裏に終了したが，今回は否定書き換えが適用され，導出は G_4 で成功することなく終了する。

G_4　john is abnormal ∧ john is flightless

この導出が成功せずに終了するのは，以前に全体性制約を使ったときに G_4' が失敗したのと同じ理由からである。つまり，副目標 “john is abnormal” は開いた原子文ではなく，それ以上の推論規則が適用できないからである。

したがって，否定書き換えは，全体性制約によって排除されたものと同じ望まれない解を排除する。しかし，今回は，関連がある場合にのみ適用される局所的な推論規則という手段を使っている。

否定書き換えを伴う証明手続きの意味論を議論する前に，アブダクティブ論理プログラムを使って目標 G_0 = bob will go を再考しておこう。

P'： bob will go ← john stays away.
john will go ← bob stays away.
O： {john stays away, bob stays away}
IC： bob will go ∧ bob stays away → false.
john will go ∧ john stays away → false.

この例は，証明手続きによって安定モデル意味論と同じ結果が得られることと，その結果がアブダクティブ証明手続きの基礎となっている IFF 証明手続きとは異なるという２点において重要である。

最初の３つのステップは，全体性制約がない場合と同じである。

G_0 bob will go
G_1 john stays away
G_2 (john will go → false) ∧ john stays away
G_3 (bob stays away → false) ∧ john stays away

以前は導出は G_3 で成功して終了していた。今回は，否定書き換えが適用され，導出は G_6 で成功裏に終了する。

G_4 bob will go ∧ john stays away
G_5 john stays away ∧ john stays away
G_6 john stays away

"john stays away" に適用できる唯一の推論規則である F_1 は既に "john stays away" の先のコピーに適用されており，*Fact* の定義に従って新しい単一のコピーに適用されるものとして扱われるため，導出は終了である。

予防的持続

Neg と *Splitting* の組み合わせは，持続目標の結論を導く必要性をなくして，その目標を満たすことを可能にする。例えば，あなたには試験が迫っており，それに落第すれば追試を受ける必要がある。もし追試を受けたくないならば，あなたは次のように推論することができる。

P：　you fail the exam ← you do not study.
O：　{you have an exam, you study, you do not study, you retake the exam}
IC：　you have an exam ∧ you fail the exam → you retake the exam.
　　　you study ∧ you do not study → false.

G_0　you have an exam
G_1　you have an exam ∧ (you fail the exam → you retake the exam)
G_2　you have an exam ∧ (you do not study → you retake the exam)
G_3　you have an exam ∧ (you study ∨ you retake the exam)
G_4　you have an exam ∧ you study
G_4'　you have an exam ∧ you retake the exam

したがって，選択はあなた次第である。勉強するか，追試を受けるか。

議論学的解釈

否定を含むが他の開いた述語や整合性制約を持たない論理プログラム *P* に関して，*Neg* を使用したアブダクティブ導出 $G_0, G_1, ..., G_N$ は，主張 G_0 を支持あるいは擁護する論証の構築とみなすことができる。

推論規則 B_1 は初期目標と，それを支持するために必要なすべての他の目標を副目標に還元し，最終的には形式 non-a の開いた副目標にする。もし導出が成功すれば，それらすべての開いた副目標の集合は Δ である。

開いた原子式 non-a が B_1 によって生成され Δ に加えられたとき，この non-a を検証するために B_1 によって構築された論証を反駁する試みのなかで，推論規則 F_1 は a → false を導出するために無矛盾性制約と共に使用される。しかし，もしnon-aが既にΔに属する場合は，non-aを検証する試みは行われない。そのかわりに，*Fact*を使って2つのコピーのnon-aが単一のものへと合併され，non-aへの不必要な攻撃や擁護が回避される。

推論規則B_2は，a → falseにおけるaを，non-aを攻撃する代替論拠へと還元する。そのような攻撃的な論拠のそれぞれは最終的に，形式non-bの開いた副目標の連言へと還元される。

開いた原子式へと還元されたそのような攻撃的論拠のそれぞれに関して，証明手続きはそのような開いた原子式non-bの1つを検証し，その攻撃を斥けることを試みる。これは推論規則*Neg*と*Splitting*を使って行われ，bを示すことによって反論を生成する。しかし，non-bがΔに属しているならば，non-bへ反論する試みは行われない。そのかわりに，攻撃からnon-bを排除するためにF_2が使用される。これはΔがそれ自体を攻撃しないことも保証する。

成功する導出においては，支持・攻撃・反論の対話的なプロセスは，Δの開いた原子式に対するすべての攻撃が考慮され，反論が行われ，そしてこの目的に必要なすべての目標と副目標がΔにおける開いた原子式に還元されるまで続けられる。

議論学的意味論

論証と反証から見たアブダクティブ導出のこの視点は，議論学的意味論（argumentation-theoretic semantics）を与えることができる。さらに，安定モデル意味論それ自体も議論的視点から理解できることが示唆される。標準論理プログラム（normal logic program）[訳注3] Pに対応するアブダクティブ論理プログラム<*P'*, *O*, *IC*>が与えられたとき，以下の条件が満たされる場合かつその場合に限り，安定モデル意味論は目標G_0の解として開いた原子式の集合Δを認めるものとして理解できる。

訳注3　補遺A4では一般論理プログラム (general logic program) と呼ばれていたが，両者は同じものである。

$P' \cup \Delta$ は G_0 の論拠を支持する。
$P' \cup \Delta$ によって支持される論拠で Δ を攻撃するものは存在しない。
Δ に含まれないすべての non-b に関して，$P' \cup \Delta$ は non-b を攻撃する論拠を支持する。

安定モデル意味論では，議論は全面的な衝突である。Δ が安定であるためには，すべての non-b は Δ に対して共存か反対かの立場をとらなければならない。もし non-b が Δ と共存しないなら，Δ は non-b を攻撃する。

アブダクティブ導出では，以下の場合かつその場合に限り，Δ は G_0 の**許容可能（admissible）**な解である。

$P' \cup \Delta$ は G_0 の論拠を支持する。
$P' \cup \Delta$ によって支持される論拠で Δ を攻撃するものは存在しない。
$P' \cup \Delta'$ によって支持され，Δ を攻撃するすべての論拠に関して，$P' \cup \Delta$ は Δ' を攻撃する論拠を支持する。

許容可能な意味論では，議論は単に自己防衛にすぎない。

推論規則 F_1，F_2，B_1，B_2，*Fact*，*S*，*Neg* は健全である。すなわち，

定理：否定を含み，かつ開いた述語と整合性制約を持たない基礎論理プログラム P に対応するアブダクティブ論理プログラム $<P', O, IC>$ が与えられたとき，目標節 G_0 に対して以下が成り立つ。

Δ の成功裏に終了する導出が存在するならば，
Δ は G_0 の**許容可能**な解である。

基礎ホーン ALP の場合のように，完全性を得るためには，成功する導出の定義は終了しない可能性がある場合にまで拡張する必要がある。これらの議論や関連する事項は，抽象議論（abstract argumentation）に対する証明手続きの文脈で Dung et al.［2006］に掲載されている。

アブダクティブ証明手続きの拡張

最も重要な拡張はもちろん，基礎アブダクティブ論理プログラムではない場合（変数を含むプログラム）である。アブダクティブ証明手続きの基礎となるIFF 証明手続きの場合，この拡張には等式によって表現される変数代入を扱うための追加の推論規則が必要になる。しかし，本補遺で扱っているアブダクティブ導出の場合，変数を含む場合への拡張で必要となるのは，主に前向き推論，後ろ向き推論，ファクタリングのための単一化だけである。また変数への範囲制限も必要となるが，実用上はそう難しくはない[5]。残念ながら，本書ではこの拡張とそれに伴う諸問題を扱う余裕はない。

本書のトピックを扱うためには，以下の 4 つの拡張が必要である。

- 前向き推論に使用される G_i の原子式 A が閉じた原子式であることが可能となるように，前向き推論を一般化する必要がある。このことにより，仮説的な行動や説明の帰結を開いた原子式へ還元することなく考慮することが可能になる。
- 条件文の条件部に条件文を含めるよう，節と信念を拡張する必要がある（例えば，第 9 章におけるダンゴムシの創造者の信念を表すために）。
- 整合性制約だけでなく信念を使って前向きに推論ができるよう，前向き推論を拡張する必要がある。このためには，すべての整合性制約は 1 つの開いた述語を持つ原子式を含むという制限を緩和することが必要になる。
- アブダクティブ証明手続きと結合グラフ証明手続きを統合する必要がある。

最初の拡張は簡単である。A が開いた原子式という制限は，単純化のために課してあったもので，この制限は特別な操作なく削除できる。

2 つ目の拡張も非常に容易である。われわれは既に，整合性制約を伴う前向き推論によって導入された，一般化された目標節としての条件文を扱っている。それらは節を伴う後ろ向き推論によって容易に導入することができる。

3 つ目の拡張は多少の作業を必要とする。節を使って前向きに推論する整合

5　この制限を少し修正することで，整合性制約はその結論部に存在量化された変数を含むことができるが，それらの存在量化子は明記されない場合もある。

性のチェック法は，1980 年代に演繹データベースのために開発された [Sadri and Kowalski 1988]。この手法は本補遺で紹介したアブダクティブ証明手続きと統合が可能である。しかし，コンピューティングにおける多くの実用的なシステムが，事実上前もって推論することによって得られる規則をイベント－条件－行動規則の形式に制限していることは興味深い。

4 つ目の拡張は理論的にはそれほど難しくない。というのも，前向き推論と後ろ向き推論は導出の特殊な場合であり，結合グラフ証明手続きは導出をより効率的に実装するための手法にすぎないからである。しかし，補遺 A5 の終わりで述べたように，結合グラフ証明手続きは論理的帰結を示すための反証手続きとして開発されたものである。これを ALP における極小モデルの生成に適用するには，条件文目標の結論部を条件文信念の結論部と連結する必要がある。

開いた述語を持つアブダクションと，否定的な述語を持つデフォルト推論を組み合わせるうえでは，拡張は必要でないことに注意しよう。両方の種類の述語，それらと関連する整合性制約，否定書き換えを，同じアブダクティブ論理プログラムに含むだけよい。

結論

この補遺では，本書で学んだ主な推論に関する技術的な補足を提示した。しかし，包括的なフレームワークのために必要な多くの拡張が残っている。それら拡張の多くは直裁的なものであり，その理由はそれらのすべてが個別の要素として，あるいは他のフレームワークの要素との組み合わせとして開発されてきたからである。単一の包括的フレームワークへのそれらの調和的な統合は，さらなる研究のテーマである。

この補遺では，アブダクティブ論理プログラミングに関する議論意味論と証明手続きも紹介した。この意味論と証明手続きは，AI での論理ベースの議論における最近の進捗に基づいている。この議論ベースアプローチの最も重要な成果の 1 つは，AI でのデフォルト推論のために開発された元来の論理ベースの形式化のほとんどすべてが，議論という視点で一様に理解できると示されたことである [Bondarenko et al. 1997]。このアプローチは AI と法律分野に特に影響を与えた [Prakken and Sartor 1996]。Rahwan and Simari [2009] に最近のサーベイが掲載されている。

監訳者解説

本書の刊行が準備されている2024年現在，世界は生成AIの技術進化の真っ只なかにある。2022年11月にChatGPTが登場して以降，AI研究は新たなステージに入ったといわれている。

2010年代にニューラルネットワークを使ったディープラーニング（深層学習）の社会実装が進み，世の中はいわゆる第3次AIブームに入った。画像認識，音声認識，自然言語処理，ゲームなどさまざまな分野で成功事例が相次ぎ，AI技術を駆使してビッグデータを解析するデータサイエンティストが一躍脚光を浴びるようになる。しかし，現在の生成AIブーム（第4次AIブームとも呼ばれる）は第3次ブームを凌ぐものがあり，AI研究者の間でさえ衝撃をもって受け止められている。

ChatGPTは米OpenAI社が開発した対話型AIで，大規模言語モデルを使ってインターネット上の大量のテキストデータを機械学習したものである。ChatGPTが生成する文章は，テキストの文脈のなかで出現する確率の高い単語を予測して出力した結果に過ぎない（確率的オウムと呼ばれる）。こうした動作原理を頭のなかでは理解しているものの，ChatGPTが生成する文章は人間とほとんど変わらず，それまでの対話AIとは比較にならないほど高いレベルであったため，多くのAI研究者は驚いたのである。

一方，ChatGPTの出力結果は必ずしも正確ではないこと（ハルシネーション），とりわけ算術計算力や論理的思考力が弱いことは発表当初から指摘されてきた（出現確率に基づく単語の羅列に過ぎないので当然といえば当然なのだが)。しかしながら，バージョンアップを重ねるうちにこうした欠点も克服されてきており，2024年9月に公開されたOpenAI o1の推論モデルは米国数学オリンピック予選試験（AIME）において83.3%の正答率を達成している。さらに12月に登場したo3は推論能力を大幅に強化し，同試験の正答率を96.7%まで向上している。

このように生成AIの能力は日進月歩で進化してきており，生成AI出現前までは実現するには数十年はかかるであろうとされていた汎用人工知能（AGI）について，2024年にノーベル物理学賞を受賞したカナダ・トロント大学名誉教授のジェフリー・ヒントン（Geoffrey Hinton）博士は20年以内に出現する可能性があると述べている。

コネクショニズム VS. シンボリック AI

ニューラルネットワークに基づいてAIを実現するアプローチはコネクショニズムと呼ばれるのに対して，記号論理に基づいてAIを実現しようとするアプローチは記号主義またはシンボリックAI（記号AI）と呼ばれる。両者はAI黎明期の1950年代に導入され，その後のAIの歴史において競合するパラダイムとして発展してきた。現時点においてAIの主流はニューラルネットワークに基づくアプローチであり，シンボリックAIのことを「過去の技術」と評する専門家もいる。

しかし，ニューラルネットワークで学習された知識はニューロンの繋がりと重みによって蓄積されているため，その内容はブラックボックス化され人間には理解不能である。ニューラルネットワークが未知の法則を発見しても，人間が共有することができるのは入力に対する出力結果のみである。このことから，ニューラルネットワークで学習した知識をいかに解釈可能な形に表現するかが，「説明可能なAI」実現に向けての課題になっている。

人間は知識を表現し記録するために記号を発明し，先人が発見した真理を知識として学習し，新たな知見を積み重ねることで文明を発展させてきた。ニューラルネットワークで学習した結果に可読性を持たせ信頼性を高めるためには，学習した知識を記号表現し透明性を担保する必要がある。そこでシンボリックAIの分野で研究されてきた知識表現と推論の技術が貢献することが期待されており，ニューラルネットワークとシンボリックAIを融合したニューロ・シンボリックAIという枠組みが導入されるなど，今後の研究動向が注目される。

コワルスキ博士と論理プログラミング

本書の原著者であるロバート・コワルスキ（Robert Kowalski）博士はシンボリックAIの先駆者の一人である。同氏は1970年代に定理の自動証明の分野で研究キャリアをスタートし，節形式の論理式を手続き的に解釈することにより論理プログラミングのパラダイムを確立した。

1972 年，フランス・マルセイユ大学のアラン・カルメラウアー（Alain Colmerauer）博士らはコワルスキ博士のアイデアをベースに論理プログラミング言語 Prolog を開発する。その後，論理プログラミングは 1980 年代の日本の第五世代コンピュータプロジェクト（ICOT）の核言語として採用され，AI における知識表現言語として広く使用されることになる。

1941 年生まれのコワルスキ博士は今年（2024 年）83 歳になり，英国・インペリアルカレッジ計算機学科名誉教授でもある。コワルスキ博士はこれまでたびたび日本を訪れ，筆者は ICOT に研究員として滞在していた 1980 年代後半に初めてお目にかかり，その後も国際会議などでお会いする機会があった。

本書の原著である "*Computational Logic and Human Thinking: How to be Artificially Intelligent*" は 2011 年に Cambridge University Press から刊行されており，執筆当時は第 3 次 AI ブーム前夜ということになる。

Computational Logic は本書のタイトルにあるように「計算論理」と訳されるが，広義には計算機科学を数理論理的視点から研究する学問分野といえる。一方，本書のテーマである AI の観点からはシンボリック AI とほぼ同義であり，とりわけ本書で扱われている条件文形式の計算論理の枠組みは論理プログラミングの構文を反映したものになっている。

コワルスキ博士の代表的な著書は 2 冊あり，1 冊目は 1979 年に North-Holland から刊行された "*Logic for Problem Solving*" である。この本では論理プログラミングを使った問題解決の手法が解説されており，1970 年代のコワルスキ博士の研究成果の集大成的色彩が濃い。日本語版は『論理による問題の解法：Prolog 入門』として培風館から 1987 年に刊行されている。なお，2014 年に "*Logic for Problem Solving, Revisited*" というタイトルで追補版が出ており，初版出版以降の論理プログラミングの展開についてコワルスキ博士が回顧する形で解説が加えられている。

そして 2 冊目が本書原著版ということになるのだが，1 冊目の本は論理式が満載のフォーマルな形式で論理プログラミングの入門書的位置づけであるのに対して，2 冊目の本書原著版には論理式や数式はほとんど含まれておらず，計算論理や記号 AI を専門としない読者を意識した書式になっている。

本書とその今日的意義

本書原著の内容紹介には，本書は計算論理への導入に加えて，自然言語によるコミュニケーションにおける明瞭さと一貫性を向上するための論理の使用を指南するものであり，実用的思考，問題解決，コミュニケーションスキルを教える大学学部コースのテキストとして有用であろうと書かれている。

計算論理の考え方について，記号論理式を使用することなく日常言語で解説するというのは，困難な作業であることは想像に難くない。イソップ童話や法律文などの身近な例を使って説明を試みてはいるものの，一般の読者にとっては難解と思われる内容も含まれている。この困難さは訳書である本書にも引き継がれており，本来論理式で記述されるべき意味内容について厳密さを損なうことなく自然言語で表現しようとすると，堅苦しい不自然な日本語文にならざるを得ない部分も多くあった。しかしながら，原著に含まれていた明らかな間違いを訂正した以外は，原則として原著に忠実に翻訳することを心掛け，説明を補うための訳注を適宜付与してある。

・・・

今日，AI に関する日本語テキストといえば機械学習や深層学習を扱ったものが大部分であり，一冊まるごと計算論理を取り扱っている書籍というものは近年出版された和書のなかにはほとんど見当たらない。こうしたなか，本書は現在世の中に溢れている AI 本とは趣が異なる一冊で，難しい数式や論理式に頭を悩ませることなく，計算論理とシンボリック AI の世界を垣間見ることができるであろう。

本書が計算論理への興味の扉を開き，読者にとってコミュニケーションにおける論理の重要性を再認識するきっかけになれば，原著者および訳者の労苦は報いられるといえる。

2024 年 12 月　坂間 千秋

訳者あとがき

本書について

本書は英国Imperial College名誉教授ロバート・コワルスキ（Robert Kowalski）の*Computational Logic and Human Thinking: How to be Artificially Intelligent*（2011）の全訳です。著者コワルスキを有名にしているのは，なんといってもPrologとの関わりでしょう。このため，本書の中心的なテーマである計算論理の構文のスタイルがPrologのそれに似ていることも自然なことに思えるかもしれません。とはいえ，本書を読むにあたってPrologの知識は不要ですし，本書はPrologの入門書でもありません。原書の副題が示唆するように，AI（人工知能）のために開発された手法を利用して賢くなる方法を伝えるのが本書の目的なのです。

AIという言葉について

この邦訳が出版されるのは，すでに深層学習（ディープラーニング）や大規模言語モデル（LLM）が広く普及している時期です。そのため，「AI」と聞くとこれらを思い浮かべる人が多いかもしれませんが，本書で扱われているものはそれらと少し趣が違います。この事情を理解するために，少しばかり歴史を振り返るのがよいでしょう。いろいろな見方はあると思いますが，AI（Artificial Intelligence）という言葉が生み出された1956年を人工知能研究の起点とみなしてよいでしょう。「機械に知性を持たせる」というプロジェクトが注目を集めた背景には，もちろんこの時期に本格的に進んだ電子計算機の実用化がありました。

AIという分野の黎明期にはすでに論理主義とコネクショニズムという，いくらか対立する2つの研究方針が出現しています。コネクショニズムあるいはニューラルネットワークは，さほど長くない歴史のなかで失望されたり見直されたりを繰り返しつつ，深層学習として近年再び大きな評価を得ていることはみなさんもご存知のことかと思います。

一方の論理主義もまたAIの歴史のなかで，毀誉褒貶の両方にさらされつつ進展してきた分野です。本書におけるAIは，この論理主義の伝統に連なるものです。

本書の特色

本書は論理を扱った本ではあるものの，目次を一瞥していただければわかるように，大変個性的な本です。本書の性格について述べる前に，まずはこの本が，日常的な例への適用を通じて古典論理の使い方を学ぶ，という本ではないことは強調しておくべきでしょう。

本書の最大の特徴は，論理主義に基づく人工知能研究で開発された推論のテクニックが「計算論理」を用いることで易しく説明されていることです。本来なら，このような事項をきちんと理解するためには，いくらか詳しい数理論理学の知識が必要になります。

しかし，この本では「自分が知的エージェントだったらどう考えるだろうか？」「知的エージェントとしてうまくやるためにはどう考えるべきだろうか？」という視点を読者に持たせることにより，日常感覚の延長で納得できるような形で分析や判断の仕組みを解説しています。

ここで言う「(知的) エージェント」は，主体的に認識し，行動するユニットを指しており，本書中で扱われる人間，火星探査機，カラス，キツネ，そしてダンゴムシもすべてエージェントの例になっています。どのエージェントも，その知識，経験，推論能力，そしてメタ推論能力が限定されているところに，本書で扱われている論理の「計算的」側面がよく現れています。

エージェントがいかにして世界と自身を調和させるかという一貫した視点が維持されているため，読者はきわめて自然に失敗としての否定という概念，非単調推論の意義，そしてそれらによって思考を展開するための基本的な精神を理解できることでしょう。

翻訳に際して

本書を翻訳するうえで意外なほど苦労することになったのが，本書での中心的なツールである「条件形式の論理」に対応する自然言語（原書では英語）の条件文をどう訳すかという問題でした。

多くの英文法解説で紹介される条件文の規範的な形は「if P, then Q」ですが，本書では「Q, if P」の形式が多用されています。この文型は，条件文の結論部（後件）が，充足例を列挙しようとする立場では「目標」となるという認識を反映したものであり，「目標を副目標に還元してゆく」という思考スタイルと強い親和性がありますから，訳文もQの次にPが出てくるような文が望ましいだろうと考え，最終的には概ね次のような形で訳しました。

Qであるのは，Pである場合である。

とはいえ，この文型だとifにあたる箇所が目立たないから「Q，もしPならば」のように機械的に訳したらどうだろうか，などと共訳者の伊藤さんと遣り取りしていた痕跡がGitHubリポジトリイシューに残っています。

伊藤さんに翻訳のお話をいただいたのが2022年の暮れのことでした。久しぶりに上京して「フライング・スコッツマン」という喫茶店で打ち合わせをしたのですが，帰宅後本文を眺めていたらこのflying scotsmanという列車が登場していたので，偶然の符合に驚かされたものです。とはいえ，わたしの体調不良の影響で翻訳作業は遅滞し，刊行までにお時間をいただいてしまいました。伊藤さん，そして監訳者の坂間先生には大変ご迷惑をおかけしました。この場を借りて深くお詫び申し上げます。

訳者を代表して　　2025年1月　尾崎竜史

文 献

Allen, L. E. and Saxon, C. S. 1984. Computer aided normalizing and unpacking: some interesting machine-processable transformation of legal rules. In *Computing Power and Legal Reasoning*. C. Walter (ed.). St. Paul, MN: West Publishing Company; 495–572.

Almor, A. and Sloman, S. 2000. Reasoning versus text processing in the Wason selection task: a non-deontic perspective on perspective effects. *Memory & Cognition* **28**(6): 1060–70.

Anderson, A. R. and Belnap, N. 1975. *Entailment: The logic of relevance and necessity, Vol. I.* Princeton, NJ: Princeton University Press.

Anderson, J. R. and Lebiere, C. 1998. *The Atomic Components of Thought.* Mahwah, NJ: Erlbaum.

d'Avila Garcez, A. S., Broda, K. and Gabbay, D. M. 2001. Symbolic knowledge extraction from trained neural networks: a sound approach. *Artificial Intelligence* **125**(1–2): 155–207.

Bader, S., Hitzler, P. and Hölldobler, S. 2006. The integration of connectionism and first-order knowledge representation and reasoning as a challenge for artificial intelligence. *Information* **9**(1).

Baron, J. 2008. *Thinking and Deciding*, 4th edn. Cambridge: Cambridge University Press.

van Benthem, J. 1989. Semantic parallels in natural language and computation. In *Logic Colloquium* 1981, H.-D. Ebbinghaus (ed.), Amsterdam: Elsevier Science Publishers; 331–375.

Bertossi, L. and Chomicki, J. 2003. Query answering in inconsistent databases. In *Logics for Emerging Applications of Databases*, J. Chomicki, G. Saake and R. van der Meyden (eds), New York: Springer; 43–83.

Bondarenko, A., Dung, P. M., Kowalski, R. and Toni, F. 1997. An abstract argumentation-theoretic approach to default reasoning. *Journal of Artificial Intelligence* **93**(1–2): 63–101.

Brooks, R. A. 1991. Intelligence without reason. MIT AI Lab Memo 1293, April 1991. Reprinted in *Proceedings of the 12th International Joint Conference on Artificial Intelligence*, Sydney, Australia, 1–21.

Brown, G. and Yule, G. 1983. *Discourse Analysis.* Cambridge: Cambridge University Press.

Bundy, A., Byrd, L., Luger, G., Mellish, C. and Palmer, M. 1979. Solving mechanics problems using meta-level inference. *Proceedings of the 6th International Joint Conference on Artificial Intelligence*, 1017–1027.

Byrne, R. M. J. 1989. Suppressing valid inferences with conditionals. *Cognition* **31**: 61–83.

Carruthers, P. 2004. Practical reasoning in a modular mind. *Mind & Language* **19**(30): 259–278.

Checkland, P. 2000. Soft systems methodology: a thirty year retrospective. *Systems Research and Behavioral Science Systems Research* **17**: S11–58.

Cheng, P. W. and Holyoak, K. J. 1985. Pragmatic reasoning schemas. *Cognitive Psychology* **17**: 391–416.

Cheng, P. D. and Juang, J. Y. 1987. A parallel resolution procedure based on connection graph. *Sixth national Conference on Artificial Intelligence*, 13–17.

Chisholm, R. 1963. Contrary-to-duty imperatives and deontic logic. *Analysis* **24**: 33–36.

Clark, K. L. 1978. Negation by failure. In *Logic and Databases*, H. Gallaire and J. Minker (eds). New York: Plenum Press: 293–322.

Clark, K. L. and Tärnlund, S.-A. 1978. A first-order theory of data and programs. In *Proceedings of the 1FIP Congress* **77**: 939–944.

Colmerauer, A. and Roussel, P. 1992. The birth of Prolog. *The Second ACM SIGPLAN Conference on History of Programming Languages*, 37–52.

Costantini, S. 2002. Meta-reasoning: a survey. In *Computational Logic: Logic Programming and Beyond*, Vol. 2, A. C. Kakas and F. Sadri (eds). New York: Springer; 253–288.

Cosmides, L. 1985. Deduction or Darwinian algorithms: an explanation of the "elusive" content effect on the Wason selection task. PhD thesis, Harvard University.

Cosmides, L. 1989. The logic of social exchange: has natural selection shaped how humans reason? Studies with the Wason selection task. *Cognition* **31**: 187–276.

Dávila, J. and Uzcátegui, M. 2005. Agents that learn to behave in multi-agent simulations. *Proceedings of Fifth IASTED International Conference on Modelling, Simulation and Optimization (MSO'2005)*; 51–55. http://galatea.sourceforge.net も参照。

Davis, M. 1980. The mathematics of non-monotonic reasoning. *Journal of Artificial Intelligence* **13**: 73–80.

Davis, M. and Putnam, H. 1960. A computing procedure for quantification theory. *Journal of the ACM* **7**(3): 201–215.

Dennis, L. A., Farwer, B., Bordini, R. H., Fisher, M. and Wooldridge, M. A. 2008. *Common Semantic Basis for BDI Languages, LICS 4908*. New York: Springer; 124–139.

De Raedt, L., Frasconi, P., Kersting, K. and Muggleton, S, (eds) 2008. *Probabilistic Inductive Logic Programming*. New York: Springer.

Dung, P. M. 1991. Negation as hypothesis: an abductive foundation for logic programming. *Proceedings of the 8th International Conference on Logic Programming*. Cambridge, MA: MIT Press, 3–17.

Dung, P. M., Kowalski, R. and Toni, F. 2006. Dialectic proof procedures for assumption-based, admissible argumentation. *Journal of Artificial Intelligence* **170**(2): 114–159.

van Emden, M. and Kowalski, R. 1976. The semantics of predicate logic as a programming language. *JACM* **23**(4): 733–742.

Eshghi, K. and Kowalski, R. 1989. Abduction compared with negation by failure. In *Sixth International Conference on Logic Programming*, G. Levi and M. Martelli (eds). Cambridge, MA: MIT Press; 234–254.

Feferman, S. 1962. Transfinite recursive progressions of axiomatic theories. *Journal of Symbolic Logic* **27**: 259–316.

Fodor, J. 1975. *The Language of Thought*. Cambridge, MA: Harvard University Press.

Fung, T. H. and Kowalski, R. 1997. The IFF proof procedure for abductive logic programming, *Journal of Logic Programming* **33**(2): 151–165.

Gardner, H. 1983. *Frames of Mind: The Theory of Multiple Intelligences.* New York: Basic Books.

Gelfond, M. and Lifschitz, V. 1988. The stable model semantics for logic programming. *Proceedings of the Fifth International Conference on Logic Programming (ICLP)*; 1070–1080.

Gelfond, M. and Lifschitz, V. 1990. Logic programs with classical negation. In: *Proceedings of 7th International Conference on Logic Programming.* MIT Press, 579–597.

Gillies, D. 1996. *Artificial Intelligence and Scientific Method.* Oxford: Oxford University Press.

Gödel, K. 1931. Über formal unentscheidbare Sätze der Principia Mathematica und verwandter Systeme, I. *Monatshefte für Mathematik und Physik* **38**: 173–198.

Gödel, K. 1951. Some basic theorems on the foundations of mathematics and their implications. In *Collected works / Kurt Gödel,* Vol. III, S. Feferman (ed.) (1995). Oxford: Oxford Press; 304–323.

Green, C. 1969. Application of theorem proving to problem solving. *Proceedings of the 1st International Joint Conference on Artificial Intelligence.* San Francisco: Morgan Kaufmann; 219–239.

Grice, H. P. 1989. *Studies in the Way of Words.* Cambridge, MA: Harvard University Press.

Hammond, J., Keeney, R. and Raiffa, H. 1999. *Smart Choices – A Practical guide to making better decisions.* Cambridge, MA: Harvard Business School Press.

Hauser, M., Cushman, F., Young, L. and Mikhail, J. 2007. A dissociation between moral judgements and justifications. *Mind and Language* **22**(1): 1–21.

Hewitt, C. 1971. Procedural embedding of knowledge in planner. *Proceedings of the 2nd International Joint Conference on Artificial Intelligence.* San Fransisco: Morgan Kaufmann, 167–182.

Hill, P. M. and Gallagher, J. 1998. Meta-programming in logic programming. In Handbook of *Logic in Artificial Intelligence and Logic Programming,* Vol. 5, D. Gabbay, C. J. Hogger and J. A. Robinson (eds). Oxford: Oxford University Press; 421–497.

Hodges, W. 1993. The logical content of theories of deduction. *Behavioral and Brain Sciences* **16**(2): 353–354.

Hodges, W. 2006. Two doors to open. In *Mathematical Problems from Applied Logic I: Logic for the XXIst Century,* Vol. 4, D. Gabbay, S. Goncharov and M. Zakharyaschev (eds). New York: Springer; 277–316.

Hölldobler, S. and Kalinke, Y. 1994. Toward a new massively parallel computational model for logic programming, *Proceedings of Workshop on Combining Symbolic and Connectionist Processing, ECAI-94,* Amsterdam; 68–77.

IPCC. 2007. Fourth Assessment Report: Climate Change.

Johnson-Laird, P. 1983. *Mental Models.* Cambridge: Cambridge University Press.

Johnson-Laird, P. N. and Byrne, R. M. J. 1991. *Deduction.* London: Psychology Press.

Kahneman, D. and Frederick, S. 2002. Representativeness revisited: attribute substitution in intuitive Judgement. In *Heuristics of Intuitive Judgement: Extensions and Application,* T.

Gilovich, D. Griffin and D. Kahneman (eds). New York: Cambridge University Press.

Kakas, A., Kowalski, R. and Toni, F. 1998. The role of logic programming in abduction. *Handbook of Logic in Artificial Intelligence and Programming,* Vol. 5. Oxford: Oxford University Press; 235–324.

Kowalski, R. 1975. A proof procedure using connection graphs. *JACM* **22**(4): 572–595.

Kowalski, R. 1974, 1979. *Logic for Problem Solving.* DLC Memo 75, Department of Artificial Intelligence, University of Edinburgh (1974). Expanded edition published by North Holland Elsevier (1979). https://www.doc.ic.ac.uk/~rak/ も参照。

Kowalski, R. 1992. Database update in the event calculus. *Journal of Logic Programming* **12**(162): 121–146.

Kowalski, R. 1995. Logic without model theory. In *What is a Logical System?*, D. Gabbay (ed.). Oxford: Oxford University Press.

Kowalski, R. and Kuehner, D. 1971. Linear resolution with selection function. *Artificial Intelligence* **2**: 227–260.

Kowalski, R. A. and Sadri, F. 1990. Logic programs with exceptions. *Proceedings of the Seventh International Conference on Logic Programming.* Cambridge, MA: MIT Press; 598–613.

Kowalski, R. A. and Sadri, F. 2010. An agent language with destructive assignment and model-theoretic semantics. In *CLIMA XI – Computational Logic in Multi-Agent Systems,* J. Dix, G. Govematori, W. Jamroga and J. Leite (eds). New York: Springer.

Kowalski, R. and Sergot, M. 1986. A logic-based calculus of events. *New Generation Computing* **4**(1): 67–95. *The Language of Time: A Rader,* I. Mani, J. Pustejovsky and R. Gaizauskas (eds). Oxford: Oxford University Press (2005) も参照。

Kowalski, R. and Toni, F. 1996. Abstract argumentation. *Journal of Artificial Intelligence and Law* **4**(3–4): 275–296.

Kowalski, R., Toni, F. and Wetzel, G. 1998. Executing suspended logic programs. *Fundamenta Informatica* **34**(3): 1–22.

Laird, R., Newell, J. and Paul, A. 1987. Soar: an architecture of general intelligence. *Artificial intelligence* **33**: 1–64.

Lenat, D. and Guha, R. V. 1989. *Building Large Knowledge-Based System: Representation and Inference in the Cyc Project.* Boston: Addison-Wesley Longman Publishing. (https://cyc.com/ で最新の概要が閲覧可能)

Loveland, D. W. 1968. Mechanical theorem-proving by model elimination. *Journal of the ACM* **15**: 236–251.

Lucas, J. R. 1959. Minds, machines and Gödel. *Philosophy,* **XXXVI**, 1961. Reprinted in *The Modeling of Mind,* K. M. Sayre and F. J. Crosson (eds). Paris: Notre Dame Press(1963) and in *Minds and Machines,* A. R. Anderson (ed.). New York: Princeton-Hall (1964).

Luger, G. 2009. *Artificial Intelligence, Structures and Strategies for Complex Problem Solving.* London: Pearson Education Limited.

Manthey, R. and Bry, F. 1988. SATCHMO: A theorem prover implemented in Prolog. *Proceedings CADE 1988.* Lecture Notes in Computer Science 310. New York: Springer;

415–434.

Maes, P. 1990. Situated agents can have goals. *Robotic and Autonomous Systems* **6**(1–2): 49–70.

McCarthy, J. 1980. Circumscription – a form of non-monotonic reasoning. *Artificial Intelligence* **13**: 27–39.

McCarthy, J. and Hayes, P. J. 1969. Some philosophical problems from the standpoint of artificial intelligence. In *Machine Intelligence 4,* D. Michie (ed.). New York: Elsevier.

McDermott, D. and Doyle, J. 1980. Non-monotonic logic I. *Artificial Intelligence* **13**: 41–72.

Mikhail, J. 2007. Universal moral grammar: theory, evidence, and the future. *Trends in Cognitive Sciences* **11**(4): 143–152.

Moore, R. C. 1985. Semantical considerations on nonmonotonic logic. *Artificial Intelligence* **25**: 75–94.

Mueller, E. 2006. *Commonsense Reasoning.* Amsterdam: Elsevier.

Muggleton, S. H. and De Raedt, L. 1994. Inductive logic programming: theory and methods. *Journal of Logic Programming* **19**(20): 629–679.

Newell, A. 1973. Production systems: models of control structure. In *Visual Information Processing,* W. Chase (ed.). New York: Academic Press; 463–526.

Nilsson, N. 1998. *Artificial Intelligence: A New Synthesis.* San Francisco: Morgan Kaufmann.

Nute, D. 1997. *Defeasible Deontic Logic.* Dordrecht: Kluwer Academic.

Panton, C., Matuszek, D., Lenat, D., Schneider, M., Witbrock, N., *et al.* 2006. Common sense reasoning – from Cyc to Intelligent Assistant. In *Ambient Intelligence in Everyday Life,* LNAI 3864, Y. Cai and J. Abascal (eds). Berlin: Springer; 1–31.

Peirce, C. S. 1931. *Collected Papers,* C. Hartshorn and P. Weiss (eds). Cambridge, MA: Harvard University Press.

Penrose, R. 1989. *The Emperor's New Mind: Concerning Computers, Minds, and The Laws of Physics.* Oxford: Oxford University Press.

Pereira, L. M. and Saptawijaya, A. 2007. Moral decision making with ACORDA. In: *14th International Conference on Logic for Programing Artificial Intelligence and Reasoning* (LPAR'07), N. Dershowitz and A. Voronkov (eds).

Pereira, L. M. and Saptawijaya, A. 2009. Modelling morality with prospective logic. In: *International Journal of Reasoning-based Intelligent Systems (IJRIS)* **1**(3/4): 209–221. (M. Anderson and S. Anderson (eds), *Machine Ethics,* Cambridge University Press, Cambridge にも掲載)

Perlis, D. and Subrahmanian, V. S. 1994. Metalanguages, reflection principles and self-reference. In *Handbook of Logic in Artificial Intelligence and Logic Programming,* Vol. 2, D. M. Gabbay, C. J. Hogger and J. A. Robinson (eds). 328–358.

Pollock, J. 1995. *Cognitive Carpentry.* Cambridge, MA: MIT Press.

Poole, D. 1997. The independent choice logic for modeling multiple agents under uncertainty. *Artificial Intelligence* **94**: 7–56.

Poole, D., Goebel, R. and Aleliunas R. 1987. Theorist: a logical reasoning system for defaults and diagnosis. In *The Knowledge Frontier: Essays in the Representation of Knowledge,* N. Cercone and G. McCalla (eds). New York: Springer; 331–352.

Poole, D. and Mackworth, A. 2010. *Artificial Intelligence: Foundations of Computational Agents*. Cambridge: Cambridge University Press.

Post, E. 1943. Formal reduction of the general combinatorial decision problem. *American Journal of Mathematics* **65**(2): 197–215.

Prakken, H. and Sartor, G. 1996. A dialectical model of assessing conflicting arguments in legal reasoning. *Journal of Artificial Intelligence and Law* **4**(3–4), 331–368.

Priest, G. 2002. Paraconsistent logic. *Handbook of Philosophical Logic*, 2nd edn, Vol. 6, D. Gabbay and F. Guenthner (eds). Dordrecht: Kluwer Academic; 287–393.

Przymusinski, T. 1988. On the declarative semantics of deductive database and logic programs. In *Foundations of Deductive Databases and Logic Programming*. New York: Morgan Kaufmann; 193–216.

Quine, W. V. O. 1963. Two dogmas of empiricism, *From a Logical Point of View*. New York: Harper & Row; 20–46.

Rahwan, I. and Simari, G. (eds). 2009. *Argumentation in Artificial Intelligence*. New York: Springer.

Reiter, R. 1980. A logic for default reasoning. *Artificial Intelligence* **13**: 81–132.

Reiter, R. 1988. On integrity constraints. *2nd Conference on Theoretical Aspects of Reasoning about Knowledge*, 97–111.

Robinson, J. A. 1965a. A machine-oriented logic based on the resolution principle. *Journal of the ACM* **12**(1): 23–41.

Robinson, J. A. 1965b. Automatic deduction with hyper-resolution. *International Journal of Computer Mathematics* **1**(3): 227–234.

Russell, S. J. and Norvig, P. 2010. *Artificial Intelligence: A Modern Approach,* 3rd edn. Upper Saddle River, NJ: Prentice Hall.

Sadri, F. and Kowalski, R. 1988. A theorem-proving approach to database integrity. In *Foundations of Deductive Databases and Logic Programming*, J. Minker (ed.), New York: Morgan Kaufmann; 313–362.

Sagonas, K., Swift, T. and Warren, D. S. 1994. XSB as an efficient deductive database engine. *SIGMOD Record* **23**(2): 442–453.

Sergot, M. J., Sadri., Kowalski, R. A., Kriwaczek, F., Hammond, P. and Cory, H. T. 1986. The British Nationality Act as a logic program. *CACM* **29**(5): 370–386.

Shanahan, M. P. 1997. *Solving the Frame Problem: A Mathematical Investigation of the Common Sense Law of Inertia*. Cambridge, MA: MIT Press.

Shapiro, S. 1989. Incompleteness, mechanism, and optimism. *The Bulletin of Symbolic Logic* **4**(3): 273–302.

Siekmann, J. and Wrightson, G. 2002. Strong completeness of R. Kowalski's connection graph proof procedure. In *Computational Logic: Logic Programming and Beyond*, A. Kakas and F. Sadri (eds). New York: Springer Lecture Notes on AI, Vol. 2408; 231–252.

Simon, H. A. 1957. *Administrative Behaviour*, 2nd edn. New York: Macmillan.

Simon, H. A. 1960. *The New Science of Management Decision*. New York: Harper & Row. (1977 Revised edition, Princeton-Hall, Englewood Cliffs, NJ.)

Simon, H. A, 1999. Production systems. In *The MIT Encyclopedia of the Cognitive Sciences,* R. Wilson and F. Keil (eds), Cambridge, MA: MIT Press; 676–677.

Sperber, D. and Wilson, D. 1986. *Relevance.* Oxford: Blackwell.

Sperber, D., Cara, F. and Girotto, V. 1995. Relevance theory explains the selection task. *Cognition* **52**: 3–39.

Stenning, K. and van Lambalgen, M. 2008. *Human Reasoning and Cognitive Science.* Cambridge, MA: MIT Press.

Thagard, P. 2005. *Mind: Introduction to Cognitive Science,* 2nd edn. Cambridge, MA: MIT Press.

van Lambalgen, M. and Hamm, F. 2005. *The Proper Treatment of Events.* Oxford: Blackwell.

Vickers, G. 1965. *The Art of Judgement.* London: Chapman & Hall.

Wang, H. 1974. *From Mathematics to Philosophy.* London: Routledge & Kegan Paul.

Wason, P. 1968. Reasoning about a rule. *The Quarterly Journal of Experimental Psychology* **20**(3): 273–281.

Widom, J. and Ceri, S. 1996. *Active Database Systems: Triggers and Rules for Advanced Database Processing.* San Francisco: Morgan Kaufmann.

Williams, J. 1990, 1995. Style: *Toward Clarity and Grace.* Chicago: University of Chicago Press.

Winograd, T. 1971. Procedures as a representation for data in a computer program for understanding natural language, MIT AI TR-235.

Winograd, T. 1972. *Understanding Natural Language.* New York: Academic Press.

欧文索引

和文索引

【著　者】

ロバート・コワルスキ（Robert Kowalski）

インペリアル・カレッジ・ロンドン計算機工学科名誉教授，Distinguished Research Fellow。「自動定理証明および論理プログラミングに関する先駆的研究を含む，知識表現と問題解決のための論理学への貢献」によるIJCAI卓越研究賞（2011年）など，受賞多数。論理型プログラミング言語Prologへの貢献でも知られる。邦訳された著書に『論理による問題の解法：Prolog入門（*Logic for Problem Solving*）』（山田真市ほか訳；培風館，1987年）。

【監訳者】

坂間千秋（さかま　ちあき）

和歌山大学システム工学部教授，京都大学博士（工学）。専門分野は，計算機科学，人工知能，数理論理学など。著書に『エージェントアプローチ人工知能 第2版』（共訳，共立出版2008年），『深堀り！中学数学：教科書に書かれていない数学の話』（岩波書店2021年）など。

【訳　者】

尾崎竜史（おざき　りゅうし）

筑波大学大学院数学研究科中退，修士（理学）。筑波大学大学院システム情報工学研究科，博士（工学）。

伊藤武芳（いとう　たけよし）

編集者・九夏社代表取締役，早稲田大学卒。訳あって本書の翻訳に参加。

計算論理と人間の思考

推論AIへの論理的アプローチ

2025年3月20日　第1刷発行

著　者　ロバート・コワルスキ

監訳者　坂間　千秋

訳　者　尾崎　竜史

　　　　伊藤　武芳

発行者　伊藤　武芳

発行所　株式会社　九夏社

〒104-0041　東京都中央区新富1-4-5　東銀座ビル403

TEL　03-5981-8144

FAX　03-5981-8204

印刷・製本：中央精版印刷株式会社

装　丁：サトウヒロシ（ソルティフロッグ デザインスタジオ）

Japanese translation copyright ©2025 Kyukasha

ISBN 978-4-909240-06-4　Printed in Japan